westermann

Martin Voth, Jörg Bräker

Lernsituationen Einzelhandel

1. Ausbildungsjahr [redacted]

8. Auflage

Bestellnummer 66126

service@westermann.de
www.westermann.de

Bildungsverlag EINS GmbH
Ettore-Bugatti-Straße 6-14, 51149 Köln

ISBN 978-3-427-**66126**-9

westermann GRUPPE

Vorwort

Die Lernsituationen Einzelhandel erscheinen in drei Bänden. Der vorliegende erste Band deckt die Lernfelder 1–5 des Rahmenlehrplans für die Ausbildungsberufe Verkäuferin/Verkäufer sowie Kauffrau/Kaufmann im Einzelhandel ab. Er enthält Geschäftsprozesse aus der Praxis des Einzelhandels in pädagogisch aufbereiteter Form. Ganzheitliche Sichtweise, überschaubare Arbeitsaufträge und selbstorganisiertes Lernen zur Förderung der beruflichen Handlungskompetenz waren die Leitlinien bei der Entwicklung der Lernsituationen.

Das dazugehörige *Informationshandbuch* Einzelhandel stellt die Lerninhalte in systematischer Form dar. Wir haben uns bemüht, die Themen möglichst anschaulich darzustellen und die Texte durch Übersichten und Abbildungen aufzulockern. Beide Bände sind eng aufeinander abgestimmt.

Zum Lernsituationenband finden Sie das Warenwirtschaftssystem INTWASYS 4.0, Integriertes Warenwirtschaftssystem, als Download im Angebot BuchPlusWeb des Bildungsverlag EINS. Die Software INTWASYS 4.0 mit integriertem Onlineshop ist ein pädagogisches Warenwirtschaftssystem, das grundlegende Einblicke in die Warenwirtschaft eines Einzelhandelsunternehmens gibt. Der Onlineshop simuliert die Abläufe im Onlinehandel und erzeugt einen praxisnahen Internetauftritt, ohne dass ein direkter Zugang zum Internet erforderlich wäre. Buch und Software vermitteln die notwendigen Kompetenzen, um einen Onlineshop in seinen zentralen Funktionen zu steuern. Das Warenwirtschaftssystem ist auf das Modellunternehmen des Informationshandbuches abgestimmt.

Im Downloadbereich BuchPlusWeb steht auch das Arbeitsmaterial der Lernsituationen (WORD-, EXCEL- und POWERPOINT-Dateien) in digitaler Form zur Verfügung. Lernsituationsband, Informationshandbuch und das BuchPlusWeb-Material bilden eine ideale Basis für modernen, mediengestützten Unterricht.

Autoren und Verlag hoffen, dass die beiden Bände, das Warenwirtschaftssystem und die Materialien

* die berufspraktische Ausrichtung des Unterrichts in Einzelhandelsklassen fördern,
* das selbstständige Lernen der Auszubildenden unterstützen und – nicht zuletzt –
* die Freude am Lernen erhöhen.

Autoren und Verlag im Sommer 2020

LERNFELD 1 Das Einzelhandelsunternehmen repräsentieren

LERNFELD 2 Verkaufsgespräche kundenorientiert führen

LERNFELD 3 Kunden im Servicebereich Kasse betreuen

Warenwirtschaftssystem 1: Kassenwesen

LERNFELD 1
Das Einzelhandelsunternehmen repräsentieren

1 Den Ausbildungsbetrieb vorstellen

Erster Schultag in einer Berufsschulklasse.

In der ersten und zweiten Stunde hatten sich die Schülerinnen und Schüler mithilfe eines Steckbriefs gegenseitig vorgestellt, schließlich muss man ja die nächsten zwei oder drei Jahre in dieser Klasse zusammenarbeiten.

Frau Bennemann, die Klassenlehrerin, leitet nun den nächsten Schritt in der Kennenlernphase ein.

Bennemann: *„Nachdem Sie sich nun persönlich etwas näher kennengelernt haben, möchte ich, dass wir uns auch die Ausbildungsbetriebe genauer anschauen."*

Stefanie: „Die kennen wir doch bereits von vorhin. Dirk ist bei Saturn, Melanie lernt in dem kleinen Textilfachgeschäft Sonnleitner und Marc will bei Aldi Karriere machen."

Bennemann: *„Natürlich, wir kennen die Namen der Ausbildungsbetriebe und können uns ein wenig darunter vorstellen. Manche haben sicherlich diese Geschäfte schon einmal als Kunde kennengelernt. Nun wollen wir aber mehr über das Unternehmen erfahren, in dem Sie ausgebildet werden. Hülya hat offensichtlich eine spezielle Frage."*

Hülya: „Ja, ich möchte gerne wissen, ob Stefanie einen netten Chef oder eine nette Chefin hat."

Stefanie: „Sag ich aber nicht, weil euch das nichts angeht."

Dirk: „Mich interessiert, wie viel Umsatz der Naturkostladen am Tag macht."

Stefanie: „Das darf ich nicht sagen, weil das ein Betriebsgeheimnis ist."

Bennemann: *„Jetzt wissen wir immerhin, was nicht in die Vorstellung der Ausbildungsbetriebe hineingehört. Klara hat eine gute Idee – ich sehe es ihr an."*

Klara: „Ich denke, wir sollten wissen, wo der Ausbildungsbetrieb genau liegt, auf der grünen Wiese, im Stadtzentrum oder in einer Seitenstraße. Das ist doch sicher wichtig für den Erfolg eines Geschäftes."

Erkan: „Mich würde interessieren, wie groß die Ausbildungsbetriebe sind. Unser Baumarkt ist z. B. riesig. Stefanies Naturkostladen würde da bestimmt 10-mal hineinpassen – nehme ich mal an."

Micha: „Ich war noch nie in einem Naturkostgeschäft. Was verkauft ihr da eigentlich?"

Melanie: „Wie viele Mitarbeiter sind in dem Laden beschäftigt? Wir sind zwar nur ein kleines Textilfachgeschäft, aber wir haben sehr viele Beschäftigte: zwei Vollzeitkräfte, mindestens acht Teilzeitkräfte und mich als Auszubildende. Dann müssen in Erkans Baumarkt ja Hunderte von Mitarbeitern herumlaufen."

Bennemann: *„Gut, da haben wir ja schon die wichtigsten Gesichtspunkte. Wie bekommen Sie eigentlich die Angaben über Ihren Ausbildungsbetrieb? Wollen Sie heimlich die Verkaufsfläche ausmessen?"*

Gabriela: „Ich frage einfach meinen Ausbilder. Der sagt mir das bestimmt."

Bennemann: *„Genau, informieren Sie Ihren Ausbilder über die betrieblichen Daten, die Sie hier in der Schule vorstellen. Außerdem bitte ich Sie nachzufragen, ob Ihr Ausbildungsbetrieb über ein Unternehmensleitbild und ein einheitliches Firmenzeichen/Logo verfügt, die Sie hier vorstellen können."*

ARBEITSAUFTRAG
Stellen Sie der Klasse Ihren Ausbildungsbetrieb vor.

VORSCHLÄGE ZUM VORGEHEN

1. Informieren Sie Ihren Ausbilder über Ihre Aufgabe und stellen Sie mit ihm die Daten zusammen.
2. Gehen Sie mindestens auf die Gesichtspunkte Standort, Größe der Verkaufsfläche, Sortimentsschwerpunkt, eigener Tätigkeitsbereich und Zahl der Mitarbeiter ein.
3. Wenn Ihr Ausbildungsbetrieb über ein Unternehmensleitbild verfügt: Machen Sie deutlich, welche Themen in diesem Leitbild angesprochen werden und von welchen Grundsätzen sich die Mitarbeiter Ihres Ausbildungsbetriebes nach diesem Text leiten lassen.
4. Gibt es in Ihrem Ausbildungsbetrieb ein einheitliches Firmenzeichen (Firmenname oder Logo), stellen Sie das Zeichen vor.
5. Bereiten Sie die Informationen für eine Präsentation auf. Beachten Sie dazu die Präsentationstechniken im Anhang des Informationshandbuchs.
6. Bemühen Sie sich um eine anschauliche Darstellung.

AUFGABEN

1

Eine Drogeriemarkt-Kette hat auf ihrer Webseite das Unternehmensleitbild „Grundsätze des Unternehmens" veröffentlicht.

Grundsätze des Unternehmens
Wir sehen als Wirtschaftsgemeinschaft die ständige Herausforderung, ein Unternehmen zu gestalten, durch das wir

* die Konsumbedürfnisse unserer Kunden veredeln,
* den zusammenarbeitenden Menschen Entwicklungsmöglichkeiten bieten und
* als Gemeinschaft vorbildlich in unserem Umfeld wirken wollen.

1. Kundengrundsätze
Wir wollen uns beim Konsumenten – dem Wettbewerb gegenüber – mit allen geeigneten Marketinginstrumenten profilieren, um eine bewusst einkaufende Stammkundschaft zu gewinnen, deren Bedürfnisse wir mit unserem Waren- und Dienstleistungsangebot veredeln.

Sich die Probleme des Konsumenten zu eigen machen

2. Mitarbeitergrundsätze
Wir wollen allen Mitarbeitern helfen, Umfang und Struktur unseres Unternehmens zu erkennen, und jedem die Gewissheit geben, in seiner Aufgabe objektiv wahrgenommen zu werden.

Transparenz und Geradlinigkeit

Wir wollen allen Mitarbeitern die Möglichkeit geben,

* gemeinsam voneinander zu lernen,
* einander als Menschen zu begegnen,

* die Individualität des anderen anzuerkennen, um die Voraussetzungen zu schaffen,
* sich selbst zu erkennen und entwickeln zu wollen und
* sich mit den gestellten Aufgaben verbinden zu können.

Bereitschaft zur Zusammenarbeit in Gruppen

3. Partnergrundsätze
Wir wollen mit unseren Partnern eine langfristige, zuverlässige und faire Zusammenarbeit pflegen, damit für sie erkennbar wird, dass wir ein Partner sind, mit dem sie ihre Zielsetzungen verwirklichen können.

Erkennen seines Wesens

Anerkennen seiner Eigentümlichkeit

Vergleichen Sie das Leitbild mit dem Leitbild des City-Warenhauses Bauer im Informationshandbuch, indem Sie die Gemeinsamkeiten und die Unterschiede der beiden Leitbilder beschreiben.

2

Im Leitbild „Ausbildung in drei Säulen“ einer Drogeriemarkt-Kette werden bestimmte Qualifikationen betont, die man bei den Auszubildenden besonders fördern möchte.

Ausbildung in drei Säulen

Ausbildungskonzept „Lernen in der Arbeit“
* keine Ausbildung durch Beibringen und Nachahmen, sondern durch individuelle Lernaufgaben,
* die selbstständig unter realen Arbeitsbedingungen erarbeitet werden müssen;
* kommt der Auszubildende bei einer Aufgabenstellung allein nicht weiter, hilft ihm der Ausbilder in Zwischengesprächen mit Tipps und führt ihn so zum Ergebnis;
* es „sollen“/dürfen Fehler gemacht und aus diesen gelernt werden;
* Austausch von Erfahrungen und Hilfestellung unter den Auszubildenden sind ausdrücklich erwünscht.

Schulische Ausbildung
* enge Kooperation mit Berufsschulen;
* Mitarbeit des Unternehmens in Ausschüssen zur Modernisierung der Drogisten-Ausbildung;
* Engagement der Ausbilder und Ausbilderinnen in Prüfungsausschüssen der Industrie- und Handelskammern.

Kultur
* Theaterworkshops dienen der Persönlichkeitsentwicklung der Auszubildenden, fördern z. B. die Teamfähigkeit und stärken das Selbstbewusstsein.

a Halten Sie die Qualifikationen in einer Übersicht nach dem Muster fest.

Muster

Säule	Qualifikation
1. „Lernen in der Arbeit“	
2. Schulische Ausbildung	
3. Kultur	

b Beurteilen Sie, ob die angestrebten Qualifikationen nach Ihrer Meinung durch die genannten Ausbildungsmaßnahmen auch erreicht werden können.

3

Die Umweltleitlinien einer großen Unternehmensgruppe des Einzelhandels liegen als Textauszug vor.

Wir verpflichten uns zur Einhaltung nachfolgender Umweltschutzleitlinien zur kontinuierlichen Verbesserung des betrieblichen Umweltschutzes.

Wir binden unsere Mitarbeiter durch Information und Schulung in unsere Umweltpolitik ein. Damit fördern wir ihre Bereitschaft, sich umweltgerecht zu verhalten und durch ihr Vorbild andere von der Notwendigkeit des Umweltschutzes zu überzeugen. Wir informieren unsere Kunden glaubwürdig und kompetent über Umweltschutzmaßnahmen und fördern dadurch ihre Bereitschaft zur aktiven Unterstützung. Wir bevorzugen umweltgerechte Produkte und stellen diese unseren Kunden gegenüber besonders heraus. Im Lebensmittelsortiment fördern wir Produkte aus artgerechter Tierhaltung und kontrolliert ökologischem Anbau. Wir binden unsere Lieferanten und andere Geschäftspartner konsequent in die Verwirklichung unserer Umweltschutzziele ein. Bevorzugt arbeiten wir mit Partnern zusammen, die sich ebenfalls grundsätzlich dem Schutz unserer Umwelt verpflichtet haben. Durch intelligente Logistikkonzepte und moderne Technik reduzieren wir Schadstoffemissionen, Energieverbrauch und Lärmbelästigung auf ein Minimum. Wir vermeiden Abfall und gestalten notwendige Entsorgungsvorgänge umweltgerecht. Wir arbeiten zusammen mit Umwelt- und Verbraucherverbänden sowie mit politischen Institutionen und fördern freiwillige Vereinbarungen zum Schutze der Umwelt. Durch eine gezielte Öffentlichkeitsarbeit verdeutlichen wir unser Umweltengagement und werben somit – auch über die Grenzen unseres Unternehmens hinaus – für den Umweltschutz.

Schadstoffemissionen: Schadstoffausstoß

a Bilden Sie sinnvolle Textabschnitte.

b Gliedern Sie den Text in einer Mindmap.

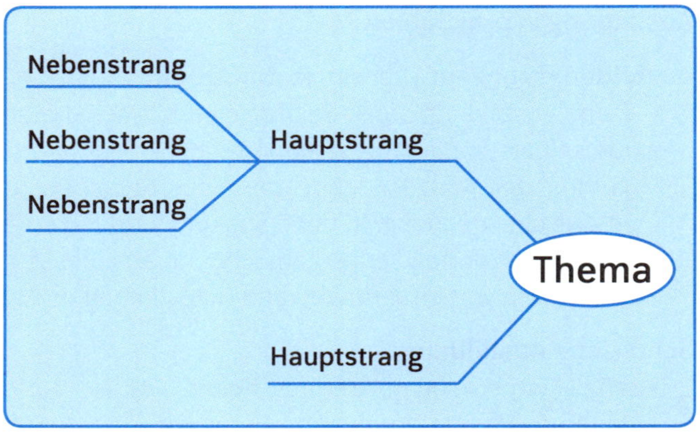

4

Nehmen Sie an, Sie dürften an der Formulierung eines Leitbildes für Ihren Ausbildungsbetrieb mitwirken.

Entwerfen Sie einen Text für ein Unternehmensleitbild nach Ihren Vorstellungen.

5

Claudia hat gerade ihre Abschlussprüfung als Verkäuferin in einem Feinkostgeschäft erfolgreich abgeschlossen. Sie meint, dass sie mit der Gründung eines eigenen Onlineshops Erfolg haben könnte. Das Sortiment soll aus ausgewählten Teesorten bestehen.

Begründen Sie, welches Unternehmensziel für Claudia in der Anfangsphase der Shop-Gründung vermutlich an erster Stelle steht:

* Gewinnmaximierung,
* Marktmacht oder
* Sicherheit.

6

Auch für eine Berufsschulklasse kann man ein Leitbild entwickeln, auf das sich alle Unterrichtenden, Schülerinnen und Schüler verpflichten.

a Erstellen Sie den Text für ein Klassenleitbild.

b Sorgen Sie durch geeignete Maßnahmen dafür, dass sich alle Mitglieder der Klasse mit dem Leitbild identifizieren.

7

Firmenzeichen als Firmenname oder Logo sollen sich in das Bewusstsein der Kunden einprägen. Dies gelingt am besten, wenn das Firmenzeichen aussagekräftig und leicht zu merken ist.

Betrachten Sie unter diesem Gesichtspunkt das Firmenzeichen des City-Warenhauses Bauer, indem Sie nachfolgende Teilaufgaben lösen.

a **Beschreiben Sie den Aufbau des Logos.**

b **Begründen Sie, ob das Logo aussagekräftig und leicht zu merken ist.**

c **Beschreiben und beurteilen Sie das Logo Ihres Ausbildungsbetriebes, falls vorhanden, sonst wählen Sie das Logo eines bekannten Einzelhandelsunternehmens aus.**

2 Anforderungen an Kundenberater/-innen

Nachdem die Ausbildungsbetriebe in der Berufsschulklasse vorgestellt worden sind, lautet das heutige Thema „Anforderungen an Kundenberater/-innen“.

Was erwarten Kunden heute von Verkaufsmitarbeitern im Einzelhandel? Die Schülerinnen und Schüler der Klasse haben ihre Vorstellungen auf Karten zusammengetragen und erläutert. Jessica und Bernd haben nun die Aufgabe, die Stichworte nach fünf Oberbegriffen zu ordnen:

1. Fachwissen
2. Selbstbewusstsein
3. Erscheinungsbild
4. Aufrichtigkeit
5. Sympathie

Dies sind die Stichworte, die nach Meinung der Klasse die wichtigsten Anforderungen an Kundenberater/-innen darstellen.

Äußeres	Kunden ausreden lassen	informationsfreudig
Beratung	zuhören können	hilfsbereit
Freundlichkeit	Ehrlichkeit	geduldig
Offenheit	Höflichkeit	gepflegtes Erscheinungsbild
Fachwissen	verständnisvoll	Verantwortung
Interesse zeigen	auf Kunden zugehen	kompetent
kontaktfreudig	kann beraten	Wohlgefühl vermitteln
Ausdauer	Sprache	sicher auftreten
Verständnis		

ARBEITSAUFTRAG

Ordnen Sie die Stichworte den fünf Oberbegriffen zu. Ergänzen Sie dazu die gegebene Übersicht.

Anforderungen an Kundenberater/-innen				
Fachwissen	Selbstbewusstsein	Erscheinungsbild	Aufrichtigkeit	Sympathie

AUFGABEN

1

Anforderungen an Kundenberater/-innen zu formulieren ist eine Sache. Diese Forderungen auch einzuhalten eine andere.

Beurteilen Sie die Situationen a bis i, die Probleme beim Umgang mit Kunden sichtbar machen.

a In einem Lebensmittel-Supermarkt ist Nina Auszubildende. Die Verräumung und Präsentation von Ware zählt hier zu den wichtigsten Tätigkeiten. Nina wird von einer älteren Dame angesprochen: „Entschuldigen Sie bitte, auf der Käseverpackung steht immer solch eine Abkürzung. Können Sie mir bitte sagen, was Fett i. Tr. heißt?" Nina antwortet: „Keine Ahnung. Aber fragen Sie mal den Chef. Für Fachfragen ist der zuständig."

b In der Elektroabteilung eines Warenhauses haben sich Frank und Michael am Montagmorgen viel zu erzählen. Zum Glück ist der Abteilungsleiter krank, da kann man seine Wochenenderlebnisse ausgiebig austauschen. Leider gibt es aber auch Kunden, die sich offensichtlich die morgendliche Langeweile durch Einkaufen vertreiben wollen.

Kunde: „Guten Morgen. Entschuldigen Sie bitte, wo finde ich denn diese großen Ventilatoren, die man unter die Decke montiert?"

Frank: „Morgen. So etwas haben wir nicht."

Kunde: „Aber die stehen doch heute Morgen als Sonderangebote in Ihrer Zeitungsbeilage."

Frank: „Ach, die meinen Sie. Die stehen dort drüben."

Kunden: „Wo bitte?"

Frank weist mit seiner Hand auf einen Sonderstand im hinteren Bereich der Abteilung.

Frank: „Drüben!"

Kunde: „Entschuldigung, aber ich sehe sie immer noch nicht."

Frank: „Sie müssen sich schon dort hinbewegen."

Kunde: „Eh – ja, danke."

Frank: „Bitte."

c Bei einem vornehmen Herrenausstatter ist Ibrahim Auszubildender. Als Rapper trägt er auch bei der Arbeit eine goldene Halskette, eine sehr weite Jeans und einen Kapuzenpulli, große Sportschuhe mit geöffneten Schnürsenkeln und eine tief ins Gesicht gezogene Wollmütze. Während er gerade damit beschäftigt ist, Anzüge zu ordnen, wird er von einem etwa 55-jährigen Kunden um Beratung gebeten. Ibrahim sagt zu dem Kunden: „Dieser etwas schlanker geschnittene Nadelstreifenanzug steht Ihnen noch besser als der dunkelblaue Anzug in der konventionellen Linienführung."

d In der Filiale eines Sportfachgeschäftes ist Arzu Auszubildende. Sie trägt seit gestern in ihrer Nase und in ihrer Lippe ein Piercing. Am Morgen begegnet sie dem Verkaufsleiter.

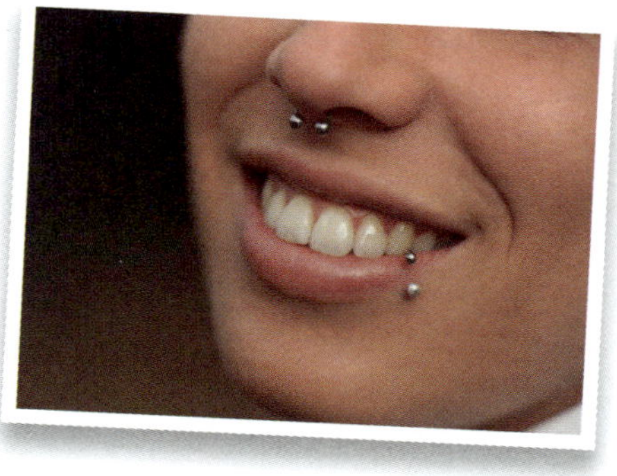

Verkaufsleiter: „Ja, wie sehen Sie denn aus?"

Arzu: *„Wieso?"*

Verkaufsleiter: „Wollen Sie etwa sagen, dass Sie unsere Kunden mit diesen Dingern in Ihrem Gesicht bedienen?"

Arzu: *„Ja, und?"*

Verkaufsleiter: „Das dulde ich nicht, haben Sie mich verstanden?"

Arzu: *„Aber, das ist doch nicht so schlimm ..."*

Verkaufsleiter: „Wenn ich Ihnen sage, dass Sie die Piercings 'rausmachen, dann machen Sie sie 'raus, verstanden?"

e In einem Spielwarenfachgeschäft lässt sich eine Kundin, von ihrem kleinen Sohn begleitet, verschiedene Bagger zeigen.

Verkäuferin: (zum Kind gewandt) „Schau mal, mit diesem Hebel kannst du die Schaufel bewegen wie bei einem richtigen Bagger. Probier's doch mal!"

Während der Junge den Bagger mit großem Interesse ausprobiert, schaut die Mutter auf das Preisetikett.

Kundin: „Was, 70,00 €, das ist viel zu teuer. Komm, Klaus, stell den Bagger sofort weg!"

Das Kind heult wie ein Sirene auf.

Kundin: „Nein, das kommt überhaupt nicht infrage."

Der kurzzeitig verstummte Heulton des Kindes setzt mit größerer Lautstärke wieder ein. Die übrigen Kunden und das Verkaufspersonal schauen herüber. Der rote Kopf zeigt die Verlegenheit der Kundin, ihr Blick wirkt verzweifelt.

Kundin zum Sohn: „Ja, ja, schon gut."

Verkäuferin: *„Ich schreibe den Bagger dann auf."*

Nachdem die Kundin das Geschäft verlassen hat, taucht der Abteilungsleiter auf.

Abteilungsleiter: „Was war denn los?"

Verkäuferin: *„Nichts Besonderes, nur mein kleiner Kaufbeschleuniger. Was man einem Kind in die Hand gibt, ist so gut wie verkauft."*

f In einem Supermarkt gibt es eine eigene Bäckerei. Zwar wird jeden Tag gebacken, aber die ausliegenden Brote werden nicht immer am Tag verkauft, an dem sie aus dem Backofen kommen. Eine Kundin wünscht ein Brot vom Vortag.

Kundin: „Geben Sie mir bitte das kleine Mischbrot dort links."

Kundenberaterin: *„Sehr gerne."*

Kundin: „Ist das Brot auch frisch?"

g In demselben Supermarkt soll Melanie das Kühlregal mit Molkereiprodukten auffüllen. Ihre Abteilungsleiterin sieht, wie sie den neuen Kräuterkäse vor den alten einräumt: „Moment mal, der frische Käse kommt nach hinten, hinter den alten!"
Kurze Zeit später kommt eine Kundin genau an diese Stelle des Regals und betrachtet auf verschiedenen Packungen Kräuterkäse das Verfallsdatum. Sie wendet sich an Melanie, die ganz in ihrer Nähe steht und weiterhin Ware nachräumt: „He, warum verstecken Sie eigentlich den frischen Käse vor den Kunden?"

h **In einem Textilfachgeschäft interessiert sich eine Kundin mittleren Alters für eine giftgrüne Jacke aus der vorletzten Saison. Die Ware ist schon zum dritten Mal im Preis herabgesetzt worden. Wer den Ladenhüter endlich verkauft, erhält sogar eine Prämie von 5,00 €. Leider hat die Kundin feuerrote Haare; zusammen mit dem Giftgrün sieht sie schrecklich aus. Die Kundin ist aber offensichtlich von der Jacke angetan. Sie steht vor dem Spiegel, bewundert sich und fragt in erwartungsvollem Tonfall: „Sagen Sie, wie steht mir die Jacke?"**

i **Im Modefachgeschäft für anspruchsvolle Kunden ist Laura Verkäuferin. Ihr Chef erwartet, dass sie sich angemessen und elegant kleidet. Die Kosten für Bekleidung, Schmuck und Kosmetik muss Laura allerdings selbst tragen.**

2

Über den Umgang mit Kunden gibt es unterschiedliche Vorstellungen.

Beurteilen Sie die Aussagen.

1 „Der Kunde ist König. Da bleibt einem wohl nichts anderes übrig, als freundlich zu bleiben, auch wenn der Kunde schlecht gelaunt ist."

2 „Ein Verkaufsgespräch läuft besser, wenn man den Kunden im Verkaufsgespräch anlächelt und ihn freundlich behandelt. Mir macht das Verkaufen dann auch mehr Spaß."

3 „Kunden haben es gern, wenn man etwas ‚dienert'."

4 „Ich verrichte nur meine Arbeit. Niemand kann verlangen, dass mir das Spaß macht."

3

Zu Beginn ihrer Ausbildung haben Auszubildende häufig noch nicht viel Selbstbewusstsein.

Geben Sie Ihre Meinung zu den nachstehenden Aussagen über den Erwerb von Selbstbewusstsein begründet wieder.

1 Selbstbewusstsein ist angeboren.

2 Selbstbewusstsein erlernt man in der frühen Kindheit.

3 Selbstbewusstsein kommt im Laufe der Ausbildung automatisch.

4 Selbstbewusstsein kann man durch aktives Tun erwerben.

5 Selbstbewusstsein hat man oder hat man nicht.

4

Berufliche Fachkenntnisse können auf unterschiedlichen Wegen erworben werden.

Begründen Sie, wo Verkaufsmitarbeiter die Fachkenntnisse für ihren Beruf erwerben können.

1 nur im Ausbildungsbetrieb

2 nur in der Berufsschule

3 im Ausbildungsbetrieb und in der Berufsschule

4 vor allen Dingen durch selbstständigen Wissenserwerb

5 überwiegend durch eigenes Studium von Fachliteratur und durch Suche im Internet

5

Teamarbeit siehe Anhang des Informationshandbuches

Claudia, Jennifer, Dennis, Stefan und Axel sind in ihrer Einzelhandelsklasse seit einem halben Jahr ein Team. Alle haben unterschiedliche Stärken.

Claudia fallen immer sofort die besten Ideen ein, wie man eine Aufgabe erledigen kann. Sofort nachdem die Gruppe die Aufgabenstellung erhalten hat, sprudeln bei Claudia die Ideen. Zwar fehlt noch der Zusammenhang, und die Frage, wie diese Ideen umgesetzt werden können, bleibt noch völlig offen. Es ist aber immer wieder erstaunlich, wie viele Ideen Claudia spontan einfallen.

Jennifer kann Informationen, die dem Team zur Verfügung gestellt werden, schnell aufnehmen und überzeugend argumentieren. Die übrigen folgen ihren Vorschlägen dann gerne.

Dennis kümmert sich, dass nicht nur diskutiert, sondern auch gehandelt wird. Er setzt gerne Ideen um und will immer sofort mit der Arbeit anfangen, ist aber auch etwas vorlaut.

Stefan behält immer den Überblick, verteilt die Arbeiten in der Gruppe und achtet auf die Zeit. Ohne ihn würde die Gruppe oft zu keinem Ergebnis kommen.

Axel ist wortgewandt und kann andere Menschen gut überzeugen.

a Ordnen Sie die fünf Auszubildenden den aufgeführten Team-Typen zu.

Team-Typ	Name
der/die Macher/-in	
der/die Kreative	
der Verkäufertyp	
der Beratertyp	
der/die Organisator/-in	

Die Gruppe hat den Auftrag erhalten, in der nächsten Woche das Leitbild eines Ausbildungsbetriebes in der Klasse vorzustellen. Dennis hat versprochen, das Leitbild seines Ausbildungsbetriebes als Text mitzubringen. Dennis hat seine Aufgabe nicht vergessen. Nun liegt der Text in der Mitte des Gruppentisches. Allen ist klar, dass man den Text nicht einfach vorlesen kann; er muss für die Klasse interessant aufbereitet werden. Und die Präsentation muss irgendwie von allen Gruppenmitgliedern getragen werden.

b Entwickeln Sie Vorschläge, wie sich die Teammitglieder mit ihren Stärken in den Gruppenarbeitsprozess einbringen können. Beschreiben Sie dazu einen idealen Verlauf der Gruppenarbeit.

Beispiel
„Bevor der Text gelesen wird, hat Claudia bereits die ersten Ideen entwickelt, wie man vorgehen könnte ..."

Das Team ist im Laufe der Zeit immer stärker zusammen gewachsen. Allerdings gibt es auch gelegentlich Probleme.

Problem 1
Axel kann wirklich gut formulieren und Sachverhalte anschaulich darstellen. Aber manchmal hat er leider andere Dinge zu tun als das gemeinsame Thema zu bearbeiten: Er lernt (heimlich) für die Klassenarbeit in der übernächsten Stunde oder er spielt unter dem Tisch mit seinem Smartphone. Die übrigen Gruppenmitglieder wissen nicht, wie sie ihn für das gemeinsame Ziel verantwortlich machen sollen.

Problem 2
Claudia liefert immer gute Ideen. Nur wenn gerechnet werden muss, ist sie schnell an ihrer Grenze. Es fällt ihr sehr schwer, ein mathematisches Problem zu verstehen und zu lösen. Stefan ist bei rechnerischen Aufgaben hingegen spitze.

Problem 3

Manchmal ist die Aufgabe, die die Gruppe lösen soll, sehr umfangreich. Die gemeinsame Diskussion und die gemeinsame Lösung von Einzelproblemen kostet sehr viel Zeit, sodass sie gelegentlich nicht fertig werden. Stefan mahnt dann immer die Zeit an, aber es geht nicht schneller.

Problem 4

Letztens gab es eine sehr ärgerliche Situation. Man hatte sich geeinigt, die restlichen Arbeiten aufzuteilen und zu Hause für die Präsentation vorzubereiten. Am Tag, an dem die Gruppe ihre Arbeitsergebnisse vorstellen sollte, fehlte Axel. Er hatte schon vor zwei Tagen in der Schule angerufen, dass er wegen einer Erkältung nicht zur Schule kommen könne. Nun fehlte sein wichtiger Beitrag und die Präsentation vor der Klasse war eine kleine Katastrophe. Jennifer: „Es ist gemein, wie der Axel uns hier im Stich lässt!"

c **Finden Sie für die vier Problemsituationen Lösungen, die den Zusammenhalt im Team verbessern.**

6

In der Projektarbeit bearbeiten Auszubildende eine umfangreiche praxis- und lebensnahe Aufgabenstellung in selbstständiger und eigenverantwortlicher Weise.

Projektarbeit siehe Anhang im Informationshandbuch

Prüfen Sie, ob sich die nachfolgenden Vorhaben für ein Projekt eignen.

1 Die Industrie- und Handelskammer veranstaltet eine Job-Börse, auf der sich Ausbildungsbetriebe vorstellen, um Schülerinnen und Schülern als Auszubildende zu gewinnen. Auch die Berufsschule ist eingeladen, sich an der Börse zu beteiligen, indem sie Jugendlichen Einblick in die schulische Ausbildung bestimmter Berufe gegeben wird.

2 Eine Einzelhandelsklasse erhält den Auftrag, einen Stand für die Job-Börse vorzubereiten.

3 Die Teams in einer Einzelhandelsklasse sollen für einen Ausbildungsbetrieb ein passendes Logo entwerfen.

4 Eine Klasse aus dem 3. Ausbildungsjahr soll für die neuen Auszubildenden am 1. Schultag eine Schulrallye organisieren, bei der die Auszubildenden die Räume und Anlaufstellen des Hauses kennenlernen.

7

Ausbildungsbetriebe bieten unterschiedliche Karrieremöglichkeiten.

Betrachten Sie Ihren Ausbildungsbetrieb und beschreiben Sie, welcher berufliche Aufstieg in Ihrem Betrieb nach Abschluss Ihrer Ausbildung möglich ist.

3 Die Beschäftigungszeit einer Auszubildenden festlegen

Die Mitarbeiter des City-Warenhauses Bauer sind im Informationshandbuch dargestellt.

Im Büro des Geschäftsführers des City-Warenhauses Bauer

Herr Bauer: „Morgen kommt unsere neue Auszubildende Karin Dombach. Sie benötigt noch einen Einsatzplan. Nehmen Sie am besten den Plan Ihrer Vorgängerin, das ist am einfachsten."

Frau Dehn: *„Da gab es aber einige Probleme mit dem Jugendarbeitsschutzgesetz wegen der Beschäftigungszeit."*

Herr Bauer: „Ach ja, da war ja der Ärger mit der Unterrichtszeit in der Berufsschule."

Frau Dehn: *„Und die Pausenregelung und die Samstagarbeit – es gab viele Schwierigkeiten."*

Herr Bauer: „Wie alt ist denn die junge Dame?"

Frau Dehn: *„17 Jahre."*

Herr Bauer: „Wir sollten zukünftig nur noch Volljährige einstellen, das ist einfacher. Überprüfen Sie den Plan, sodass er mit den Bestimmungen des Jugendarbeitsschutzgesetzes übereinstimmt und die 40 Stunden[1] nicht überschritten werden. Sie soll aber auch nicht zu wenig arbeiten!"

Frau Dehn: *„Nein, nein, ich werde es genau ausrechnen."*

Alter Einsatzplan

Tag	Arbeits- und Unterrichtszeiten
Montag	09:00 bis 12:30 Uhr, 13:30 bis 18:30 Uhr Betrieb
Dienstag	08:00 bis 11:15 Uhr Berufsschule (08:00 bis 09:30/15 Min. Pause/09:45 bis 11:15), 13:30 bis 18:30 Uhr Betrieb
Mittwoch	morgens frei, 13:30 bis 18:30 Uhr Betrieb
Donnerstag	08:00 bis 13:00 Berufsschule (08:00 bis 09:30/15 Min. Pause/09:45 bis 11:15/15 Min. Pause/11:30 bis 13:00 Uhr)
Freitag	09:00 bis 12:30 Uhr, 13:30 bis 18:30 Uhr Betrieb
Samstag	09:00 bis 14:00 Uhr Betrieb

Erläuterungen zum JArbSchG im Informationshandbuch

Alter Einsatzplan in tabellarischer Darstellung

Montag	Std.	Dienstag	Std.	Mittwoch	Std.	Donnerstag	Std.	Freitag	Std.	Samstag	Std.	Summe
09:00–12:30	3,50	08:00–11:15	3,25			08:00–13:00	8,00	09:00–12:30	3,50	09:00–14:00	5,00	
12:30–13:30	Pause							12:30–13:30	Pause			
13:30–18:30	5,00	13:30–18:30	5,00	13:30–18:30	5,00			13:30–18:30	5,00			
Beschäftigungszeit	8,50		8,25		5,00		8,00		8,50		5,00	43,25
Schichtzeit	9,50		10,50		5,00		8,00		9,50		5,00	

[1] Beachten Sie den aktuellen Tarifvertrag für den Einzelhandel. In Ausbildungsverträgen wird in der Regel von 40 Stunden Beschäftigungszeit ausgegangen.

ARBEITSAUFTRAG

Erstellen Sie einen Einsatzplan für die neue Auszubildende, der den Bestimmungen des Jugendarbeitsschutzgesetzes entspricht.

VORSCHLÄGE ZUM VORGEHEN

1. Überprüfen Sie den dargestellten Einsatzplan. Gehen Sie dabei vor allem auf Bestimmungen des Jugendarbeitsschutzgesetzes ein:
   * Pausenregelung (§ 11)
   * Anrechnung der Berufsschulzeit (§ 9)
   * tägliche Arbeitszeit (§ 8)
   * Schichtzeit (§ 12)
   * Samstags- und Sonntagsruhe (§§ 16, 17)
   * Fünftagewoche (§ 15)
   * wöchentliche Arbeitszeit (§ 8)

   Die durchschnittliche tägliche Ausbildungszeit (Beschäftigungszeit) beträgt acht Stunden.
2. Erstellen Sie anschließend einen neuen Einsatzplan, der den gesetzlichen Bestimmungen entspricht. Verwenden Sie das Formular auf Seite 20.

Neuer Einsatzplan (Arbeitsauftrag)

Montag	Std.	Dienstag	Std.	Mittwoch	Std.	Donnerstag	Std.	Freitag	Std.	Samstag	Std.	Summe
Beschäftigungszeit												
Schichtzeit												

Aufgabe 1

Montag	Std.	Dienstag	Std.	Mittwoch	Std.	Donnerstag	Std.	Freitag	Std.	Samstag	Std.	Summe
Beschäftigungszeit												
Schichtzeit												

AUFGABEN

1

Nachdem Sie einen fremden Einsatzplan auf die Regelungen des Jugendarbeitsschutzgesetzes überprüft und angepasst haben, sollten Sie in der Lage sein, die Bestimmungen des Gesetzes auch auf Ihren eigenen Einsatzplan in Ihrem Ausbildungsbetrieb anzuwenden.

a **Entwickeln Sie eine Übersicht wie im Arbeitsauftrag, die nun aber Ihre eigenen Beschäftigungszeiten wiedergibt.**

b **Beurteilen Sie, ob Ihre Arbeitszeit den Bestimmungen des Jugendarbeitsschutzgesetzes und der tariflichen Arbeitszeit entspricht. Verwenden Sie die Übersicht auf Seite 20.**

2

Die 17-jährige Sabine hat an einem Dienstag ihre Zwischenprüfung abzulegen.

Begründen Sie mithilfe des Auszugs aus dem Jugendarbeitsschutzgesetz, ob sie nach der Zwischenprüfung noch zur Ausbildung in das Warenhaus kommen muss. JArbSchG § 10

§10 Prüfungen und außerbetriebliche Ausbildungsmaßnahmen

(1) Der Arbeitgeber hat den Jugendlichen

1. für die Teilnahme an Prüfungen und Ausbildungsmaßnahmen, die aufgrund öffentlich-rechtlicher oder vertraglicher Bestimmungen außerhalb der Ausbildungsstätte durchzuführen sind,
2. an dem Arbeitstag, der der schriftlichen Abschlussprüfung unmittelbar vorangeht, freizustellen.

(2) Auf die Arbeitszeit werden angerechnet

1. die Freistellung nach Absatz 1 Nr. 1 mit der Zeit der Teilnahme einschließlich der Pausen,
2. die Freistellung nach Absatz 1 Nr. 2 mit acht Stunden.

Ein Entgeltausfall darf nicht eintreten.

3

Die Aussagen des Jugendarbeitsschutzgesetzes zur Arbeitszeit sind für Auszubildende immer von großem Interesse.

Geben Sie an, welche der Aussagen richtig sind.

1 Das JArbSchG gilt auch für Auszubildende, die das 18. Lebensjahr vollendet haben.

2 Ein Berufsschultag mit mindestens 5 Zeitstunden wird mit 8 Arbeitsstunden angerechnet.

3 Ein Schultag mit mehr als 5 Unterrichtsstunden wird einmal in der Woche mit 8 Stunden Arbeitszeit angerechnet.

4 Die Arbeitszeit ist ohne Pausen, die Schulzeit einschließlich Pausen anzusetzen.

5 Jugendliche dürfen im Einzelhandel samstags, jedoch nicht sonntags beschäftigt werden.

Aufgaben zur Prüfungsvorbereitung

4

Die 17-jährige Auszubildende Christine Sauter soll an den berufsschulfreien Tagen von 08:00 bis 17:00 Uhr beschäftigt werden.

Stellen Sie anhand des Auszugs aus dem Jugendarbeitsschutzgesetz fest, wann Christine spätestens eine Pause bekommen muss.

1 um 10:00 Uhr

2 um 11:30 Uhr

3 um 12:30 Uhr

4 um 13:30 Uhr

5 um 14:30 Uhr

JArbSchG § 11

§ 11 Ruhepausen, Aufenthaltsräume

(1) Jugendlichen müssen im Voraus feststehende Ruhepausen von angemessener Dauer gewährt werden. Die Ruhepausen müssen mindestens betragen

1. 30 Minuten bei einer Arbeitszeit von mehr als viereinhalb bis zu sechs Stunden,
2. 60 Minuten bei einer Arbeitszeit von mehr als sechs Stunden.

Als Ruhepause gilt nur eine Arbeitsunterbrechung von mindestens 15 Minuten.

(2) Die Ruhepausen müssen in angemessener zeitlicher Lage gewährt werden, frühestens eine Stunde nach Beginn und spätestens eine Stunde vor Ende der Arbeitszeit. Länger als viereinhalb Stunden hintereinander dürfen Jugendliche nicht ohne Ruhepause beschäftigt werden ...

5

In einem Klassengespräch wird die Frage diskutiert, für wen das Jugendarbeitsschutzgesetz gilt.

Klären Sie diese Fragen, indem Sie aus den fünf Aussagen die zutreffende kennzeichnen.
Das Jugendarbeitsschutzgesetz ...

1 verbietet ohne Ausnahme die Beschäftigung von Kindern.

2 regelt die Rechte des Jugendlichen, die sich in einem Arbeitsverhältnis befinden.

3 gilt grundsätzlich für die Beschäftigung von Kindern und Jugendlichen unter 18 Jahren.

4 gilt für Jugendliche, die mindestens 16 Jahre, aber noch nicht 18 Jahre alt sind.

5 betrifft ausschließlich Auszubildende, die in einem anerkannten Ausbildungsberuf ausgebildet werden.

4 Rechte und Pflichten aus dem Ausbildungsvertrag gegenüberstellen

Peter ist Auszubildender im City-Warenhaus Bauer. Heute ist er in der Berufsschule und unterhält sich mit Christian, der seine Ausbildung in einem Baumarkt macht.

§ § § **Berufsbildungsgesetz** § § § §

Die Broschüre „Ausbildung und Beruf – Rechte und Pflichten während der Ausbildung" kann kostenlos beim Bundesministerium für Bildung und Forschung (bmbf) angefordert werden.

www.bmbf.de

Peter: „Christian, warum warst du denn letzte Woche mal wieder nicht in der Berufsschule? Du musst dir unbedingt die Unterlagen kopieren, wir haben in zwei Fächern neue Themen angefangen, die gar nicht so einfach sind."

Christian: „Ich kann nichts dafür. Ich musste mal wieder arbeiten, weil wir unterbesetzt sind. Wie so oft. Und das im ersten Ausbildungsjahr. Das fängt wirklich gut an."

Peter: „Habt ihr so wenig Einnahmen, dass ihr nicht ausreichend Personal bezahlen könnt? Oder warum stellt euer Chef dann nicht mehr ein?"

Christian: „Von wegen. Gestern habe ich gesehen, dass wir an einem Tag etwa 13 000,00 € einnehmen. Unser Chef ist einfach geizig."

Peter: „Sei doch froh, dass euer Betrieb so gut läuft. Ich habe gestern ein Telefonat meines Chefs mit der Bank mitbekommen, in dem er um einen weiteren Kredit gebeten hat. Diesen kriegt er aber wohl nicht. Das ist schon ein schlechtes Zeichen und macht mir echt Angst. Vor allem kommt noch hinzu, dass er mir mitgeteilt hat, dass er eventuell meine Ausbildungsvergütung um 50 % kürzen wird. Das hat momentan auch zur Folge, dass ich nicht mehr so motiviert bin, was sich auf meine Arbeit auswirkt. Fehler sind bei mir zurzeit an der Tagesordnung. Letztens sind mir beim Einräumen mehrere Flaschen mit hochwertigem Wein auf den Boden geknallt. Es roch wie in einer Kneipe."

Christian: „Und – was hat dein Ausbilder gesagt?"

Peter: „Nichts, aber am Monatsende hatte ich 35,00 € Ausbildungsvergütung weniger auf dem Konto."

Christian: „Das ist aber übel. Bei uns gibt es so etwas nicht. Gestern musste ich allerdings helfen, Rollen mit Dachpappe zu einem Kunden bringen. Der verlangte, dass mein Arbeitskollege und ich die Rollen über eine Leiter auf ein Flachdach bringen. Eine schwere Rolle auf der Schulter und dann die Leiter hoch. Da hatte ich schon ein mulmiges Gefühl."

Peter: „Das finde ich aber unverantwortlich. Hast du das nicht deinem Ausbilder gesagt?"

Christian: „Doch, ich habe ihn ja vorher angerufen und gefragt, ob ich das wirklich machen muss. Er hat es begrüßt und meinte nur, das sei Kundenorientierung. – Ich hab's ja überlebt. Komm, wir müssen jetzt wieder in den Unterricht."

ARBEITSAUFTRAG

Stellen Sie fest, gegen welche Bestimmungen des Berufsbildungsgesetzes im Text verstoßen wurde.

VORSCHLÄGE ZUM VORGEHEN

1. Wählen Sie die Textstellen aus, die auf einen Verstoß gegen das Berufsbildungsgesetz hindeuten.
2. Beschreiben Sie, gegen welche Pflicht aus dem Gesetz verstoßen worden ist.
3. Geben Sie an, wer diesen Verstoß zu vertreten hat.
4. Verwenden Sie eine Tabelle nach dem Muster.

Textbeispiel	Verstoß gegen	Verantwortung bei Ausbilder oder Auszubildendem?
„Ich musste mal wieder arbeiten."		

AUFGABEN

1

Das Berufsbildungsgesetz benennt die an der Ausbildung Beteiligten mit speziellen Fachbegriffen, die sich allerdings stark ähneln und daher nicht so einfach auseinanderzuhalten sind.

Unterscheiden Sie zwischen dem Ausbildenden, dem Ausbilder und dem Auszubildenden nach dem BBiG.

2

Saskia hat von ihrem Ausbilder zu Beginn ihrer Ausbildung eine Übersicht mit ihren Pflichten während der Berufsausbildung erhalten.

Stellen Sie fest, welche beiden Pflichten nicht mit dem Bestimmungen des Berufsbildungsgesetzes übereinstimmen.

1 Die Hauptpflicht der Auszubildenden ist die Lernpflicht, das bedeutet, dass sich Auszubildende nach besten Kräften – körperlich und geistig – um das Erlernen des von ihnen gewählten Berufs bemühen.

2 Auszubildende haben die ihnen aufgetragenen Aufgaben sorgfältig auszuführen.

3 Führen Fehler von Auszubildenden zu einem Schaden für den Betrieb, sind Auszubildende schadenersatzpflichtig.

4 Auszubildende sind verpflichtet, an den Ausbildungsmaßnahmen teilzunehmen, für die sie freigestellt werden (z. B. für den Besuch der Berufsschule). Bei dringenden betrieblichen Erfordernissen kann der Betrieb die Freistellung bis zu dreimal im Jahr zurücknehmen.

5 Die Auszubildenden haben den Weisungen zu folgen, die ihnen im Rahmen der Berufsausbildung von Ausbildenden, von Ausbildern oder Ausbilderinnen oder anderen weisungsberechtigten Personen erteilt werden.

6 Die Auszubildenden haben die für die Ausbildungsstätte geltende Ordnung zu beachten.

7 Die Auszubildenden sind verpflichtet, über Betriebs- und Geschäftsgeheimnisse Stillschweigen zu bewahren.

3

Ausbildungsverhältnisse werden vorzugsweise im Berufsbildungsgesetz geregelt. Für jugendliche Auszubildende gilt zusätzlich das Jugendarbeitsschutzgesetz.

Geben Sie an, in welchem Gesetz Sie nähere Informationen zu den unten genannten Sachverhalten finden könnten. Ergänzen Sie die Ziffern des zutreffenden Gesetzes in den Kästchen.

1 Jugendarbeitsschutzgesetz (JArbSchG)

2 Berufsbildungsgesetz (BBiG)

Der Ausbildungsvertrag ist schriftlich festzuhalten.	
Die Beschäftigung von Kindern unter 14 Jahren ist verboten.	
Die Ausbildungszeit kann verkürzt werden.	
Die Zulassung zur Abschlussprüfung setzt die Teilnahme an der Zwischenprüfung voraus.	
Freistellung von der Arbeit am Tag vor der schriftlichen Abschlussprüfung.	
Nach Beendigung der täglichen Arbeitszeit muss eine ununterbrochene Freizeit von mindestens 12 Stunden gewährt werden.	
Beschäftigung nur in der Zeit von 06:00 bis 20:00 Uhr.	
Der Auszubildende hat einen Ausbildungsnachweis zu führen (Berichtsheft).	

4

Jeweils am Freitag einer Woche muss Stefan sein Berichtsheft als Ausbildungsnachweis seinem Ausbilder vorlegen. Am Montag erhält er es zurück – häufig mit Anmerkungen des Ausbilders.

„Nervig!", dachte Stefan immer wieder: „Was soll man da denn immer hineinschreiben? Es wiederholt sich doch alles! Muss das eigentlich sein?"

Prüfen Sie anhand der Textauszüge, ob Stefan verpflichtet ist, das Berichtsheft zu führen.

Berufsbildungsgesetz

§ 5 Ausbildungsordnung

[...]

(2) Die Ausbildungsordnung kann vorsehen

[...]

7. dass Auszubildende einen schriftlichen Ausbildungsnachweis zu führen haben.

Ausbildungsordnung für Verkäuferinnen/Verkäufer/Kaufleute im Einzelhandel

§ 7 Schriftlicher Ausbildungsnachweis

(1) Die Auszubildenden haben einen schriftlichen Ausbildungsnachweis zu führen. Dazu ist ihnen während der Ausbildungszeit Gelegenheit zu geben.

(2) Die Ausbildenden haben den Ausbildungsnachweis regelmäßig durchzusehen.

5

Die Abschlussprüfungen für Verkäuferinnen, Verkäufer und für Kaufleute im Einzelhandel finden gewöhnlich im Juni oder Juli eines Jahres statt. Das Enddatum des Ausbildungsvertrages ist regelmäßig der 31. Juli.

Claudia hat ihre Abschlussprüfung als Verkäuferin mit „gut" bestanden. Da sie in ihrem Ausbildungsbetrieb nicht weiterbeschäftigt werden kann, verabschiedet sie sich am Tage der mündlichen Prüfung, es ist der 15. Juni, im Betrieb, um am nächsten Tag ihre neue Arbeitsstelle anzutreten. „Moment mal", sagt da ihr Ausbilder: „Ihre Ausbildung dauert bis zum 31. Juli dieses Jahres. So steht es im Ausbildungsvertrag und so habe ich Sie bei mir auch eingeplant."

Beurteilen Sie die Situation. Ermitteln Sie, ob ein Verstoß gegen das BBiG vorliegt.

6

Die 16-jährige Anne Sänger hat mit dem Textilfachgeschäft Weikamp einen Ausbildungsvertrag abgeschlossen.

Markieren Sie die Unterlage, die Anne zu Beginn ihrer Ausbildung dem Textilfachgeschäft vorlegen muss.

1 Zeugnis über den erfolgreichen Besuch der Hauptschule

2 Geburtsurkunde

3 Praktikumsnachweis im Einzelhandel

4 Bescheinigung über eine ärztliche Erstuntersuchung nach dem Jugendarbeitsschutzgesetz

5 Personalausweis

7

Am Montagmorgen in einer Einzelhandelsklasse der Berufsschule kontrolliert der Klassenlehrer die Anwesenheit der Schülerinnen und Schüler. Er liest die Namen in alphabetischer Reihenfolge vor.

Lehrer: *„Markus Anders?"*

Markus: „Hier!"

Lehrer: *„Melanie Bader?"*

Melanie: „Ja!"

Lehrer: *„Katrin Bennemann – fehlt seit der letzten Woche."*

Katrin: „Nein, ich bin wieder hier. In der letzten Woche konnte ich nicht zur Schule kommen, ich war nämlich krank."

Lehrer: *„Das ist aber nett, dass ich das auch noch erfahre. Warum liegt dann die Krankmeldung – unterschrieben von Ihrem Ausbilder – nicht auf meinem Tisch?"*

Katrin: „Wieso das denn, was hat denn der Betrieb damit zu tun, wenn ich in der Schule wegen Krankheit fehle. Es müsste doch reichen, wenn ich Ihnen heute sage, dass ich krank war."

Lehrer: *„Nein, das reicht nicht, ich hatte Ihnen schon zu Beginn des Schuljahres erklärt: Wer fehlt, benachrichtigt das Schulbüro oder mich telefonisch und am ersten Schultag nach der Abwesenheit bekomme ich eine schriftliche Krankmeldung oder die Kopie der Arbeitsunfähigkeitsbescheinigung eines Arztes. Diese Krankmeldung mit der Unterschrift des Ausbilders bringen Sie nun bitte nächsten Mittwoch mit."*

Katrin: „Ja, ja. Aber ich glaube kaum, dass sich unser Ausbilder dafür interessiert, ob ich wegen Krankheit in der Schule gefehlt habe oder nicht."

Schreiben Sie an Katrins Stelle eine Krankmeldung, wie sie der Klassenlehrer im Eingangsbeispiel fordert.

Briefdaten

Absender: Katrin Bennemann, Steinstraße 22, eigener Wohnort

Empfänger: Anschrift der Berufsschule, Name der Klassenlehrerin/des Klassenlehrers und Klassenbezeichnung

Fehlzeiten: Montag, 14.08.20.., und Mittwoch, 16.08.20..

8

Ausbildungsbetriebe organisieren für ihre Auszubildenden häufig Fortbildungsveranstaltungen oder Prüfungsvorbereitungskurse. Wenn diese zentral für mehrere Filialen stattfinden, kann es zu Überschneidungen mit den Berufsschulzeiten kommen. Dann ist es erforderlich, bei der Berufsschule eine Freistellung vom Unterricht zu beantragen.

Entwerfen Sie ein Schreiben an die Berufsschule, in dem Sie um Freistellung vom Unterricht bitten, um an einer überbetrieblichen Fortbildungsveranstaltung teilzunehmen. Das Thema der Veranstaltung lautet „Kommunikation am Telefon". Weitere Daten, z. B. Termin, wählen Sie selbst.

5 Ein Ausbildungsverhältnis kündigen

Die Auszubildende Karin Dombach hat am 1. August 20(0) eine Ausbildung begonnen. Am 15. Dezember des gleichen Jahres erhält sie an einem Montagmorgen von Herrn Bauer den Auftrag, am Stand vor dem Geschäft Kunden zu bedienen. Karin aber weigert sich, an diesem kalten und feuchten Dezembertag draußen zu stehen. Sie begründet es damit, dass die Witterungsbedingungen ihre Gesundheit gefährden. Herr Bauer mahnt sie ausdrücklich, seinen Weisungen zu folgen. Karin aber widersetzt sich beharrlich der Anordnung, den Stand zu betreuen. Daraufhin schickt Herr Bauer Karin nach Hause mit den Worten: „Sie brauchen sich hier nicht mehr sehen zu lassen. Ihr Ausbildungsverhältnis ist ab sofort beendet."

Erst zu Hause wird Karin klar, dass ihr gekündigt worden ist. Zweifel kommen auf, ob sie richtig gehandelt hat. Es wäre doch einfach gewesen, die Anweisung des Ausbilders zu befolgen. Was werden ihre Eltern sagen, wenn sie hören, dass die Ausbildung nach 4½ Monaten beendet worden ist, noch dazu durch eine Kündigung des Ausbildenden und unter Umständen, die einem Rauswurf gleichkommen.

Wie werden zukünftige Arbeitgeber reagieren, wenn sie diesen Sachverhalt im Lebenslauf lesen? Besser wäre es zumindest, Karin hätte gekündigt.

Kann man denn ein Ausbildungsverhältnis so einfach beenden? Karin fragt sich, was sie eigentlich Schlimmes getan hat.

Andererseits: Karin versteht ihr Verhalten auch als Reaktion auf eine gewisse Unzufriedenheit mit ihrer Ausbildungssituation. Im Frühjahr hatte sie die Wahl zwischen einer Ausbildung zur Floristin und zur Kauffrau im Einzelhandel. Vielleicht wäre die Ausbildung im Blumenhaus Weigel doch besser gewesen. Ein Anruf bei Weigel ergibt, dass der Ausbildungsplatz noch frei ist. Am 1. Februar könnte sie anfangen. Die Entscheidung ist gefallen: Floristin im Blumenhaus Weigel. Und den Ausbildungsvertrag im City-Warenhaus Bauer selbst kündigen – falls das überhaupt möglich ist.

ARBEITSAUFTRAG

Prüfen Sie, ob die Kündigung des Ausbildungsverhältnisses durch Herrn Bauer rechtlich wirksam ist und kündigen Sie an Karins Stelle den Ausbildungsvertrag mit dem Warenhaus form- und fristgerecht, falls das möglich ist.

Hinweis: Im Ausbildungsvertrag ist eine Probezeit von 4 Monaten vereinbart worden.

VORSCHLÄGE ZUM VORGEHEN

Die Beantwortung einiger Fragen erleichtert die Lösung des Arbeitsauftrags.

1. Gegen welche Pflicht aus dem Berufsbildungsgesetz (BBiG) hat Karin unter Umständen verstoßen?
2. Welche Pflichten hat Herr Bauer zu berücksichtigen?
3. Ist unter der Voraussetzung, dass Karin gegen ihre Pflichten verstoßen hat, die Kündigung wirksam erfolgt?
4. Wie wäre die Rechtslage, wenn sich Karin noch in der Probezeit befände?

Briefdaten

Absender: Karin Dombach, Claudiusstraße 23, 40474 Düsseldorf

Empfänger: City-Warenhaus Bauer, Oberstraße 17, 40878 Ratingen

Wählen Sie als Briefdatum einen Zeitpunkt, der die Kündigungsfrist beachtet.

AUFGABEN

1

Situation 1
Alex Binder, Auszubildender im 2. Ausbildungsjahr, erscheint an vier Unterrichtstagen jeweils etwa 30 Minuten verspätet zum Unterricht. Nach der Benachrichtigung durch den Klassenlehrer erhält Alex vom Ausbildenden am 15. August eine schriftliche Kündigung, die das Ausbildungsverhältnis zum 31. August beendet.

Situation 2
Simone Steffens hat ihre Ausbildung am 1. August 20(0) begonnen. Im Ausbildungsvertrag ist eine Probezeit von 2 Monaten vereinbart. Am 15. September kündigt sie fristlos, weil ihr der Unterricht in der Berufsschule nicht zusagt.

Stellen Sie fest, ob die Kündigungen in beiden Situationen rechtswirksam sind.

2

In drei Fällen hat der Arbeitgeber oder Ausbildende das Arbeits- oder Ausbildungsverhältnis fristlos gekündigt (Bagatellkündigungen).

Fall 1: „Das war doch nur eine Kleinigkeit"
Barbara E. ist seit 30 Jahren in einem Lebensmittelsupermarkt beschäftigt. Sie arbeitet dort als Kassiererin. Eines Tages erhält sie vom Filialleiter zwei Leergutbons im Wert von 82 und 48 Cent, die ein Kunde vermutlich verloren hat. Frau E. soll die Bons aufbewahren, bis sich der Eigentümer meldet. Als auch nach 10 Tagen noch niemand Ansprüche geltend gemacht hat, löst Frau E. die Bons bei ihrem eigenen Personaleinkauf ein. Der Vorgang wird vom Filialleiter entdeckt und als Unterschlagung und grober Vertrauensmissbrauch bewertet.

Fall 2: „Das wäre doch sowieso im Müll gelandet"
Thomas ist Auszubildender in einem Kaufhaus. Am Hintereingang des Unternehmens steht ein Müllcontainer, der einmal in der Woche geleert wird. Als Thomas auf dem Weg nach Hause an dem Container vorbeikommt, sieht er, dass darin ein Bürostuhl liegt, der nach seiner Meinung noch ganz passabel aussieht. „Den kriege ich wieder hin", denkt er und lädt den Stuhl auf sein Fahrrad.

Der Ausbilder hat den Vorgang beobachtet und das Ausbildungsverhältnis am nächsten Tag wegen Diebstahls gekündigt.

Fall 3: „Wegen 1,8 Cent?"
Ein Computerfachmann mit 19-jähriger Betriebszugehörigkeit und bisher einwandfreiem betrieblichem Verhalten hatte die Batterie seines Elektrorollers an seinem Arbeitsplatz aufgeladen. Die Kosten dieses Ladevorgangs betrugen 1,8 Cent. Ihm wurde deshalb gekündigt.

Begründen Sie, ob die Kündigungen nach Ihrer Meinung gerechtfertigt sind.

3

Situation 1
Als Carina, seit dem 1. August 20(0) Auszubildende als Kauffrau im Einzelhandel, am Morgen des 15. Oktober 20(0) wie gewohnt im Ausbildungsbetrieb erscheint, sagt ihr Ausbildender: „Ach Carina, du kannst wieder nach Hause fahren. Wir wollen das Ausbildungsverhältnis ab sofort beenden." Carina ist wie vor den Kopf gestoßen: „Aber was habe ich denn falsch gemacht?" will sie wissen. Ihr Ausbildender sagt nur: „Du kannst deine persönlichen Sachen mitnehmen".

Situation 2
Kevin ist Auszubildender im 2. Ausbildungsjahr. Am 16. September 20(0) wird er von seinem Ausbilder beim Diebstahl erwischt. Nachdem er alles gestanden hat, wird er mit sofortiger Wirkung gekündigt und nach Hause geschickt. Am 5. Oktober 20(0) erhält Kevin Post: Es ist eine schriftliche Kündigung seines ehemaligen Ausbildenden.

„Komisch“, sagt er zu seiner Freundin, „ich hätte gar nicht gedacht, dass die das auch noch schriftlich machen.“ Die Freundin fragt: „Gilt das denn jetzt überhaupt noch?“

Beurteilen Sie die beiden Fälle unter Berücksichtigung der Pflichten von Auszubildenden und Ausbildenden.

4

Saskia Braun hat mit dem Textilfachgeschäft in ihrem Ausbildungsvertrag eine Probezeit von 4 Monaten vereinbart.

Markieren Sie den Fall, in dem Saskia ihr Ausbildungsverhältnis auch nach Ablauf der Probezeit kündigen kann.

1 Wenn der Notendurchschnitt in der Berufsschule schlechter als 4,0 ist.

2 Wenn sie von der Damen- in die Kinderabteilung des Textilfachgeschäftes versetzt werden soll.

3 Wenn es zu einem Streit mit einer Arbeitskollegin kommt.

4 Wenn sie einen anderen Ausbildungsberuf ergreifen möchte.

5 Wenn sie die 4-wöchige Kündigungsfrist einhält.

5

Ergänzen Sie die Übersicht zur Beendigung eines Ausbildungsverhältnisses.

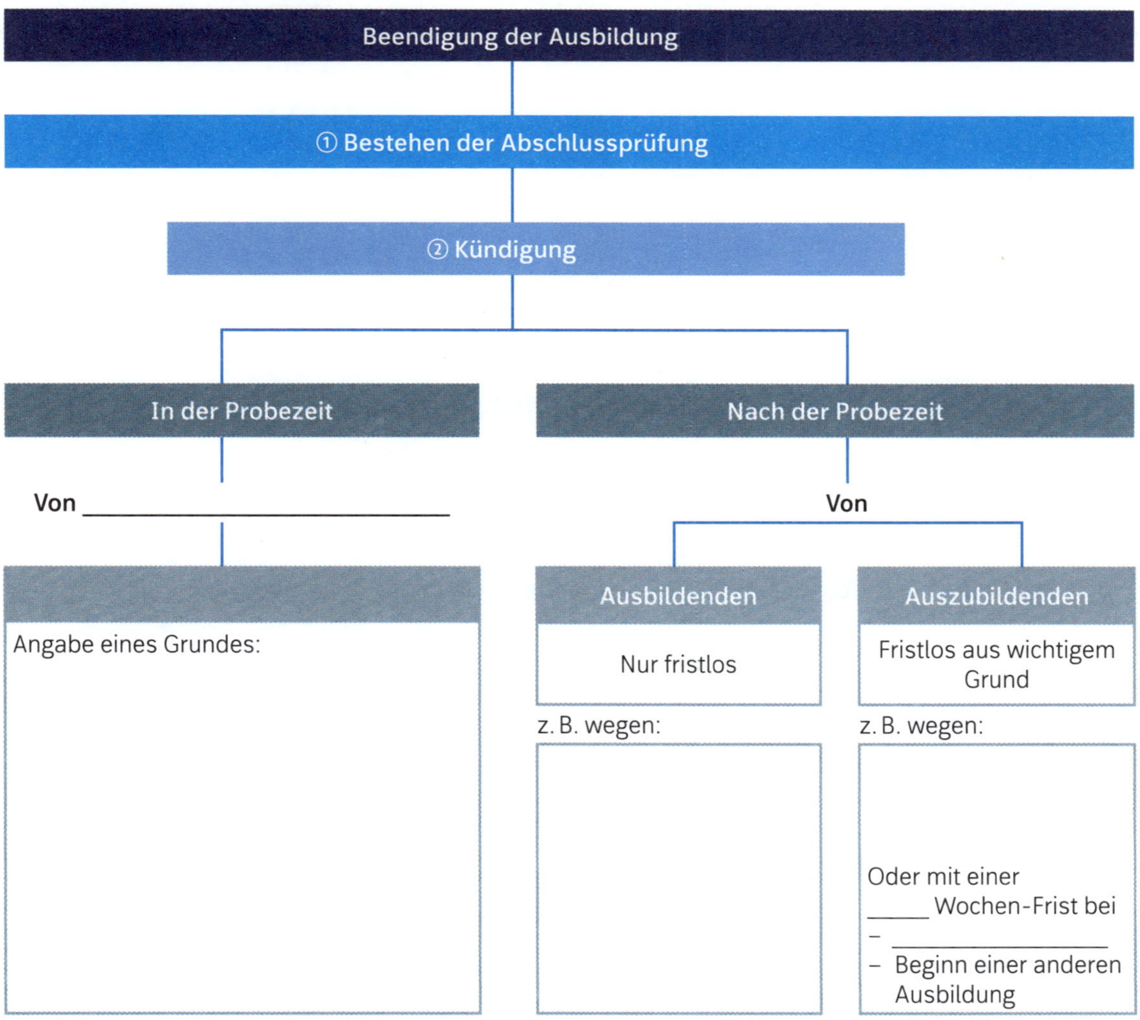

Aufgaben zur Prüfungsvorbereitung

6

Im Einzelhandelsgeschäft Jens Schüller GmbH gibt es Probleme mit dem Auszubildenden Stefan Seiter. Der Ausbilder des Unternehmens informiert sich vorsorglich für den Fall einer Kündigung.

Stellen Sie fest, welche drei Aussagen zur Kündigung nach dem Berufsbildungsgesetz richtig sind.

1 Die Jens Schüller GmbH muss Kündigungsfristen beachten, falls sie das Ausbildungsverhältnis kündigen will.

2 Während der Probezeit kann das Ausbildungsverhältnis jederzeit und ohne Angabe von Gründen gekündigt werden.

3 Nach der Probezeit kann nur noch der Auszubildende kündigen.

4 Jede Kündigung muss schriftlich erfolgen.

5 Kündigt der Auszubildende aus wichtigem Grund, besteht keine Kündigungsfrist.

6 Will der Auszubildende die Ausbildung aufgeben, besteht eine Kündigungsfrist von 3 Monaten.

7

Herr Behrend, Ausbilder des Baumarkes Hemmert-Bau, steht im Eingangsbereich des Unternehmens und wartet auf den Auszubildenden Klaus, der mit eiligen Schritten auf ihn zukommt.

Behrend: *„Guten Abend, junger Mann! Ausgeschlafen?"*

Klaus: „Eh – guten Morgen. (stotternd) Ich musste heute Morgen leider noch ..."

Behrend: *(unterbricht) „Das ist jetzt das dritte Mal in drei Tagen, dass Sie zu spät kommen. Soll ich vielleicht einen Weckdienst beauftragen?"*

Klaus: „Es tut mir sehr leid, aber meine Mutter ist erkrankt und da muss ich mich morgens ..."

Behrend: *(unterbricht) „Wir beginnen morgens pünktlich, das gilt auch für den jungen Herrn!"*

Klaus: „... um meine Geschwister ..."

Behrend: *(unterbricht) „Das interessiert mich nicht. Hier herrscht Pünktlichkeit!*

Klaus: (kleinlaut) „Ja, ich werde mich wirklich bemühen."

Behrend: *„Das hoffe ich sehr, andernfalls werden Sie Konsequenzen zu spüren bekommen!"*

Feedback-Gespräche siehe Anhang des Informationsbandes

a Beurteilen Sie das Gespräch unter Beachtung der Feedback-Regeln.

b Entwerfen Sie ein neues Gespräch, das die Feedback-Regeln beachtet und umsetzt.

Feedback-Regeln

1 Positives Umfeld schaffen

2 Eigene Wahrnehmung schildern

3 Wirkungen (Gefühle) beschreiben, die die wahrgenommenen Sachverhalte in mir auslösen

4 Wunsch an den Feedback-Nehmer

5 Wechsel in einen Dialog

6 Ein Ausbildungszeugnis ausstellen

Am 28.12.20(0) übergibt Herr Bauer im Personalbüro des City-Warenhauses Karin ein Zeugnis: „Frau Dombach, Sie verlassen uns ja in Kürze. Ich habe daher Ihr Zeugnis fertiggestellt. Schauen Sie es sich bitte an, ob Sie damit einverstanden sind."

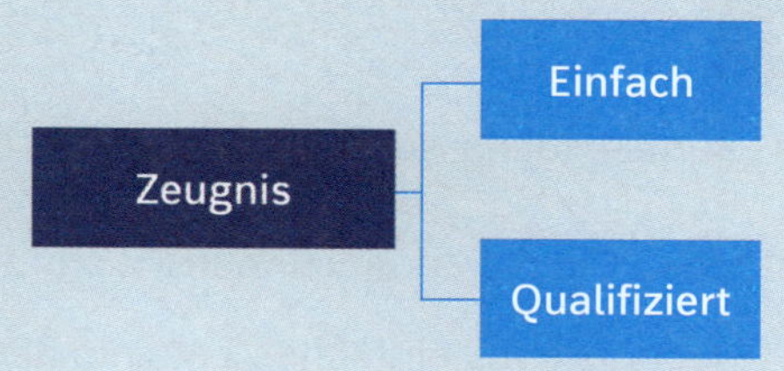

Ausbildungszeugnis

Die Auszubildende Karin Dombach hat vom 01.08.20(0) bis zum 31.12.20(0) in unserem Unternehmen eine Ausbildung zur Kauffrau im Einzelhandel absolviert. In dieser Zeit hat sie sich stets bemüht, die ihr übertragenen Arbeiten zu unserer Zufriedenheit zu erledigen. Sie beendet diese Ausbildung auf ihren Wunsch vorzeitig, um eine neue Ausbildung als Floristin zu beginnen. Wir wünschen Frau Dombach viel Erfolg in ihrem neuen Ausbildungsberuf.

Karin: „Ist das alles?"

Herr Bauer: *„Sie waren ja auch nur ein paar Monate bei uns beschäftigt."*

Karin: „In einem Schulzeugnis werden die Fächer genannt und die Noten, die man in diesen Fächern erreicht hat."

Herr Bauer: *„Wir haben hier aber keine Fächer, sondern Geschäftsbereiche, das ist etwas anderes."*

Karin: „Es heißt hier ‚stets bemüht' und ‚zu unserer Zufriedenheit' – Frau Melcher hat immer gesagt, dass ich alle Aufgaben, die man mir übertragen hat, sehr gut erledigt habe. Das kann man doch in ein Zeugnis schreiben."

Herr Bauer: *„Okay, dann machen Sie mal einen Entwurf für Ihr Zeugnis. Bevor ich unterschreibe, frage ich noch Frau Melcher, ob alles stimmt."*

ARBEITSAUFTRAG

Erstellen Sie ein qualifiziertes Zeugnis für Karin Dombach, das den Vorschriften des BBiG entspricht.

VORSCHLÄGE ZUM VORGEHEN

1. Gehen Sie von den Fertigkeiten und Kenntnissen aus, die Sie in Ihrem Ausbildungsbetrieb in den ersten Monaten Ihrer Ausbildung erworben haben.
2. Nutzen Sie die Formulierungshilfen der Tabelle zu erworbenen Fertigkeiten und Kenntnissen.

Formulierungshilfen zu erworbenen Fertigkeiten und Kenntnissen	
Fertigkeiten	Frau Dombach hatte in dieser Zeit Gelegenheit, den Umgang mit Kunden zu erlernen und erste Verkaufserfahrungen zu sammeln. Zu ihren Hauptaufgaben gehörte das Auszeichnen und Einräumen der Ware sowie die Warenpflege im Bereich ...
Kenntnisse	Daneben hat sie bei der Warenannahme geholfen und bei der Warenbestandsaufnahme mitgewirkt.
Formulierungshilfen zu Führung, Leistung und besondere fachliche Fähigkeiten	
Führung	... bei Kunden und Mitarbeitern wegen ihres freundlichen Wesens geschätzt ...; gewissenhaft, ehrlich, pünktlich ...
Leistung	... die ihr übertragenen Aufgaben zu unserer vollsten Zufriedenheit/vollen Zufriedenheit/Zufriedenheit erledigt
besondere Fähigkeiten	... besonders einfühlsamer Umgang mit Kindern im Geschäft ...

AUFGABEN

1

Das Berufsbildungsgesetz unterscheidet einfache und qualifizierte Zeugnisse.

Versehen Sie die Zeugnisinhalte nach dem Berufsbildungsgesetz mit

a 1, wenn sie als einfaches Zeugnis den Mindestanforderungen entsprechen,

b 2, wenn sie zusätzliche Bestandteile eines qualifizierten Zeugnisses sind.

Art der Ausbildung	
Angaben über die Führung des Auszubildenden	
besondere fachliche Fähigkeiten	
Angaben über die Leistung des Auszubildenden	
Dauer der Ausbildung	
Angaben über die erworbenen Kenntnisse und Fähigkeiten	
Ziel der Ausbildung	

2

Jens Berger möchte sich auf eine neue Stelle im Einzelhandel bewerben. Darum sucht er aus seiner Dokumentenmappe die notwendigen Unterlagen zusammen. Unter anderem fällt ihm das alte Zeugnis seines Ausbildungsbetriebes in die Finger.

Zeugnis

Herr Jens Berger, geboren am 10.04.1990, hat von 2007 bis 2010 in unserem Betrieb seine Lehrzeit verbracht. Anschließend war er in verschiedenen Abteilungen unseres Hauses tätig. Herr Berger hat sich immer bemüht, die ihm übertragenen Arbeiten zu unserer Zufriedenheit zu erledigen. Gerne bestätigen wir, dass er stets bereit war, sich im Rahmen seiner Fähigkeiten einzusetzen, wobei er jederzeit hohes Verständnis für seine Arbeit zeigte. Wegen seiner Pünktlichkeit und wegen seines Verhaltens zu den Vorgesetzten war er uns stets ein gutes Vorbild. Seine Mitarbeiter lernten ihn als einen umgänglichen Kollegen kennen.

Nicht unerwähnt bleiben sollte, dass Herr Berger durch seine Geselligkeit zur Verbesserung des Betriebsklimas beitrug.

Wir trennen uns von ihm in gegenseitigem Einvernehmen und wünschen ihm alles Gute für die Zukunft.

Begründen Sie, welche Schulnote von 1 bis 6 sich nach Ihrer Einschätzung hinter den Formulierungen verbirgt.

3

Carsten Schmidt hat sein Ausbildungsverhältnis gekündigt, weil er doch einen Studienplatz erhalten hat, auf den er so lange gewartet hat. Er fragt sich nun, wie er von seinem Ausbildenden ein Zeugnis bekommen kann.

Finden Sie heraus, welche drei Aussagen richtig sind.

1 Carsten muss im Jugendarbeitsschutzgesetz nachsehen, weil dort die Zeugniserstellung geregelt ist.

2 Carsten muss seinen Ausbildenden auffordern, ihm ein Zeugnis auszustellen, weil der Ausbildende nur auf Anforderung verpflichtet ist, ein Zeugnis auszustellen.

3 Der Ausbildende muss Carsten am Ende der Berufsausbildung ein Zeugnis schreiben.

4 Wenn Carsten es wünscht, muss der Ausbildende im Zeugnis auch Angaben zur Führung, zur Leistung und zu besonderen fachlichen Fähigkeiten von Carsten machen.

5 Der Ausbildende muss das Zeugnis in einem wohlwollenden Ton verfassen.

6 Negative Leistungen des Auszubildenden dürfen nicht in ein Zeugnis einfließen.

4

Simone hat ihre Ausbildung als Verkäuferin beendet und wünscht ein qualifiziertes Zeugnis von ihrem Ausbildungsbetrieb.

Stellen Sie fest, ob Simone einen Rechtsanspruch auf dieses Zeugnis hat.

1 Ja, allerdings muss sie ihrem Betrieb die Mehrkosten erstatten.

2 Ja, das ergibt sich aus dem gültigen Manteltarifvertrag.

3 Ja, wenn sie gegenüber ihrem Ausbildungsbetrieb dies ausdrücklich verlangt.

4 Nein, am Ende der Ausbildung ist lediglich ein einfaches Zeugnis vorgesehen.

5 Nein, es ist Aufgabe des Berufsschulzeugnisses, Fertigkeiten, Kenntnisse und besondere fachliche Fähigkeiten zu bescheinigen.

7 Den Verlauf der Ausbildung planen

Simone, Auszubildende in der Abteilung Drogerie/Parfümerie im City-Warenhaus Bauer, unterhält sich mit Elena, einer Freundin aus der Berufsschule und Auszubildende in einem Lebensmittelsupermarkt.

Elena: „Kennst du das Fach ‚Verkaufsprozesse'?"

Simone: „Hm – hier in der Schule haben wir dieses Fach nicht."

Elena: „Nein, aber in der Zwischenprüfung als Prüfungsfach."

Simone: „Welche Zwischenprüfung?"

Elena: „Zu Beginn des nächsten Schuljahres muss ich an einer Zwischenprüfung teilnehmen – also in einem Jahr.
Sie ist notwendig, damit ich für die Abschlussprüfung zur Verkäuferin zugelassen werde – sagt mein Chef. Das müsste doch auch für dich gelten."

Simone: „Ich mache doch eine dreijährige Ausbildung zur Kauffrau im Einzelhandel. Da gibt es – soviel ich weiß – keine Zwischenprüfung. Aber ich bin bei deiner Verkäuferprüfung dabei – sagt mein Chef."

Elena: „An meiner Abschlussprüfung für Verkäuferinnen? – Merkwürdig!"

Simone: „Ja, es geht ein wenig durcheinander! Dann machen wir ja beide zwei Prüfungen, ich vielleicht drei – schrecklich! Müssen wir uns eigentlich jetzt schon um die Abschlussprüfung kümmern? Wir haben doch gerade erst angefangen."

Elena: „Ich weiß gerne, was auf mich zukommt. Darum möchte ich mir frühzeitig einen Überblick verschaffen.

Simone: Also wenn du dich schlau über deine Prüfungen machst, erkundige ich mich nach meinen. Dann erklären wir uns das gegenseitig und wissen anschließend beide Bescheid."

Elena: „Einverstanden! Aber ich glaube, du musst drei Prüfungen machen."

Simone: „Abwarten!"

ARBEITSAUFTRAG
Stellen Sie Ihren Ausbildungsverlauf im unten aufgeführten Plan dar.

VORSCHLÄGE ZUM VORGEHEN

1. Wählen Sie den Ausbildungsverlauf aus, der auf Ihr Ausbildungsziel zutrifft (Verkäuferin/Verkäufer, Kauffrau/Kaufmann im Einzelhandel).
2. Die Prüfungsdaten werden auf den Webseiten der Industrie- und Handelskammern frühzeitig veröffentlicht. Tragen Sie die Daten ein, soweit sie vorliegen.
3. In Ihrem Ausbildungsvertrag ist festgehalten, für welche Wahlbausteine (Wahlqualifikationen) Ihr Ausbildungsvertrag ausgelegt ist.
   * Verkäufer/-in: 1 von 4
   * Kaufleute im Einzelhandel: 1 von 4 und 3 von 8
4. Die Prüfungsfächer finden Sie im Informationshandbuch.

Zeitschiene	Ausbildungsverlauf Verkäuferin/Verkäufer (1. und 2. Ausbildungsjahr)				
	Ausbildungsbeginn	1 von 4 Wahlbausteinen			Sicherstellung der Warenpräsenz
		(im Ausbildungsvertrag angegeben)			Beratung von Kunden
					Kassensystemdaten und Kundenservice
					Werbung und Verkaufsförderung
	Zwischenprüfung	1 Prüfungsbereich:			
		Dauer:			Minuten
	Abschlussprüfung	4 Prüfungsbereiche:		Dauer	
		1.			
		2.			
		3.			
		4.			

Zeitschiene	Ausbildungsverlauf Kauffrau/Kaufmann im Einzelhandel (1. bis 3. Ausbildungsjahr)			
	Ausbildungsbeginn	1 von 4 Wahlbausteinen		Sicherstellung der Warenpräsenz
	(im Ausbildungsvertrag angegeben)			Beratung von Kunden
				Kassensystemdaten und Kundenservice
				Werbung und Verkaufsförderung
	3 von 8 Wahlbausteinen (1 Baustein aus den Nummern 1–3)			**1. Beratung von Kunden in komplexen Situationen**
				2. Beschaffung von Waren
				3. Warenbestandssteuerung
				4. kaufmännische Steuerung und Kontrolle
				5. Marketingmaßnahmen
				6. Onlinehandel
				7. Mitarbeiterführung und Entwicklung
				8. Vorbereitung unternehmerischer Selbstständigkeit

	Abschlussprüfung Teil 1	3 Prüfungsbereiche:	Dauer
		1.	
		2.	
		3.	
	Abschlussprüfung Teil 2	2 Prüfungsbereiche:	
		1.	
		2.	

AUFGABEN

1

Christian hat seine Prüfung zum Verkäufer mit den Teilergebnissen in der Tabelle abgeschlossen.

Berechnen Sie seine Abschlussnote mithilfe des IHK-Notenschlüssels.

Prüfungsergebnisse	Punkte	Faktor	gewichtete Punkte		Endergebnis (Schulnote)
1. Verkauf und Werbemaßnahmen	78	0,25			
2. Warenwirtschaft und Kalkulation	80	0,15			
3. Wirtschafts- und Sozialkunde	76	0,1			
4. Fachgespräch in der Wahlqualifikation	84	0,5			
	Summe	1,0		=	

IHK-Notenschlüssel

Punkte	100–92	unter 92–81	unter 81–67	unter 67–50	unter 50–30	unter 30
Note	1	2	3	4	5	6

2

Stefanie hat in ihrer Abschlussprüfung zur Kauffrau im Einzelhandel die Ergebnisse der Tabelle erreicht.

Berechnen Sie die Endnote der IHK-Prüfung für Stefanie.

Prüfungsergebnisse	Punkte	Faktor	gewichtete Punkte		Endergebnis (Schulnote)
Prüfung Verkäuferin (Teil 1)					
1. Verkauf und Werbemaßnahmen	82	0,15			
2. Warenwirtschaft und Kalkulation	78				
3. Wirtschafts- und Sozialkunde	48				
4. Fachgespräch in der Wahlqualifikation	85	X	X		
Prüfung Kauffrau im Einzelhandel (Teil 2)					
1. Geschäftsprozesse im Einzelhandel	78				
2. Fachgespräch in der Wahlqualifikation	82				
	Summen	1,0		=	

3

In einer Einzelhandelsklasse spielen Auszubildende verschiedene Prüfungsergebnisse unter der Fragestellung durch, ob man mit diesen Ergebnissen die Prüfung bestanden hat.

Stellen Sie fest, ob die dargestellten Ergebnisse zu einem Bestehen der Abschlussprüfung führen.

Beachten Sie den IHK-Notenschlüssel.

Verkäuferin/Verkäufer	a		b		c	
	Punkte	Note	Punkte	Note	Punkte	Note
1. Verkauf und Werbemaßnahmen	68		82		78	
2. Warenwirtschaft und Kalkulation	45		35		75	
3. Wirtschafts- und Sozialkunde	50		48		18	
4. Fachgespräch in der Wahlqualifikation	50		60		84	

Vier Mindestbedingungen müssen erfüllt sein, damit die Prüfung bestanden ist:

Leistungen
Gesamtergebnis mindestens ausreichend
im Prüfungsbereich Fachgespräch in der Wahlqualifikation mindestens ausreichend
in **zwei** schriftlichen Prüfungsbereichen mindestens ausreichend
in keinem Prüfungsbereich ungenügend

Kauffrau/Kaufmann im Einzelhandel	d		e		f	
Ergebnisse Teil 1 (Verkäuferin/Verkäufer)	Punkte	Note	Punkte	Note	Punkte	Note
1. Verkauf und Werbemaßnahmen	68		80		35	
2. Warenwirtschaft und Kalkulation	45		72		54	
3. Wirtschafts- und Sozialkunde	50		76		52	
Ergebnisse Teil 2						
1. Geschäftsprozesse im Einzelhandel	77		48		50	
2. Fachgespräch in der Wahlqualifikation	82		83		50	

Drei Mindestbedingungen müssen erfüllt sein, damit die Prüfung bestanden ist:

Leistungen
Gesamtergebnis aus Teil 1 und Teil 2 mindestens ausreichend
im Prüfungsbereich Geschäftsprozesse im Einzelhandel mindestens ausreichend
im Prüfungsbereich Fachgespräch in der Wahlqualifikation mindestens ausreichend

Aufgaben zur Prüfungsvorbereitung

4

Sebastian Maikasch hat eine 2-jährige Ausbildung zum Verkäufer abgeschlossen. Er ist sich nicht ganz sicher, zu welchem Datum seine Ausbildung endet.

Stellen Sie anhand der Daten fest, wann seine Ausbildung offiziell beendet ist.

Ereignis	Datum
Schriftliche Abschlussprüfung	03.05.20(0)
Fallbezogenes Fachgespräch (mündliche Prüfung), erfolgreicher Abschluss	04.06.20(0)
Übergabe des Zeugnisses in der Berufsschule und letzter Schultag	15.06.20(0)
Erhalt des IHK-Prüfungszeugnisses per Post	22.07.20(0)
Ende des Berufsausbildungsvertrages	31.07.20(0)

Situation zur Aufgabe 5 bis 7

Lena Bauer hat ihre Ausbildung im Sanitätshaus Böhmer sehr jung begonnen, sodass sie auch zum Zeitpunkt der Abschlussprüfung noch unter das Jugendarbeitsschutzgesetz fällt.

5

Lena möchte sich informieren, wie die Abschlussprüfung abläuft.

Nennen Sie die Stelle, die für Fragen der Ausbildung und der Abschlussprüfung zuständig ist.

1 Industrie- und Handelskammer

2 Schulamt der Stadt oder des Kreises

3 Berufsgenossenschaft des Handels

4 örtlicher Einzelhandelsverband

5 Amt für Arbeitsschutz (Gewerbeaufsichtsamt)

6

Heute hat Lena eine Mitteilung über den Termin für die schriftliche Abschlussprüfung erhalten. Sie möchte sich intensiv auf die Prüfung vorbereiten und bittet ihre Ausbilderin, für den Tag vor der schriftlichen Prüfung freigestellt zu werden.

Stellen Sie fest, ob das Sanitätshaus Lena für diesen Termin freistellen muss.

1 Ja, sie muss die ausgefallenen Stunden aber nachholen.

2 Ja, weil Lena noch unter das Jugendarbeitsschutzgesetz fällt.

3 Ja, sofern der Prüfungstag auf einen Berufsschultag fällt.

4 Nein, jugendliche Auszubildende werden nur für den Tag vor der mündlichen Prüfung freigestellt.

5 Nein, das hätte im Tarifvertrag vereinbart werden müssen, was aber nicht der Fall ist.

7

Lena wird nach der Ausbildung nicht vom Sanitätshaus Böhmer übernommen. Daher hat sie einen Arbeitsvertrag mit der Drogerie Köller abgeschlossen. Sie hat sich verpflichtet, die Arbeit in der Drogerie unmittelbar nach bestandener Abschlussprüfung aufzunehmen. Mit dem Tag der mündlichen Prüfung, am 24.07.20(0) hat sie ihre Ausbildung erfolgreich beendet. Der Ausbildungsvertrag endet am 31.07.20(0)

Geben Sie an, wann Lena frühestens in der Drogerie Köller mit der Arbeit beginnen kann.

1 Da sie den Arbeitsvertrag während ihrer Ausbildungszeit unterschrieben hat, muss das Sanitätshaus Böhmer der Arbeitsaufnahme in der Drogerie nach erfolgreicher Prüfung zustimmen.

2 Lena muss zunächst die Berufsschule bis zum Ende des Schuljahres besuchen. Danach kann sie ihre Arbeitsstelle antreten.

3 Da sie sich im Ausbildungsvertrag für eine Ausbildungsdauer bis zum 31.07.20(0) verpflichtet hat, muss sie bis zu diesem Termin im Ausbildungsbetrieb verbleiben.

4 Lena kann ab dem 25.07.20(0) in der Drogerie beginnen, weil das Ausbildungsverhältnis mit der bestandenen Abschlussprüfung endet.

5 Lena muss warten, bis sie von der IHK das Prüfungszeugnis erhalten hat.

8 Kundenansprüche wecken

In der Haushaltswarenabteilung des City-Warenhauses Bauer

Frau Bense: „Frau Beyer, wo bleiben Sie denn so lange?“

Frau Beyer: „Entschuldigen Sie, wir haben so viel zu tun.“

Frau Bense: „Ich brauche Informationen aus Ihrer Abteilung für die Frühjahrsplanung. Da Herr Thomas krank ist, müssen Sie mithelfen.“

Frau Beyer: „Wir fangen doch gerade erst mit dem Weihnachtsgeschäft an.“

Frau Bense: „Ich muss im Voraus planen, daher benötige ich von Ihnen Vorschläge, was unsere Kunden zu welchen Anlässen und zu welcher Zeit in den Monaten Januar bis März wünschen.“

Frau Beyer: „Woher soll ich denn wissen, was die Kunden im Frühjahr brauchen?“

Frau Bense: „Das wissen die Kunden zum großen Teil auch noch nicht, aber wir könnten sie an bestimmte Wünsche erinnern, ihre Bedürfnisse wecken, indem wir ihnen Warenvorschläge zu den entsprechenden Anlässen machen.“

ARBEITSAUFTRAG

Erstellen Sie einen Aktionsplan für die Frühjahrsplanung des City-Warenhauses.

VORSCHLÄGE ZUM VORGEHEN

1. Nehmen Sie einen Kalender zur Hand und halten Sie Anlässe und entsprechende Termine in den Monaten Januar bis März fest, die ein Haushaltswarengeschäft für Verkaufsaktionen nutzen kann.
2. Entwickeln Sie Aktionsideen, die zu diesen Anlässen passen, und machen Sie Vorschläge für Produkte, die sich bei diesen Aktionen gut verkaufen lassen.
3. Halten Sie die Ergebnisse Ihrer Überlegungen in einer Tabelle nach dem unten stehenden Muster fest.

Beispiel

Mitte bis Ende Januar haben die Menschen ein Bedürfnis nach Häuslichkeit, bedingt durch Schnee, Kälte und lange Abende. Der Haushaltswarenhandel wirbt in dieser Zeit mit sogenannten Haushaltswochen, in denen er nützliche und preisgünstige Haushaltsartikel anbietet, weil der Bedarf nach diesen Produkten groß ist und die Konsumenten daher leichter bereit sind, etwas zu kaufen.

Januar 20 (+1)

1 2 3 4 5 6 7 8 9 10 11 12 13 14 15 16 17 18 19 20 21 22 23 24 25 26 27 28 29 30 31

Haushaltswochen (11–24)

Muster

Aktionsplan 20(+1)			
Datum	Anlass	Aktionsidee	geeignete Produkte

AUFGABEN

1

In jeder Branche des Einzelhandels gibt es Zeiten, die sich für bestimmte Verkaufsaktionen eigenen.

Überlegen Sie sich für Ihren Ausbildungsbetrieb einen geeigneten 3-Monats-Zeitraum. Ordnen Sie dieser Zeit entsprechende Anlässe und Aktionsideen zu und entscheiden Sie sich für drei geeignete Warenarten, die Sie zu diesen Anlässen besonders herausstellen wollen.

2

Der Aktionsplanung aus dem Arbeitsauftrag und aus Aufgabe 1 lassen sich die volkswirtschaftlichen Begriffe Bedürfnisse, Bedarf, Nachfrage und Angebot zuordnen.

Wählen Sie einen Anlass aus Ihrem Ausbildungsbetrieb und halten Sie schriftlich fest,

1. **welche Bedürfnisse und**
2. **welcher Bedarf mit dem Anlass verbunden sind,**
3. **welche Nachfrage daraus entsteht,**
4. **welches Angebot der Einzelhändler bereithalten wird und**
5. **mit welchen konkreten Ansprüchen Kunden das Geschäft betreten könnten.**

Beispiel

Anlass:	Einschulung von Erstklässlern
Bedürfnisse:	Den Kindern den Einstieg in das Schulleben zu erleichtern. Den Anforderungen der Schule zu entsprechen.
Bedarf:	Schultüten, Ranzen, Schreibmappen, Hefte, Buntstifte
Nachfrage:	Erstklässler-Ausstattungen in den Preislagen von 35,00, 60,00, 80,00 und 150,00 €
Angebot:	Informationsbroschüren des Einzelhändlers mit Produktempfehlungen und vorrätige Waren für den Schulanfang von 35,00 bis 150,00 € mit dem Angebotsschwerpunkt im Bereich um 80,00 €
Ansprüche:	Die konkreten Forderungen eines Kunden an eine Erstklässler-Ausstattung für seine Tochter, z. B. ein leichter Ranzen aus Kunststoff.

3

Die Lösung zur Aufgabe 2 kann auch verallgemeinert und grafisch dargestellt werden.

Ergänzen Sie die Übersicht mit den Begriffen Nachfrage, Bedarf, Angebot und Markt.

Nachfrage, Bedarf, Angebot, Markt

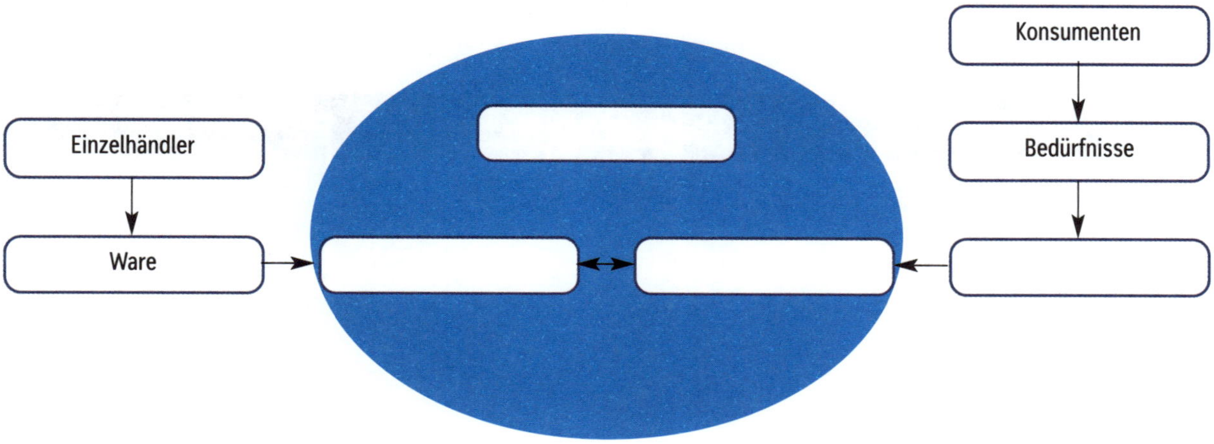

4

Güter werden u. a. in Verbrauchs- und Gebrauchsgüter eingeteilt.

Nennen Sie zwei Anlässe, zu denen die Kunden eher Verbrauchsgüter kaufen, und zwei Anlässe für Gebrauchsgüter.

Beispiel

Silvester:	Verbrauchsgüter wie Getränke, Snacks usw.
Kommunion oder Konfirmation:	Gebrauchsgüter wie Uhr, Fahrrad, Blu-Ray-Player usw.

5

Am 14.2. jeden Jahres feiern Menschen den Valentinstag. An diesem Tag macht man Personen, die einem nahe stehen, ein Geschenk, häufig Blumen.

a Halten Sie fest, welche Bedürfnisse die Menschen mit dem Valentinstag verbinden.

1.	4.
2.	5.
3.	6. Geborgenheit durch Nähe zu andere Menschen

b Geben Sie an, welche Bedürfnisse einen Bedarf an Waren und Dienstleistungen für den Einzelhandel ergeben können.

1. Blumengeschenke	3.
2.	4.

c Nennen Sie konkrete Produkte, die am Valentinstag vermutlich nachgefragt werden.

1. Schnittblumen, vorzugsweise zu dekorativen Sträußen gebunden	3.
2.	4.

d Geben Sie an, welches Angebot der Einzelhandel dieser Nachfrage gegenüberstellen kann.

1. Blumengeschenke	3.
2.	4.

6

Die Hersteller von Deko-Vasen vermuten auf dem Markt einen Zusammenhang zwischen Preisen und

1. den zu verkaufenden Mengen, der Nachfrage der Verbraucher,
2. den von ihnen angebotenen Mengen an Deko-Vasen pro Monat, dem Angebot.

Preis in €	5	10	15	20	25	30	35	40	45
Angebotsmenge in Stück	300	400	500	600	700	800	900	1 000	1 100
Nachfragemenge in Stück	1 100	1 000	900	800	700	600	500	400	300

a Zeichnen Sie nach oben stehenden Angaben eine Angebots- und Nachfragekurve in das Diagramm ein.

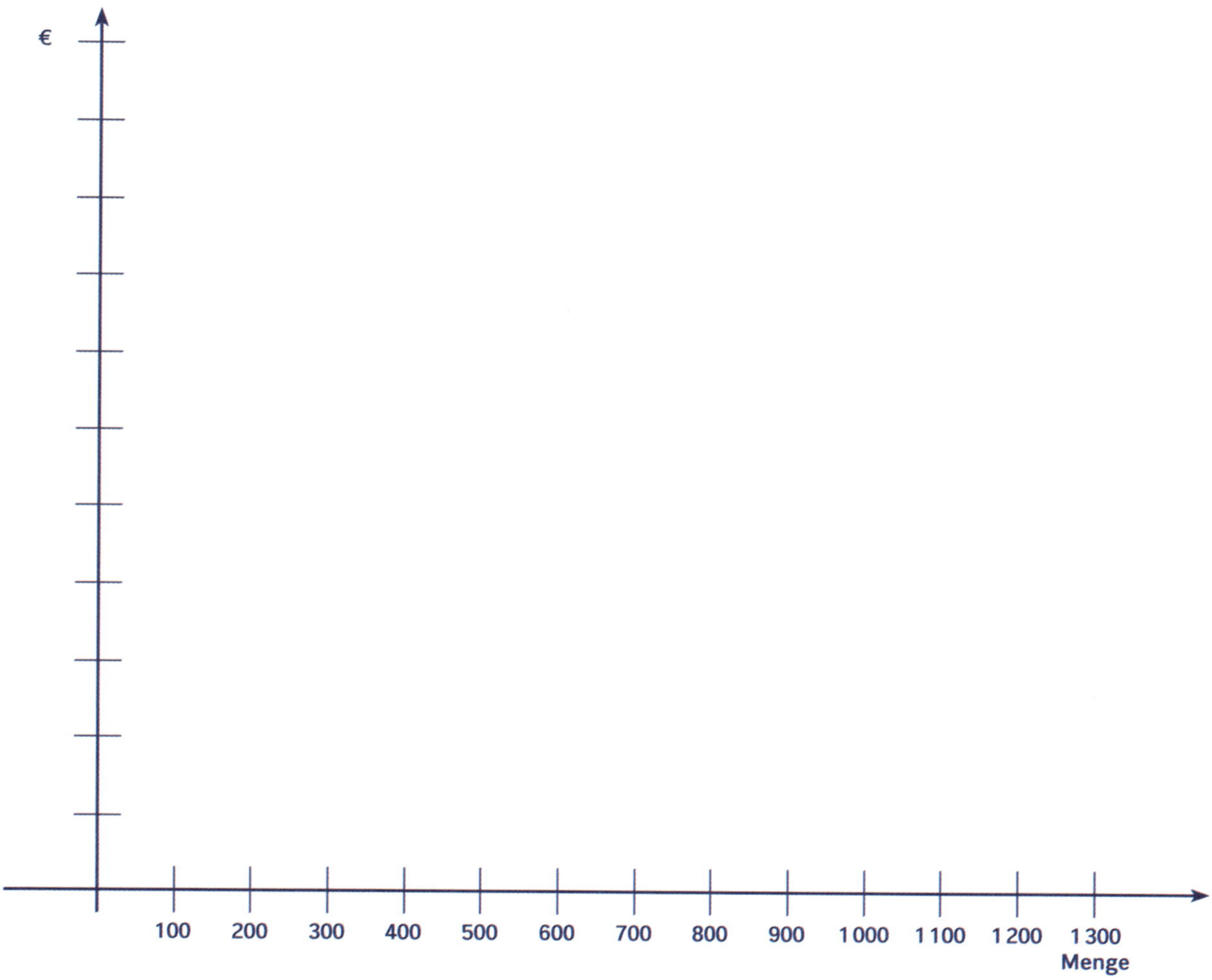

b Ermitteln Sie

ba den Punkt, an dem die nachgefragte Stückzahl der Angebotsmenge entspricht (Gleichgewichtspreis);

bb den Stückpreis bei einer angebotenen Stückzahl von 1 000;

bc den Nachfrageüberhang in Stück bei einem Stückpreis von 15,00 €;

bd den Angebotsüberhang bei einem Stückpreis von 40,00 €.

c Die Situationen zu b lassen sich aus der Sicht eines Einzelhändlers mit drei Begriffen bezeichnen:

1 Normalsortiment (Angebot des Einzelhändlers entspricht der Nachfrage der Kunden)

2 Übersortiment (Angebotsüberhang)

3 Untersortiment (Nachfrageüberhang)

Ordnen Sie die drei Begriffe den Aussagen zu. Das Sortiment

	entspricht der Nachfrage.
	ist kleiner als die Nachfrage.
	führt zu größter Wirtschaftlichkeit.
	führt zu Kundenverlusten.
	führt zu geringem Warenumschlag.

7

Eine Volkswirtschaft lässt sich in drei Bereiche einteilen:

1 Urerzeugung (primärer Sektor)

2 Weiterverarbeitung (sekundärer Sektor)

3 Dienstleistungen (tertiärer Sektor)

a Ordnen Sie die genannten Unternehmen einem der drei Sektoren zu.

	Hühnerfarm		Lebensmittelgeschäft		Bergwerk (Eisenerz)	Baumarkt	
	Bank		Forstbetrieb		Möbelfachgeschäft	Spedition	
	Stahlwerk		Möbelschreinerei		Fabrik für Tiefkühlgerichte		
	Versicherung		Maschinenfabrik				

b Aus den unter a genannten Unternehmen lassen sich drei- oder vierstufige Produktionsketten vom primären zum tertiären Sektor bilden. Stellen Sie drei Produktionsketten grafisch dar.

Produktionsketten

c Beschreiben Sie den Weg eines Produktes aus Ihrem Ausbildungsbetrieb vom Rohstoff bis zum Kauf der fertigen Ware durch den Endverbraucher.

8

Ökonomisches Prinzip

Peter und Sarah sollten für eine Party ihrer Berufsschulklasse einige Dinge beschaffen. Dabei können sie sowohl nach dem Maximalprinzip als auch nach dem Minimalprinzip vorgehen.

Situation 1
Peter hat den Auftrag, Chips und Süßigkeiten zu besorgen. 10,00 € stehen ihm zur Verfügung. Als angehender Kaufmann im Einzelhandel informiert er sich in der Tageszeitung über die günstigsten Angebote von Chips, Weingummi und Schokolade. Anschließend kauft er zwei Tüten Paprikachips bei seinem Händler an der Ecke aus dessen Wochenangebot. Vier Tüten Weingummi erwirbt er beim Discounter, ein Fünferpack Schokolade im Supermarkt und eine Schachtel Pralinen im Warenhaus.

Situation 2
Sarah soll für die Klassenfete die Getränke kaufen. Sie hat nach den Wünschen der Klasse eine Getränkeliste mit einer bestimmten Anzahl an Cola-Literflaschen, Limonadenflaschen und Orangensaft-Tetrapacks erstellt. Sie prüft ebenfalls die Wochenangebote verschiedener Geschäfte, um die gewünschten Getränke möglichst preisgünstig einzukaufen.

a Entscheiden Sie, in welcher der beiden Situationen das Maximal- und in welcher das Minimalprinzip beschrieben wird.

b Erläutern Sie an dem Beispiel Benzinverbrauch – Kilometerleistung das Minimal- und das Maximalprinzip.

9

In einer Stadtratssitzung hatte der Ratinger Stadtplaner Friedrichs Mühe, sich Gehör zu verschaffen, weil die Ratsvertreter und die anwesenden Einzelhändler, darunter Herr Bauer, Inhaber des City-Warenhauses, lautstark diskutierten.

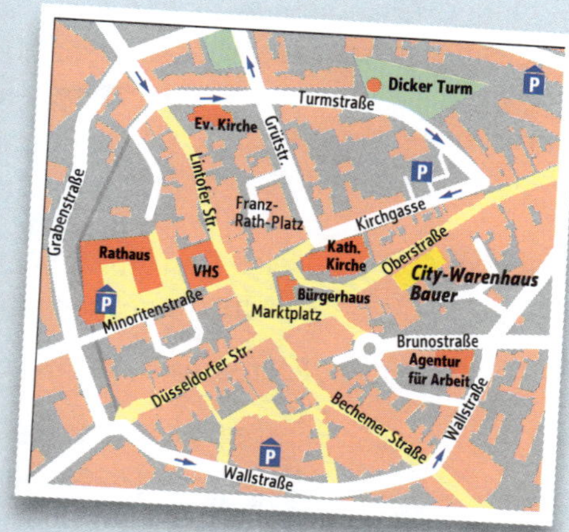

Friedrichs: „... und darum ist die Verwaltung der Meinung, dass das Einkaufszentrum am Ende der Turmstraße vor dem neu zu schaffenden Parkhaus seinen Standort erhalten soll. Sie stimmen mir doch zu, dass ein Einkaufszentrum dieser Größe eine erhebliche Anzahl von Kunden anzieht und sich der nahe gelegene Parkraum nur positiv auswirkt.

Bauer: (springt erregt auf) „Wenn Sie mir den vor die Nase setzen, dann kann ich mein Geschäft gleich dichtmachen!"

Friedrichs: „Im Gegenteil, Herr Bauer, das Einkaufszentrum sichert die Überlebensfähigkeit Ihres Geschäftes und durch dessen Kaufkraftbindung ist es für den Einzelhandel der gesamten Stadt von Vorteil. Schauen Sie bitte auf den Plan. Die Attraktivität des nördlichen Teils des Stadtzentrums würde beträchtlich erhöht."

a Versetzen Sie sich in die Situation des Stadtplaners und begründen Sie die Vorteile der Ansiedlung des Einkaufszentrums für die Stadt. Machen Sie deutlich, in welcher Weise sich die Ansiedlung auf das Arbeitsplatzangebot der Stadt, auf die Einkommen der Haushalte und auf die Umsätze aller Einzelhandelsgeschäfte der Stadt auswirkt.

b Ergänzen Sie dazu das Ablaufschema.

Ansiedlung eines Einkaufszentrums

Arbeitsplatzangebot

____

10

Alexander Heitkamp und Jörn Müller, zwei Schüler einer Berufsschule, sind bei Herrn Dr. Schneider vom Bundesministerium für Arbeit und Soziales in Berlin. Da sie ihren Urlaub in diesem Jahr in der Hauptstadt verbringen, haben sie das Angenehme mit dem Nützlichen verbunden und um einen Termin bei dem Sachbearbeiter gebeten. Nach den Herbstferien sollen sie nämlich an ihrer Schule ein Referat zum Thema Wirtschaftskreislauf halten.

Alexander: „Vielen Dank für Ihre Einladung Herr Dr. Schneider. Ich denke, dass wir bei Ihnen wertvolle Informationen erhalten können."

Herr Schneider: „Ich tue, was ich kann."

Jörn: „Zurzeit plant doch die Bundesregierung eine Steuersenkung. Könnten Sie vielleicht anhand von diesem Beispiel den einfachen Wirtschaftskreislauf erklären?"

Herr Schneider: „Sehr gerne. Der einfache Wirtschaftskreislauf gibt unsere Volkswirtschaft stark vereinfacht wieder. Es existieren in diesem Modell lediglich die Unternehmen und die Haushalte."

Alexander: „Die Haushalte sind doch praktisch die normalen Bürger wie du und ich, oder?"

Herr Schneider: „Genau, und diese Haushalte bekommen nach unserer Steuerreform mehr Nettoeinkommen. Die Frage ist nun, was machen diese Menschen mit ihrem Einkommen?"

Alexander: „Ist doch klar: ausgeben. Sie kaufen Smartphones, gehen Essen, kaufen Autos usw."

Herr Schneider: „Eben, und die Unternehmen verkaufen ihnen diese Produkte. Jetzt haben wir schon mehr als die Hälfte der Bestandteile des einfachen Wirtschaftskreislaufes erwähnt. Bliebe noch zu klären, wo die privaten Haushalte ihr Geld denn herbekommen?"

Jörn: „Ach, wären die Fragen in unseren Klassenarbeiten doch auch immer so leicht. Natürlich von den Unternehmen; von ihnen beziehen sie Einkommen für ihre geleistete Arbeit."

Alexander: „Lass uns diese Erklärungen in unser Schema übertragen."

Ergänzen Sie die Zeichnung zum einfachen Wirtschaftskreislauf auf der Grundlage des Gespräches mit dem Sachbearbeiter aus dem Ministerium.

Der einfache Wirtschaftskreislauf

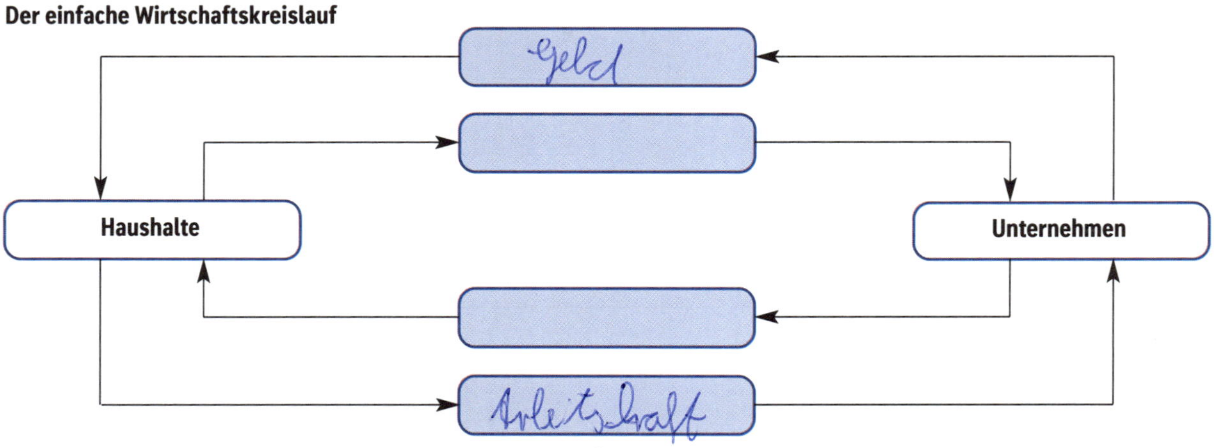

11

In der Grafik sind die Geld- und Güterströme eines einfachen Wirtschaftskreislaufs abgebildet.

Ordnen Sie die Vorgänge den freien Feldern zu, indem Sie die Ziffern der Geld- und Güterströme in die Kästchen eintragen.

1 Warenlieferung des City-Warenhauses Bauer an einen Kunden.

2 Der Kunde bezahlt bar.

3 Sven Heitkamp ist als Kundenberater im City-Warenhaus tätig.

4 Sven erhält am Monatsende sein Gehalt.

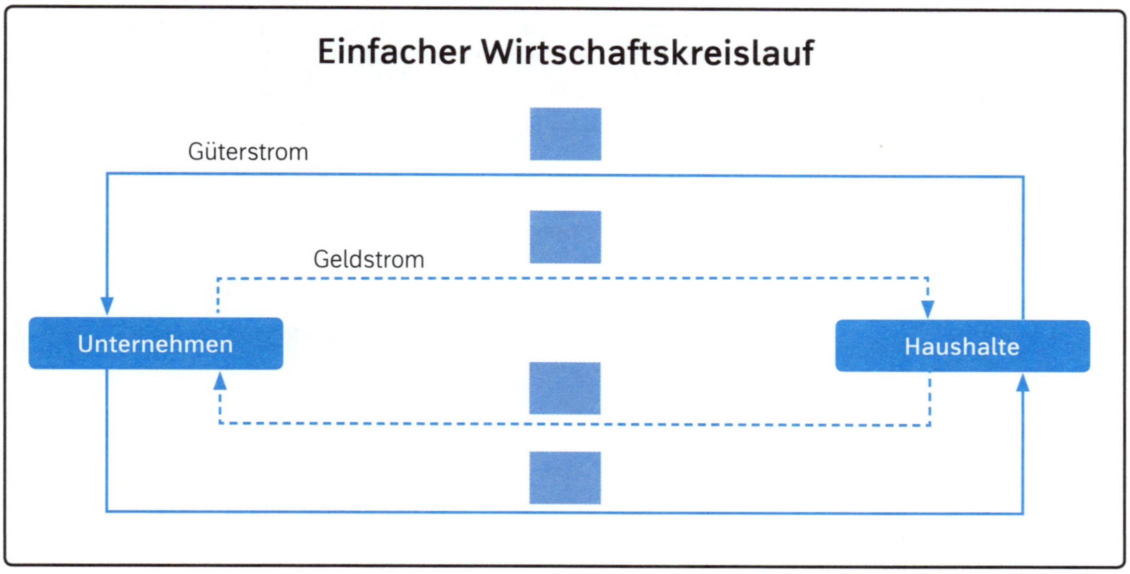

12

Aufgaben zur Prüfungsvorbereitung

Ordnen Sie die Begriffe den Aussagen zu.

1. Bedürfnis 2. Bedarf 3. Nachfrage 4. Angebot

a) André Beier hat den Wunsch, seine Freundin zu überraschen und ihr eine Freude zu machen. [1]

b) Nach reiflicher Überlegung entscheidet sich André für einen bestimmten Freundschaftsblumenstrauß aus dem Prospekt. [2]

c) André sucht ein Blumengeschäft auf und erklärt dem Verkäufer, welchen Strauß er gerne kaufen möchte. [3]

d) Da das Blumengeschäft gerade diese speziellen Blüten nicht im Sortiment hat, zeigt ihm der Verkäufer die vorrätigen Blumen. [4]

e) André bestellt einen dieser Freundschaftssträuße. [3]

13

Welche Aussage trifft zu? Setzen Sie die Begriffe passend ein.

1. Bedürfnis 2. Bedarf 3. Nachfrage 4. Angebot 5. Markt

a) ist ein auf dem Markt geltend gemachter Kaufwunsch [ ]

b) ist die innere Antriebskraft für den Kaufwillen [ ]

c) ist das Zusammentreffen von Angebot und Nachfrage ☐
d) ist ein unbestimmtes Mangelgefühl ☐ 1
e) ist planbar und mit Kaufkraft ausgestattet ☐
f) wird nur durch einen Kaufentschluss am Markt wirksam ☐
g) hält der Einzelhandel für die Nachfrage der Kunden bereit ☐

14

Ordnen Sie den Gütern die passende Güterart zu.

Güterarten
1 Konsumgut und Verbrauchsgut
2 Konsumgut und Gebrauchsgut
3 Produktionsgut und Verbrauchsgut
4 Produktionsgut und Gebrauchsgut
5 Dienstleistung

	Güter
	Nahrungsmittel im Haushalt eines Einzelhändlers
	Beratung eines Einzelhändlers durch seinen Steuerberater
	Stereoanlage in der Privatwohnung eines Buchhändlers
	Datenkasse im Verkaufsraum eines Supermarktes
	Benzinvorrat im Tank des Lieferwagens eines Möbelfachgeschäftes

15

Um welche Art des ökonomischen Prinzips handelt es sich jeweils?

a) Eine Hausfrau versucht, für die notwendigen Lebensmittel, die auf ihrem Einkaufszettel stehen, möglichst wenig Geld aus ihrer Haushaltskasse auszugeben. ______

b) Ein Einzelhändler ist bestrebt, einen bestimmten Umsatz mit geringstmöglichem Kosteneinsatz, z. B. wenig Personal, zu erzielen. ______

c) Ein Einzelhändler versucht, mit dem vorhandenen Personal, das feste Kosten verursacht, einen höchstmöglichen Umsatz zu erzielen. ______

d) Eine Hausfrau versucht, mit dem vorgegebenen Haushaltsgeld möglichst viele Lebensmittel zu erwerben. ______

e) Ein Schüler versucht, mit geringstmöglichem Lerneinsatz bestmögliche Noten zu erzielen. ______

16

Der Preis eines Produkts wird durch Angebot und Nachfrage bestimmt. Geben Sie an, welche Aussage die Wirkung von Angebot und Nachfrage auf den Preis korrekt beschreibt.

a) Steigt die Nachfrage und sinkt das Angebot, so verändert sich der Preis nicht. ☐
b) Steigt das Angebot, aber bleibt die Nachfrage gleich, hat das einen steigenden Preis zur Folge. ☐
c) Steigt die Nachfrage, während das Angebot gleich bleibt, führt das zu einem steigenden Preis. ☐
d) Sinkt das Angebot bei gleichbleibender Nachfrage, verringert sich auch der Preis. ☐
e) Sinkt die Nachfrage und bleibt das Angebot gleich, kommt es zu einer Preissteigerung. ☐

17

Das planvolle wirtschaftliche Handeln eines Menschen oder eines Unternehmens kann vom Minimalprinzip geleitet sein.

Stellen Sie fest, in welchem Fall ein Einzelhandelsunternehmen nach dem Minimalprinzip handelt.

a) Um die Fehlzeiten zu minimieren, wird ein Zeiterfassungsgerät im Unternehmen eingeführt. ☐

b) Das Unternehmen erwirbt einen neuen Lieferwagen. ☐

c) Das Lager wird erweitert, um die starken Nachfrageschwankungen der Kunden besser ausgleichen zu können. ☐

d) Angesichts steigender Umsätze werden zusätzliche Verkaufsmitarbeiter eingestellt. ☐

e) Die Möbelabteilung des Unternehmens erhält die Vorgabe, einen Umsatz von 800 000,00 € zu erreichen. Die Möbel der Abteilung werden durch den Vergleich verschiedener Anbieter zum jeweils günstigsten Preis eingekauft. ☐

18

Das Minimalprinzip lässt sich auch allgemein beschreiben.

Markieren Sie die Aussage, die das Minimalprinzip korrekt wiedergibt.

a) Das Minimalprinzip ist der Gegensatz zum ökonomischen Prinzip. ☐

b) Ein Unternehmen erzielt mit gegebenen Mitteln den maximalen Ertrag. ☐

c) Der höchstmögliche Erfolg wird mit einem höchstmöglichen Mitteleinsatz angestrebt. ☐

d) Der angestrebte Erfolg soll mit einem geringstmöglichen Mittelaufwand verwirklicht werden. ☐

e) Ein Maximum an Erfolg soll mit einem Minimum an Aufwand erreicht werden. ☐

19

Der einfache Wirtschaftskreislauf betrachtet die Geld- und Güterströme zwischen allen Unternehmen und allen Haushalten einer Volkswirtschaft.

Markieren Sie die Aussage, die diese Beziehung korrekt beschreibt.

a) Löhne und Gehälter gehören zu dem Geldstrom, der von den Unternehmen zu den Haushalten fließt. ☐

b) Durch den Kauf von Gütern fließen Ausgaben von den Unternehmen zu den Haushalten. ☐

c) Ein Güterstrom bewegt sich von den Haushalten zu den Unternehmen. ☐

d) Ein Einkommensstrom fließt von den Haushalten zu den Unternehmen. ☐

e) Haushalte erhalten von den Unternehmen Produktionsfaktoren; dafür zahlen sie Einkommen an die Unternehmen. ☐

20

In der Grafik ist der einfache Wirtschaftskreislauf abgebildet.

Ergänzen Sie in der Übersicht den fehlenden Begriff.

* Einkommen
* Investitionen
* Waren
* Subventionen
* Dienstleistungen

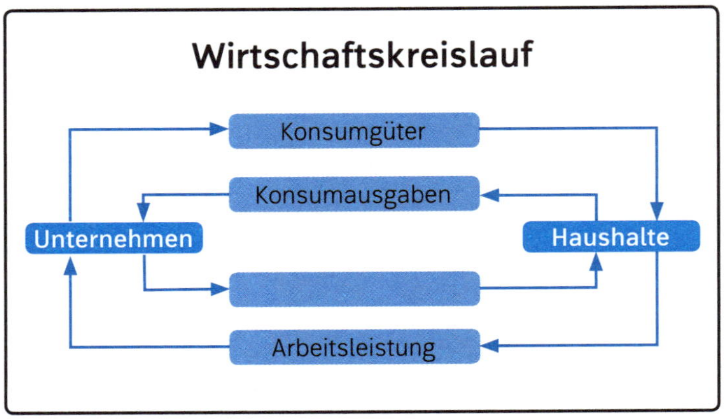

21

Die Grafik zeigt ein einfaches Nachfrage-Angebot-Modell.

Tragen Sie in das Kästchen die Kennziffer des Begriffs ein, der den Punkt beschreibt, auf den die gestrichelte Linie verweist.

1	Höchstpreis
2	Mindestpreis
3	Gleichgewichtspreis
4	Angebotsüberhang
5	Nachfrageüberhang

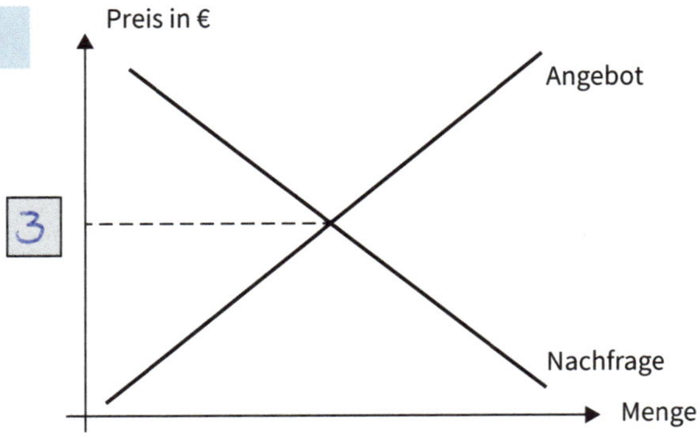

9 Die Leistungen des Einzelhandels erklären

Die Kundinnen Frau Mertin und Frau Schwartz unterhalten sich im Bistro des City-Warenhauses.

Frau Mertin: „Was haben Sie denn da für einen tollen Pullover an?"

Frau Schwartz: „Den habe ich gestern bei Tietz gekauft. Ich finde ihn auch sehr schön. Für 140,00 € kann man aber auch schon etwas verlangen."

Frau Mertin: „140,00 €! Also solche Pullover bekomme ich glatt für die Hälfte."

Frau Schwartz: „Wie machen Sie das denn?"

Frau Mertin: „Ich kaufe direkt beim Hersteller. Die Heilmann-Werke bieten jeden Dienstag einen Direktverkauf an."

Frau Schwartz: „Oh, da müssen Sie ja mindestens eine halbe Stunde fahren."

Frau Mertin: „Das nehme ich gerne in Kauf, wenn ich so viel Geld spare."

Frau Schwartz: „Bekommen Sie dort auch Kinderkleidung? Ich muss unsere Kinder noch für den Winter einkleiden."

Frau Mertin: „Nein, die Kinderanoraks für den Winter habe ich schon im Frühjahr bei Ago-Tex gekauft und die Schuhe natürlich auch sehr günstig ab Fabrik."

Frau Schwartz: „Im Frühjahr einen Winteranorak?"

Frau Mertin: „Ja, im Frühjahr stellen sie die Winterware her."

Frau Schwartz: „Sie kaufen wohl sehr viel ab Fabrik?"

Frau Mertin: „Ja, sogar die Lebensmittel holen wir uns zunehmend direkt beim Bauern. Eine Schweinehälfte bekommen Sie dort fast geschenkt. Ich zerlege die Hälfte in kleinere Portionen und friere sie ein."

Frau Schwartz: „Mein Lebensmittelhändler hat aber auch häufig Sonderangebote."

Frau Mertin: „Aber so billig wie beim Hersteller kriegen Sie beim Einzelhändler nichts. Mein Mann hat jetzt auch eine günstige Einkaufsquelle für Elektrogeräte ausfindig gemacht. Seinen Blu-Ray-Player hat er in einer Elektrogroßhandlung erworben. Das ist fast so preisgünstig wie beim Hersteller selbst."

Frau Schwartz: „Erklären die in der Großhandlung denn auch, wie solch ein Gerät funktioniert? Und können die auch eine Reparatur durchführen?"

Frau Mertin: „Nein, man kauft das Gerät im Karton, und für Reparaturen ist mein Mann zuständig, er ist sehr praktisch veranlagt."

Frau Schwartz: „Vielleicht sollten wir auch versuchen, öfter beim Hersteller oder beim Großhändler einzukaufen."

Frau Mertin: „Das kann ich Ihnen nur empfehlen. Ich bin doch nicht so dumm und kaufe im Einzelhandelsgeschäft. Der Einzelhandel verteuert doch nur die Ware, ohne etwas dafür zu leisten."

ARBEITSAUFTRAG

Stellen Sie aufgrund des Gespräches fest, welche Leistungen der Einzelhandel erbringt.

VORSCHLÄGE ZUM VORGEHEN

1. Markieren Sie im Gesprächstext Aussagen, die Leistungen des Einzelhandels sichtbar machen.
2. Tragen Sie die Aussagen in eine Tabelle nach dem Muster ein.
3. Beschreiben Sie die Leistung des Einzelhandels, die sich jeweils aus den Aussagen ergeben.

Muster

Aussagen	Leistungen des Einzelhandels
1. „Oh, da müssen Sie ja mindestens eine halbe Stunde fahren."	
2.	

AUFGABEN

1

Aus dem Gespräch von Frau Mertin und Frau Schwartz wird nicht sichtbar, welche Leistungen der Einzelhandel für die Lieferanten erbringt.

Betrachten Sie die Textilabteilung des City-Warenhauses Bauer und geben Sie an, welche Leistungen die Textilabteilung den Textil-Lieferanten zur Verfügung stellen kann.

2

Jedes Einzelhandelsunternehmen erbringt bestimmte Leistungen für Kunden und Lieferanten. Das muss nicht immer das gesamte mögliche Leistungsspektrum sein.

Beschreiben Sie, welche Leistungen Ihr Ausbildungsbetrieb für Kunden und Lieferanten erbringt.

3

Es gibt heute Anbieter am Markt, die Einzelhandelsleistungen erbringen, ohne ein typischer Einzelhandelsbetrieb zu sein.

* Hersteller, die ihre Produkte über einen eigenen Web-Shop (Onlineshop) verkaufen
* App-Stores und Software-Download-Anbieter, z. B. für Spiele
* Video- und Streaming-Dienste, z. B. Netflix, Spotify
* Verbraucher, die auf Versteigerungsplattformen wie eBay Produkte anbieten

Erläutern Sie, welche Einzelhandelsleistungen diese Anbieter für die Kunden zur Verfügung stellen.

Aufgaben zur Prüfungsvorbereitung

4

Der Einzelhandel hat gegenüber den Kunden eine Beratungsfunktion.

Markieren Sie das Beispiel, das diese Beratungsfunktion zum Ausdruck bringt.

a) Sie informieren die Lieferanten darüber, dass Kunden z. B. verstärkt Bio-Produkte zu kaufen wünschen. ☐

b) Sie nehmen aktiv Einfluss auf die Sortimentszusammensetzung in Ihrer Abteilung, damit kundengerechte Waren angeboten werden. ☐

Aufgaben zur Prüfungsvorbereitung

c) Sie informieren die Einkaufsabteilung des Einzelhandelsunternehmens über aktuelle Kundenansprüche, damit die richtigen Produkte eingekauft werden. ☐

d) Sie informieren Ihre Kunden über die Eigenschaften von Produkten, die speziell zu den Wünschen der Kunden passen. ☐

e) Durch Plakate und Aufsteller informieren Sie die Kunden über Serviceleistungen wie Hauszustellung, Umtauschmöglichkeiten usw. ☐

5

Einzelhandelsbetriebe leisten verschiedene Funktionen in gesamtwirtschaftlicher Betrachtung.

Geben Sie die Funktion an, die eine Leistung von Einzelhandelsbetrieben korrekt beschreibt.

a) Einzelhandelsbetriebe treten vor allem als Hersteller von Gütern am Markt auf. ☐

b) Einzelhandelsbetriebe kaufen Waren in großen Mengen ein und verkaufen Sie an andere gewerbliche Unternehmen, z. B. andere Einzelhandelsbetriebe, Handwerker, Gastronomiebetriebe. ☐

c) Einzelhandelsbetriebe nehmen durch Rückmeldungen über das Kaufverhalten der Kunden Einfluss auf die Warenproduktion der Hersteller. ☐

d) Einzelhandelsbetriebe kaufen Waren in kleinen Mengen ein und verkaufen sie in großen Mengen an die Verbraucher. ☐

e) Da die Vorratshaltung von Waren sehr hohe Geldmittel bindet, haben Einzelhandelsbetriebe von jeder Ware immer nur ein Exemplar vorrätig. ☐

6

Das Einzelhandelsunternehmen Bachmann Radsport betreibt bereits mehrere Geschäfte an verschiedenen Standorten. Nun soll eine weitere Filiale gegründet werden.

Der Ort ist bereits festgelegt. Nur das Ladenlokal muss noch gefunden werden. Wegen des umfangreichen Sortiments muss der Verkaufsraum eine Fläche von rund 700 m² haben.

Ein Makler bietet vier Standorte an, die im Lageplan markiert sind, und beschreibt sie näher.

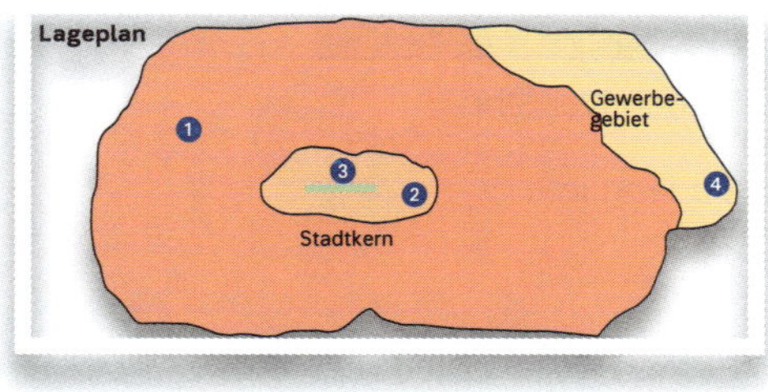

Standort 1
Neubau-Wohnsiedlung, Arbeitnehmerhaushalte, Wohnstraßen, 2a-Lage, wenig Parkplätze, Ladenmiete 10,00 €/m².

Mitbewerber ist ein kleineres Fahrradfachgeschäft in etwa 2 km Entfernung.

Standort 2
Innenstadt, Haupteinkaufsstraße, Fußgängerzone, 1a-Lage, Parkhaus in der Nähe, reger Kundenverkehr, Ladenmiete 80,00 €/m², Einzelhandelsgeschäfte im Umfeld: zahlreiche Fachgeschäfte, z. B. Textil-, Lederwaren-, Porzellanfachgeschäft, Buchhandlung.

Mitbewerber ist ein Warenhaus mit Fahrradabteilung.

Standort 3
Innenstadt, in der Nähe der Haupteinkaufsstraße, 1b-Lage, gute Verkehrsanbindung, eigene Parkplätze, Ladenmiete 30,00 €/m², mäßiger bis guter Kundenverkehr, im Umfeld zahlreiche kleinere Einzelhandelsgeschäfte sowie Restaurants und Handwerksbetriebe.

Mitbewerber ist ein mittelgroßes Fahrradfachgeschäft.

Standort 4
Gewerbegebiet am Stadtrand, gute Verkehrsanbindung, großes Parkplatzangebot, Ladenmiete 7,00 €/m², Baumärkte, Lebensmitteldiscounter, SB-Warenhäuser und Kfz-Betriebe in der Umgebung.

Es gibt keine Mitbewerber aus dem Zweiradhandel.

Entscheiden Sie sich für einen geeigneten Standort des Einzelhandelsunternehmens Bachmann Radsport aus dem Angebot an Ladenlokalen. Verwenden Sie die Entscheidungstabelle für Ihre Wahl.

Entscheidungstabelle

Bewertung: ++ für sehr gut + o – – – für sehr schlecht

Standortmerkmale	Standorte			
	①	②	③	④
Kundenverkehr				
Ladenmiete				
Mitbewerber				
Verkehrsanbindung				

7

In der nachfolgenden Tabelle sind fünf Standorte von Einzelhandelsgeschäften beschrieben.

Standortbeschreibung	Klassifizierung
Ein Lebensmittelsupermarkt liegt in einem Neubauviertel am Rande der Stadt. Er dient der Nahversorgung der Bevölkerung mit Gütern des täglichen Bedarfs.	
Ein Elektronik-Fachmarkt mit über 3 000 m² Verkaufsfläche hat seinen Standort in der Nähe der Haupteinkaufsstraße. Von der Fußgängerzone ist der Fachmarkt über eine Seitenstraße in wenigen Minuten zu erreichen.	
Ein Baumarkt hat eine 12 000 m² große Fläche mit umfangreichen Parkmöglichkeiten erworben. In der Nachbarschaft gibt es weitere Baumärkte, zudem auch SB-Warenhäuser, Kfz-Händler sowie Handwerks- und Industriebetriebe. Die Kunden erreichen den Baumarkt mit ihrem Pkw. Die Entfernung zur Innenstadt beträgt 3 km.	
In unmittelbarer Nähe zum Rathaus der Stadt liegt ein Handy-Laden in einer Fußgängerzone.	
Am belebten Marktplatz beginnt die Haupteinkaufsstraße und zieht sich bis in die Altstadt hin. Die Inhaberin eines Textilfachgeschäfts mit hochmodischem Angebot ist mit ihrem Standort allerdings nicht zufrieden, weil das Geschäft am hinteren Ende der Haupteinkaufsstraße liegt. Dort sind erheblich weniger Kunden als in der Nähe des Marktplatzes.	

Klassifizieren Sie die Standorte

1 1a-Lage,

2 1b-Lage,

3 2a-Lage,

4 Gewerbegebiet („Grüne Wiese").

8

Bei der Standortsuche spielen mehrere Gesichtspunkte eine wichtige Rolle.

* Kundenverkehr wegen der richtigen Kunden in ausreichender Zahl
* Ladenmiete einschließlich Nebenkosten wie Energie, Entsorgung usw.
* attraktive Einzelhandelsgeschäfte in der näheren Umgebung mit Shopping-Angeboten
* Mitbewerber wegen der Konkurrenzsituation
* Verkehrsanbindung und Parkplätze

Diese Gesichtspunkte sind für ein einzelnes Geschäft unterschiedlich wichtig.

Bilden Sie für die aufgeführten Einzelhandelsgeschäfte eine Rangfolge von 1 für besonders wichtig bis 5 für weniger wichtig.

Gesichtspunkte	Telefon-Laden	Lebensmittel-Supermarkt	Baumarkt
Kundenverkehr			
Ladenmiete			
attraktive Einzelhandelsgeschäfte in der näheren Umgebung			
Mitbewerber			
Verkehrsanbindung und Parkplätze			

9

1b- und 2a-Lagen werden auch als Nebengeschäftslagen (B-Lagen) bezeichnet.

Begründen Sie, warum sich die aufgelisteten Einzelhandelsgeschäfte in Nebenlagen niederlassen.

1 Geschäfte von Existenzgründern (Einzelhändler, die sich erstmals selbstständig machen)

2 Geschäfte mit einem speziellen Angebot, z. B. Holzspielzeug, Bilderrahmung, Naturtextilien

3 Geschäfte von Einzelhändlern mit Migrationshintergrund

Menschen mit Migrationshintergrund oder ihre Eltern haben eine nicht-deutsche Herkunft.

10

Ein großes Einkaufszentrum eröffnet in 4 km Entfernung von der Innenstadt auf der „grünen Wiese". Nach Aussage des Betreibers ist es Europas größtes Shopping- und Einkaufszentrum. Der Einzelhändler Thomas Krause, Inhaber eines Schuhfachgeschäftes in der Innenstadt, hat in einem Leserbrief an die örtliche Zeitung Stellung zum Einkaufszentrum bezogen.

Erläutern Sie, wie die Gründung des Einkaufszentrums mit der Aussage des Einzelhändlers zusammenhängt.

„Als das Einkaufszentrum eröffnete, war die Innenstadt tot. Hier finden Sie nur noch Ein-Euro-Läden und Discounter, vor allem aber leer stehende Geschäftsräume. Für den Facheinzelhandel war das Einkaufszentrum eine Katastrophe. An alte Menschen oder Menschen, die nicht mehr so mobil sind, hat keiner gedacht. Eine Innenstadt mit einem vielfältigen mittelständischen Einzelhandel ist ein Stück Lebensqualität. Eine kurzsichtige Stadtplanung hat das alles zunichtegemacht."

11

Oft ist der Standort eines Einzelhandelsbetriebes für den Erfolg des Geschäftes besonders wichtig.

a Beschreiben Sie den Standort Ihres Ausbildungsbetriebes.

siehe Aufgabe 8

b Beurteilen Sie den Standort Ihres Ausbildungsbetriebes. Beachten Sie dazu die Gesichtspunkte

1. Kundenverkehr,
2. Ladenmiete,
3. attraktive Einzelhandelsgeschäfte in der näheren Umgebung,
4. Mitbewerber,
5. Verkehrsanbindung und Parkplätze.

c Bestimmen Sie einen geeigneten Standort, an dem Ihr Ausbildungsbetrieb eine Zweigstelle einrichten könnte. Begründen Sie Ihre Entscheidung.

12

siehe Aufgabe 6

Die Entscheidung für den Standort einer neuen Filiale des Einzelhandelsunternehmens Bachmann Radsport ist gefallen. Mitarbeiter des Unternehmens können sich auf die Stelle der Filialleitung bewerben. Dazu wird in den Hausmitteilungen eine interne Stellenausschreibung veröffentlicht.

Die Stellenausschreibung zeigt deutlich, welche Betriebsfaktoren des Einzelhandels in dieser Filiale eingesetzt werden.

Tragen Sie in die unterlegten Felder die Betriebsfaktoren des Einzelhandels ein.

Interne Stellenausschreibung: Filialleiter/-in Bachmann Radsport in Fulda		**Betriebsfaktoren**
Filial-Standort:	Dieselstraße 63, 36041 Fulda	
Größe:	700 m²	
Verkaufsfläche:	ca. 600 m²	
Planumsatz:	3,6 Mio. €	
Sortiment:	City-Räder, Mountainbikes, Rennräder, Helme, Fahrradbekleidung, Fahrradzubehör, Fahrradersatzteile	
Verkaufsraumgestaltung:	Einrichtung im Outdoor-Design	
Personalbestand:	9 Mitarbeiter/9,5 für das 1. Halbjahr	
Eröffnungstag:	01.12.20(0)	
Interessenten wenden sich bitte bis zum 15.08.20.. an Frau Rüdiger.		

13

Frau Dehn, die Verwaltungsleiterin des City-Warenhauses Bauer, ist mit der Organisation des City-Warenhauses unzufrieden. Weil das Unternehmen nach dem Einliniensystem gegliedert ist, laufen Anweisungen und Informationen immer über vorgesetzte Stellen. Sie kann nicht direkt mit den Betroffenen Kontakt aufnehmen.

Beispiel
Eine Anweisung an Frau Möller auf Stelle 44 Schreibwaren/Büro läuft über den Warenhausleiter, der die Anweisung an Herr Blank weiterleitet, der sie schließlich an Frau Möller übermittelt.

Frau Dehn möchte aber direkt mit Frau Möller kommunizieren, weil das viel einfacher ist.

Herr Bauer ist mit der Änderung einverstanden. Allerdings weist er darauf hin, dass nun aus dem Einliniensystem ein Mehrliniensystem wird.

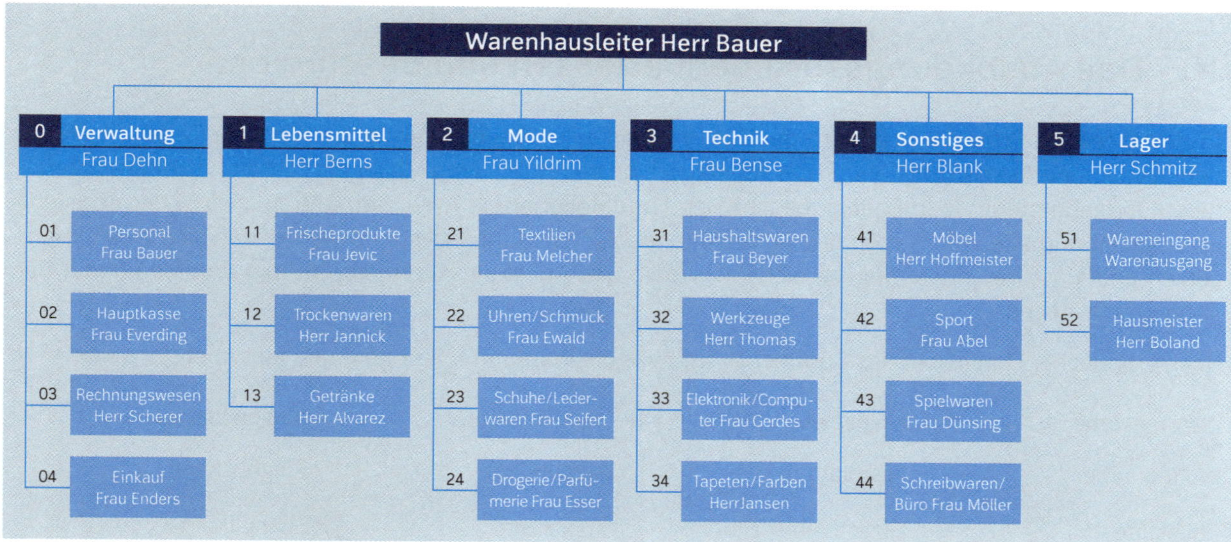

a Ändern Sie das Organigramm des City-Warenhauses so, dass Frau Dehn Weisungsbefugnis für alle Stellen von Stelle 01 bis Stelle 52 des Unternehmens bekommt. Zeichnen Sie dafür die erforderlichen Leitungswege in das Organigramm ein.

b Erläutern Sie bezogen auf das Organigramm des City-Warenhauses zwei Vorteile und zwei Nachteile des Einliniensystems.

c Beschreiben Sie ferner zwei Vorteile und zwei Nachteile des Mehrliniensystems, ebenfalls mit Bezug auf das abgebildete Organigramm.

14

Die Hierarchie eines Unternehmens wird in Stellen, Instanzen und Abteilungen gegliedert.

a Markieren Sie im Organigramm des City-Warenhauses (siehe Aufgabe 13) beispielhaft je eines dieser drei Elemente.

b Nehmen Sie an, Herr Bauer hat zu seiner Entlastung eine Assistentin für die Geschäftsleitung eingestellt. Sie soll ihn vor allem in rechtlichen Fragen beraten und Entscheidungen vorbereiten.
  ba Geben Sie an, wie man diese Position im Organigramm nennt.
  bb Zeichnen Sie diese Position in das Organigramm ein.

15

Auch in den Ausbildungsbetrieben gibt es bestimmte Hierarchien, die festlegen, wer wem Anweisungen erteilen darf.

Entwerfen Sie ein Organigramm, das die Organisationsstruktur Ihres Ausbildungsbetriebes wiedergibt.

10 Das Ausbildungssortiment erfassen und beschreiben

In der Abteilung Schreibwaren/Büro des City-Warenhauses Bauer ist Ayse seit ein paar Tagen Auszubildende im ersten Ausbildungsjahr. In der Abteilung sind außerdem Frau Möller als 1. Kraft und eine ausgebildete Kundenberaterin, Frau Enders, beschäftigt. Frau Möller erteilt Ayse den Auftrag, sich in der Abteilung umzusehen und alle Warenarten des Sortiments festzustellen. Anschließend werde man sich zusammensetzen und klare Verantwortungsbereiche innerhalb des Abteilungssortiments für die drei Mitarbeiter der Abteilung festlegen.

Nach gründlicher Durchsicht des Sortiments hat Ayse die Warenarten ermittelt und alphabetisch sortiert.

Ablagekörbe	Faxpapier	Karteikästen	Ringbucheinlagen
Aktenordner	Festplatten	Klebemittel	Ringbücher
Bleistifte	Filzschreiber	Kopierer	Schnellhefter
Briefpapier	Flash-Speicherkarten	Kopierpapier	Smartphones
Briefumschläge	Folienschreiber	Korrekturmittel	Taschen- und Tischrechner
CD-Rohlinge	Füllfederhalter	Kugelschreiber	Toner
Druckerpatronen	Heftapparate	Locher	Tuschezeichner
Faserschreiber	Heftklammern	Ordner	
Faxgeräte	Kabel	Register	

Für die Aufteilung des Sortiments gibt Frau Möller folgende Anweisungen:

1. Es sollen die bisherigen sechs Warengruppen beibehalten werden.

Kleiner Bürobedarf

Schreibgeräte

Ordnungsmittel

Papier

EDV-Zubehör

Technik

2. Die besonders erklärungsbedürftigen Produkte möchte sie sich selbst vorbehalten.
3. Die weniger erklärungsbedürftigen Artikel soll die ausgebildete Kundenberaterin übernehmen.
4. Ayse soll einen kleinen, aber selbstständig zu führenden Teil des Sortiments anvertraut bekommen.
5. Die Aufteilung soll auch so vorgenommen werden, dass der Kunde Waren gleicher Verwendung in einer Abteilung finden kann. Das bedeutet, dass Frau Möller, die ausgebildete Kundenberaterin, und Ayse jeweils ganze Warengruppen betreuen.

ARBEITSAUFTRAG

Gliedern Sie das Sortiment nach den Anweisungen von Frau Möller.

VORSCHLÄGE ZUM VORGEHEN

1. Verschaffen Sie sich einen Überblick über das Sortiment, indem Sie die Warenarten den Warengruppen zuordnen. Verwenden Sie dazu die Übersicht auf der nächsten Seite.
2. Verteilen Sie die Warengruppen auf die drei Beteiligten.

Schreibwaren/Büro					
 Kleiner Bürobedarf	 Papier	 Schreib-geräte	 Ordnungs-mittel	 Technik	 EDV-Zubehör
Aufgabenverteilung					

AUFGABEN

1

Ein Sortiment lässt sich in Warengruppen, Warenarten und Artikel gliedern.

a Ordnen Sie den Ebenen der Übersicht die Begriffe zu.

1 Sessel Typ „Europa“, Wohnmöbel, Möbel, Sessel

2 Sportschuhe, Tennisschuh Modell „Mexico“, Schuhe, Tennisschuhe

b Vervollständigen Sie die Übersicht mit zwei Beispielen aus Ihrem Ausbildungssortiment. Führen Sie unterhalb der Sortimentsebene Warenbereiche ein, falls die Gliederungsebenen nicht ausreichen.

			eigene Beispiele	
Sortiment				
Warengruppe				
Warenart				
Artikel				

2

Man kann ein Sortiment als Sortimentsbaum darstellen, damit es übersichtlich wird.

Stellen Sie das Sortiment Ihres Ausbildungsbetriebes als Sortimentsbaum dar. In größeren Betrieben ist nur das Abteilungssortiment zu betrachten. Eventuell ist – zwischen Sortiment und Warengruppe – eine weitere Ebene Warenbereich einzufügen.

3

In der Nähe des City-Warenhauses hat sich ein Konkurrent niedergelassen, die Büro & Computer GmbH. Frau Möller aus der Abteilung für Schreibwaren/Büro des City-Warenhauses Bauer beauftragt Ayse, das Geschäft des Mitbewerbers aufzusuchen und ihr anschließend das Sortiment des Mitbewerbers zu beschreiben.

Ayse: „Das ist ein ganz toller Laden, alles ist modern eingerichtet und farbig beleuchtet. Hinten im Geschäft befindet sich eine große Computerabteilung. An einigen Geräten konnte man sogar Programme ausprobieren. Zur Einführung gab es Füllfederhalter für 4,95 €. Ich habe mir gleich einen gekauft. Außerdem haben die noch Ordner, Faxgeräte, Karteikästen, Kugelschreiber, Kopierpapier und Taschenrechner. Und vorne am Eingang war noch ein Sonderstand mit Schulbedarf für den Schuljahresanfang. Ach, es war so viel zu sehen, man kann das ja gar nicht alles behalten.“

Frau Möller: *„Nun ja, einen gewissen Einblick in das Konkurrenzsortiment haben Sie gegeben, allerdings brauche ich eine Beschreibung, die mir deutlich macht, ob ich auf das Sortiment des Mitbewerbers reagieren soll oder nicht. Gehen Sie am besten noch einmal zur Büro & Computer GmbH, machen Sie sich einige Notizen und beschreiben Sie das Sortiment nach Breite und Tiefe. Versuchen Sie außerdem herauszufinden, ob bestimmte Sortimentsteile nur für eine gewisse Zeit angeboten werden und wo der Sortimentsschwerpunkt liegt.“*

Sortimentsbaum siehe Seite 62

Nach dem erneuten Besuch im Konkurrenzgeschäft erstellt Ayse einen Sortimentsbaum der Büro & Computer GmbH.

Aus Gesprächen mit Mitarbeitern konnte Ayse außerdem erfahren, dass „Kleiner Bürobedarf“, „Papier“ und „Schreibgeräte“ Warengruppen sind, die nur nebenbei geführt werden. Der Sonderstand mit Schulbedarf wird nur zum Schuljahresbeginn aufgestellt.

Vergleichen Sie die Sortimente der Abteilung Schreibwaren/Büro des City-Warenhauses mit der Büro und Computer GmbH. Nehmen Sie dazu das Sortiment der Abteilung Schreibwaren/Büro aus dem Arbeitsauftrag.

a **Beschreiben Sie das Sortiment der Büro & Computer GmbH nach Breite und Tiefe. Verwenden Sie die Fachbezeichnungen.**

b **Prüfen Sie, welche Sortimentsbestandteile als Kern-, Rand-, fixes oder variables Sortiment bezeichnet werden können.**

c **Entwickeln Sie Vorschläge, wie Frau Möller ihr Abteilungssortiment an das des Mitbewerbers anpassen sollte.**

Formulierungshilfen

1. Das Sortiment der Büro & Computer GmbH ist ... als unser Sortiment, weil es noch ...
2. Die Warengruppen ... sind allerdings sehr ... Sie bestehen nur aus wenigen Warenarten. Dafür ist die Warengruppe ... im Vergleich zu unserem Sortiment deutlich ... sortiert.
3. ...
4. Die Warengruppe ... kann als variabel bezeichnet werden, weil sie nur ...
5. Das ... -Sortiment bilden die Warengruppen ...

Sortimentsbaum

Büro- und Computerbedarf

kleiner Bürobedarf	Papier	Schreibgeräte	Ordnungsmittel	Rechner	Schulbedarf *)	Computer/Elektronik
Klebemittel	Briefpapier	Bleistifte	Ablagekörbe	Taschenrechner	Schulranzen	Laptops/Tablets
Korrekturmittel	Kopierpapier	Faserstifte	Karteikästen	Tischrechner	Schulbücher	Drucker
	Fax-Papier	Folienschreiber	Zeitschriftenboxen		Schreibhefte	Software
		Füllfederhalter	CD-Boxen		Bleistifte	Toner
		Kugelschreiber	Register		Buntstifte	Tintenpatronen
			Registraturen		Schulfüller	Smartphones
			Telefonregister			Kopierer
			Schnellhefter			Faxgeräte
			Prospekthüllen			Diktiergeräte
			Terminplaner			Digitalkameras
			Jahresplaner			Monitore
			Ordner			Scanner

*) Sonderstand mit Schulbedarf nur zum Schuljahresanfang

4

Im Arbeitsauftrag und in Aufgabe 3 haben Sie ein Sortiment beschrieben und verglichen.

Beschreiben Sie nun das Sortiment Ihres Ausbildungsbetriebes oder Ihrer Ausbildungsabteilung. Verwenden Sie die Fachbezeichnungen

1. **breites, schmales, tiefes, flaches Sortiment,**
2. **Kern- und Randsortiment,**
3. **fixes und variables Sortiment.**

5

Die Sortimente von Einzelhandelsgeschäften verändern sich.

a **Geben Sie Beispiele, wie man sich in Ihrem Ausbildungsbetrieb an die Ereignisse Jahreszeiten, Feiertage usw. mit Sortimentsänderungen anpasst.**

b **Erkundigen Sie sich in Ihrem Ausbildungsbetrieb, wie sich das Sortiment in den letzten Jahren verändert hat und berichten Sie darüber.**

6

Wenn Einzelhandelsgeschäfte das Produktniveau anheben, indem sie verstärkt Markenprodukte sowie höherpreisige Artikel ins Sortiment aufnehmen und die Ladeneinrichtung anspruchsvoller gestalten, spricht man von Trading-up. Das Gegenteil ist Trading-down.

Betrachten Sie Sortiment und Geschäftseinrichtung Ihres Ausbildungsbetriebes. Beschreiben Sie anhand von Beispielen, wie man Ihrem Ausbildungsbetrieb durch Trading-up oder Trading-down eine neue Richtung geben könnte.

7

Kunden schätzen es, das Einkaufen mit Erlebnissen zu verknüpfen.

Beispiel
Das Sporthaus Grandler bündelt regelmäßig Sortimentsteile in Verwendungszusammenhängen. Skiausrüstung wird mit passender Ski-Bekleidung, mit sportlichen Sonnenbrillen und Bildmotiven aus dem Wintersport kombiniert.
Kunden werden auf diese Weise vielleicht an ihren letzten Winterurlaub erinnert und sie lassen sich zu Käufen von Wintersportprodukten anregen.

Übertragen Sie das Beispiel auf Ihren Ausbildungsbetrieb und geben Sie an, wie Sie Waren im Verwendungszusammenhang zusammenstellen und als Kaufanregung nutzen.

8

Viele Einzelhandelsgeschäfte haben neben ihrem stationären Geschäft einen Onlineshop. Falls Ihr Ausbildungsbetrieb einen Onlineshop betreibt:

a **Stellen Sie fest, ob im Onlineshop das gesamte Sortiment Ihres stationären Geschäftes angeboten wird oder nur Teile davon.**

b **Falls nur ein Teilsortiment angeboten wird: Finden Sie durch Befragen Ihres Ausbilders heraus, warum nicht das gesamte Sortiment online für Kunden bereitgehalten wird.**

c **Falls für Kunden online ein breiteres oder tieferes Sortiment verfügbar ist als im stationären Geschäft: Erläutern Sie eine mögliche Ursache.**

Abschlussaufgabe 1 in Lernfeld 1

Situation 1

Inga hat ihre Ausbildung als Verkäuferin im Warenhaus am Friedrichsplatz begonnen. Vorausgegangen war der Abschluss eines Ausbildungsvertrages, den sie und Herr Beyer, der Inhaber des Warenhauses, unterschrieben hatten. Ihre Mutter hat als Ingas gesetzliche Vertreterin zwar noch mitunterschrieben, aber nun war Inga doch weitgehend auf sich allein gestellt.

Warenhaus am Friedrichsplatz Mannheim

Viele neue Dinge strömten auf sie ein. Vor allem aber waren viele interessante Aufgaben zu erledigen.

1

Gleich zu Beginn ihrer Ausbildung hat Inga einen Einsatzplan erhalten. Sie ist 17 Jahre alt, sodass die Bestimmungen des Jugendarbeitsschutzgesetzes zu beachten sind.

Montag	Stunden
09.00–12:30	
12.30–13.30	Pause
13.30–18.30	
Arbeitszeit	
Schichtzeit	

a Stellen Sie begründet fest, ob der Einsatzplan für den ausgewählten Tag (Montag) gegen Bestimmungen des Jugendarbeitsschutzgesetzes verstößt.
b Erläutern Sie die Begriffe Arbeitszeit und Schichtzeit.
c Erläutern Sie, wie Ingas Pausen im Betrieb und in der Berufsschule bei der Arbeits- und Schichtzeit berücksichtigt werden.
d Manchmal muss Inga samstags 8 Stunden arbeiten. Beschreiben Sie, welche Regelung das Jugendarbeitsschutzgesetz für diesen Fall vorsieht.
e Katarina, Auszubildende im 2. Jahr im Warenhaus am Friedrichsplatz, muss auch samstags 8 Stunden arbeiten. Sie ist allerdings schon 18 Jahre alt. Prüfen Sie, ob für sie vergleichbare gesetzliche Regelungen gelten wie für Inga.

2

Inga war erleichtert, als nach drei Monaten die Probezeit vorbei war. Jetzt konnte sie sich ihrer Ausbildungsstelle sicher sein. Eine Zeitungsmeldung hat sie allerdings verunsichert.

Ausbildungsverhältnis gekündigt
Eine Auszubildende im 2. Ausbildungsjahr hatte ihren Freunden über Facebook mitgeteilt: „Ab zum Arzt und dann die Koffer packen." Eine Woche später postete sie auch Urlaubsbilder aus einer Diskothek auf Mallorca auf Facebook – und im Ausbildungsbetrieb lag der Krankenschein. Der Ausbilder hatte die Facebook-Einträge mitgelesen und kündigte daraufhin das Ausbildungsverhältnis.

Begründen Sie, ob der Ausbildungsvertrag zu Recht gekündigt worden ist.

3

Die Ausbildung im Warenhaus machte Inga immer mehr Freude. Sie wollte daher nicht nur den Abschluss „Verkäuferin" erreichen, sondern auch das 3. Ausbildungsjahr zur Kauffrau im Einzelhandel schaffen. Von Katarina hatte sie erfahren, dass sie dann drei Prüfungen absolvieren muss:

* eine Zwischenprüfung,
* die Abschlussprüfung Teil 1 und
* die Abschlussprüfung Teil 2.

Eingeschlossen sind zwei mündliche Prüfungen. Außerdem sind neue Wahlbausteine (Wahlqualifikationen) festzulegen. In der Ergänzung zu ihrem Ausbildungsvertrag zur Verkäuferin war der Wahlbaustein „Beratung und Verkauf" vereinbart worden.

a Beschreiben Sie die drei Prüfungen, die Inga ablegen muss, wenn sie den Abschluss „Kauffrau im Einzelhandel" erreichen möchte.
b Stellen Sie fest, wie viele Wahlbausteine für diese Abschlussprüfung vereinbart werden müssen.

c Erläutern Sie, welche Noten Inga in den Prüfungen mindestens erreichen muss, damit sie am Ende die Prüfung zur „Kauffrau im Einzelhandel" bestanden hat.

4

In der Berufsschule hatte Inga gelernt, welche Anforderungen heute an Verkaufsmitarbeiter gestellt werden. Auch im Betrieb wurden diese Anforderungen immer wieder betont (siehe unten stehende Auflistung). Kontaktfreude, gepflegtes Auftreten, Spaß an der Kundenberatung – das waren für sie doch Selbstverständlichkeiten.

Anforderungen an Mitarbeiter im Einzelhandel
* Kontaktfreudigkeit, freundliches Auftreten, Offenheit für Neues
* gepflegtes und umgängliches Auftreten
* Spaß an Kundenberatung
* Grundkompetenzen (Rechenverfahren, Deutsch, Zuverlässigkeit, Pünktlichkeit)
* Flexibilität, Denken in Zusammenhängen
* Bereitschaft zum lebensbegleitenden Lernen
* Freude am Umgang mit Waren
* Serviceorientierung
* Leistungsorientierung
* Teamorientierung

Nur drei Anforderungen waren ihr nicht ganz klar:
* Serviceorientierung,
* Leistungsorientierung und
* Teamorientierung.

Katarina, die Auszubildende aus dem 2. Ausbildungsjahr, will ihr diese Anforderungen näher erklären.

a Versetzen Sie sich in die Lage von Katarina und machen Sie Inga die Bedeutung der drei Anforderungen an Einzelhandelsmitarbeiter für die Tätigkeit in einem Einzelhandelsbetrieb deutlich.

b Von Mitarbeitern im Verkauf wird insbesondere auch Fachkenntnis erwartet. Begründen Sie, warum fachliche Kompetenz (Beratungskompetenz) für Verkaufsmitarbeiter einen besonderen Stellenwert hat.

5

Inga trifft sich mit ihrer Freundin Merle, die wie Inga gerade eine Ausbildung begonnen hat, allerdings als Medizinische Fachangestellte (Arzthelferin). Merle ist Schnäppchenjägerin, und damit immer auf der Suche nach günstigen Einkaufsmöglichkeiten.

Merle: *„Am liebsten kaufe ich im Factory Outlet Center ein, dort kann man die Waren direkt beim Hersteller beziehen. Die Preise sind unschlagbar. Oder ich gehe ins Internet. Zunächst zu einem Preisvergleichsportal und anschließend zum günstigsten Onlineshop. Ich frage mich, warum ich noch zu dir ins Warenhaus kommen sollte. Ihr macht die Waren doch eigentlich nur teurer."*

Inga: „Unser Warenhaus kann man volkswirtschaftlich auch als einen Markt auffassen. Es geht dabei um Bedarf, Nachfrage und Angebot."

a Versetzen Sie sich in die Lage von Inga und erklären Sie Merle die Leistungen eines Einzelhandelsgeschäftes für die Kunden.

b Erläutern Sie Merle die volkswirtschaftlichen Zusammenhänge, indem Sie die Begriffe „Bedürfnisse", „Bedarf", „Nachfrage", „Angebot" und „Markt" verwenden.

c Stellen Sie Ihre Erläuterung in einem Kreislaufmodell dar.

6

Inga spricht mit ihrer Freundin Merle über die Lage der Ausbildungsbetriebe.

Merle: *„Warum ist dein Ausbildungsbetrieb am Friedrichsplatz und nicht in der Haupteinkaufsstraße, in den Mannheimer Planken? Ich fände das viel bequemer, dann hätte ich alle großen Einzelhandelsgeschäfte beim Shoppen nah beieinander."*

Inga: „Planken – das ist eine 1a-Lage, die sich mein Ausbildungsbetrieb wahrscheinlich nicht erlauben kann. Wir sind mit unserer 1b-Lage am Friedrichsplatz aber ganz zufrieden.

a Unterscheiden Sie 1a- und 1b-Lage als Standort für ein Einzelhandelsgeschäft.
b Nennen Sie – neben der Ladenmiete – drei weitere Standortfaktoren, die bei der Standortwahl für ein Einzelhandelsunternehmen von Bedeutung sind.

7

Eine Kundenbefragung hat ergeben, dass Kunden im Alter zwischen 16 und 21 Jahren das Warenhaus am Friedrichplatz nur selten aufsuchen. Der Geschäftsinhaber, Herr Beyer, hat daher alle Auszubildenden gebeten, sich in einem Team zusammenzufinden und Vorschläge zu machen, mit welchen Produkten man junge Kunden gezielt ansprechen kann.

a Entwickeln Sie vier Produktvorschläge, mit denen man das Warenangebot eines Warenhauses für junge Leute attraktiver machen kann.
b Begründen Sie, warum es sinnvoll ist, die Produktvorschläge durch ein Team von Auszubildenden entwickeln zu lassen.
c Erläutern Sie zwei Regeln, damit die Teamarbeit der Auszubildenden erfolgreich verläuft.

8

Die Auszubildenden des Warenhauses am Friedrichsplatz haben ihre Vorschläge in einer Präsentation zusammengefasst und dem Geschäftsinhaber vorgestellt. Herr Beyer ist entschlossen, die meisten Vorschläge auch umzusetzen und die Waren ins Sortiment aufzunehmen.

a Durch die Neueinführung von Produkten wird das Sortiment des Warenhauses breiter. Erläutern Sie einen Vorteil, der sich aus einem breiten Sortiment für das Warenhaus ergibt.
b Beschreiben Sie das typische Sortiment eines Warenhauses mit den Begriffen „breit“, „schmal“, „tief“, „flach“.
c Die neuen Produkte betreffen sowohl das Kern- als auch das Randsortiment des Warenhauses. Erläutern Sie die Unterscheidung von Kern- und Randsortiment und belegen Sie Ihre Aussagen jeweils mit einem Beispiel.
d Inga ist in der Textilabteilung des Warenhauses beschäftigt. Die senkrechte Gliederung ihres Abteilungssortiments hat sie in der Tabelle an einem Beispiel deutlich gemacht.

Sortiment (Abteilung)	Textilien	
Warenbereich	Herren	
Warengruppe	Jacken	
Warenart	Outdoor	
Artikel	Wolfskin, ICELAND MEN, 199,90 €	

Ergänzen Sie die Tabelle mit einem Beispiel aus dem Sortiment Ihres Ausbildungsbetriebs.

9

Das Sortiment des Warenhauses ist verändert worden, um sich besser auf das Einkaufsverhalten (auf die Ansprüche) von jungen Kunden einzustellen.

a Erläutern Sie drei weitere Gründe, die in einem Einzelhandelsgeschäft zu Sortimentsveränderungen führen können.
b Die Auswertung des Warenwirtschaftssystems im Warenhaus am Friedrichplatz zeigt, dass viele Artikel schlecht laufen. Begründen Sie, warum das Warenhaus die Produkte trotzdem im Sortiment behält.

10

Der Inhaber des Warenhauses, Herr Beyer, hat die Auszubildenden zum Schluss der Aktion zu sich gerufen, um ihnen ein Feedback für die Präsentation ihrer Vorschläge zu geben.

Erläutern Sie drei Feedback-Regeln, damit das Gespräch positiv verläuft.

11 Verkaufsformen beschreiben

Ayse, die Auszubildende im 1. Ausbildungsjahr aus der Abteilung Schreibwaren/Büro, schwitzt über ihrem Berichtsheft. „So'n Mist", stöhnt sie, „dieses blöde Thema Verkaufsformen und ihre Bedeutung für Händler und Kunden. Und nächste Woche will Frau Bauer, die Personalchefin, mein Berichtsheft einmal anschauen – es muss einfach super werden! Aber was schreib' ich bloß?" Schließlich fragt Ayse Herrn Blank, den Bereichsleiter.

Berichtsheft = Ausbildungsnachweis

Ayse: *„Herr Blank, darf ich Sie etwas fragen? Nächste Woche will Frau Bauer mein Berichtsheft sehen. Und es soll doch gut sein! Aber ich weiß einfach nicht, was ich zu Verkaufsformen und ihrer Bedeutung für Händler und Kunden schreiben soll."*

Herr Blank: „Ayse, nun haben Sie mal keine Angst, das kriegen wir schon hin. Neulich in der Schulung haben wir kurz über die Verkaufsformen gesprochen. Erinnern Sie sich?"

Ayse: *(nickt) „Ja. Vier verschiedene waren es. Selbstwahl, Vorwahl, Bedienung und ...?"*

Herr Blank: „Wenn der Kunde besonders intensiv vorwählt?"

Ayse: *„Intensivvorwahl."*

Herr Blank: „Richtig. Und alle vier gibt es hier in unserem Haus. Schauen Sie sich um – und dann beschreiben Sie einfach, was Sie sehen."

Neugierig geht Ayse durch die Abteilungen. Sie befragt aber auch die Mitarbeiter, die sie dort antrifft.

Abteilung Uhren/Schmuck

Frau Ewald: „Wir haben hier viele kleine und wertvolle Produkte, da können wir nicht jeden Kunden an die Ware lassen. Der Kunde kommt zu mir und sagt seinen Wunsch. Dann zeige ich ihm die passende Ware und erläutere die wichtigsten Produkteigenschaften. Der Kunde kann sich zwar in den Schaukästen und Vitrinen zunächst ein wenig umschauen, aber meistens kommen die Kunden sofort zu mir und ich berate sie. Alles, was hier ausgestellt ist, ist besonders beratungsbedürftig. Das kann man nicht mal so eben in den Einkaufswagen legen."

Abteilung Schuhe/Lederwaren

Frau Seifert: *„Meine Kunden schauen sich zunächst die ausgestellten Waren an. Wenn ich sehe, dass sie sich für ein Produkt besonders interessieren, spreche ich sie an und berate sie. So kann ich sicher sein, dass sie auch tatsächlich ein Produkt kaufen wollen. Für die „Gucker" habe ich nämlich gar keine Zeit. Ich bin hier völlig allein in der Abteilung."*

Abteilung Elektronik/Computer

Auszubildender Klaus: „Jeder Kunde kann sich hier umschauen wie er möchte. Alles ist sehr attraktiv dekoriert und lädt zum Zugreifen ein. Wer z. B. CD-Rohlinge kaufen möchte, benötigt keine Beratung. Anders bei einem Smartphone: Das muss sorgfältig überlegt werden. Dann kommt der Kunde zu mir an den Service-Point und ich berate ihn. Auf diese Weise kommen nur Kunden zu mir, die wirklich Beratung benötigen. Wenn ich dir noch einen Tipp geben darf: Schreib' doch das Berichtsheft einfach von Dirk ab, der hat in dieser Abteilung gelernt."

Abteilung Lebensmittel

Frau Jevic: *„Weißt du, Ayse, wie viel Personal wir in dieser Abteilung haben? Fast niemanden. Wir sind vor allem damit beschäftigt, die Regale nachzuräumen und Ordnung zu halten. Für die Kunden haben wir einfach keine Zeit. Der Kunde nimmt einen Einkaufswagen und sucht sich, was er braucht. Natürlich geben wir auch mal Auskunft, wo etwas zu finden ist oder wie man ein Produkt verwendet. Aber mehr ist nicht möglich. Und schreib' in dein Berichtsheft, dass wir völlig unterbesetzt sind!"*

ARBEITSAUFTRAG

Schreiben Sie für Ayse das Berichtsheft zum Thema Verkaufsformen und ihre Bedeutung für Händler und Kunden.

VORSCHLÄGE ZUM VORGEHEN

1. Erläutern Sie die Art der Warendarbietung.
2. Beschreiben Sie die Aufgaben eines Verkaufsmitarbeiters.
3. Schildern Sie die Aufgaben des Kunden beim Einkauf.

AUFGABEN

1

Manche Produkte oder Dienstleistungen sind erklärungsbedürftig, andere können vom Kunden auch selbstständig ausgewählt werden.

Begründen Sie, in welcher Verkaufsform Sie die aufgeführten Produkte oder Dienstleistungen einkaufen würden.

1 eine neue Jeans

2 eine DVD

3 eine Reise nach Mallorca

4 ein Geburtstagsgeschenk für Ihre Oma

5 eine Brille

6 eine neue Frisur mit einer neuen Haarfarbe

7 ein neuer Schreibblock für die Schule

8 ein eigener Computer

9 Trauringe für die eigene Hochzeit

2

Beschreiben Sie die Verkaufsform Ihres Ausbildungsbetriebes oder Ihrer Ausbildungsabteilung.

12 Betriebsformen des Einzelhandels unterscheiden

Andrea ist Auszubildende im ersten Ausbildungsjahr zur Kauffrau im Einzelhandel in der Abteilung Elektronik/Computer des City-Warenhauses. Begleitet von einigen Klassenkameraden trifft sie nach der Berufsschule an der Bushaltestelle zufällig ihren Bekannten Stefan.

Stefan: *„Na, wir haben uns aber lange nicht mehr gesehen. Wie bekommt dir denn das Arbeitsleben?“*

Andrea: „Hör bloß auf, heute ist wirklich ein anstrengender Tag. Montags habe ich erst Berufsschule und muss dann nachmittags noch in den Betrieb.“

Stefan: *„Wenigstens verdienst du schon Geld. Ich suche noch eine Ausbildungsstelle als Verkäufer. Verkaufen finde ich total interessant. Deshalb möchte ich auch unbedingt eine Stelle, bei der ich Kunden beraten kann und so. Auf keinen Fall will ich nur Regale einräumen.“*

Andrea: „Du suchst also eine Stelle in einem Fachgeschäft?“

Stefan: *„Fachgeschäft? In so einem kleinen Minilädchen möchte ich bestimmt nicht arbeiten. Da kann ich dann bestimmt auch nichts über die Ware lernen. Nein, ich denke an meine Zukunft und suche mir eine Stelle bei einem Discounter. Ich habe gelesen, dass die Zahl der Discounter immer weiter steigen wird. Es wäre doch gelacht, wenn ich da nichts finde.“*

Andrea: „Was willst du denn verkaufen?“

Stefan: *„Ich dachte, ich mache mein Hobby zum Beruf und verkaufe Smartphones. Da kenne ich mich nämlich wirklich gut aus.“*

Andrea: „Im Discounter? Ich glaube, da solltest du dich aber nach alternativen Betriebsformen umsehen.“

Stefan: *„Wieso denn?“*

ARBEITSAUFTRAG

Entscheiden Sie, ob eine oder mehrere der aufgeführten Betriebsformen für eine Ausbildung von Stefan entsprechend seiner Vorstellungen vom Verkäuferberuf geeignet sind.

VORSCHLÄGE ZUM VORGEHEN

1. Tragen Sie die jeweilige Verkaufsform in die Übersichten ein.
2. Bestimmen Sie jeweils die Sortimentsbreite und Sortimentstiefe durch Ankreuzen.
3. Beurteilen Sie jede Betriebsform, ob sie für Stefan geeignet ist.

Spezialgeschäft

Verkaufsform:

Sortiment (bitte ankreuzen):

Sortimentstiefe ↓ / **Sortimentsbreite** →	sehr schmal	schmal	breit	sehr breit
sehr flach				
flach				
tief				
sehr tief				

Empfehlung für Stefan:

Fachgeschäft

Verkaufsform:

Sortiment (bitte ankreuzen):

Sortimentstiefe ↓ / **Sortimentsbreite** →	sehr schmal	schmal	breit	sehr breit
sehr flach				
flach				
tief				
sehr tief				

Empfehlung für Stefan:

Warenhaus

Verkaufsform:

Sortiment (bitte ankreuzen):

Sortimentstiefe		Sortimentsbreite			
		sehr schmal	schmal	breit	sehr breit
	sehr flach				
	flach				
	tief				
	sehr tief				

Empfehlung für Stefan:

Kaufhaus

Verkaufsform:

Sortiment (bitte ankreuzen):

Sortimentstiefe		Sortimentsbreite			
		sehr schmal	schmal	breit	sehr breit
	sehr flach				
	flach				
	tief				
	sehr tief				

Empfehlung für Stefan:

Discounter

Verkaufsform:

Sortiment (bitte ankreuzen):

Sortimentstiefe		Sortimentsbreite			
		sehr schmal	schmal	breit	sehr breit
	sehr flach				
	flach				
	tief				
	sehr tief				

Empfehlung für Stefan:

Verbrauchermarkt

Verkaufsform:

Sortiment (bitte ankreuzen):

Sortimentstiefe		Sortimentsbreite			
		sehr schmal	schmal	breit	sehr breit
	sehr flach				
	flach				
	tief				
	sehr tief				

Empfehlung für Stefan:

Supermarkt

Verkaufsform:

Sortiment (bitte ankreuzen):

Sortimentstiefe		Sortimentsbreite			
		sehr schmal	schmal	breit	sehr breit
	sehr flach				
	flach				
	tief				
	sehr tief				

Empfehlung für Stefan:

AUFGABEN

1

Geben Sie an, welche Betriebsform in den Texten jeweils beschrieben wird.

1 Waren des täglichen Bedarfs werden in einem Einzelhandelsunternehmen ohne großen Aufwand präsentiert oder direkt aus Kartons und von Paletten verkauft.

2 Auf einer kleinen Verkaufsfläche wird ein sehr schmales und sehr tief gegliedertes Sortiment angeboten, sodass auch besondere Kundenwünsche erfüllt werden können.

3 In Vorwahl werden ein bis zwei Warengruppen aus einer Branche mit großer Auswahl auf größerer Verkaufsfläche angeboten.

4 Einzelhandelsunternehmen verschiedener Branchen haben sich unter einem Dach zusammengeschlossen, wobei das Erlebnis-Shopping durch gastronomische Betriebe, Kinos usw. abgerundet wird.

5 Das Sortiment umfasst schwerpunktmäßig Nahrungsmittel, ergänzt um problemlose Waren anderer Branchen für den täglichen Bedarf und wird auf bis zu 1 000 m² Verkaufsfläche angeboten.

6 Waren diverser Branchen werden in unterschiedlichen Verkaufsformen angeboten, wobei die Auswahl innerhalb der einzelnen Warengruppen verschieden umfangreich ist.

7 Neben einem schmalen und tiefen Sortiment werden in Vollbedienung verschiedene Serviceleistungen angeboten.

8 Auf sehr kleiner Verkaufsfläche werden modische Artikel angeboten.

2

Eine Betriebsform lässt sich mit wenigen Merkmale kennzeichnen:

1. Verkaufsform
2. Sortiment
3. Betriebsgröße
4. Preisniveau
5. Ladengestaltung

Bestimmen Sie die Betriebsform Ihres Ausbildungsbetriebes anhand der fünf Kennzeichen.

3

In einer Berufsschulklasse des Einzelhandels sind gewöhnlich unterschiedliche Branchen wie Lebensmittel oder Textil mit verschiedenen Betriebsformen vertreten.

a Ermitteln Sie die Zusammensetzung der Ausbildungsbetriebe in Ihrer Klasse nach Branchen und Betriebsformen. Erstellen Sie eine geordnete Übersicht nach dem Muster.

Branche	Ausbildungsbetrieb	Betriebsform
Lebensmittel	Betrieb X Betrieb Y Betrieb Z ...	Supermarkt Supermarkt Discounter
Textil	Betrieb X Betrieb Y ...	Boutique Kaufhaus
...		

b Werten Sie die Übersicht aus. Berücksichtigen Sie dabei u. a. Fragen wie:

1. Welche Branche ist in der Klasse schwerpunktmäßig vertreten?
2. In welcher Betriebsform absolviert die Mehrheit der Schüler ihre Ausbildung?
3. Welche Betriebsform ist in der einzelnen Branche am häufigsten repräsentiert und ist dies für die jeweilige Branche typisch?

4

Die Betriebsformen des Einzelhandels lassen sich grob durch das Sortiment und die Verkaufsform einteilen. Im Einzelfall können die Betriebsformen davon abweichen. Die Einteilung gibt aber eine Orientierungshilfe.

Ordnen Sie die Sortimentsbeschreibungen und Verkaufsformen den Betriebsformen durch Angabe der Lösungsbuchstaben (a bis d) und Lösungsziffern (1 bis 3) zu.

a schmal und flach	b schmal und tief	c breit und flach	d breit und tief
1 Vollbedienung	2 Vorwahl	3 Selbstbedienung	

Kaufhaus			Fachgeschäft		
Fachmarkt			Warenhaus		
Discounter			Supermarkt		

13 Einen Tarifvertrag aushandeln und abschließen

Während der Vorweihnachtszeit „brummt" das Geschäft im City-Warenhaus Bauer. Die Mitarbeiter sind im Stress, das Personal war zudem in den vergangenen zwei Wochen erheblich ausgedünnt. Ein Drittel der Belegschaft fehlte – aber nicht wegen Krankheit. Simone, Auszubildende der Parfümerie-Abteilung, ist sauer, weil ihr die zwei Urlaubstage, auf die sie sich schon so lange gefreut hatte, vom Chef gestrichen wurden. Jetzt sind alle Mitarbeiter wieder im Einsatz. Simone kann sich, als sie die Kollegin Frau Werner trifft, eine Bemerkung nicht verkneifen und begrüßt sie im bissigen Ton.

Simone: *„Ach, Frau Werner, auch mal wieder im Lande? Sie sehen ja prächtig erholt aus!"*

Frau Werner: „Nanu, Simone. Welche Laus ist Ihnen denn über die Leber gelaufen?"

Simone: *„Gar keine. Ist nur sonderbar, dass sich einige Kollegen einfach Urlaub genehmigen, während wir anderen hier im Advent für zwei ackern müssen. Der Chef war auch nicht begeistert."*

Frau Werner: „Liebes Kind, ich glaube, Sie haben keine Ahnung, worum es geht. Ich hatte keinen Urlaub, sondern habe gestreikt. Und das nicht aus Spaß an der Freud, sondern für mehr Lohn. Übrigens auch für Sie."

Simone: *(verunsichert) „Aha, das geht so einfach?"*

Frau Werner: „So einfach geht das natürlich nicht, aber ich bin in der Gewerkschaft. Und weil ich der Meinung bin, dass wir für unsere Arbeit mehr Geld verdient haben, bin ich dem Streikaufruf gefolgt."

Simone: *„Und hatten Sie Erfolg?"*

Frau Werner: „Simone, seien Sie mir nicht böse, aber ich habe jetzt keine Zeit für eine Unterhaltung. Doch wenn Sie das hier durchlesen, wissen Sie, worum es in den letzten Monaten ging."

Frau Werner überreicht Simone einen unsortierten Stapel an Zeitungsberichten.

ARBEITSAUFTRAG 1

Beschreiben Sie die einzelnen Phasen der Tarifverhandlungen bis zum Abschluss eines neuen Tarifvertrages.

VORSCHLÄGE ZUM VORGEHEN

1. Bringen Sie die Zeitungsartikel in die richtige zeitliche Reihenfolge.
2. Fassen Sie die in den Artikeln beschriebenen Phasen kurz zusammen und tragen Sie diese in das darunter stehende Ablaufschema ein.

Zeitungsartikel zu den Tarifverhandlungen im Einzelhandel

Erste Tarifrunde endet ohne Ergebnis

Die erste Tarifrunde für die Beschäftigten im Einzelhandel verlief ergebnislos. Der Arbeitgeberverband weist die Forderungen der Gewerkschaft zurück und bietet seinerseits eine Lohnerhöhung von 2,5 Prozent für die Beschäftigten und 1,5 Prozent für Auszubildende an. Ein Mindesteinkommen lehnen die Arbeitgeber ab, sie fordern allerdings eine flexiblere Gestaltung der Arbeitszeiten angesichts der verlängerten Ladenschlusszeiten. Die Gewerkschaft lehnt das Angebot als inakzeptabel ab.

Jetzt droht Streik im Weihnachtsgeschäft

Die Gewerkschaft hat die Tarifverhandlungen im Einzelhandel für gescheitert erklärt, nachdem die Arbeitgeber an ihren Forderungen festhalten. Darum sind die Mitglieder nun zur Urabstimmung aufgerufen. Votieren 75 Prozent der Gewerkschafter für einen unbefristeten Streik, müssen die Kunden ab Montag mit erheblichen Einschränkungen im Weihnachtsgeschäft rechnen.

Handel: Schlichter soll es nun richten

Trotz massiver Warnstreiks trennten sich die Parteien der Tarifverhandlungen im Einzelhandel gestern ohne Ergebnis. Ein neutraler Dritter soll nun zwischen Gewerkschaft und Arbeitgeberverband vermitteln. Das Schlichtungsverfahren beginnt in Kürze.

Gewerkschaft ruft zum Warnstreik auf

Bei den Tarifverhandlungen im Einzelhandel ist keine Einigung in Sicht, die Zeichen stehen auf Sturm. Nachdem die Friedenspflicht vier Wochen nach Ablauf des alten Tarifvertrags geendet hat, bittet die Gewerkschaft ihre Mitglieder vor der nächsten Verhandlungsrunde um Unterstützung. Im ganzen Land sind Warnstreiks und Demonstrationen geplant.

Tarifvertrag für den Handel gekündigt

Die Gewerkschaft hat den Tarifvertrag für den Einzelhandel gekündigt. Mit welchen Forderungen sie in die Verhandlungen mit dem Arbeitgeberverband einsteigen will, wird derzeit noch diskutiert.

Einzelhändler akzeptieren Angebot

Handel und Kunden atmen auf: Nach zehntägigem Arbeitskampf, flankiert von großen Demonstrationen, ist der Streik im Einzelhandel beendet. In der Urabstimmung nahmen 82 Prozent der Gewerkschaftsmitglieder das Angebot an.

Gewerkschaft fordert 6,5 Prozent mehr Lohn

Nach Absprache mit ihren Mitgliedern fordert die Tarifkommission der Gewerkschaft für ihre Beschäftigten des Einzelhandels die Erhöhung der Löhne um 6,5 Prozent sowie die Einführung eines monatlichen Mindesteinkommens von 1 500,00 €. Auszubildende sollen ebenfalls 6,5 Prozent mehr erhalten. Der Arbeitgeberverband hat für die in Kürze beginnenden Tarifverhandlungen noch kein Angebot vorgelegt.

Ablaufschema von Tarifverhandlungen

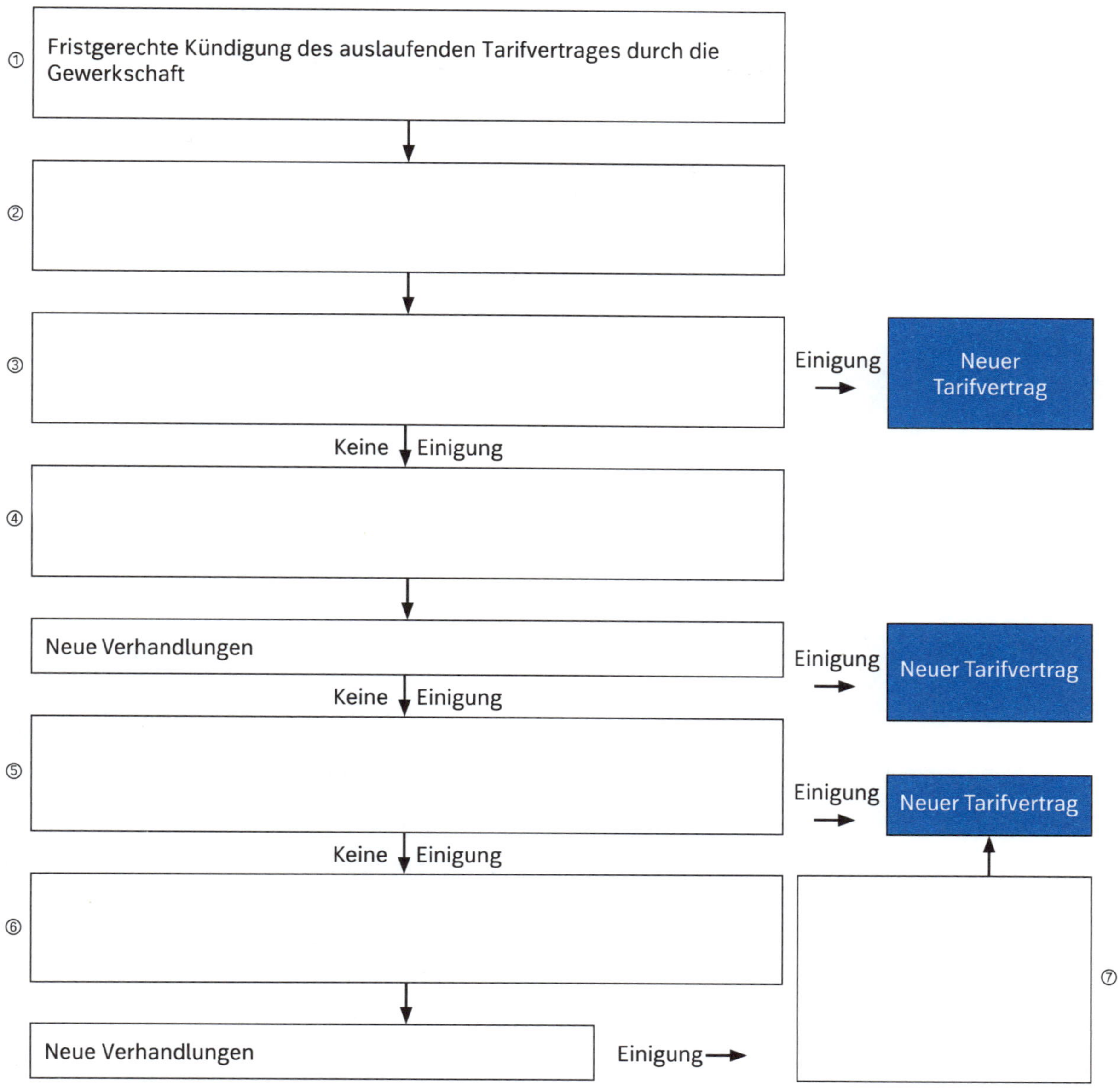

Am nächsten Tag gibt Simone ihrer Kollegin Frau Werner die Zeitungsberichte zurück.

Simone: *„Danke, Frau Werner, das war sehr interessant. Und entschuldigen Sie bitte, dass ich Sie gestern so blöd angemacht habe."*

Frau Werner: „Halb so wild. Ich kann Sie ja auch etwas verstehen. Im Weihnachtsstress mit halber Besetzung hier antreten – da kann einem schon die Laune vergehen."

Simone: *„Aber jetzt begreife ich, warum. Ich hätte da nur noch eine Frage ..."*

Frau Werner: „Ja, gerne."

Simone: *„Mich würde interessieren: Bekomme ich auch mehr Lohn?"*

Frau Werner: „Allerdings. Hier ist noch ein Zeitungsbericht. Gestern habe ich leider vergessen, Ihnen den zu geben."

3,25 Prozent mehr Lohn und Zuschläge gesichert

Nach monatelangen, von Streiks flankierten Auseinandersetzungen steht der neue Flächentarifvertrag für die Beschäftigten des Einzelhandels. Rückwirkend zum 1. August werden die Löhne, Gehälter und Ausbildungsvergütungen um 3,25 Prozent erhöht. Zusätzliche Leistung für die Beschäftigten: Sie erhalten eine Einmalzahlung von 400,00 €. Der neue Vertrag hat eine Laufzeit von einem Jahr. Außerdem einigten sich die Tarifpartner darauf, dass der vor anderthalb Jahren gekündigte Manteltarifvertrag mit einer Laufzeit von zwei Jahren wieder in Kraft gesetzt wird. Damit bleiben für die Beschäftigten die Spät- und Nachtöffnungszuschläge erhalten.

Allerdings setzten sich die Arbeitgeber mit einer Forderung durch: Samstagszuschläge werden künftig erst ab 18:30 Uhr gezahlt. Als Ausgleich erhalten die betroffenen Mitarbeiter einen materiellen Ausgleich in Form von 150,00 € pro Jahr. (-metz)

ARBEITSAUFTRAG 2
Fassen Sie das Ergebnis der Tarifverhandlungen zusammen.

VORSCHLÄGE ZUM VORGEHEN
1. Listen Sie auf, was konkret zwischen den Tarifpartnern ausgehandelt wurde.
2. Bestimmen Sie, um welche Art des Tarifvertrages es sich bei diesem Abschluss handelt.
3. Legen Sie den persönlichen, fachlichen, räumlichen und zeitlichen Geltungsbereich des neuen Tarifvertrages fest.

AUFGABEN

1

Wenige Tage nach Beendigung des Streiks im Einzelhandel machen Marvin Schröder und Günther Kelch, Mitarbeiter eines Supermarkts, gemeinsam Mittagspause im Bistro.

Marvin: *„Also weißt du, Kollege, ihr hättet euch ja ruhig mal mehr anstrengen können mit eurem Streik. 3,25 % mehr Lohn, das ist doch ein Witz.“*

Günther: „Ich glaube, ich höre nicht richtig, du alter Trittbrettfahrer. Zu geizig, um in die Gewerkschaft einzutreten, aber dann über den Abschluss meckern. Das hab ich gern. Du solltest keinen Cent mehr bekommen. Ich weiß gar nicht, warum der Chef sich darauf einlässt.“

Marvin: *„Ätsch, mein Arbeitsvertrag hat eben eine Gleichstellungsabrede.“*

Günther: „Ist trotzdem ungerecht. Eigentlich sollte ich mit einem Schnorrer wie dir überhaupt nicht mehr sprechen.“

Marvin: *„Komm, reg dich wieder ab und lass dich nicht von mir ärgern. Weil du so schön für mich mitgekämpft hast, spendiere ich dir noch einen Kaffee und einen Nachtisch.“*

Günther: „Geht doch. Den Kaffee mit Milch und Zucker, bitte.“

a Erläutern Sie, was Marvin Schröder meint, wenn er die Gleichstellungsabrede erwähnt.

b Diskutieren Sie den Vorwurf der Trittbrettfahrerei.

2

Die Voraussetzungen, unter denen Sie im Betrieb arbeiten, können von den gesetzlichen Vorgaben abweichen.

Vergleichen Sie die Arbeitsbedingungen in Ihrem Ausbildungsbetrieb mit der jeweiligen gesetzlichen Regelung. Ergänzen Sie dazu die freie Spalte in der Tabelle.

Bereich	Gesetz	Regelung im Ausbildungsbetrieb
Maximale Arbeitszeit täglich/wöchentlich	unter 18 Jahre ⇒ bis zu 8 Std. tägl. (40 Std. wöchentllich) über 18 Jahre ⇒ bis zu 10 Std. tägl. (48 Std. wöchentllich)	
Urlaub berechnet nach Werktagen (WT) Mo–Sa	unter 16 Jahre ⇒ 30 WT unter 17 Jahre ⇒ 27 WT unter 18 Jahre ⇒ 25 WT über 18 Jahre ⇒ 24 WT	
Urlaubsgeld	Kein Anspruch	
Weihnachtsgeld	Kein Anspruch	

Bereich	Gesetz	Regelung im Ausbildungsbetrieb
Übernahme nach der Ausbildung	Kein Anspruch	
Ausbildungsvergütung	„angemessene Bezahlung“	
Probezeit	vier Monate	

3

Es gibt mehrere Tarifvertragsarten, in denen unterschiedliche Sachverhalte festgelegt werden.

Ordnen Sie die Vertragsinhalte einer der drei Gruppen von Tarifverträgen zu. Schreiben Sie die entsprechende Ziffer hinter die Vertragsinhalte.

1 Lohn-, Gehalts- und Entgelttarifverträge

2 Manteltarifvertrag

3 Sonstige Tarifverträge

Vertragsinhalte	
Die regelmäßige wöchentliche Arbeitszeit beträgt 37,5 Stunden ausschließlich der Pausen.	
Der Arbeitnehmer muss spätestens am Schluss des Kalendermonats über sein Entgelt verfügen können.	
Die festgelegten Gehaltssätze sind Mindestgehälter. Die Vergütung erfolgt in der Gehaltsgruppe I nach Berufsjahren und in den Gehaltsgruppen II–IV nach Tätigkeitsjahren.	
Die Arbeitnehmer erhalten eine jährliche Einmalzahlung, die ausschließlich für Zwecke der persönlichen tariflichen Altersvorsorge (Altersvorsorgebetrag) verwendet wird.	
Spätöffnungsarbeit ist Arbeit in Verkaufsstellen, die von Montag bis Freitag in der Zeit von 18:30 Uhr bis 20:00 Uhr geleistet wird. Spätöffnungsarbeit ist zuschlagspflichtig.	
An Samstagen von 14:30 Uhr bis 20:00 Uhr geleistete Arbeitszeit ist zuschlagspflichtig.	
Kaufmännische Aushilfen erhalten je Stunde 1/163 des tariflichen Monatsgehaltes.	
Dringende Vor- und Abschlussarbeiten, Aufräumarbeiten und Kassenschluss sind als Ausnahmen über die vereinbarte oder festgelegte Arbeitszeit hinaus zu leisten. Die hierfür erforderliche Zeit darf 10 Minuten täglich nicht überschreiten.	
Während einer Verlängerung der Ausbildungszeit nach dem Berufsbild Verkäufer/-in ist die Vergütung für Auszubildende im 3. Ausbildungsjahr zu zahlen.	
Auszubildende und diesen Gleichzustellende über 18 Jahre erhalten 2/3 des Urlaubsgeldes für erwachsene, vollzeitbeschäftigte Arbeitnehmer.	
Auszubildende sind an dem Arbeitstag unmittelbar vor der schriftlichen Abschlussprüfung von der Arbeit freizustellen. Gleiches gilt an den Prüfungstagen für die Zeit vor der Prüfung.	
Spätestens drei Monate vor dem vertraglichen Ende der Ausbildungszeit sollen sich Arbeitgeber und Auszubildender über eine Fortsetzung oder Beendigung des Beschäftigungsverhältnisses schriftlich erklären. Erklärt sich der Arbeitgeber nicht fristgerecht, gilt ein Arbeitsverhältnis auf unbestimmte Zeit als begründet.	
Die Arbeitnehmer erhalten gemäß dieser Tarifbestimmung vermögenswirksame Leistungen nach Maßgabe der Vorschriften des „Fünften Gesetzes zur Förderung der Vermögensbildung der Arbeitnehmer“ in der jeweils gültigen Fassung.	
Ist eine Arbeitsverhinderung durch Krankheit verursacht und dauert sie länger als drei Werktage, so ist vor Ablauf des vierten Werktages ab Beginn der Arbeitsunfähigkeit eine ärztliche Bescheinigung über die Arbeitsunfähigkeit und deren voraussichtliche Dauer vorzulegen.	
Angestellte ohne abgeschlossene kaufmännische Ausbildung erhalten im 1. und 2. Jahr der Tätigkeit 85 %, im 3. Jahr der Tätigkeit 90 %, im 4. Jahr der Tätigkeit 95 % des Tarifgehalts der Gehaltsgruppe I.	

Situation zur Aufgabe 4 und 5

Die Warenhaus AG betreibt zahlreiche Warenhäuser. Sie liegt im Geltungsbereich eines gekündigten Tarifvertrags. Die Tarifpartner haben sich zu ersten Tarifverhandlungen getroffen.

Aufgaben zur Prüfungsvorbereitung

4

Prüfen Sie, welche der Aussagen zutrifft.

1 Die Tarifverhandlungen werden zwischen der Bundesregierung und den Gewerkschaften geführt.

2 Es ist nicht zulässig, Warnstreiks nur auf die Betriebe der Warenhaus AG zu beschränken.

3 Solange die Tarifpartner verhandeln, sind Warnstreiks grundsätzlich nicht zulässig.

4 Die Warenhaus AG kann auf Streiks mit der Aussperrung von Arbeitnehmern reagieren.

5 Die Aussperrung ist ein wenig wirksames Mittel im Arbeitskampf, weil die Gewerkschaften allen Ausgesperrten, Gewerkschaftsmitgliedern und Nichtmitgliedern, Streikgeld bezahlen.

5

Nach intensiven Verhandlungen ist ein neuer Tarifvertrag abgeschlossen worden.

Stellen Sie fest, welche drei Aussagen zutreffend sind.

1 Der Tarifvertrag ist für alle Arbeitnehmer wirksam, die im Geltungsbereich des Tarifs beschäftigt sind.

2 Der Tarifvertrag gilt nur für die organisierten Mitglieder der vertragschließenden Parteien.

3 Erst durch eine Allgemeinverbindlichkeitserklärung wäre der Tarifvertrag für alle Arbeitnehmer und Arbeitgeber im Geltungsbereich des Tarifs wirksam.

4 Die Warenhaus AG hätte theoretisch auch einen Firmentarifvertrag abschließen können.

5 Lohn-, Gehalts- und Entgelttarifverträge gelten immer für ein Jahr.

6

Im Tarifrecht gilt Tarifautonomie.

Markieren Sie die Aussage, die diesen Sachverhalt zutreffend beschreibt.

1 Die Arbeitnehmer haben das Recht, sich zu Gewerkschaften zusammenzuschließen.

2 Die Tarifpartner können Tarifverträge ohne Eingriffe von dritter Seite etwa dem Staat vereinbaren.

3 Ein vereinbarter Tarifvertrag ist durch das zuständige Bundesministerium zu genehmigen.

4 Jeder Tarifvertrag gilt automatisch auch für alle Nichtgewerkschaftsmitglieder.

5 Alle Tarifverträge werden nach zwei Jahren automatisch verlängert.

7

Mit einer Mitarbeiterin wird ein Teilzeit-Arbeitsvertrag abgeschlossen. Sie wird nach Tarif entlohnt.

Geben Sie an, wo sie sich über die Höhe des Tarifgehalts für Teilzeit-Mitarbeiter informieren kann.

1 In Tariffragen gibt immer das Finanzamt Auskunft.

2 im Lohn-, Gehalts- und Entgelttarifvertrag, der für das Unternehmen gültig ist

3 Für Teilzeitmitarbeiter gibt es keinen Tarifvertrag. Die Vertragsbestimmung ist ungültig.

4 im aktuellen Manteltarifvertrag

5 beim Personalleiter, der den Tarif für Teilzeit-Mitarbeiter eigenständig festsetzt

8

Tarifverhandlungen können auch durch Arbeitskampfmaßnahmen geprägt sein.

Markieren Sie die beiden tarifrechtlichen Arbeitskampfmaßnahmen.

1 Schlichtung

2 Streik

3 Kündigung

4 Aussperrung

5 Urabstimmung

9

Es gibt verschiedene Arten von Tarifverträgen.

Geben Sie an, welcher der Sachverhalte im Lohn-, Gehalts- und Entgelttarifvertrag geregelt ist.

1 Arbeitszeiten

2 Arbeitszeitregelungen an Sonn- und Feiertagen

3 Höhe der Ausbildungsvergütungen

4 Urlaubsdauer

5 Kündigungsfristen

10

Die Tarifpartner unterliegen der Friedenspflicht.

Geben Sie an, welche Aussage diesen Begriff zutreffend beschreibt.

1 Solange ein Tarifvertrag noch gültig ist, sind Arbeitskampfmaßnahmen nicht erlaubt.

2 Tarifverträge dürfen nur von Arbeitgeberverbänden gekündigt werden.

3 Nur Gewerkschaften dürfen Tarifverträge kündigen.

4 Die Tarifpartner sind verpflichtet, Tarifverhandlungen nur friedlich ohne Arbeitskampfmaßnahmen durchzuführen.

5 Die Dauer von Tarifverhandlungen ist auf vier Wochen begrenzt, damit anschließend wieder tariflicher Frieden herrscht.

14 Die Hilfe des Betriebsrates in Anspruch nehmen

URLAUBSPLANUNG												
Mitarbeiter/in	Jan.	Feb.	März	April	Mai	Juni	Juli	Aug.	Sept.	Okt.	Nov.	Dez.
Yildrim	9.–29.											
Beyer		6.–25.										
Seifert			6.–25.									
Klasen				3.–22.								
Dehn					8.–27.							
Bence						5.–24.						
Blank							3.–22.					
Abel								7.–26.				
Berns									4.–23.			
Jansen										2.–21.		
Moller											6.–25.	
Schmitz												4.–23.

In der ersten Januarwoche entdeckt Marion Möller auf dem Gang zum Pausenraum am Schwarzen Brett den Urlaubsplan. Ihr fällt vor Schreck fast das Frühstücksbrot aus der Hand. Auch Vera Seifert, Renate Beyer und Karin Abel, die ebenfalls dem Pausenraum zustreben, bleiben vor dem Schwarzen Brett stehen.

Marion: „Das ist doch wohl die Höhe. Da hat mir doch die Geschäftsleitung glatt drei Wochen Urlaub im November verpasst. Das fehlt mir gerade noch, ich will doch im Juli nach Spanien. Den Flug habe ich auch schon gebucht."

Vera: *„Und mir hat man drei Wochen im März gegeben. Ich will doch keinen Skiurlaub machen! Im Mai kann ich die Feiertage besser ausnutzen und in der Vorsaison ist ein Urlaub viel billiger."*

Renate: „Und schaut mal, wo man mich eingesetzt hat. Das ist doch außerhalb der Sommerferien. Da kann ich ja gar nicht mit meinen Kindern in Urlaub fahren. Der Chef hat ja keine schulpflichtigen Kinder, der kennt das Problem nicht. Wozu haben wir eigentlich einen Betriebsrat gewählt?"

Karin: *„Ich glaube nicht, dass wir da was machen können. Die Geschäftsleitung sitzt doch am längeren Hebel. Wir haben erst vor zwei Wochen unsere Urlaubswünsche in die Liste eingetragen. Und was kommt dabei heraus? Man teilt uns einfach den Urlaub zu, ohne unsere Wünsche zu berücksichtigen. Wie ich unseren Betriebsrat einschätze, wird der wohl kuschen."*

Vera: „Kann ich mir nicht vorstellen. Soviel ist weiß, hat der Betriebsrat bei der Urlaubsregelung ein Wort mitzureden."

Im Büro der Geschäftsleitung unterhalten sich Herr Bauer und Frau Dehn, die Verwaltungsleiterin.

Dehn: *„Die Urlaubsliste, die ich am Jahresende ausgelegt habe, hat uns nicht viel weitergebracht. Zwanzig Leute haben ihre Urlaubswünsche fast komplett für die Monate Juni, Juli und August sowie für die letzten zwei Wochen im Dezember eingetragen. Das bringt uns nicht weiter. Deshalb habe ich die Beschäftigten einfach nach Betriebsinteresse verteilt. Aber jetzt scheint es Ärger zu geben; die Mitarbeiter wollen den Betriebsrat ins Spiel bringen. Da wird von der Forderung nach einer Betriebsvereinbarung gesprochen."*

Bauer: „Ich höre immer nur Forderungen und Betriebsrat. Wer hat hier eigentlich das Sagen? Wir können uns doch nicht von denen auf der Nase rumtanzen lassen. Wir sind schließlich die Arbeitgeber. Da geben wir nicht nach. Wir bestimmen, wann hier wer Urlaub zu nehmen hat. Nachher haben wir in unseren besten Umsatzwochen kein Personal im Haus. Der Plan bleibt so, wie Sie ihn erstellt haben, und damit basta."

Dehn: *„Der Betriebsrat verlangt aber eine Besprechung mit der Geschäftsführung. Der Urlaubsplan wird wohl Hauptthema sein. Wir werden uns zumindest die Beschwerden anhören müssen, sonst landen wir womöglich vor dem Arbeitsgericht. Das wollen Sie doch sicherlich vermeiden."*

Bauer: „Dann müssen wir eben in den sauren Apfel beißen und uns mit dem Betriebsrat an einen Tisch setzen. Aber bereiten Sie diese Besprechung mit dem Betriebsrat sorgfältig vor. Stellen Sie mir die wichtigsten Punkte zusammen, damit wir gut gerüstet in diese Runde gehen können. Wenn sich eine Betriebsvereinbarung schon nicht vermeiden lässt, dann sollen wenigstens die Interessen des Geschäftes besonders berücksichtigt werden."

ARBEITSAUFTRAG

Stellen Sie die Verhandlungen des Betriebsrates mit Herrn Bauer mit dem Ziel dar, eine Betriebsvereinbarung über allgemeine Urlaubsplanung aufzustellen.
Beteiligte sind Herr Bauer und Frau Dehn auf der Arbeitgeberseite, der/die Betriebsratvorsitzende/-r und der/die stellvertretende Betriebsratsvorsitzende auf der Arbeitnehmerseite.
Beide Seiten bereiten sich auf das Gespräch vor, indem sie ihre Ziele und Vorgehensweisen schriftlich festhalten.

AUFGABEN

1

Die Zahl der Betriebsratsmitglieder richtet sich nach der Zahl der wahlberechtigten Arbeitnehmer.

Geben Sie die Zahl der Betriebsratsmitglieder an, wenn in einem Unternehmen 35 Mitarbeiter wahlberechtigt sind. 3 Mitglieder

2

Nicht jedes Unternehmen hat einen Betriebsrat. Begründen Sie, warum es auch für den Arbeitgeber vorteilhaft sein kann, wenn es im Betrieb einen Betriebsrat gibt.

Markieren Sie eine oder mehrere zutreffende Aussagen.

1 Weil der Betriebsfrieden eher gewahrt bleibt.

2 Weil er dann nicht mit jedem einzelnen Arbeitnehmer verhandeln muss.

3 Weil der Betriebsrat meistens im Sinne des Arbeitgebers tätig ist.

4 Weil der Betriebsrat verpflichtet ist, für den Betrieb als Ganzes zu handeln.

3

Der Verkaufsmitarbeiter Frank Völler ist zum Wahlzeitpunkt vier Monate bei dem Supermarkt City-Markt beschäftigt. In dem vorigen Unternehmen war er jahrelang Betriebsratsmitglied. Seine jetzigen Arbeitskollegen schlagen ihn deshalb für die Wahl zum Betriebsrat vor.

a **Begründen Sie, warum Frank Völler nicht wählbar ist.** er ist erst 4 statt 6 Monate da

b **Stellen Sie begründet fest, ob diese Regelung sinnvoll ist.**

Aufgaben zur Prüfungsvorbereitung

4

Entscheiden Sie in den fünf Fällen, welches Beteiligungsrecht der Betriebsrat jeweils hat: Informationsrecht, Beratungsrecht, Anhörungsrecht oder Mitbestimmungsrecht.

1 Ein Mitarbeiter soll in eine andere Filiale versetzt werden.

2 Der Personalleiter will für die nächsten drei Jahre einen Personalbedarfsplan erstellen.

3 Die Öffnungszeiten eines Einzelhandelsgeschäfts sollen um eine Stunde verlängert werden.

4 Die Stelle einer Erstverkäuferin soll neu besetzt werden.

5 Weil der Umsatz in der Lederwarenbekleidung um 20% gesunken ist, soll zwei Verkäuferinnen gekündigt werden.

5

Der Betriebsrat hat u.a. ein Mitbestimmungsrecht.

Geben Sie an, welche beiden Sachverhalte in einem Einzelhandelsunternehmen dem Betriebsrat ein Mitbestimmungsrecht nach dem BetrVerfG einräumen.

1 Die Öffnungszeiten sollen abends um eine Stunde verlängert werden.

2 Die Stelle des Geschäftsführers wird neu besetzt.

3 Die bisher geltenden Urlaubsgrundsätze sollen so verändert werden, dass Mitarbeiter/-innen mit Kindern stärker bevorzugt werden.

4 Für das kommende Geschäftsjahr wird eine Umsatzsteigerung von 5% in allen Abteilungen geplant.

5 In der Abteilung für Gartenbedarf wird der Personaleinsatzplan für die nächste Woche erstellt.

15 Eine Jugend- und Auszubildendenvertretung wählen

Nach einer Klassenarbeit sitzen Simone und Markus zusammen.

Simone: „Blöde Arbeit, wird bestimmt 'ne Fünf."

Markus: „Die Arbeit war doch leicht, Wirtschaftskreislauf, genau wie angekündigt."

Simone: „Ja, ja bei dir ist alles einfach. Ich konnte mit dem Thema schon im Unterricht nichts anfangen."

Markus: „Dann musst du deinen Abteilungsleiter mal fragen."

Simone: „Ach der, den frage ich besser nicht: ‚Frau Heumer, ich habe heute keine Zeit!'"

Markus: „Bei uns ist das hundertprozentig geregelt. Jede Woche gibt's zwei Stunden Schulung, und wenn das nicht läuft, machen wir den Herbert Conrad heiß, du kennst den ja aus der Parallelklasse. Das ist unser Jugend- und Auszubildendenvertreter. Der geht dann zum Betriebsrat und haut kräftig auf den Tisch. Wirkt Wunder, sage ich dir. Arbeitszeiten, Pausenregelung, alles bestens geklärt."

Simone: „Jugend- und Auszubildendenvertreter?"

Markus: „Ja, Jugend- und Azubi-Vertreter, wie der Name schon sagt. Habt ihr so was nicht?"

Simone: „Ne, wofür?"

Markus: „Habt ihr denn wenigstens einen Betriebsrat?"

Simone: „Das schon, aber für uns Lehrlinge unternimmt der nichts."

Markus: „Ihr müsst selbst was machen, 'nen Jugend- und Azubi-Vertreter wählen und dann Druck machen. Wie viele Lehrlinge seid ihr denn?"

Simone: „Wart mal – fünf, glaube ich – ja, fünf."

Markus: „Das ist genau die Mindestzahl. Stell mal einen Antrag auf Jugend- und Azubi-Vertreterwahl bei deinem Ausbilder, kandidier am besten selbst, und dann haust du auf den Putz."

Simone: „Und mir dann Ärger einhandeln und 'nen anderen Job suchen, was?"

Markus: „Meinst du, du kriegst was geschenkt?"

Sabine: „Also, ich weiß nicht – ob das was bringt?"

ARBEITSAUFTRAG

Beantragen Sie in einem Brief an den Betriebsrat des City-Warenhauses Bauer die Errichtung einer Jugend- und Auszubildendenvertretung.
Absender ist Simone Heumer, Neustraße 11, Ratingen

VORSCHLÄGE ZUM VORGEHEN

Briefinhalt

1. Voraussetzungen für die Einrichtung einer Jugend- und Auszubildendenvertretung laut Betriebsverfassungsgesetz
2. Beweis, dass diese Voraussetzungen erfüllt sind.

* Simone Heumer, 19 Jahre
* Sabrina Röder, 19 Jahre
* René Möritz, 21 Jahre
* Petra Waldner, 17 Jahre
* Ayse Özdemir, 18 Jahre

Alle aufgeführten Personen sind Auszubildende.

3. Jugend- und Auszubildendenvertretung in der vorgesehenen Zahl beantragen

AUFGABEN

1

In einem SB-Warenhaus wird die Wahl zur Jugend- und Auszubildendenvertretung organisiert.

Stellen Sie anhand der Übersicht fest, wie viele Personen bei dieser Wahl wahlberechtigt sind.

Kaufmännische Mitarbeiter	65	davon	65 volljährig
Lagermitarbeiter	6	davon	2 minderjährig 4 volljährig
Auszubildende	9	davon	4 minderjährig 4 volljährig unter 25 Jahren 1 volljährig über 25 Jahren

2

Eine Jugend- und Auszubildendenvertretung muss aktiv tätig werden und Maßnahmen zugunsten der Jugendlichen und Auszubildenden im Unternehmen beim Betriebsrat beantragen.

Fertigen Sie anstelle eines Mitgliedes der Jugend- und Auszubildendenvertretung eine Liste an, in der die Auszubildenden Anregungen, Beschwerden u. Ä. eintragen können. Gehen Sie dabei von möglichen eigenen Wünschen aus.

Jugend- und Auszubildendenvertretung
City-Warenhaus Bauer

I. Maßnahmen, die beim Betriebsrat zu beantragen sind:
* 2 Stunden betrieblicher Unterricht je Woche

...

II. Mögliche Verstöße gegen geltende Gesetze, Verordnungen usw.
* Arbeitszeit laut BBiG oder JArbSchG

...

III. Anregungen, besonders im Hinblick auf die Berufsausbildung
* Deko-Lehrgang
* Messebesuch

...

3

Eine Jugend- und Auszubildendenvertretung kann nur eingerichtet werden, wenn mindestens 5 Arbeitnehmer unter 18 Jahre oder Auszubildende unter 25 Jahren im Unternehmen beschäftigt sind.

Ermitteln Sie die Zahl der Jugendlichen und der Auszubildenden in Ihrem Ausbildungsbetrieb, die eine Jugend- und Auszubildendenvertretung wählen dürfen.

Aufgaben zur Prüfungsvorbereitung

4

Im Herbst findet die Wahl der Jugend- und Auszubildendenvertretung statt. Im Unternehmen sind 38 Mitarbeiter beschäftigt. Für die Durchführung der Wahl wurde bereits eine Auflistung wichtiger Regelungen zusammengestellt.

Prüfen Sie, welche dieser Regelungen unzutreffend ist.

1 Die Jugend- und Auszubildendenvertretung kann gewählt werden, sofern mindestens 5 Wahlberechtigte im Unternehmen beschäftigt sind und ein Betriebsrat existiert.

2 Wählbar sind alle Arbeitnehmer unter 25 Jahren.

3 Wahlberechtigt sind nur die jugendlichen Arbeitnehmer und die erwachsenen Auszubildenden unter 25 Jahren.

4 Für die Jugend- und Auszubildendenvertretung sind auch Personen wählbar, die bereits dem Betriebsrat angehören.

5 Entsprechend der Anzahl von 38 Mitarbeitern/-innen sind drei Jugend- und Auszubildendenvertreter zu wählen.

5

In der Dies & Das GmbH soll erstmals eine Jugend- und Auszubildendenvertretung (JAV) gewählt werden.

Geben Sie an, welchen Vorteil die Jugendlichen und Auszubildenden durch die Wahl der Vertretung zu erwarten haben.

1 Die Jugend- und Auszubildendenvertretung kann selbstständig Betriebsvereinbarungen mit der Geschäftsleitung aushandeln.

2 Jugendliche und Auszubildende können ihre speziellen Anliegen über den Betriebsrat geltend machen.

3 Die Mitglieder der Jugend- und Auszubildendenvertretung haben ein Mitbestimmungsrecht bei allen Themen, die im Betriebsrat erörtert werden.

4 Lässt sich ein Jugend- und Auszubildendenvertreter in den Betriebsrat wählen, können die Interessen der Jugendlichen und Auszubildenden besonders wirksam vertreten werden.

5 Auszubildende und Jugendliche sind bei einer JAV nicht mehr auf den Betriebsrat angewiesen.

6

Die Wahl der Jugend- und Auszubildendenvertretung in der Dies & Das GmbH war erfolgreich.

Stellen Sie fest, welche Tätigkeit nicht zum Aufgabenbereich der JAV gehört.

1 Durch eigene Jugend- und Auszubildendenversammlung kann sie die Teilnahme an den Betriebsratssitzungen vorbereiten.

2 Teilnahme an Betriebsratssitzungen und Mitentscheidung bei Themen, die Jugendliche im Betrieb betreffen

3 Sie kann beim Betriebsrat Maßnahmen beantragen, die der Verbesserung der Berufsausbildung dienen.

4 Sie wacht über Einhaltung der für Jugendliche und Auszubildende geltenden Regelungen im Betrieb.

5 Sie kann die Einstellung neuer Auszubildender verhindern.

7

Nachdem die Wahl zur Jugend- und Auszubildendenvertretung im City-Warenhaus Bauer erfolgreich durchgeführt wurde, trifft sich das Organisationsteam zu einer abschließenden Sitzung, um die Stärken und Schwächen im organisatorischen Ablauf zu diskutieren. Es ist nämlich bei der Wahl einiges schief gelaufen. Vor allem die Information der Wahlberechtigten war mangelhaft. Petra, ebenfalls Auszubildende im Citry-Warenhaus, hat nachlässig gearbeitet. Dabei wurde sie bisher von allen Mitarbeitern als besonders zuverlässig beschrieben.

Simone soll Petra in einem persönlichen Gespräch ein Feedback geben, denn in zwei Jahren ist eine neue JAV zu wählen, und Petra möchte dann sogar als Jugend- und Auszubildendenvertreterin kandidieren.

Beschreiben Sie den möglichen Ablauf eines Feedback-Gespräches mit Petra und geben Sie die Aussagen von Simone in wörtlicher Rede wieder. Beachten Sie dabei die Feedback-Regeln.

Feedback-Regeln

1 Positives Umfeld schaffen

2 Eigene Wahrnehmung schildern

3 Wirkungen (Gefühle) beschreiben, die die wahrgenommenen Sachverhalte in mir auslösen

4 Wunsch an den Feedback-Nehmer

5 Wechsel in einen Dialog

8

Teamorientierung bedeutet, anderen Mitarbeitern zuzuhören und mit ihnen gemeinsam effektiv zu arbeiten. Mitarbeiter sollten sachlich argumentieren und sich Kompromissen und Mehrheitsentscheidungen beugen. Sie gliedern sich in ein Team ein, behandeln die anderen Teammitglieder gleichberechtigt und fördern den gegenseitigen Meinungsaustausch.

Betrachten Sie die Verhaltensweisen von Teammitgliedern und kreuzen Sie an, was zu wenig, passend oder zu viel ist.

Verhaltensweisen	Teamorientierung		
	zu wenig	passend	zu viel
fragt andere Teammitglieder nicht nach ihrer Meinung			
bringt eigene Vorstellungen gut nachvollziehbar in Teamsitzungen ein			
trägt Kritik an anderen Teammitgliedern sachlich und freundlich vor			
hält sich nicht an Terminvereinbarungen			
stimmt jede Kleinigkeit mit den Teammitgliedern ab; entscheidet nichts in eigener Verantwortung			
interessiert sich fast ausschließlich für die Meinung der anderen Teammitglieder und verliert dabei die eigentliche Aufgabe aus den Augen			
fragt nach der Meinung und den Interessen anderer Teammitglieder			
unterbricht andere Teammitglieder im Gespräch			
blickt immer nur einen der Gesprächspartner an			
greift Vorschläge von Teammitgliedern auf			
nimmt Mehrheitsentscheidungen hin, ohne sie zu hinterfragen			

16 Kosten und Leistungen der sozialen Absicherung beurteilen

Andrea, Auszubildende in der Spielwarenabteilung des City-Warenhauses Bauer, hat gerade ihre Gehaltsabrechnung für den Monat Oktober erhalten. Sie ist jedes Mal etwas enttäuscht, wenn sie die Abrechnung sieht. Im Ausbildungsvertrag war eine Ausbildungsvergütung von 740,00 € vereinbart worden. Tatsächlich bekommt sie aber nur 593,67 € Nun ist sie mit ihrer Freundin Ute zum Stadtbummel verabredet. Ute hat ebenfalls gerade eine Ausbildung zur Kauffrau im Einzelhandel begonnen. Beide stehen vor einem Schaufenster mit wunderschönen Schuhmodellen für den Herbst.

Andrea: „Diese superschicken Schuhe mit der kleinen Schnalle kosten genauso viel, wie mir jeden Monat von meinem Gehalt abgezogen wird, rund 150,00 €. Ich würde gerne einmal meinem Ausbilder sagen, er soll mir mein Bruttogehalt auszahlen, dann könnte ich mir endlich mal was Schickes leisten."

Ute: *„Dann wärst du aber nicht versichert. Das solltest du dir genau überlegen."*

Andrea: „Bisher hat mich noch keiner gefragt, ob und wofür ich mich versichern soll. Das Geld ist einfach weg – irgendwohin!"

Ute: *„Auf der Gehaltsabrechnung steht doch, welche Versicherungsbeiträge einbehalten werden. Hast du dir die Abrechnung nicht genau angesehen?"*

Andrea: „Doch, einmal. ‚PV-Beitrag', ‚KV/PV-Brutto' und so weiter. Ich verstehe das nicht. Hier, meine Oktober-Abrechnung habe ich gerade bekommen."

Lohn- und Gehaltsabrechnung					Monat:	Oktober 20(0)
Frau		Personalnummer	Kinderfreibetrag	Konfession		
Andrea Seifert		44	0	ev		
Badenstraße 172		Steuerklasse	Krankenkasse			
40883 Ratingen		1	AOK			
Bezeichnung						Brutto (€)
Ausbildungsvergütung						740,00
						Gesamt-Brutto
						740,00
Steuer/Sozialversicherung						
Steuer brutto	Lohnsteuer	Kirchensteuer	SolZ			Steuerl. Abzüge
740,00	0,00	0,00	0,00			0,00
KV/PV-Brutto	RV/AV-Brutto	KV-Beitrag	PV-Beitrag	RV-Beitrag	AV-Beitrag	SV-Abzüge
740,00	740,00	57,35	11,29	68,82	8,88	146,34
						Netto-Verdienst
						593,67
						Auszahlung
						593,67

Ute: „Die Gehaltsabrechnung sieht genauso aus wie meine. Oh! Ich bekomme aber mehr ausgezahlt."

Andrea: *„Wir sind beide im 1. Lehrjahr und beide im Einzelhandel und bekommen unterschiedliche Gehälter? Vielleicht können die bei uns in der Personalabteilung nicht richtig rechnen. Auf jeden Fall ist es gemein, dass du mehr bekommst als ich."*

Ute: „Aber hier steht doch alles: KV, PV, RV, AV. Das sind die Versicherungen. Meine Versicherungsbeiträge sind übrigens auch anders, und zwar höher!"

Andrea: *„Dass das schöne Geld zu irgendwelchen Versicherungen verschwindet, scheint dich aber nicht zu stören."*

Ute: „Nein, stell dir einmal vor, du würdest für mehrere Wochen krank und müsstest ins Krankenhaus oder du wirst nach der Ausbildung nicht übernommen und bist arbeitslos. Und an deine Alterssicherung musst du jetzt auch schon denken."

Andrea: *„Du bist wirklich überängstlich und völlig negativ! – Was war das doch schön, als meine Eltern sich um alles kümmerten!"*

Ute: „Ach ja, die Schwangerschaft habe ich noch vergessen."

Andrea: *„Komm, wir gehen zu mir und vergleichen einmal unsere beiden Gehaltsabrechnungen, ob sie sich wirklich unterscheiden."*

ARBEITSAUFTRAG

Prüfen Sie, worin sich die Gehaltsabrechnungen von Andrea und Ute unterscheiden, und klären Sie, welche Vorteile Andrea durch die Zahlung der Versicherungsbeiträge in den konkreten Punkten hat, die von Ute angesprochen worden sind.

VORSCHLÄGE ZUM VORGEHEN

1. Vergleichen Sie die Sozialversicherungsabzüge von Andrea und Ute. Ergänzen Sie dazu die Vergleichstabelle mit den Euro-Beträgen und mit den Beiträgen in Prozent. Die Ausbildungsvergütung (Gesamt-Brutto) ist mit 100 % gleichzusetzen.

Vergleichstabelle

	Andrea		Ute	
	Betrag	in % vom Gesamt-Brutto	Betrag	in % vom Gesamt-Brutto
Krankenversicherung				
Pflegeversicherung*)				
Rentenversicherung				
Arbeitslosenversicherung				

*) 3 Nachkommastellen

Lohn- und Gehaltsabrechnung				Monat:		Oktober 20(0)
Frau		Personalnummer	Kinderfreibetrag	Konfession		
Ute Schmitz		27	0	rk		
Bellscheider Weg 22		Steuerklasse	Krankenkasse			
40883 Ratingen		1	BEK			
Bezeichnung						Brutto (€)
Ausbildungsvergütung						810,00
						Gesamt-Brutto
						810,00
Steuer/Sozialversicherung						
Steuer brutto	Lohnsteuer	Kirchensteuer	SoIZ			Steuerl. Abzüge
810,00	0,00	0,00	0,00			0,00
KV/PV-Brutto	RV/AV-Brutto	KV-Beitrag	PV-Beitrag	RV-Beitrag	AV-Beitrag	SV-Abzüge
810,00	810,00	62,78	12,35	75,33	9,72	160,18
						Netto-Verdienst
						649,82
						Auszahlung
						649,82

2. Stellen Sie die Vorteile für Andrea in fünf Situationen dar:
   2.1 Andrea erkrankt für acht Wochen und muss davon vier Wochen ins Krankenhaus.
   2.2 Andrea wird unerwartet schwanger.
   2.3 Sie wird nach Abschluss ihrer Ausbildung nicht vom City-Warenhaus Bauer übernommen und findet auch für mehrere Monate keinen anderen Arbeitsplatz.
   2.4 Andrea scheidet mit 67 Jahren aus dem Erwerbsleben aus.
   2.5 Mit 77 Jahren wird sie aufgrund einer schweren Erkrankung zu einem Pflegefall.

AUFGABEN

1

Die Sozialversicherungsbeiträge werden vom Arbeitnehmer und vom Arbeitgeber gemeinsam getragen.

Betrachten Sie ausschließlich die Gehaltsabrechnung von Andrea.

a **Übertragen Sie die Beiträge von Andrea in die Tabelle als Eurobetrag und als Anteil in Prozent.**

b **Berechnen Sie die Sozialversicherungsbeiträge, die das City-Warenhaus Bauer als Arbeitgeberanteil zur Sozialversicherung von Andrea hinzuzahlen muss, in Euro und in Prozent.**

c **Errechnen Sie den Gesamtbetrag an Sozialversicherungsbeiträgen aus Arbeitnehmer- und Arbeitgeberanteil und geben Sie an, wer die jeweiligen Beiträge erhält.**

d **Ermitteln Sie die Höhe der Personalkosten, die dem City-Warenhaus aus dieser Gehaltsabrechnung von Andrea entstehen.**

	Beitrag Andrea		Beitrag City-Warenhaus		Gesamtbetrag der Beiträge in €	Empfänger der Beiträge
	in €	in % vom Gesamt-Brutto	in €	in % vom Gesamt-Brutto		
Krankenversicherung						
Pflegeversicherung						
Rentenversicherung						
Arbeitslosenversicherung						

2

In welchem der Fälle kommt die Krankenversicherung nicht für die Kosten auf?

1 Eine Mutter geht mit ihrem ein Jahr alten Kind zur Vorsorgeuntersuchung.

2 Ein Alkoholabhängiger erhält eine Entziehungskur.

3 Eine berufstätige Mutter erleidet im Betrieb einen Unfall, der eine Haushaltshilfe erforderlich macht.

4 Die Auszubildende Sabine ist seit acht Wochen arbeitsunfähig krank. Trotzdem braucht sie sich um ihren Lebensunterhalt keine Sorgen zu machen.

3

Die Unfallversicherung ist für Arbeitsunfälle, Berufskrankheiten und arbeitsbedingte Gesundheitsgefahren zuständig.

Prüfen Sie, ob in den Fällen die gesetzliche Unfallversicherung oder die Krankenversicherung für die entstehenden Kosten aufkommen muss.

1 Die Kundenberaterin Elke Sanders ist begeisterte Joggerin. Sie zieht sich bei ihrem Sport einen Bänderriss zu, der einen zweiwöchigen Krankenhausaufenthalt erfordert.

2 Der Auszubildende Markus Henrichs fährt nach der Arbeit zu seiner Freundin Ulrike. Auf dem Weg dorthin stürzt er mit seinem Fahrrad und bricht sich ein Bein.

3 Auf dem Weg von der Arbeit nach Hause stürzt die Kauffrau Monika Elting auf dem eisglatten Gehweg. Sie muss ins Krankenhaus.

4

Für Umschulungsmaßnahmen können je nach Grund der Maßnahme unterschiedliche Versicherungsträger zuständig sein.

Begründen Sie, ob die Rentenversicherung, Arbeitslosenversicherung oder gesetzliche Unfallversicherung die Umschulungsmaßnahmen bezahlt.

1 Die arbeitslose Kundenberaterin Martina Fischer wird zur Sachbearbeiterin für Datenverarbeitung umgeschult, damit sie leichter einen neuen Arbeitsplatz bekommt.

2 Der Bäcker Andreas Schneider wird wegen einer Mehlallergie zum Kaufmann im Einzelhandel umgeschult.

3 Während einer Urlaubsreise verunglückt der Kraftfahrer Ernst Schaub so schwer, dass er seinen Beruf nicht mehr ausüben kann. Er wird zum Einzelhandelskaufmann umgeschult.

5

Die Sozialversicherung besteht aus fünf Bereichen („Säulen").

Ordnen Sie die Aussagen der Krankenversicherung, Pflegeversicherung, Rentenversicherung, Arbeitslosenversicherung oder gesetzlichen Unfallversicherung zu.

1 Sie dient der Vorsorge für Alter, Invalidität und der Versorgung von Hinterbliebenen.

2 Sie gibt Hilfe bei Berufsunfällen und Berufskrankheiten.

3 Sie gibt Unterstützung bei Arbeitslosigkeit.

4 Sie übernimmt Kosten für Vorsorgeuntersuchungen sowie bei Krankheit und Mutterschaft.

5 Sie übernimmt Kosten für die Pflege der Angehörigen.

6

Bei der Rentenberatungsstelle der Deutschen Rentenversicherung in Berlin nimmt die Sachbearbeiterin Frau Ewald einen Anruf von Herrn Boland, dem Hausmeister des City-Warenhauses, entgegen.

Herr Boland:	„In Kürze werde ich 65 Jahre alt. Daher überlege ich, ob ich nicht bald in Rente gehen soll."
Frau Ewald	*„Da ist es am besten, Sie gehen zum Versicherungsamt Ihrer Stadtverwaltung und stellen dort einen Rentenantrag. Beizufügen sind ..."*
Herr Boland:	(unterbricht) „Ja, das habe ich auch vor, allerdings möchte ich vorher gerne wissen, wie viel auf meinem Konto ist."
Frau Ewald:	*„Auf welchem Konto?"*
Herr Boland:	„Ich habe über 40 Jahre lang Rentenversicherungsbeiträge gezahlt, die haben Sie doch bekommen, oder?"

Frau Ewald:	*„Wenn Sie in dieser Zeit in einem Arbeitsverhältnis beschäftigt waren, werden wir die Beiträge von Ihrem jeweiligen Arbeitgeber erhalten haben."*
Herr Boland:	„Dann können Sie mir doch sagen, wie viel ich bis heute für meine Rente gespart habe."
Frau Ewald:	*„Die Beitragszahlungen sozialversicherungspflichtig Beschäftigter werden dafür verwandt, die laufenden Renten der aus dem Erwerbsleben Ausgeschiedenen zu finanzieren. Der Beitragszahler selbst erwirbt einen Rentenanspruch."*
Herr Boland:	„(zögernd) ... laufende Renten?"
Frau Ewald:	*„Ja, mit Ihren Beiträgen sind die Renten der Rentenbezieher bezahlt worden."*
Herr Boland:	„... mit meinen Beiträgen ... andere Renten ..."
Frau Ewald:	*„Nicht nur Renten, auch Maßnahmen zur Erhaltung, Besserung und Wiederherstellung der Erwerbsfähigkeit, also z. B. Kuren."*
Herr Boland:	„Dann sind mit meinen Beiträgen Kuren – also Urlaubsaufenthalte – von fremden Leuten bezahlt worden? Und wer kommt für meine Rente auf?"
Frau Ewald:	*„Wieder die Generation der Beitragszahler – Generationenvertrag nennt man das."*
Herr Boland:	„Und wenn die jungen Leute eines Tages sagen, dass es zu viele Alte gibt, dass sie es nicht mehr wollen?"
Frau Ewald:	*„Nein, nein, auf die Bereitschaft der Arbeitnehmer, für die Rentner aufzukommen, können Sie vertrauen."*

a **Beschreiben Sie das Anliegen von Herrn Boland.**

b **Geben Sie wieder, was man mit dem Begriff „Generationenvertrag" verbindet.**

c **Schätzen Sie die Bereitschaft von Jugendlichen in Ihrem Alter ein, den Generationenvertrag zu erfüllen.**

7

Aufgaben zur Prüfungsvorbereitung

Aufgrund einer Insolvenz sind Mitarbeiter eines Dienstleistungsunternehmens von Arbeitslosigkeit bedroht. Mithilfe einer Umschulung zu Kaufleuten im Einzelhandel sollen die Mitarbeiter wieder eine Anstellung finden.

Geben Sie an, wer für die Kosten der Umschulungsmaßnahme aufkommt.

1 Einzelhandelsbetriebe, die Umschüler zum Schluss der Maßnahme einstellen

2 Die Kommunalverwaltung der Heimatgemeinden der Umschüler übernimmt die Kosten aus dem Sozialhaushalt.

3 die Industrie- und Handelskammer im zuständigen Bezirk

4 die Bundesagentur für Arbeit

5 Die Teilnehmer der Umschulung müssen die Kosten selbst tragen.

8

Einzelhandelsunternehmen sind verpflichtet, den Beitrag zur gesetzlichen Arbeitslosenversicherung ihrer Mitarbeiter abzuführen.

Geben Sie an, wovon die Höhe des Beitrags zur gesetzlichen Arbeitslosenversicherung abhängt.

1 vom Nettoeinkommen

2 vom Bruttoeinkommen

3 von der Höhe der gezahlten Lohnsteuer

4 von der Höhe des Beitrags zur Rentenversicherung

5 von der Zahl der Tage, für die ein Arbeitnehmer arbeitslos gemeldet ist

17 Private Vorsorge treffen

Sabrina, Auszubildende in der Lebensmittelabteilung des City-Warenhauses Bauer, hat schon oft über ihre Zukunft nachgedacht und wie ihr Leben in 10 oder 20 Jahren aussehen könnte. Bei ihrer Bank hat sie sich bereits erkundigt, welche Versicherungsmöglichkeiten bestehen.

Nun diskutiert sie mit Peter, ebenfalls Auszubildender in der Lebensmittelabteilung des City-Warenhauses Bauer und seit etwa einem Jahr auch ihr Freund.

Sabrina: „Ich war übrigens gestern bei meiner Bank und habe mich wegen Versicherungen, vor allem auch wegen meiner Altersversorgung beraten lassen."

Peter: „Altersversorgung? – So etwas interessiert meine Oma."

Sabrina: „Je früher man damit anfängt, umso besser – sagt mein Bankberater."

Peter: „Du kümmerst dich um Angelegenheiten in 50 Jahren. Wir sollten lieber überlegen, ob wir am Wochenende auf die Party im ‚Bunker' gehen oder an den See fahren. Außerdem zahlst du doch schon jeden Monat Beiträge für deine Rentenversicherung. Was willst du mehr?"

Sabrina: „Ich mache mir aber trotzdem Sorgen um meine Zukunft und wenn man einmal eine Familie hat ..."

Peter: „Okay, okay – was soll ich machen?"

Sabrina: „Ich möchte mit dir zusammen überlegen, was ich tun kann, um gegen Risiken geschützt zu sein und eine sichere Altersversorgung zu erreichen. Bisher werden nur die gesetzlichen Versicherungsbeiträge von meiner Ausbildungsvergütung abgezogen. Das reicht ja wohl nicht. Es geht ja auch nicht nur um die Rentenversicherung; man kann z. B. schwer erkranken und seinen Beruf vielleicht nicht mehr ausführen. Ich habe mir schon eine Aufstellung gemacht mit den wichtigsten Möglichkeiten, sich abzusichern."

Welche Vorsorge habe ich?		Was will ich unternehmen?	
✓	gesetzliche Rentenversicherung		Lebensversicherung
✓	gesetzliche Krankenversicherung		Berufsunfähigkeitsversicherung
✓	gesetzliche Arbeitslosenversicherung		Private Unfallversicherung
✓	gesetzliche Pflegeversicherung		Betriebliche Altersversorgung
✓	gesetzliche Unfallversicherung (Arbeitgeber)		Riester-Rente
			Vermögensbildung
			Privathaftpflichtversicherung

Sabrina: „Vielleicht hast du ja auch Interesse, zur Sicherung des Lebensstandards jetzt und im Alter etwas zu unternehmen."

Peter: „Das wird ja ein schönes Wochenende!"

ARBEITSAUFTRAG

Entscheiden Sie anstelle von Sabrina, wie sie sich gegen Lebensrisiken absichern und private Altersversorgung betreiben kann.

VORSCHLÄGE ZUM VORGEHEN

1. Gehen Sie von Ihrer eigenen Situation aus.
2. Ergänzen Sie Sabrinas Tabelle um bestehende Versicherungen oder Verträge zur Altersversorgung.
3. Entscheiden Sie begründet, welche weiteren Vorsorgemaßnahmen für Sie sinnvoll wären.
4. Beschreiben Sie, was Sie unternehmen müssten, um diese Maßnahmen umzusetzen.

AUFGABEN

1

Die 17-jährige Eleonora ist Auszubildende in einem Fachgeschäft für Zoobedarf. Sie möchte eine Lebensversicherung für ihre Altersversorgung abschließen.

a **Begründen Sie, ob sie sich für eine Risiko-Lebensversicherung oder für eine Erlebensversicherung (Kapitallebensversicherung) entscheiden sollte.**

b **Eine Arbeitskollegin hat Eleonora geraten, nach Abschluss ihrer Ausbildung unbedingt eine Privathaftpflichtversicherung abzuschließen. Begründen Sie, warum dieser Ratschlag sinnvoll ist.**

c **Dieselbe Arbeitskollegin hat Eleonora außerdem geraten, anstelle einer Lebensversicherung besser eine Entgeltumwandlung bei ihrem Ausbilder zu beantragen. Erläutern Sie, welche Anlageform für ihre Altersversorgung Eleonora damit wählen würde.**

2

Alle Formen der Altersvorsorge sind entweder nach dem Umlageverfahren oder nach dem Kapitaldeckungsverfahren aufgebaut.

a **Unterscheiden Sie die beiden Verfahren.**

b **Betrachten Sie das Umlageverfahren und das Kapitaldeckungsverfahren unter dem Gesichtspunkt der Sicherheit für die Leistungsempfänger.**

c **Begründen Sie, warum die private Altersversorgung nach dem Kapitaldeckungsverfahren aufgebaut ist.**

3

Eine Form der Altersvorsorge hält für Auszubildende besondere Vorteile bereit:
* Im ersten Jahr müssen Auszubildende nur einen Sockelbetrag von 60,00 € ansparen und erhalten trotzdem die volle Grundzulage in Höhe von 175,00 €.
* Außerdem gibt es einen einmaligen Berufseinsteiger-Bonus von 200,00 €.

Nennen Sie die Anlageform.

4

Die Tabelle zeigt einen Ausschnitt der Verdienstabrechnung einer Auszubildenden.

a **Erläutern Sie den Aufbau der Verdienstabrechnung.**

b **Unterscheiden Sie anhand der Verdienstabrechnung zwischen vermögenswirksamer Leistung und Vermögensbildung.**

Verdienstabrechnung	€
Ausbildungsvergütung brutto	710,00
Vermögenswirksame Leistung	10,00
Gesamt brutto	720,00
Krankenversicherung	55,80
Rentenversicherung	66,96
Arbeitslosenversicherung	8,64
Pflegeversicherung	10,98
Netto	577,62
Vermögensbildung	40,00
Auszahlung	537,62

18 Im Rahmen des Arbeitsschutzes handeln

Mit Beginn der Ausbildung erhalten alle Auszubildenden des City-Warenhauses Bauer eine Schulung zum Arbeitsschutz. Zur Schulung gehört auch ein abschließender Rundgang durch Verkaufs-, Verwaltungs- und Lagerräume des Markts, bei dem die Auszubildenden aufgefordert werden, die in der Schulung erlernten Sicherheitszeichen und Sicherheitseinrichtungen zu erläutern.

Sicherheitszeichen und -einrichtungen	Erläuterungen

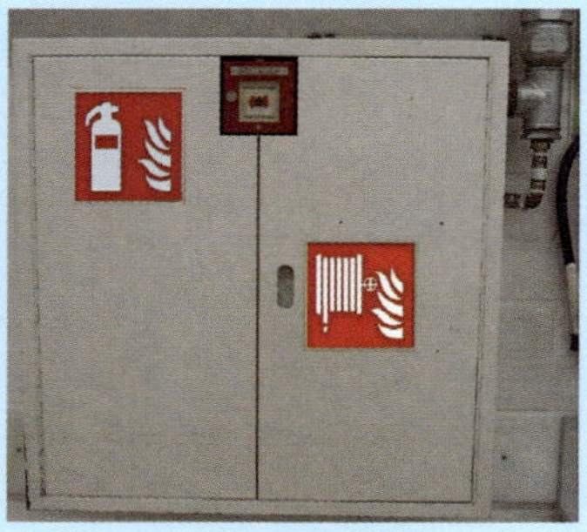	

ARBEITSAUFTRAG
Erläutern Sie die abgebildeten Sicherheitszeichen und Sicherheitseinrichtungen im City-Warenhaus Bauer.

AUFGABEN

1

Viele Produkte im Einzelhandel sind mit Gefahrstoffsymbolen gekennzeichnet.

a **Erläutern Sie die Aussage der Symbole.**

b **Geben Sie 2 Beispiele von Produkten aus Ihrem Ausbildungssortiment, die ein Gefahrstoffsymbol aufweisen und erläutern Sie die jeweilige Bedeutung des Symbols.**

2

Die Abbildung zeigt, wie in der Lebensmittelabteilung des City-Warenhauses eine Palette vorübergehend in einem Gang abgestellt worden ist.

a **Beschreiben Sie, welcher Fehler hier gemacht wurde.**

b **Entwickeln Sie aus Ihrer Praxiserfahrung zwei Situationen, wie solche Fehler entstehen.**

c **Sicherheitsbeauftragte in Einzelhandelsunternehmen stellen immer wieder fest, dass dieser Fehler passiert. Formulieren Sie einen Vorschlag, wie das Fehlverhalten von Mitarbeitern zukünftig vermieden werden kann.**

3

An verschiedenen Stellen im City-Warenhaus Bauer sind Feuerschutzschränke angebracht.

a **Erläutern Sie die drei Symbole auf dem Schrank.**

b **Betrachten Sie den geöffneten Feuerschutzschrank und beschreiben Sie, wie Sie im Brandfall mit den Sicherungsmitteln umgehen.**

4

Sicherheitszeichen werden in Verbots, Warn-, Gebots-, Rettungs- und Brandschutzzeichen unterschieden.

Geben Sie an, welches der nachfolgend abgebildeten Zeichen ein Warnzeichen ist.

1 2 3 4 5

5

Für das City-Warenhaus Bauer gibt es einen Flucht- und Rettungsplan.

a Nehmen Sie an, Sie befinden sich im Verkaufsraum an der im Lageplan mit einem blauen Punkt bezeichneten Stelle, als ein Feueralarm ausgelöst wird. Beschreiben Sie, welche Fluchtwege Ihnen zur Verfügung stehen.

b Mit Ihnen befinden sich zahlreiche Kunden an gleicher Stelle. Erläutern Sie, wie Sie sich gegenüber Ihren Kunden verhalten.

c Nehmen Sie an, Sie stellen als Erster fest, dass in Ihrer unmittelbaren Nähe ein Brand ausgebrochen ist.

ca Markieren Sie drei nächstgelegenen Stellen im Plan, an denen Ihnen Feuerlöscher und Feuerlöschschlauch zur Verfügung stehen.

cb Markieren Sie die nächstgelegene Stelle, an der Sie über einen Brandmelder Feueralarm auslösen können.

d Markieren Sie im Plan die Stelle, an der sich ein Erste-Hilfe-Kasten befindet.

Flucht- und Rettungsplan (Auszug)

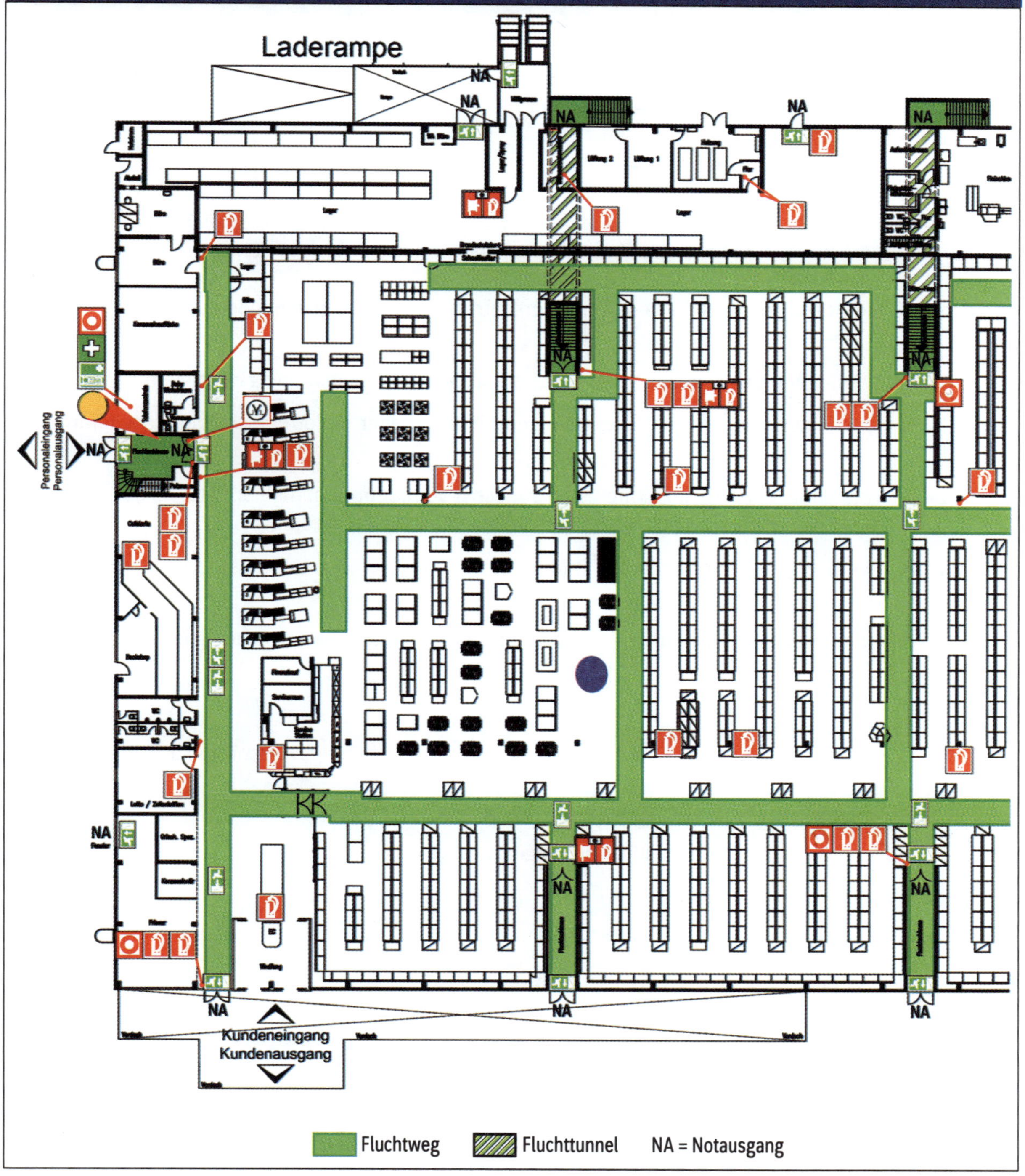

6

Ein Einzelhandelsgeschäft hat an der Rückseite eine Rampe für die Warenannahme.

a Erläutern Sie die Bedeutung der schwarz-gelben Markierung an der Rampe.

b Geben Sie ein Beispiel für die Anwendung einer rot-weißen Markierung

7

Die Arbeitsschutzvorschriften gelten für alle Unternehmen.

Geben Sie je ein Beispiel für die Sicherheitszeichen aus Ihrem Ausbildungsbetrieb: Verbots-, Warn-, Gebots-, Rettungs- und Brandschutzzeichen.

Aufgaben zur Prüfungsvorbereitung

8

Jedes Einzelhandelsunternehmen hat nach dem Arbeitsschutzgesetz (ArbSchG) die Sicherheit und den Gesundheitsschutz der Beschäftigten zu gewährleisten und ständig zu verbessern.

Markieren Sie die Aussage, die Unfallverhütungsvorschriften in einem Einzelhandelsunternehmen korrekt wiedergibt.

1 Jeder Mitarbeiter muss einmal im Jahr ein einwöchiges Sicherheitstraining absolvieren.

2 Sicherheitsbestimmungen sind Empfehlungen für Mitarbeiter. Jeder entscheidet eigenverantwortlich, ob er sich daran hält.

3 Sicherheitsmängel an Arbeitsgeräten sind zunächst vom betroffenen Mitarbeiter selbst zu beseitigen. Schlägt dieser Versuch fehl, ist die Geschäftsleitung zu informieren.

4 Wird in Verkaufsregale von mehr als 2 Meter Höhe Ware eingeräumt, muss der Mitarbeiter einen Schutzhelm tragen.

5 Arbeitsunfälle, auch mit kleineren Verletzungen, sind von Mitarbeitern unverzüglich anzuzeigen.

9

In einem Einzelhandelsunternehmen soll die Aktualität der Unfallverhütungsvorschriften überprüft werden.

Geben Sie die Stelle an, an die man sich in dieser Frage wenden muss.

1 Berufsgenossenschaft Handel und Warenlogistik (BGHW)

2 Technischer Überwachungsverein (TÜV)

3 Technisches Hilfswerk (THW)

4 Amt für Arbeitsschutz (Gewerbeaufsichtsamt)

5 Örtlicher Einzelhandelsverband

19 Nachhaltig wirtschaften

Alle großen Handelsunternehmen betonen auf ihren Webseiten die Bereitschaft, nicht nur wirtschaftlich erfolgreich zu sein, sondern auch umweltschonend zu arbeiten und sich sozial zu engagieren.

Auch im City-Warenhaus Bauer sieht man die Notwendigkeit, Nachhaltigkeit zu einem wichtigen Unternehmensprinzip und zu einem Thema für jeden Mitarbeiter zu machen.

Herr Bauer und Frau Dehn haben in einem ersten Schritt verschiedene Themen zusammengestellt, die nun an die einzelnen Bereiche des Hauses herangetragen werden.

Lieferantenauswahl

Kabeljau mit MSC-Zertifikat

Das Zertifikat wird an Fangbetriebe vergeben, die nachweisen, dass sie dem Meer nicht zu viel Fisch entnehmen und auf andere Fischarten, Meeressäuger und Wasservögel Rücksicht nehmen. Der Lieferant sorgt dafür, dass es ausreichend Fisch für die Zukunft gibt und dass die Fangmethoden keine langfristigen Schäden an den Lebensräumen im Meer verursachen. Darüber hinaus muss die Fischerei nachweisen, dass sie ein effektives Management hat.

Zertifikat: Bescheinigung, Zeugnis

Der **Marine Stewardship Council** (MSC) vergibt ein Zertifikat, wenn der Fischfang nachhaltig betrieben wird. MSC-zertifizierte Fischereibetriebe werden regelmäßig von unabhängigen Organisationen kontrolliert.

ZERTIFIZIERTE NACHHALTIGE FISCHEREI MSC www.msc.org/de

Allerdings sind die Einkaufspreise für Fische aus nachhaltiger Fischerei höher als für nicht-nachhaltig gefangene Fische. Dies führt auch zu deutlich höheren Verkaufspreisen.

Kaffee aus Fairem Handel

Fairtrade ist eine Organisation, die nach mehr Gerechtigkeit im internationalen Handel strebt. Durch auskömmliche Preise sollen die Produzenten einen angemessenen Lebensstandard erhalten.

Fairtrade-Produkte sind daher etwas teurer als vergleichbare Waren. Je nach Sorte kann das bei vergleichbarer Qualität z. B. 1,00 € ausmachen

Es ist zu entscheiden, ob zukünftig Nachhaltigkeitsgesichtspunkte beim Einkauf von Fisch und Kaffee eine Rolle spielen sollen.

Herr Berns, der Bereichsleiter für Lebensmittel, ist dagegen: „Die Kunden schauen vor allem auf den Preis. Ich glaube nicht, dass sie diese überteuerten Produkte kaufen. Wen kümmert schon der Kabeljaubestand in der Nordsee oder das Schicksal von Kaffeebauern in Guatemala."

FAIRTRADE
Das Siegel für fairen Handel

Ökologie - Energieverbrauch (Elektrizität) vermindern

Das City-Warenhaus Bauer hat einen Verbrauch von 1575000 kWh elektrischer Energie. Bei einer Gesamtfläche von 3500 m² entspricht das einem Energieaufwand von 450 kWh/m². Es sollen Maßnahmen ergriffen werden, um den Energieverbrauch zu senken. Folgende Vorschläge liegen auf dem Tisch:

* Rolltreppen so einstellen, dass sie erst beim Betreten in Betrieb gehen; in ruhigen Verkaufszeiten ganz abschalten
* Verbot an Mitarbeiter, eigene elektrische Geräte wie Radio oder Kaffeemaschinen mitzubringen oder Akkus privater Mobiltelefone aufzuladen
* Raumtemperatur vor allem im Lager senken
* offene Eingänge verkleinern
* Schaufensterbeleuchtung reduzieren
* Außenbeleuchtung spätestens um Mitternacht ausschalten
* energiesparende LED-Lampen verwenden
* Fenster mit Doppel- und Dreifachverglasung isolieren
* Energie bei der Kühlung einsparen, indem man die Wandkühlregale mit Glas-Schiebetüren ausstattet oder Kühlregale und offene Kühltruhen abends abdeckt
* Solarzellen zur Stromerzeugung auf dem Dach des City-Warenhauses installieren
* „grünen Strom" aus erneuerbaren Energiequellen wie Sonne, Wasserkraft, Wind, Biomasse beziehen

Es können aber nicht alle Vorschläge sofort umgesetzt werden. Es sind daher fünf Maßnahmen auszuwählen, die schnell und ohne großen Aufwand zu realisieren sind. Dazu soll eine Maßnahme genannt werden, die höhere Investitionen erfordert und die bis zum Ende des nächsten Jahres verwirklicht werden kann.

Mitarbeiter

Den Anteil von Frauen in Führungspositionen erhöhen

Im City-Warenhaus Bauer sind die Führungspositionen überwiegend mit Männern besetzt:

* Warenhausleiter: Herr Bauer
* Abteilung 0, Verwaltung: Frau Dehn
* Abteilung 1, Lebensmittel: Herr Berns
* Abteilung 2, Mode: Frau Yildrim
* Abteilung 3, Technik: Frau Bense
* Abteilung 4, Sonstiges: Herr Blank
* Abteilung 5, Lager: Herr Schmitz

In zwei Jahren wird Herr Berns in den Ruhestand gehen. Seine Position soll innerbetrieblich ausgeschrieben werden. Es ist abzuwägen, ob die Position unter dem Gesichtspunkt der Frauenförderung besetzt werden soll. Folgende Möglichkeiten bestehen:

* Die Stelle wird auf jeden Fall mit einer Frau besetzt.
* Frauen sollen den Vorzug erhalten, wenn sie die gleichen Voraussetzungen erfüllen wie männliche Bewerber.
* Es gelten für alle Bewerber die gleichen Bedingungen.

Schulungsmaßnahmen

* Schulung der Mitarbeiter über Energiesparmaßnahmen (siehe oben Ökologie): Jeder Mitarbeiter soll sich bewusst machen, wo er Energie einsparen kann.
  Tagesveranstaltung unter Anrechnung auf die Arbeitszeit
* Gesundheitsschulung – „Fit bleiben! – Rückenschule und mehr"
  Einseitige Belastungen durch schweres Heben und Tragen, Dauerstehen, Dauersitzen oder einseitige Handbewegungen an der Kasse sollen durch Übungen ausgeglichen werden.
  6-Wochen-Veranstaltung, jeweils 2-stündig, freiwillig, donnerstags nach Feierabend, keine Anrechnung auf die Arbeitszeit.

Eine dieser Maßnahmen ist auszuwählen und im laufenden Geschäftsjahr umzusetzen.

Integration

Im City-Warenhaus haben 30 % der Mitarbeiter einen Migrationshintergrund. Konflikte hat es bisher nicht gegeben. Trotzdem soll überlegt werden, wie diese Mitarbeiter stärker in die Belegschaft integriert werden können. Vorschläge liegen nicht vor.

Soziales Engagement

* Unterstützung der örtlichen **Tafel** mit Lebensmitteln, deren Mindesthaltbarkeitsdatum in Kürze abläuft, die aber noch einwandfrei sind. Tafeln sammeln überschüssige/aussortierte Lebensmittel aus Supermärkten, die nach den gesetzlichen Bestimmungen noch verwertbar sind, und geben diese an Bedürftige ab.
* 500 **Schultüten** gefüllt mit frischem Obst, einem Getränk und Nützlichem wie Stundenplan, Lesezeichen, Kiwi-Löffel sollen zur Einschulung an Kinder kostenlos verteilt werden.
* **Pfandspende** am Rückgabeautomaten: Wenn der Kunde seine Einwegpfandflasche zurückgeben will, kann er sich entscheiden, ob er den blauen Pfandknopf oder den orangefarbenen Spendenknopf zugunsten der Tafel drücken will. Nach einer Bestätigung wird die Spende registriert, ein Spenden-Bon ausgegeben, der den Wert der Spende anzeigt, und der Pfandbetrag an den Bundesverband Deutsche Tafel e. V. weitergeleitet.

* **Kassenwarnsystem bei Alkohol und Zigaretten:** Bereits im Warenwirtschaftssystem werden die Altersgrenzen nach den Jugendschutzbestimmungen eingepflegt. An der Kasse erscheint beim Einscannen ein Hinweis darauf und es ertönt ein zusätzlicher Signalton. Die Kassenmitarbeiter müssen nun bestätigen, dass der Kunde den Altersgrenzen entspricht, bevor sie weiterkassieren können. Im Zweifel lassen sie sich den Personalausweis der jungen Kunden zeigen.

Eine der vier Maßnahmen soll im laufenden Geschäftsjahr umgesetzt werden. Eine weitere ist zu bestimmen, die im nächsten Jahr verwirklicht werden soll.

ARBEITSAUFTRAG

Entscheiden Sie begründet, welche Maßnahmen

* **zur Lieferantenauswahl,**
* **zur Ökologie,**
* **zur Mitarbeiterförderung und**
* **zum sozialen Engagement**

im City-Warenhaus Bauer verwirklicht werden sollen. Vorhandene Vorschläge können Sie jederzeit mit eigenen Ideen ergänzen.

AUFGABEN

1

Das Einzelhandelsgeschäft Gebauer GmbH hat einen etwas älteren Lieferwagen:

Kilometerleistung pro Jahr:	55 000 km
Verbrauch:	11 l/100 km, Diesel
CO_2-Ausstoß	2,6 kg pro Liter Diesel

Aus dem ökologischen Grund, den CO_2-Ausstoß zu senken, wird ein neuer Lieferwagen angeschafft, der nur noch 7 Liter Diesel verbraucht. Die Kilometerleistung pro Jahr wird vermutlich gleich bleiben.

a **Berechnen Sie den CO_2-Ausstoß des alten Lieferwagens.**

b **Ermitteln Sie den CO_2-Ausstoß für den neuen Lieferwagen und berechnen Sie die Einsparung an CO_2 pro Jahr.**

2

Ein großes Einzelhandelsunternehmen veröffentlicht jährlich einen Nachhaltigkeitsbericht. Teil des Berichts ist ein Nachweis über den CO_2-Ausstoß, den das Lager verursacht. Die Tabelle gibt den Energieverbrauch des Lagers in Kilowattstunden wieder. Der CO_2-Ausstoß und die Klimabelastung unterscheiden sich bei den Energieträgern Strom und Gas.

Leistungsgrößen Lager			gesamt	Ware	
				klimatisiert	Standard
Fläche in m²			4500	500	4000
CO_2-Emission	Energieverbrauch kWh	Energieart	CO_2-Emission/kg	CO_2-Emission/kg	CO_2-Emission/kg
Klimaanlage	150000	elektrisch			xxxxx
Beleuchtung	55000	elektrisch			
Wärmebedarf	200000	Gas			
Summe pro Jahr	405000				
CO_2 je m² in kg					

CO_2-Ausstoß
Elektrizität: 0,621 kg/kWh

Gas: 0,219 kg/kWh

Berechnen Sie die Klimabelastung durch den CO_2-Ausstoß im Lager des Einzelhandelsunternehmens, indem Sie die hellblau unterlegten Felder der Tabelle ergänzen.

3

Einzelhandelsunternehmen zeigen ihr nachhaltiges Handeln auf unterschiedliche Weise.

Begründen Sie, was die aufgelisteten Maßnahmen mit Nachhaltigkeit zu tun haben.

1 Obwohl ein Einzelhandelsunternehmen bereits sechs Auszubildende eingestellt hat, will es zwei weiteren jungen Menschen einen Ausbildungsplatz anbieten.

2 Ein Warenhaus gibt jedem Mitarbeiter, der mindestens 600,00 € pro Jahr in die private Altersvorsorge investiert, einen Zuschuss von 120,00 € im Jahr.

3 In einem SB-Warenhaus werden alle Verpackungen nach Papier/Pappe, Kunststoff, Aluminium, Glas getrennt.

4 Ein großes Handelsunternehmen wird seine wöchentlichen Prospekte mit Sonderangeboten zukünftig auf FSC-zertifiziertem Papier drucken lassen. Ein Mehraufwand entsteht für das Unternehmen, z. B. bei der Auffindung einer FSC zertifizierten Druckerei.

FSC®-zertifiziertes Papier
Das Forest Stewardship Council® (FSC) hat sich zum Ziel gesetzt, international gültige Regeln für eine ökonomisch, ökologisch und sozial verantwortliche Waldbewirtschaftung zu formulieren. Der FSC vergibt ein Siegel für Produkte, die nach diesen Regeln, vom Holzeinschlag über die Verarbeitung und den Transport bis hin zum Verkauf des Produktes, erzeugt wurden.

Das FSC-Logo signalisiert dem Verbraucher, dass es sich um Holzprodukte handelt, die aus nachhaltiger, verantwortungsvoller Waldnutzung stammen.

4

Die Einzelhandelsunternehmen Kuhnert GmbH hat eine Kundenbefragung durchgeführt. Eine der Fragen zielte darauf ab, herauszufinden, wodurch sich die Kunden bei ihrem Einkauf leiten lassen.

Frage 8: Was bestimmt Ihre Kaufentscheidung?
Geben Sie an, was für Sie beim Einkauf in unserem Hause wichtig ist. Legen Sie durch die Vergabe der Ziffern 1 für sehr wichtig bis 5 für unwichtig eine Rangfolge fest.

☐	Preis
☐	Qualität
☐	Marke
☐	Nachhaltigkeit
☐	Gütesiegel

Die Auswertung der Frage 8 ergab die abgebildete Rangfolge.

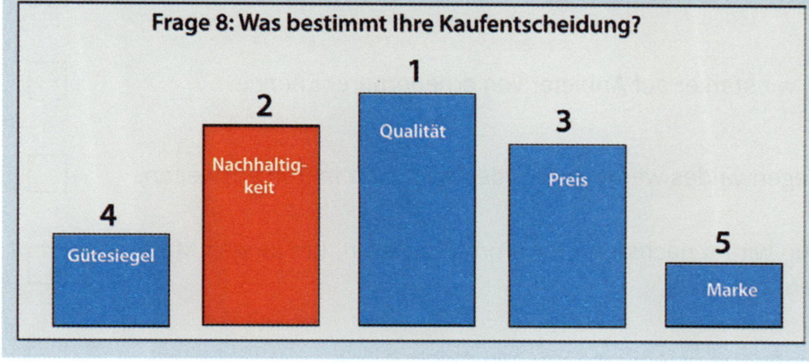

a **Befragen Sie die Mitglieder Ihrer Klasse, welche der fünf Gesichtspunkte nach eigener Auffassung für die Kaufentscheidung wesentlich sind. Verwenden Sie die Formulierung der Frage 8, um eine Rangfolge festzustellen.**

b **Vergleichen das Ergebnis der Befragung mit dem Einkaufsverhalten der Kunden in Ihrem Ausbildungsbetrieb.**

5

Betrachten Sie Ihr Ausbildungsunternehmen unter dem Gesichtspunkt der Nachhaltigkeit.

a **Nennen Sie drei Beispiele, die deutlich machen, dass die Nachhaltigkeit bei der Lieferantenauswahl Ihres Ausbildungsbetriebes eine Rolle spielt.**

b **Beschreiben Sie zwei Maßnahmen, die eine ökologische Verantwortung Ihres Ausbildungsbetriebes sichtbar machen.**

c **Zeigen Sie an zwei Beispielen, wie die Arbeitszufriedenheit der Mitarbeiter und damit eine nachhaltige Unternehmensentwicklung gefördert wird.**

d **Geben Sie ein Beispiel für das soziale Engagement Ihres Ausbildungsbetriebes.**

6

Aufgaben zur Prüfungsvorbereitung

Der Begriff Nachhaltigkeit umfasst die Bereiche Lieferanten- und Produktauswahl, Ökologie, Mitarbeiter und soziales Engagement.

Geben Sie an, welche der Maßnahmen die ökologische Nachhaltigkeit fördern kann.

1 Die Abteilung Schuh- und Lederwaren wird auf Selbstwahl umgestellt, um Personal einzusparen.

2 Die Beleuchtung des Verkaufsraums wird von Halogen- auf LED-Leuchtmittel umgestellt.

3 Mit einem Lieferanten wird ein höherer Rabatt beim Einkauf ausgehandelt.

4 Den Mitarbeitern wird ein Kurs über die Vermeidung von Unfällen am Arbeitsplatz angeboten.

5 Ein Einzelhandelsunternehmen unterstützt einen örtlichen Kindergarten mit Sachspenden.

7

Die Warenhaus AG hat in ihrem Unternehmensleitbild ökonomische, ökologische und soziale Ziele festgelegt.

Kennzeichnen Sie die aufgeführten Unternehmensziele als

1 Ökonomisches Ziel,

2 Ökologisches Ziel,

3 Soziales Ziel.

Unternehmensziele	
Bei allen Personalentscheidungen wird die Chancengleichheit von Frauen und Männern beachtet.	☐
Wir werden die Zahl unserer Filialen stetig erhöhen, um unseren Marktanteil zu verbessern.	☐
Die Energiebeschaffung konzentrieren wir stärker auf Anbieter von erneuerbarer Energie.	☐
Unser Engagement zum Schutz des Regenwaldes werden wir in den nächsten Jahren ausweiten.	☐
Die Zahl der Ausbildungsplätze werden wir im nächsten Jahr um 5 % steigern, um jungen Menschen einen Start ins Berufsleben zu ermöglichen.	☐
Alle Filialen werden regelmäßig überprüft, ob Kosteneinsparungen möglich sind.	☐
Einkaufstüten und Tragetaschen werden komplett auf Papier oder Jute umgestellt.	☐

Abschlussaufgabe 2 in Lernfeld 1

Situation

Inga ist nun fast ein Jahr Auszubildende im Warenhaus am Friedrichsplatz. Den Umgang mit Kunden beherrscht sie schon recht gut. Ein Warenhaus hat aber viele andere Tätigkeitsfelder, in denen sich Inga gerne engagiert.

Warenhaus am Friedrichsplatz Mannheim

Auch ihre finanzielle Situation wird sich demnächst ändern.

1

Ab August ist Inga im 2. Ausbildungsjahr. Dann erhält sie auch eine höhere Ausbildungsvergütung.

a Stellen Sie begründet fest, in welcher Tarifvertragsart die Höhe der Ausbildungsvergütung geregelt ist.

* Lohn-, Gehalts- und Entgelttarifvertrag
* Manteltarifvertrag
* Sondertarifvertrag

b Geben Sie je ein Beispiel für Themen, die in den übrigen beiden Tarifvertragsarten geregelt sind.

2

Am Ende des 1. Monats im 2. Ausbildungsjahr erhält Inga die neue Abrechnung über ihre Ausbildungsvergütung.

Lohn- und Gehaltsabrechnung Monat: August 20(0)

	Personalnummer	Kinderfreibetrag	Konfession
Frau			
Inga Wolters	52	0	ev
Rosenstraße 145	Steuerklasse	Krankenkasse	
68199 Mannheim	1	AOK	

Bezeichnung						Brutto (€)
Ausbildungsvergütung						850,00
						Gesamt-Brutto
						850,00
Steuer/Sozialversicherung						
Steuer brutto	Lohnsteuer	Kirchensteuer	SolZ			steuerl. Abzüge
850,00	0,00	0,00	0,00			0,00
KV/PV-Brutto	RV/AV-Brutto	KV-Beitrag	PV-Beitrag	RV-Beitrag	AV-Beitrag	SV-Abzüge
850,00	850,00	65,88	12,96	79,05	10,20	168,09
						Netto-Verdienst
						681,91
						Auszahlung
						681,91

a Klären Sie die Abkürzungen in der Gehaltsabrechnung: KV/PV-Brutto, RV/AV-Brutto, KV-Beitrag, PV-Beitrag, RV-Beitrag, AV-Beitrag.

b Beschreiben Sie jeweils die grundlegende Aufgabe der KV, PV, RV und AV.

c Berechnen Sie den RV-Beitrag in Prozent.

3

Die Wahl der Jugend- und Auszubildendenvertretung (JAV) muss im Warenhaus am Friedrichsplatz organisiert werden. Inga ist Mitglied im Organisationsteam. Sie hat unter anderem die Zahl der Personen zu ermitteln, die an der Wahl zur JAV teilnehmen dürfen. Von der Personalchefin erhielt sie Informationen:

kaufmännische Mitarbeiter	45	davon 45 volljährig
Lagermitarbeiter	4	davon einer minderjährig
Auszubildende	6	davon 3 minderjährig, 2 volljährig unter 25 Jahre, einer volljährig über 25 Jahren

a Berechnen Sie die Anzahl der wahlberechtigten Personen für die JAV.

b Nennen Sie eine Aufgabe, die die Jugend- und Auszubildendenvertretung zu erfüllen hat.

4

Obwohl Inga gerade erst 18 Jahre alt geworden ist, macht sie sich schon Sorgen über ihre finanzielle Situation im Alter. Merle, ihre Freundin, empfiehlt ihr, eine Lebensversicherung abzuschließen. Inga macht sich im Internet schlau und liest, dass es bei Lebensversicherungen eine Risiko- und eine Erlebensversicherung gibt.

a Prüfen Sie, welche Form der Lebensversicherung (Risiko- oder Erlebensversicherung) für Inga zur Alterssicherung infrage kommt.

b Merle überlegt, ob sie für sich selbst eine Berufsunfähigkeitsversicherung abschließen soll. Begründen Sie, ob es für eine 18jährige Auszubildende sinnvoll ist, monatliche Beiträge für eine Berufsunfähigkeitsversicherung zu bezahlen.

5

Das Warenhaus am Friedrichsplatz bietet allen Mitarbeitern eine betriebliche Altersversorgung an.

a Ordnen Sie die betriebliche Altersversorgung in das Drei-Säulen-Modell der Altersversorgung ein.

b Beschreiben Sie die betriebliche Altersversorgung in den Grundzügen.

c Die betriebliche Altersversorgung wird nach dem Kapitaldeckungsverfahren finanziert. Erläutern Sie dieses Verfahren und unterscheiden Sie es vom Umlageverfahren.

d Die Arztpraxis, in der Merle ausgebildet wird, bietet keine betriebliche Altersversorgung an. Merle möchte daher private Alterssicherung in Form einer Riester-Rente betreiben. Erläutern Sie die staatlichen Zulagen, die Merle erhält, falls sie sich zum Abschluss eines Riester-Vertrages entschließt. Merle ist ledig und hat kein Kind zu versorgen.

6

Inga hat im Verlauf ihres ersten Ausbildungsjahres an mehreren Unterweisungen zum Arbeitsschutz teilgenommen. Dabei wurden ihr alle Fluchtwege gezeigt und die verschiedenen Sicherheitszeichen erläutert, die im Ausbildungsbetrieb angebracht waren. Die meisten Zeichen sind für sie selbsterklärend. Schwierigkeiten bereitet ihr aber, die Arten der Sicherheitszeichen auseinanderzuhalten.

1	2	3	4	5

Art des Sicherheitszeichens	Warnzeichen	Rettungszeichen	Brandschutzzeichen	Gebotszeichen	Verbotszeichen
Nr.					

a Helfen Sie Inga, indem Sie die Sicherheitszeichen nach ihrer Art zuordnen.

b Erläutern Sie den genauen Inhalt der Sicherheitszeichen 1 bis 5.

7

Im Anschluss an eine Arbeitsschutz-Unterweisung erhielt Inga den Auftrag, in ihrer Textilabteilung zu prüfen, welche Maßnahmen zum vorbeugenden Arbeitsschutz bei bestimmten Gefahren getroffen werden können.

Gefahrenquellen
* Spiegel, Glasflächen
* Brand
* Leitern

Beschreiben Sie zu den drei Gefahrenquellen jeweils eine geeignete vorbeugende Maßnahme.

8

Im Warenhaus am Friedrichsplatz wird das Thema Nachhaltigkeit immer wichtiger, weil es auch für die Kunden zunehmend an Bedeutung gewinnt. Das Warenhaus möchte sich daher den Kunden als nachhaltig wirtschaftendes Unternehmen darstellen. Dazu müssen die Maßnahmen aber für Kunden erkennbar sein. Das sozialverträgliche Arbeitszeitmodell, das im Warenhaus umgesetzt wird, ist zwar eine Maßnahme im Sinne der Nachhaltigkeit, die Kunden bekommen davon aber nichts mit.

Entwickeln Sie zu den vier Säulen der Nachhaltigkeit je ein Beispiel, das auch von den Kunden wahrgenommen werden kann.

* Lieferantenauswahl
* Ökologie
* Mitarbeiter
* soziales Engagement

9

Das Warenhaus hat in den Abteilungen unterschiedliche Verkaufsformen. Inga hatte die Aufgabe, Mitarbeiter in den Abteilungen zu befragen, um sich vor Ort ein Bild von der jeweiligen Verkaufsform zu machen.

Situation 1
Frau Ellmer: „Meine Kunden schauen sich zunächst die ausgestellten Waren an. Wenn ich sehe, dass sie sich für ein Produkt besonders interessieren, spreche ich sie an und berate sie."

Situation 2
Frau Hege: „Wir haben hier viele kleine und wertvolle Produkte, da können wir nicht jeden Kunden an die Ware lassen. Der Kunde kommt zu mir und sagt seinen Wunsch. Dann zeige ich ihm die passende Ware und erläutere die wichtigsten Produkteigenschaften."

Situation 3
Herr Wagner: „Der Kunde nimmt einen Einkaufswagen und sucht sich, was er braucht. Natürlich geben wir auch mal Auskunft, wo etwas zu finden ist oder wie man ein Produkt verwendet."

Situation 4
Auszubildender Halil: „Jeder Kunde kann sich hier umschauen, wie er möchte. Wer z. B. Speicher-Sticks kaufen möchte, benötigt keine Beratung. Anders bei einem Smartphone: Dann kommt der Kunde zu mir an den Service-Point, und ich berate ihn."

Entscheiden Sie anhand der beschriebenen Einkaufssituation, um welche der vier Verkaufsformen es sich jeweils handelt.

LERNFELD 2
Verkaufsgespräche kundenorientiert führen

1 Kunden in verschiedenen Verkaufsformen ansprechen

Andrea ist Auszubildende in der Abteilung Spielwaren des City-Warenhauses Bauer. Hier ist viel zu tun. Daher muss Andrea auch von Anfang an bei der Beratung der Kunden mithelfen. Sobald ein Kunde die Abteilung betritt und keiner der Mitarbeiter frei ist, stellt Andrea ihre Arbeiten ein, wendet sich dem Kunden zu, sucht den Blickkontakt, geht auf den Kunden zu und begrüßt ihn freundlich.

Informationshandbuch 1.1 Den Kunden ansprechen

Informationshandbuch 1.2 Kontaktaufnahme in der Verkaufsform Bedienung

Anschließend fragt sie nach dem Wunsch des Kunden. Das macht sie so, wie sie es als Kundin selbst erlebt hat und wie offensichtlich auch viele Arbeitskolleginnen verfahren. Heute scheinen die Kunden aber nicht besonders gut gelaunt zu sein. Einer nach dem anderen erteilt ihr eine Abfuhr – bis auf diesen jungen Mann. Liegt es vielleicht am Wetter?

1. Kunde, eine Frau mittleren Alters

Andrea: „Guten Tag, kann ich Ihnen helfen?"

Kundin: *„Nein, danke. Ich möchte mich nur einmal umschauen."*

2. Kunde, ein älterer Herr

Andrea: „Guten Tag, kann ich Ihnen helfen?"

Kunde: *„Nein, danke, mir ist nicht mehr zu helfen."*

3. Kunde, eine junge Frau

Andrea: „Guten Tag, kann ich Ihnen helfen?"

Die Kundin ignoriert Andrea und betrachtet weiter die Warenauswahl.

4. Kunde, ein junger Mann

Andrea: „Guten Tag, kann ich dir helfen?"

Kunde: *(mustert Andrea von oben bis unten) „Aber sicher doch. Wie wär's, wenn du mich einmal bei mir zu Hause besuchst und mir hilfst, mein Zimmer aufzuräumen."*

Andrea ist enttäuscht, sie meinte es doch gut und möchte den Kunden wirklich helfen, das passende Produkt zu finden. Frau Dünsing, die 1. Kraft in der Spielwarenabteilung, hat die Bemühungen von Andrea beobachtet und spricht sie daraufhin an.

Frau Dünsing: „Sie machen ein ganz betrübtes Gesicht."

Andrea: *„Ja, ich biete den Kunden meine Hilfe an, aber alle lehnen ab. Der junge Mann dort drüben ist auch noch frech geworden."*

Frau Dünsing: „Ich verstehe, dass Sie ärgerlich sind. Aber bedenken Sie bitte einmal: Wir wollen die Kunden beraten. Dann steigt die Chance, dass sie auch das richtige Produkt erhalten und zufrieden sind. Unser Ziel muss es daher sein, in ein Beratungsgespräch zu kommen. Am besten gelingt das durch eine weite Frage."

Andrea: *„Weite Frage?"*

Frau Dünsing: „Ja, das sind Fragen, auf die der Kunde nicht mit Ja, Nein, einer Zahl oder sonst knapp antworten kann. Weite Fragen – W-Fragen – veranlassen den Kunden, sein Einkaufsproblem näher zu beschreiben. Sie haben es ja selbst gemerkt: Auf die enge Frage ‚Kann ich Ihnen helfen' antwortet der Kunde meistens mit ‚Nein danke – ich möchte mich nur einmal umschauen.' Auf eine Standard-Frage gibt es halt eine Standard-Antwort. Also: Keine engen K-Fragen mehr!"

Andrea: *„Wieso K-Fragen?“*

Frau Dünsing: „K – wie Killer-Frage. Sie beenden das Gespräch, bevor es richtig begonnen hat. Das wollen Sie doch nicht, oder?“

ARBEITSAUFTRAG

Trainieren Sie die Ansprache von Kunden über weite Fragen. Ihr Ziel ist es, mit dem Kunden ins Gespräch zu kommen.

VORSCHLÄGE ZUM VORGEHEN

1. Sie sind mit warenpflegerischen Arbeiten beschäftigt und ein Kunde betritt das Geschäft oder die Abteilung.
2. Sie stellen Ihre Arbeit ein.
3. Sie wenden sich dem Kunden zu, nehmen Blickkontakt auf, gehen auf ihn zu und begrüßen ihn. Sie achten dabei auf Ihre Körpersprache (Gestik, Mimik, Augenkontakt, Körperhaltung, Stimme).
4. Sie verwenden eine weite Frage, um mit dem Kunden in ein Beratungsgespräch zu kommen.

AUFGABEN

1

Andrea hat die Eröffnungsfragen immer wieder abgewandelt, um die Wirksamkeit unterschiedlicher Fragestellungen zu testen.

Prüfen Sie, ob die Eröffnungsfragen den Kunden zu einer ablehnenden Antwort veranlassen oder ob sie geeignet sind, ein Beratungsgespräch zu eröffnen.

1 „Suchen Sie etwas Bestimmtes?“

2 „Bitte schön?“

3 „Was darf ich Ihnen zeigen?“

4 „Darf ich Ihnen helfen?“

5 „Wie darf ich Ihnen helfen?“

6 „Guten Tag!?“, als Begrüßung und Eröffnungsfrage

7 „Wofür interessieren Sie sich?“

2

Körpersprache

Andrea hat ihre Arbeitskollegen beobachtet, mit welcher Körpersprache sie den Kunden gegenübertreten. Sebastian, Stefan und Andreas sind ihr dabei besonders aufgefallen.

Sebastian mag es lässig.

Stefan findet das gemütlich.

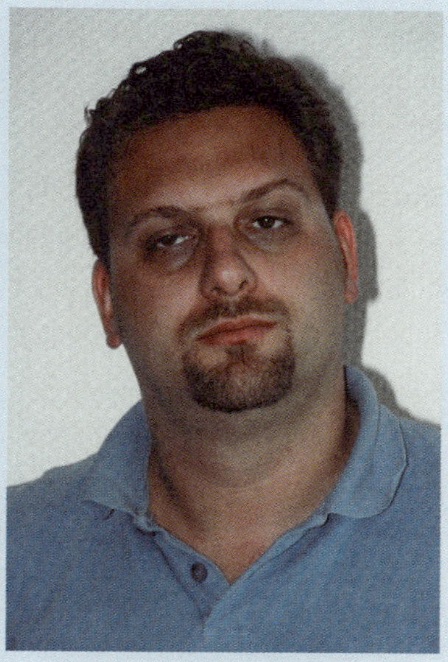

Andreas mit Blickkontakt zum Kunden.

Beurteilen Sie die Körperhaltungen von Sebastian und Stefan sowie die Mimik von Andreas.

3

Die Skizzen zeigen typische körpersprachliche Signale.

Begründen Sie, welche körpersprachlichen Signale aus den Zeichnungen deutlich werden.

4

In der Abteilung Uhren/Schmuck des City-Warenhauses Bauer finden folgende Verkaufssituationen statt.

Informationshandbuch 1.2 Kontaktaufnahme in der Verkaufsform Bedienung

Situation 1
Eine Kundin betritt die Abteilung und schaut sich suchend um. Frau Ewald geht auf sie zu:

Kundenberaterin: „Guten Morgen. Wie kann ich Ihnen helfen?"

Kundin: *„Guten Morgen. Ich hätte gern einen Ring aus Gold mit einem farblosen Stein."*

Kundenberaterin: „Sehr gern. Wir haben eine große Auswahl an wunderschönen Ringen mit farblosen Steinen. Wozu möchten Sie den Ring tragen?"

Situation 2
Ein junger Mann, etwa 25 Jahre alt, betritt die Abteilung. Frau Ewald geht auf ihn zu.

Kundenberaterin: „Guten Morgen. Wie kann ich Ihnen helfen?"

Kunde: *„Guten Morgen. Ich hätte gern eine Kette für meine Freundin."*

Kundenberaterin: „Sehr gern. Über ein solches Geschenk wird Ihre Freundin sich bestimmt sehr freuen. Können Sie mir sagen, welchen Schmuck Ihre Freundin schon besitzt und wie sie sich kleidet?"

Situation 3
Ein junger Mann und eine junge Frau betreten gemeinsam die Abteilung. Frau Ewald geht auf sie zu.

Kundenberaterin: „Guten Morgen. Was darf ich Ihnen zeigen?"

Kundin: *„Wir möchten uns gern Trauringe ansehen."*

Kundenberaterin: ???

Situation 4
Eine Kundin, ca. 50 Jahre alt, schlendert durch die Abteilung.

Kundenberaterin: „Guten Morgen. Wie kann ich Ihnen helfen?"

Kundin: *„Guten Morgen. Ich möchte mir gern Armbänder ansehen."*

Kundenberaterin: ???

Situation 5
Eine Kundin, etwa 30 Jahre alt, betritt die Abteilung.

Kundenberaterin: „Guten Morgen. Was darf ich Ihnen zeigen?"

Kundin: *„Guten Morgen. Ich hätte gern eine neue Armbanduhr."*

Kundenberaterin: ???

Situation 6
Entwickeln Sie eine vergleichbare Situation für Ihren Ausbildungsbetrieb.

Führen Sie die Verkaufsgespräche in den Situationen 3 bis 6 fort. Versuchen Sie, das Interesse des Kunden für das Sortiment zu wecken.

Beachten Sie:

* Aus der Kundenaussage erkennen Sie, für welche Produkte sich ein Kunde interessiert.
* Sie stimmen einen Kunden auf eine interessante, preisgünstige, aktuelle, reichhaltige Warenauswahl ein. Sie wecken dadurch im Kunden den Wunsch, sich diese Produkte anzusehen und sich beraten zu lassen.
* Mit einer weiten Frage veranlassen Sie einen Kunden, seine Ansprüche genauer zu erläutern.

5

In der Abteilung Schuhe/Lederwaren des City-Warenhauses beobachtet Frau Seifert eine Kundin, die sich ihrer Abteilung nähert und auf die Regalwand mit Eastpaks zugeht (Bild 1). In der Abteilung gilt die Verkaufsform Vorwahl.

Informationshandbuch 1.3 Kontaktaufnahme bei Vorwahl

Frau Seifert ist unschlüssig, wann sie die Kundin ansprechen soll.

Bild 1

Bild 2

Bild 3

Bild 4

Nun schaut die Kundin schon zu ihr herüber (Bild 4). Jetzt wird es doch wohl Zeit, oder?

Wie soll sie die Kundin ansprechen?
* „Guten Tag, suchen Sie etwas Bestimmtes?"
* „Suchen Sie einen Eastpak?"
* „Für welchen Anlass möchten Sie den Eastpak verwenden?"
* „Eastpaks gibt es in einer leichten Version und auch mit zusätzlichen Polstern, die den Tragekomfort erhöhen."

Es gibt viele Möglichkeiten – aber wie kommt man am besten in ein Beratungsgespräch?

Bestimmen Sie den Zeitpunkt, zu dem Frau Seifert die Kundin ansprechen soll, und entscheiden Sie, mit welchem Eröffnungssatz sie das Beratungsgespräch am besten beginnt.

6

In der Abteilung Haushaltswaren beobachtet Frau Beyer eine Kundin, die schon längere Zeit vor einem Regal mit Glasvasen steht und jetzt zwei unterschiedlich große Vasen nebeneinanderstellt.

Entscheiden Sie, wie die Kundin angesprochen werden soll.

1 „Womit kann ich Ihnen helfen?"

2 „Suchen Sie etwas Bestimmtes?"

3 „Suchen Sie eine Bleikristallvase?"

4 „Ist das ungefähr die Vasengröße, die Sie sich vorgestellt haben, oder soll ich Ihnen eine andere Größe zeigen?"

5 „Diese Vase besteht aus hochwertigem Bleikristall, Sie spüren es am Gewicht."

6 „Durch den nach außen gebogenen Rand dieser Vase fallen die Blumen sehr dekorativ."

7

Ein junger Mann, urlaubsbraun, gut gekleidet, steht vor einer Vitrine mit Herrenketten in Gold und Silber.

Entscheiden Sie, wie sie den Kunden ansprechen würden.

1 „Guten Tag! Kommen Sie zurecht?"

2 „Guten Tag! Diese breiten Ketten sind im Moment sehr aktuell. Zu Ihrem braunen Teint passt am besten eine Kette in Gold."

3 „Guten Tag! Suchen Sie eine Kette in Gold oder in Silber?"

8

Ein Ehepaar wurde gebeten, sich schon einmal die Wohnzimmerschränke anzusehen, da momentan kein Berater frei war. Das Paar betrachtet die an der Seitenwand angebrachte Preisliste. Nun tritt der Kundenberater hinzu.

a Entscheiden Sie, welcher Eröffnungssatz in dieser Situation am besten geeignet ist.

1 „Na, wie gefällt Ihnen der Schrank?"

2 „So, da bin ich, was darf's denn sein?"

3 „Sie haben sich ein preislich besonders günstiges Angebot ausgesucht."

4 „Der Schrank ist aus echtem Holzfurnier mit besonders schönen Verzierungen an der Seite."

b Begründen Sie, wie sich Ihre Lösung zu a ändern würde, wenn eine Kundin vor dem Schrank steht und ihn von oben bis unten betrachtet.

9

In einem Geschäft mit Vorwahl steht ein Kunde vor einem Regal und hat bereits mehrere Artikel in die Hand genommen. Er betrachtet dabei die Preisetiketten. Der Kundenberater geht auf ihn zu, stellt sich neben ihn und wartet.

Kundenberater: (als der Kunde hochschaut) „Guten Morgen."

Kunde: (etwas verärgert) „Guten Morgen."

Kundenberater: „Kann ich Ihnen helfen?"

Kunde: „Nein, danke, ich möchte mich nur einmal umschauen."

a Beurteilen Sie das Verhalten und die Eröffnungsfrage des Kundenberaters.

b Begründen Sie, welche der Formulierungen und Verhaltensweisen des Kundenberaters angemessen sind, um das Gespräch fortzusetzen.

1 „Ich möchte Ihnen nur einige Artikel unverbindlich zeigen."

2 Der Kundenberater geht wortlos zurück.

3 „Schauen Sie sich gerne um; wenn Sie Fragen haben, stehe ich jederzeit zur Verfügung." (Der Kundenberater geht zurück und beobachtet den Kunden.)

4 „Schauen Sie sich gerne um; wenn Sie Fragen haben, stehe ich jederzeit zur Verfügung." (Der Kundenberater bleibt beim Kunden stehen.)

5 „Schauen Sie sich ruhig einmal um. Übrigens haben wir dort links noch einige Auslaufmodelle zu besonders günstigen Preisen." (Der Kundenberater zieht sich zurück und beobachtet den Kunden.)

6 „Gerne. Wofür interessieren Sie sich da besonders?"

10

Kerstin ist Auszubildende im Textilfachgeschäft Schäfer. Da sie erst vor einigen Wochen mit der Ausbildung angefangen hat, haben die ausgebildeten Kundenberaterinnen Vorrang bei der Bedienung der Kunden. Man hat Kerstin aber aufgetragen, die Kunden genau zu beobachten und sie anzusprechen, sobald ein Einkaufsproblem sichtbar wird und keine ausgebildete Verkaufskraft zur Stelle ist. Die Kunden sollen dann möglichst über das Produkt angesprochen werden. „Kann ich Ihnen helfen" hört man im Textilfachgeschäft Schäfer kaum noch.

Zurzeit ist Kerstin damit beschäftigt, einen Ständer mit Hosen wieder in Ordnung zu bringen, ordentlich aufzufalten und nach Größen zu sortieren. Während dieser Arbeit beobachtet sie einige Kundinnen.

Beschreiben Sie, welches Einkaufsproblem die Kundinnen (ab Kundin Nr. 3) haben und machen Sie Vorschläge, wie man die Kundinnen jeweils über ihr Problem ansprechen könnte.

1 Eine jugendliche Kundin hat ein Sweatshirt in der Hand und hält es prüfend an ihre Hose.

„Okay, die Kundin will prüfen, ob das Sweatshirt zur Hose passt.", denkt Kerstin.

2 Die Kundin ist eine Dame mittleren Alters und hat ein Kostüm aus dem Ständer genommen. Damit geht sie zum Fenster, um es dort genau zu betrachten.

„Klar", denkt Kerstin, „die Kundin prüft, wie die Farben bei Tageslicht wirken."

3 Eine Kundin ist etwa 25 Jahre alt. Sie hat einen Pullover in der Hand und streicht wiederholt mit der Hand über das Gewebe.

„Das Problem der Kundin ist leicht zu erkennen", sagt sich Kerstin, „oder?"

4 Bei der Tischwäsche hat eine Kundin von etwa 40 Jahren eine Tischdecke über den gesamten Ständer mit Tischwäsche ausgebreitet.

Was ist das Kundenproblem?

5 Eine Kundin, ca. 55 Jahre alt, „knüllt" eine Bluse mit der Hand.

6 Eine Kundin steht vor dem Spiegel und hält eine auffällig eingefärbte Bluse an ihr Gesicht.

7 Eine Kundin hält einen Rock prüfend vor sich und betrachtet sich im Spiegel.

8 Eine Kundin hat einen Blazer in der Hand, hält ihn etwas hoch und sucht innen irgendetwas.

9 Eine Kundin hat einen Blazer in der Hand, sie dreht ihn und sucht offensichtlich außen irgendetwas Besonderes.

10 Eine Kundin hat eine Strumpfpackung in die Hand genommen und studiert sie genauer.

11

Informationshandbuch 1.4 Kontaktaufnahme bei Intensivvorwahl

Am Freitagnachmittag herrscht wie immer Hochbetrieb im City-Warenhaus. An der Informationstheke in der Abteilung Eisenwaren/Sanitär/Werkzeuge ist reichlich zu tun.

Kundin 1:	„Wo finde ich Dübel?"
Mitarbeiter:	*(zeigt mit der Hand unbestimmt in die Gegend) „Da hinten, 5. Gang links."*
Kundin 1:	„Da war ich schon, ich habe aber nichts gefunden."
Mitarbeiter:	*„Die müssen aber da sein."*
Kunde 2:	„Welche Glühlampen sind für diese Außenleuchte im Garten richtig?"
Mitarbeiter:	*„Steht bei der Leuchte auf der Verpackung drauf."*
Kunde 2:	„Wo denn?"

Kunde 3:	*„Können Sie mir mal welche von den Styroporplatten da drüben runterholen? Das Regal ist für mich zu hoch."*
Mitarbeiter:	„Ich kann hier nicht weg."
Kunde 3:	*„Und wie soll ich an die Platten kommen?"*
Mitarbeiter:	„Sie sehen doch wohl selbst, dass ich hier nicht weg kann. Sie müssen warten, bis jemand kommt."
Kunde 3:	*„Und wie lange dauert das?"*
Mitarbeiter:	„Ich weiß doch nicht, wann der Kollege mit dem Außenaufbau fertig ist."
Kunde 3:	*„Das ist hier ja ein Mistladen!"*

Arbeitsanweisungen regeln genau, wie ein Mitarbeiter bestimmte Arbeitsaufgaben durchzuführen hat.

Entwerfen Sie eine Arbeitsanweisung für Mitarbeiter an einer Informationstheke im Intensivvorwahlsystem.

Darauf sollten Sie achten:
* **Die Arbeitsanweisung soll eine Orientierungshilfe für Mitarbeiter in typischen Verkaufssituationen darstellen.**
* **Der Text muss verständlich und eindeutig formuliert sein.**

12

Informationshandbuch 1.5 Mit mehreren Kunden gleichzeitig Kontakt aufnehmen

In der Haushaltswarenabteilung des City-Warenhauses herrscht beträchtlicher Kundenbetrieb. Bald ist Valentinstag, da werden viele Geschenke benötigt. Außerdem hatte die Haushaltswarenabteilung heute eine Werbebeilage mit Sonderangeboten in der Zeitung. Für Monika, Auszubildende im 1. Ausbildungsjahr, war der Hochbetrieb willkommen, konnte sie doch jetzt viel Verkaufserfahrungen sammeln, weil alle Mitarbeiter für die Kundenberatung gebraucht wurden.

Monika beobachtet eine Kundin, die sich offensichtlich für ein hochwertiges Kaffee-Service interessiert, weil sie eine Tasse prüfend in der Hand hält und das Herstellerzeichen auf der Unterseite betrachtet.

Monika:	„Guten Morgen, das Service stammt von dem bekannten Hersteller Sonnenreuther. Das Traditionsunternehmen stellt schon seit Jahrzehnten hochwertiges Markenporzellan her. Die Tasse gehört zum Service Theresia, das sich durch eine bauchige Form und ein zurückhaltendes Dekor auszeichnet. Die traditionelle Form macht das Service zeitlos, sodass Sie auch in vielen Jahren noch Gefallen daran finden werden."
Kundin 1:	*„Ja, so etwas Ähnliches könnte mir schon gefallen. Würden Sie mir vielleicht ein ähnliches Service mit anderen Mustern zeigen?"*
Monika:	„Gerne, dort drüben sehen Sie ..."

In diesem Augenblick ruft eine zweite Kundin von der Geschenktheke herüber:

Kundin 2:	„Hallo, sagen Sie mal, ist das alles, was Sie an Geschenken haben?"
Monika:	*(zur ersten Kundin) „Entschuldigung." (Geht zur zweiten Kundin) „Wie kann ich Ihnen helfen?"*
Kundin 2:	„Indem Sie mir eine große Auswahl an Geschenkartikeln zeigen."
Monika:	*„Wir haben dort auch noch sehr attraktive Zinn- und Messingwaren, die sich hervorragend als Geschenk eignen."*
Kundin 2:	„Wie teuer ist denn solch eine Kristallschale?"
Monika:	*„Diese Schale aus echtem Bleikristall kostet ..."*

Unbemerkt war eine dritte Kundin hinzugetreten:

Kundin 3:	„Fräulein, können Sie mir einmal helfen?"
Monika:	*„Sehr gerne."*

Kundin 2: „Moment mal, jetzt bin ich aber an der Reihe."

Kundin 1: „Wenn hier einer an der Reihe ist, dann bin ich das."

Kundin 3: „Das ist aber ein unfreundlicher Laden. Kunden sind hier wohl nicht gerne gesehen. Ich glaube, ich gehe besser."

Kundin 2: „Ich gehe auch, hier gibt es ja kaum Auswahl."

Verlegen sieht Monika zu, wie die beiden Kundinnen das Geschäft verlassen. Sie wendet sich wieder der ersten Kundin zu:

Monika: „Entschuldigen Sie bitte, dass ich Sie warten ließ. Aber es ist heute so viel los."

Die erste Kundin hat aber offensichtlich das Interesse an dem Kaffee-Service verloren und bewegt sich bereits in Richtung Ausgang.

Kundin 1: „Ich schaue vielleicht später noch einmal herein. Auf Wiedersehen."

Monika: „Auf Wiedersehen."

Monika kann es nicht fassen. Sie hat sich doch so viel Mühe mit den Kundinnen gegeben. Ob die Kundinnen denn gar nicht sehen, wie schwierig es für die Kundenberater an solchen Tagen ist, alle Kunden zufriedenzustellen?

Übertragen Sie das Eingangsbeispiel auf Ihren Ausbildungsbetrieb. Stellen Sie eine Situation dar, in der Sie mit mehreren Kunden gleichzeitig Kontakt aufnehmen.

13

Informationshandbuch 1.6 Kunden zum Kollegen führen und Kontakt herstellen

Peter ist Auszubildender in der Lebensmittelabteilung des City-Warenhauses. Zu seinen Aufgaben gehört, die Warenträger zu betreuen, die Präsentation der Waren zu überwachen, Waren nachzuräumen und mit Preisen auszuzeichnen. Regelmäßig fragen ihn aber auch Kunden, die bestimmte Produkte suchen.

Situation 1

Kunde: „Sagen Sie mal, wo finde ich eigentlich die Tiefkühlkost?"

Peter: „Die Tiefkühlkost befindet sich hinten direkt vor der Fleischtheke."

Kunde: „Vielen Dank."

Situation 2

Kundin: „Ich brauche für meine Gäste eine Käseplatte. Wer kann mir denn da helfen?"

Peter: „Frau Kramer ist unsere Expertin für Käse. Ich habe sie vorhin bei den Getränken gesehen. Wenn Sie dort fragen, wird Ihnen Frau Kramer eine Käseauswahl ganz nach Ihren Wünschen zusammenstellen."

Kundin: „Vielen Dank."

Heute gab es allerdings eine unangenehme Situation, die Frau Jevic, die Abteilungsleiterin, gehörig auf die Palme brachte.

Situation 3

Kunde: „Wo finde ich denn diese italienische Salat-Fertigsoße mit Balsamico und Kräutern?"

Peter: „Die Salatsoßen befinden sich hinten rechts bei den Gewürzen."

Kunde: „Vielen Dank."

Der Kunde begibt sich zu den Gewürzen, findet aber die Salatsoße nicht. Er wendet sich daher an die Mitarbeiterin, Frau Braun, die dort Ware nachräumt.

Kunde: „Die italienische Salatsoße aus der Werbung soll hier stehen!“

Frau Braun: *„Die Sonderangebotsware steht auf einem Sonderstand in der Mitte des Verkaufsraumes. Hier vorne zunächst rechts, dann links und dann wieder links.“*

Kunde: „Rechts, links, links, vielen Dank.“

Der Kunde macht sich auf den Weg, findet aber die Ware nicht. Ein Mitarbeiter, an den er sich wendet, verweist ihn auf die Kassenzone, in der Sonderangebote präsentiert werden. Die Kassenbedienung schickte den Kunden allerdings wieder in den hinteren Teil der Abteilung. Auf dem Weg zurück trifft der Kunde erneut auf Peter.

Kunde: (erbost) „Man hetzt mich hier durch das Geschäft. Keiner kann mir eine richtige Auskunft geben. Offensichtlich liest das Personal noch nicht einmal die eigenen Sonderangebote.“

Peter: *„Was genau suchen Sie denn?“*

Kunde: „Italienische Salat-Fertigsoße mit Balsamico und Kräutern aus der heutigen Werbung!“

Peter: *„Ach so – die Salatsoße aus der Werbung – hätten Sie das doch sofort gesagt. Die Olivenöl-Balsamico-Oregano-Mischung von La Casa zum Preis von 2,45 € befindet sich zusammen mit original italienischer Pasta, feinem Mozarella-Käse und allerbestem Parmaschinken auf einem Sonderstand an der Fleischtheke.“*

Kunde: „Na endlich! Jetzt sagen Sie mir nur noch, wo ich Ihre Abteilungsleiterin finden kann – aber präzise!“

Die Kundenbeschwerde führte zu zwei knappen Anweisungen, die bereits am Nachmittag im Aufenthaltsraum hingen:

Ab sofort!

1. Kunden werden in Zukunft zum Produkt geführt!
2. Der Kundenberater mit Erstkontakt zum Kunden ist grundsätzlich für die Lösung des Kundenproblems zuständig.

Jevic

Führen Sie Kunden, die nach Produkten fragen, zur Ware.
So sollten Sie vorgehen:

* Bilden Sie zwei Situationen.
  - Situation 1: Der Kunde fragt nach einem Produkt, Sie führen ihn zur Ware.
  - Situation 2: Der Wunsch des Kunden macht es erforderlich, ihn zu einem Kollegen/einer Kollegin zu bringen. Überlegen Sie, welche Informationen Sie an den Kollegen weitergeben müssen.
* Lösen Sie das Kundenproblem, indem Sie dem Kunden das gewünschte Produkt zeigen oder ihn in die Obhut eines Mitarbeiters geben, der dann für das Kundenproblem zuständig ist.

14

In einem Einzelhandelsgeschäft gibt es häufig Situationen, in denen Kunden durch das Geschäft geführt werden müssen. Oft ist es auch sinnvoll, die Zeit mit einem Gespräch zu überbrücken.

a Sie führen einen Kunden zu einem Mitarbeiter, der allerdings nicht an seinem Arbeitsplatz ist. Sie beschäftigen daher den Kunden und holen den Mitarbeiter dazu.

b Ein Kunde wünscht von einem bestimmten Mitarbeiter oder vom Chef bedient zu werden. Führen Sie den Kunden zur gewünschten Person.

c Das Sortiment des Möbelhauses Ambiente verteilt sich über vier Stockwerke. Selbstverständlich werden die Kunden in die entsprechende Abteilung gebracht. Zum Glück gibt es einen Fahrstuhl. Für Sebastian ist die Kundenbegleitung allerdings immer ein Problem, weil die Fahrt im Lift doch recht lange dauert und ihm einfach nichts einfällt, worüber man mit einem fremden Kunden reden könnte. So steht man sich schweigend im Fahrstuhl gegenüber und starrt die Wände oder den Fußboden an. Sebastian wäre sehr dankbar für einige Tipps, wie man das peinliche Schweigen im Fahrstuhl durch kleine Gespräche vermeiden könnte.

d In einem Textilgeschäft gibt es leider nur eine Umkleidekabine, die auch noch etwas versteckt liegt. Kunden, die sich im Geschäft nicht auskennen, müssen zur Umkleidekabine gebracht werden. Entwickeln Sie eine Situation, in der Sie eine Kundin auf ihrem Weg zur Umkleidekabine begleiten.

15

Informationshandbuch 1.7 Kundenkontakt am Telefon

Die Auszubildende Petra Kastner soll zum ersten Mal in der Verwaltung des City-Warenhauses mitarbeiten. Frau Dehn, die Leiterin der Verwaltung, hat Petra zu sich gerufen, um ihr ihre Aufgaben zu erklären. Gerade als sie beginnen will, klingelt das Telefon. Herr Bauer möchte Frau Dehn unbedingt sprechen.

Frau Dehn: „Ich muss eben zum Chef. Ich bin gleich wieder da."

Petra: *„Okay, ich warte so lange."*

In diesem Augenblick klingelt das Telefon erneut.

Frau Dehn: „Nehmen Sie doch bitte das Gespräch an. Ich habe jetzt keine Zeit."

Petra: *(Greift zum Hörer) „Kastner?"*

Anrufer: „Oh, Entschuldigung, ich dachte ich sei mit dem City- Warenhaus verbunden."

Petra: *„Sind Sie auch!"*

Anrufer: „Dann geben Sie mir bitte Frau Dehn."

Petra: *„Die ist leider nicht da."*

Anrufer: „Schade, dann versuche ich es später noch einmal. Auf Wiederhören."

Petra: *„Gerne. Auf Wiederhören."*

Nachdem Frau Dehn vom Gespräch mit Herrn Bauer zurückgekommen ist:

Frau Dehn: „Wer war vorhin am Telefon?"

Petra: *„Er hat seinen Namen nicht genannt."*

Frau Dehn: „Und worum ging es?"

Petra: *„Hat er auch nicht gesagt."*

Frau Dehn: „Na ja, er wird wohl wieder anrufen."

Nehmen Sie ein ankommendes Telefongespräch an Petras Stelle in kundenfreundlicher Form an.
Das sollten Sie sich fragen:

* Wie sollte Petra sich am Telefon melden, wenn sie im Büro von Frau Dehn die Telefongespräche von außerhalb annimmt?
* Wie erfährt Petra den Namen des Anrufenden?
* Wie kann Petra den Gesprächsanlass in Erfahrung bringen?

16

Ein Kunde ruft im City-Warenhaus an. Er möchte mit Herrn Hoffmeister aus der Möbelabteilung verbunden werden. Der Kunde möchte wissen, wann die Küche geliefert wird. Sie haben zurzeit Telefondienst in der Zentrale.

Entwerfen Sie das Telefongespräch in Teilschritten.
1. **Sie nehmen das Gespräch des Kunden an.**
2. **Der Anrufer möchte Herrn Hoffmeister sprechen.**
3. **Sie rufen Herrn Hoffmeister (intern) an und informieren ihn über den Anrufer.**
4. **Sie stellen das Gespräch weiter.**
5. **Herr Hoffmeister begrüßt den Kunden am Telefon und eröffnet das Gespräch.**

17

Informationshandbuch 1.8 Ein Verkaufsgespräch unterbrechen

In der Abteilung Elektro/Tonträger/Computer des City-Warenhauses klingelt das Telefon. René, Auszubildender im 1. Ausbildungsjahr, nimmt das Gespräch an, weil die Leiterin der Abteilung, Frau Gerdes, gerade einen Kunden bedient.

René: „Heumer"

Anrufer: *„Wer ist da?"*

René: „City-Warenhaus Bauer, Heumer am Apparat."

Anrufer: *„Nein, nein, geben Sie mir bitte Ihre Chefin."*

René: „Einen Augenblick bitte."

René begibt sich zu Frau Gerdes, die einem Kunden gerade die Funktionsweise eines Druckers erklärt.

René: (mit deutlicher Stimme) „Frau Gerdes, Sie werden am Telefon verlangt."

Kunde: *(zuckt zusammen) „Mein Gott, haben Sie mich erschreckt!"*

Gerdes: „Entschuldigen Sie bitte, das ist unser neuer Auszubildender. (zu René gewandt) Wer ist es denn?"

René: *„Er hat seinen Namen nicht genannt."*

Gerdes: (zum Kunden gewandt) „Entschuldigen Sie mich bitte einen Augenblick, ich bin gleich wieder zurück."

René und der Kunde stehen verlegen beieinander.

Unterbrechen Sie das Verkaufsgespräch von Frau Gerdes in angemessener Form.
Beachten Sie
* **die Regeln zum Verhalten am Telefon,**
* **das Informationsbedürfnis von Frau Gerdes,**
* **das Kundeninteresse an einer Fortsetzung des Verkaufsgespräches.**

18

René hat während seiner Tätigkeit in der Telefonzentrale noch weitere schwierige Gesprächssituationen zu bewältigen.

Versetzen Sie sich in die Situation von René und finden Sie geeignete Lösungen für die Probleme.

a Ein Anrufer nennt seinen Namen nicht oder unverständlich. Welche der Formulierungen halten Sie für geeignet, den Namen des Anrufenden zu erfragen?

1 „Wen darf ich bitte melden?"

2 „Wie war Ihr Name?"

3 „Entschuldigung, ich habe Ihren Namen nicht verstanden."

4 „Entschuldigung, würden Sie Ihren Namen bitte wiederholen?"

5 „Ihren Namen, bitte!"

b Für die Entscheidung, ob Sie das Verkaufsgespräch einer Mitarbeiterin unterbrechen dürfen, müssen Sie den Gesprächswunsch des Anrufenden ermitteln. Welche der folgenden Fragen halten Sie für geeignet, wenn der Anrufer versäumt hat, den Gesprächsanlass zu nennen?

1 „In welcher Angelegenheit möchten Sie Frau Gerdes sprechen?"

2 „Worum geht's denn?"

3 „Kann ich Ihnen vielleicht helfen?"

c Wenn Sie ein Verkaufsgespräch unterbrechen müssen, werden Sie sich zunächst entschuldigen und fragen, ob Sie stören, unterbrechen oder etwas fragen dürfen. Aber wen müssen Sie fragen, die Mitarbeiterin oder den Kunden?

d Bestimmen Sie die Position, die René gegenüber seinen Gesprächspartnern einnehmen soll, und begründen Sie.

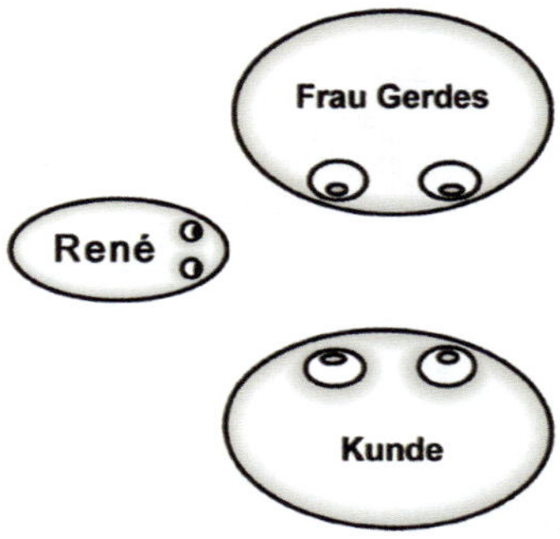

Position 1

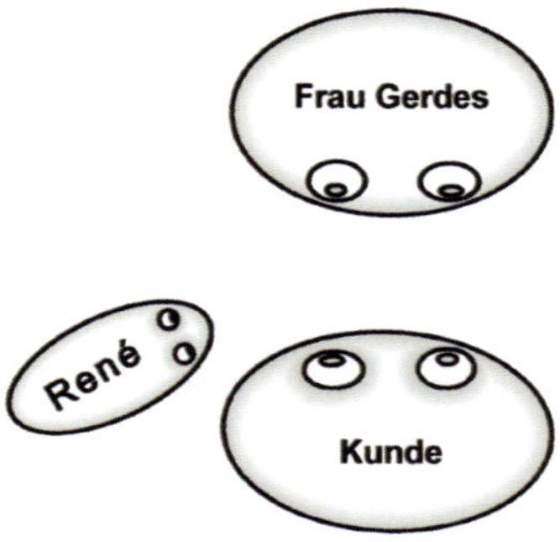

Position 2

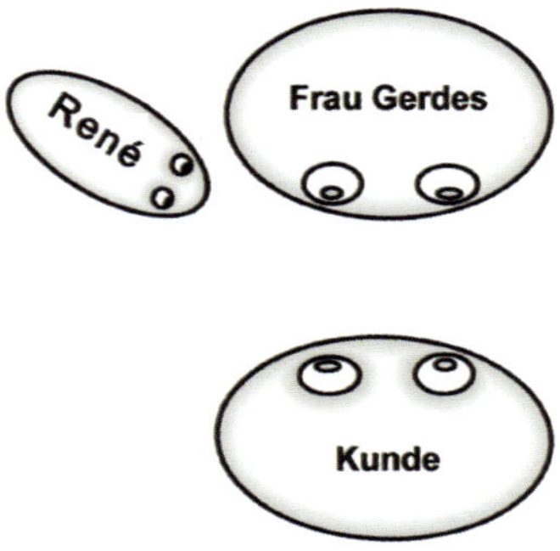

Position 3

e Prüfen Sie, ob ein Kunde über den Gesprächsanlass informiert werden darf. Frau Gerdes soll beispielsweise wegen einer Reklamation an das Telefon kommen. Welche der Formulierungen und Verhaltensweisen halten Sie für geeignet?

1 „Der Kunde möchte den Drucker, den er gestern gekauft hat, reklamieren. Er sagt, das Gerät sei eine Zumutung."

2 „Der Kunde hat wegen des Druckers von gestern eine Frage."

3 Sie flüstern Frau Gerdes den Gesprächsanlass ins Ohr.

19

Dörthe ist erst seit wenigen Monaten in der Ausbildung. Weil alle Mitarbeiter beschäftigt waren, hat sie eine eintretende Kundin angesprochen und ein Verkaufsgespräch begonnen.

Eine Mitarbeiterin, die gerade ihre Kundin verabschiedet hat, sieht, dass Dörthe mit dem Kundenproblem wahrscheinlich überfordert ist. Sie möchte die Auszubildende daher ablösen.

Entwickeln Sie eine Situation, in der eine ausgebildete Kundenberaterin eine Auszubildende ablöst.

Unterbrechen Sie das Verkaufsgespräch der Auszubildenden in angemessener Weise.

Führen Sie das Gespräch weiter.

Überlegen Sie auch,
* wie die ablösende Kundenberaterin den genauen Kundenwunsch erfahren soll,
* wie sich die abgelöste Auszubildende nach der Unterbrechung verhalten soll.

Formulierungsvorschläge für eine Ablösung

* zur Auszubildenden gewandt: „So, nun lassen Sie mich mal weitermachen."
* zur Kundin gewandt: „Guten Tag, ich möchte gerne unsere Auszubildende ablösen. Wie ich sehe, wünschen Sie ..."

* zur Kundin gewandt: „Guten Tag. Entschuldigen Sie, dass ich hier unterbreche. Frau ... ist erst seit wenigen Wochen bei uns tätig. Darf ich die Beratung fortsetzen?“
* zur Auszubildenden gewandt: „Kann ich dir (Ihnen) helfen?“
* zur Auszubildenden gewandt: „Sie werden dringend im Lager gebraucht. Ich mache hier so lange weiter.“

20

Informationshandbuch 1.9 Sich Kundennamen merken

Das ist Maja Weinholdt. Regelmäßig kommt sie mit ihrer Mutter in die Textilabteilung des City-Warenhauses Bauer. Sie ist immer fröhlich und freut sich, wenn man sie beachtet und lustige Dinge erzählt. Katrin, die seit einigen Tagen in der Textilabteilung arbeitet, möchte sich gerne den Namen der Kundin und ihrer Tochter merken, damit sie beide immer persönlich ansprechen kann. Allerdings kommen so viele Kunden in die Abteilung, dass Katrin große Mühe hat, die Kundennamen in ihrem Gedächtnis zu speichern.

„Ich lerne die Namen einfach auswendig, das ist am einfachsten“, sagte eine Kollegin, die Katrin in dieser Frage ansprach.

Katrin: „Da musst du aber ein gutes Gedächtnis haben.“

Kollegin: „Wenn es zu schwierig wird, schaue ich mir den Kunden genauer an. Unsere Stammkundin Frau Rothermund z. B. ist wirklich immer sehr auffällig geschminkt. Einer unserer Kunden sieht aus wie Leonardo Di Caprio und er heißt Kampen – leichter geht’s nicht.“

Katrin: „Ich hatte letztens einen Kunden, der hieß Klein und er benötigte auch eine sehr kleine Konfektionsgröße. Dann ist es wirklich einfach. Aber wie mache ich es bei den anderen Kunden, z. B. bei dieser Maja Weinholdt? Ich möchte gerne, dass mir sofort ihr Name einfällt, wenn sie unser Geschäft betritt.“

Prägen Sie sich die Namen der abgebildeten elf Kunden ein.
Wie gehen Sie vor?

* **Betrachten Sie die Abbildungen sehr genau.**
* **Suchen Sie nach Besonderheiten im Aussehen, in der Kleidung, in der Körperhaltung, in der Mimik oder in der Gestik.**
* **Hat die abgebildete Person vielleicht Ähnlichkeit mit Personen, die Sie kennen?**
* **Entwickeln Sie Merkhilfen, indem Sie zu dem Namen eine kleine Geschichte entwerfen usw.**
* **Ordnen Sie die Namen (ohne Maja Weinholdt) den Abbildungen auf Seite 124 zu.**

Maja Weinholdt

Karsten Zimmerer

Salvatore Romana

Leonie Weber

Katharina Klein

Jana Kemper

Daniel Baumeister

Richard Meyer

Erkan Murat

Jonas Schwarz

Laura und Tim Kowalski

2 Kundenansprüche ermitteln

Eine Kundin, etwa 25 Jahre alt, betritt die Abteilung Tapeten/Bodenbeläge/Farben des City-Warenhauses Bauer und bleibt unschlüssig stehen. Herr Jansen spricht sie an.

Informationshandbuch 2.5 Anspruchsermittlung durch Fragen

Herr Jansen: „Guten Tag."

Kundin: *„Guten Tag."*

Herr Jansen: „Suchen Sie etwas Bestimmtes?"

Kundin: *„In meiner kleinen Dachwohnung soll der Wohn-Schlaf-Raum neu tapeziert werden, da suche ich eine schöne Tapete."*

Herr Jansen: „Möchten Sie eine gemusterte Tapete oder eine neutrale?"

Kundin: *„Ich weiß es auch nicht. Der Raum ist nicht besonders groß, eine starke Musterung wäre da sicher ungünstig?"*

Herr Jansen: „Haben Sie schon eine bestimmte Farbvorstellung?"

Kundin: *„Nein – eigentlich nicht. Der Boden ist beige. Dazu vielleicht ein dezenter Gelbton?"*

Herr Jansen: „Da ist die Auswahl natürlich groß. Soll es eine Prägetapete oder eine Naturelltapete sein?"

Kundin: *„Darüber habe ich mir noch gar keine Gedanken gemacht. Auf jeden Fall sollen meine Bilder gut darauf aussehen."*

Herr Jansen: „Wie viel wollen Sie denn anlegen?"

Kundin: *„Ich habe gar keine Vorstellung, was so was kostet. Ich kaufe so etwas zum ersten Mal. Vielleicht ist es am besten, ich komme mit meinem Bekannten noch einmal wieder, der auch die Wohnung tapeziert."*

Herr Jansen: „Das ist sicher keine schlechte Idee."

ARBEITSAUFTRAG

Entwickeln Sie eine Verkaufssituation, in der Sie die Ansprüche eines Kunden durch Fragen in einem Dreischritt erkunden.

VORSCHLÄGE ZUM VORGEHEN

1. Beurteilen Sie die Fragetechnik von Herrn Jansen.
2. Falls Sie die Situation in einem Rollenspiel darstellen wollen, entwerfen Sie einen Beurteilungsbogen für die Auswertung des Gesprächs. Legen Sie die Beobachtungsmerkmale fest, die Ihnen wichtig erscheinen (Muster für einen Beurteilungsbogen siehe unten).
3. Übertragen Sie das Einstiegsbeispiel aus dem City-Warenhaus Bauer auf Ihren Ausbildungsbetrieb.
4. Ermitteln Sie den Anspruch im Dreischritt Eröffnungsfrage – Zweckfrage – Produktvorführung. Achten Sie dabei auf die Körpersprache: Gestik, Mimik, Augenkontakt, Körperhaltung, Stimme.
5. Werten Sie das Gespräch anhand des Beurteilungsbogens aus.

Muster Beurteilungsbogen (Ausschnitt)

Wie beurteilen Sie	ankreuzen!			Bemerkungen/Begründungen
	😊	😐	☹	
1. Gestik				
...				
... Eröffnungsfrage				

Verkaufsgespräch im Rollenspiel darstellen siehe Anhang des Informationshandbuches

AUFGABEN

1

Informationshandbuch 2.1 Kundengruppen

Kunden sollte man nicht voreilig in eine bestimmte Schublade stecken. Erfahrene Kundenberater/-innen haben aber oft das Gefühl, ihre Kunden genau zu kennen und sie schon sehr früh einordnen zu können.

a Beurteilen Sie die Aussagen von Verkaufsmitarbeitern über Kunden.

1 „Man merkt sofort, ob ein Kunde arrogant, misstrauisch oder geizig ist."

2 „Ältere Kundinnen sind meistens rechthaberisch."

3 „Lehrer sind die schlimmsten Kunden. Ständig stellen sie dumme Fragen und wollen alles ganz genau wissen."

4 „Frauen entscheiden, was gekauft wird."

5 „Kunden, denen man das Geld schon ansieht, kaufen sowieso nur die Sonderangebote."

6 „Senioren kaufen immer nur in kleinen Portionen und meckern anschließend noch über die Preise."

7 „Ich blicke einem Kunden in die Augen und weiß sofort, was er will."

8 „16-Jährige kaufen sowieso immer nur eine Flasche Cola und verschwinden wieder."

9 „Ältere Damen kommen nur in den Laden, um sich zu unterhalten."

10 „An der Kleidung eines Kunden erkenne ich, wie viel er ausgeben will."

11 „Frauen kaufen nach Gefühl, Männer nach Verstand."

b Beschreiben Sie aus Ihrer Praxiserfahrung folgende Kundengruppen anhand von mindestens zwei Merkmalen:
* **Stammkunden**
* **Laufkunden**
* **Sehkunden**

2

Informationshandbuch 2.2 Kundenansprüche

Eine Kundin betritt die Möbelabteilung des City-Warenhauses. Die Kundin ist elegant gekleidet und sehr selbstbewusst. Sie äußert den Wunsch, einige Polstergarnituren anzusehen. Herr Hoffmeister führt sie zur entsprechenden Warengruppe.

Kundin: „Wissen Sie, für unser Wohnzimmer benötigen wir eine neue, wirkungsvolle Polstergarnitur."

Herr Hoffmeister: *„Darf ich Ihnen einmal dieses bequeme Modell zeigen? Durch die hohen Rückenkissen haben Sie bis über die Schultern eine angenehme Stütze. Nehmen Sie doch bitte einmal im Sessel Platz, dann können Sie den Sitzkomfort selbst ausprobieren."*

Kundin: „Ich denke an die Geschäftsfreunde meines Mannes, die des Öfteren zu Besuch kommen."

Herr Hoffmeister: *„Gerade wenn Sie Besuch erwarten, ist dieses Modell besonders günstig. Durch die fünf Rollenfüße lässt sich der Sessel jederzeit ohne Anstrengung in die gewünschte Position rücken. Auch bei der Reinigung des Fußbodens ist diese Garnitur für die Hausfrau kein Hindernis. Der Sessel lässt sich ohne Mühe bewegen."*

Kundin: „Ich weiß nicht so recht. Die Vorstellungen meines Mannes gehen auch mehr in Richtung Ledergarnitur."

Herr Hoffmeister: *„Sicher, hier handelt es sich um einen Stoffbezug. Der ist aber leichter zu pflegen und weniger empfindlich. Beachten Sie auch die breit aufgepolsterten Seitenlehnen. Sie bieten den Armen eine bequeme Auflage. Außerdem gibt der elastische Formschaum im Rücken so viel Halt, dass man für längere Zeit in einem solchen Sessel entspannt ruhen kann."*

a Beschreiben Sie die Ansprüche der Kundin, die sie im Gespräch mit Herrn Hoffmeister ausdrückt.
b Beurteilen Sie das verkäuferische Verhalten von Herrn Hoffmeister.
c Erkennen Sie die Ansprüche aus den Kundenaussagen in der Möbelabteilung des City-Warenhauses. Tragen Sie dazu die erkannten Ansprüche in die freie Spalte ein.

Ansprüche

1. Bequemlichkeit
2. Preiswürdigkeit
3. Zweckmäßigkeit
4. Sicherheit
5. Gestaltungsbedürfnis
6. Pflegebedürfnis
7. Schönheit
8. Geltungsbedürfnis

Kundenaussagen	Ansprüche
„Ich habe Ihre Anzeige gelesen, in der ein Fernsehsessel mit stufenlos verstellbarem Rückenteil und Fußstützen angeboten wurde."	
„Wirklich, das Regal sieht gut aus. Aber ich benötige ein Regal, das ich in meinem Vorratskeller unterbringen kann."	
„Wenn das Fußende des Kinderbettes mit den scharfen Kanten so in den Raum hineinragt, halte ich das für ungünstig. Das Bett müsste mit dem Schrank zusammen an einer Wand aufgestellt werden können."	
„Wir dachten an eine Ledergarnitur, die in unserem großen Wohnzimmer angemessen zur Geltung kommt. Da wir häufig Gäste haben, sollte die Garnitur mindestens aus acht Elementen bestehen."	
„An einer Wand unseres Wohnzimmers fehlt noch etwas. Wir dachten an eine Standuhr. Eventuell kann es aber auch ein Schränkchen sein. Wir möchten unser Wohnzimmer einmal etwas verändern."	
„Kann ich denn diese empfindliche Oberfläche wohl richtig pflegen? Wissen Sie, in meiner Wohnung muss alles tipptopp sein."	
Kundenberater: „Sind noch andere Möbelstücke im Raum vorhanden, zu denen die Polstergarnitur passen soll?" *Kunden: (Ehepaar, beide ca. 50 Jahre alt) „Ja, das Wohnzimmer ist vollständig eingerichtet. Die Polstergarnitur ist allerdings schon über 30 Jahre alt und entspricht nicht mehr unseren Vorstellungen."* Kundenberater: „Welche Vorstellungen haben Sie von Ihren neuen Polstermöbeln?" *Kunden: „Wissen Sie, wir sitzen abends sehr häufig vor dem Fernseher, und da möchten wir schon eine Polstergarnitur, in der man gemütlich sitzen kann. Dann sollen die Möbel natürlich in den Raum passen. Da unser Wohnzimmer nur 20 Quadratmeter misst, sollten die Möbel nicht zu wuchtig sein. Das sähe nicht gut aus."*	

3

Kundenansprüche aus Kundenaussagen ableiten – diese Aufgabe stellt sich nicht nur im Möbelhandel.

Ermitteln Sie den jeweiligen Kundenanspruch, der in den Aussagen deutlich wird.

1 „Diese Schuhe sehen sehr schick aus, aber Leinen möchte ich doch lieber nicht, das Material reißt zu schnell ein. Zeigen Sie mir lieber Lederschuhe."

2 „Ich suche eine Kamera, bei der ich nur noch auszulösen brauche."

3 „Haben Sie nicht größere Ohrringe, diese kleinen sieht man ja kaum?"

4 „Die Buntstifte sollen für einen Kindergarten sein. Sie werden also oft benutzt."

5 „Ich habe davon bereits Rotweingläser und Cognacschwenker. Welche Gläser gibt es noch in dieser Serie?"

6 „Haben Sie noch Pullover aus Ihrem Prospekt mit den Sonderangeboten?"

7 „Kann ich meine Haare mit diesem Shampoo wohl täglich waschen?"

8 „Ich suche ein Paar Sandaletten, die zu meinem Abendkleid passen."

4

Informationshandbuch 2.2 Kundenansprüche

Nachdem ein Kunde nach der Begrüßung seinen Wunsch in allgemeiner Form genannt hat, kann man durch eine Zweckfrage mehr über die Ansprüche des Kunden erfahren.

Informationshandbuch 2.5 Anspruchsermittlung durch Fragen

Formulieren Sie zu den Kundenwünschen Zweckfragen, die einen Kunden motivieren, seine Ansprüche an das Produkt näher zu erläutern.
Ein Kunde wünscht

a einen Obstkorb,

b ein Essservice,

c einen Fotoapparat,

d ein Fotoalbum,

e ein Küchenmesser,

f einen Koffer,

g ein Parfüm als Geschenk,

h eine Flasche Wein,

i einen Computer für den Sohn.

5

Eine Einzelhandelsklasse hat einen Beobachtungsbogen entworfen, um das Verhalten von Kundenberatern im Verkaufsgespräch zu beurteilen. Allerdings fehlen noch die meisten Beschreibungen für positive Verhaltensmerkmale.

Beurteilungsbogen: Aufmerksamkeit sichtbar machen – Freude am Verkauf zeigen

Beurteilungsmerkmale	positives Verhalten	+	o	–	negatives Verhalten
Aufmerksamkeit	hört dem Kunden geduldig zu, unterbricht ihn nicht				hört dem Kunden nicht zu, unterbricht ihn
					schaut den Kunden nicht an
					gibt keine zustimmende Rückmeldung
					ausdrucksloses Gesicht
					beschäftigt sich mit anderen Dingen

Beurteilungsmerkmale	positives Verhalten	+	o	–	negatives Verhalten
					zeigt Ablehnung (z. B. Nase rümpfen, Stirnrunzeln)
					verschlossene Körperhaltung, z. B. durch Verschränkung der Arme
Freude am Verkauf					unzufriedener Gesichtsausdruck
					träge Reaktion auf Kundenwünsche
einfühlsames Verhalten					oberflächliches Eingehen auf den Kunden, identifiziert sich nicht mit dem Kundenproblem

Ergänzen Sie die Spalte „positives Verhalten" im Beurteilungsbogen.

6

Informationshandbuch 2.4 Anspruchsermittlung durch Beobachten und Zuhören – unausgesprochene Ansprüche

In der Abteilung Textilien des City-Warenhauses bedient die Auszubildende Simone eine Kundin.

Simone: „Guten Tag. Bitte schön?"

Kundin: *„Guten Tag. Ich suche eine Hose für meinen 9-jährigen Sohn."*

Simone: „Welche Größe brauchen Sie da?"

Kundin: *„Er trägt jetzt 134."*

Simone: „In 134 kann ich Ihnen zum Beispiel diese Latzhose zeigen."

Kundin: *„Nein, ich brauche eine Nummer größer. Sie glauben ja gar nicht, wie schnell Kinder wachsen."*

Simone: „Diese Hose in hellem Popeline hat die Größe 140."

Kundin: *„Die würde ihm wohl passen, aber der helle Popelinestoff ist viel zu empfindlich. Können Sie sich vorstellen, wie so eine Hose aussieht, wenn unser Sohn sie eine halbe Stunde getragen hat?"*

Simone: „Wie gefällt Ihnen dann diese dunkelbraune Hose? Sie besteht aus 100 % reiner Schurwolle."

Kundin: *„Schurwolle? Nein, mit so einer Hose wäre ich ja nur in der Reinigung. Eine Jungenhose muss man selbst waschen können. Das kostet sonst ein Vermögen."*

Die Kundin geht nun selbst die Auswahl in Größe 140 durch und entschließt sich zielstrebig für eine dunkelbraune Hose in Cord.

Kundin: „So, die kriegt er nicht so schnell kaputt. (zu Simone gewandt) Wenn Sie selbst mal Kinder haben, dann wissen Sie, welche Hosen 9-jährige Lausbuben brauchen."

a Beurteilen Sie das Verhalten von Simone.
b Übertragen Sie die Situation auf Ihren Ausbildungsbetrieb. Eine Kundin/ein Kunde sucht ein Produkt aus Ihrem Sortiment für einen bestimmten Verwendungszweck. Ergänzen Sie dazu die unten stehende Übersicht.

So sollten Sie vorgehen:

1. **Kundenaussage: „Ich suche ... für ..."**
2. **Unausgesprochene Ansprüche aus der Kundenaussage ableiten.**
3. **Ergebnis in einer Übersicht festhalten.**

Produkt:	
Verwendungszweck:	
Unausgesprochene Ansprüche:	

7

In der Regel äußern Kunden ihren Wunsch anfangs sehr allgemein. Anstatt den Kunden nun auszufragen, kann aus den Kundenaussagen häufig abgeleitet werden, was für den Kunden wichtig ist.

Geben Sie an, welche Ansprüche Sie aus den folgenden Kundenäußerungen erkennen.

1 „Ich suche ein Geschenk für meine Freundin zum Valentinstag."

2 „Ich fahre zur Kur und brauche einen Freizeitanzug."

3 „Ich brauche ein Hundehalsband für meinen Bernhardiner."

4 „Ich hätte gern eine CD für meine Oma zum Geburtstag."

5 „Ich brauche eine neue Auflaufform. Meine drei Jungs essen so gern Auflauf."

6 „Ich suche noch ein paar Bücher für den Urlaub. Am Strand macht das Schmökern so richtig Spaß."

8

Informationshandbuch 2.5 Anspruchsermittlung durch Fragen – und durch Produktvorlage

Eine Kundin, etwa 40 Jahre alt, schaut sich suchend in der Abteilung Möbel und Haustextilien um.

Kundenberaterin: „Guten Tag. Wie kann ich Ihnen helfen?"

Kundin: *„Guten Tag. Ich hätte gern Bettwäsche."*

Kundenberaterin: „Sehr gern. Können Sie mir sagen, welche Farben in Ihrem Schlafzimmer vorhanden sind?"

Kundin: *„Nun, wir haben ein helles Kiefernschlafzimmer, der Teppichboden ist blau und die Wände und die Vorhänge – ja, die sind weiß."*

Kundenberaterin: „Dann wäre blau-weiß gemusterte Bettwäsche besonders schön. Da kann ich Ihnen zum Beispiel diese Wäsche mit den zarten blauen Blumen auf weißem Grund zeigen."

Kundin: *„Nein, bloß nichts Geblümtes. Haben Sie in Blau-Weiß auch etwas Kariertes oder Gestreiftes?"*

Kundenberaterin: „Selbstverständlich. Sehr dekorativ ist dieses Karo in dem kräftigen Blau."

Kundin: *„Nein, nein, das ist mir zu dunkel. Das helle Blau von vorhin hat mir besser gefallen."*

Kundenberaterin: „In hellem Blau kann ich Ihnen diese gestreifte Bettwäsche zeigen. (Kundin nickt) Diese Bettwäsche hat die Maße 135 mal 200."

Kundin: *„155 mal 200 wäre richtig."*

Kundenberaterin: „Diese Wäsche hat genau das Maß und ..."

a Stellen Sie fest, wie viele Fragen die Kundenberaterin stellt.

b Nennen Sie die Fachbezeichnungen für diese Fragen.

c Beschreiben Sie die Ansprüche der Kundin.

d Nehmen Sie an, die Kundenberaterin hätte im Verlauf des Gespräches noch gefragt: „Bevorzugen Sie eher ein geblümtes oder ein gestreiftes Muster?" Begründen Sie, ob es sich bei dieser Alternativfrage um eine enge oder weite Frage handelt.

e Entwickeln Sie eine Verkaufssituation, in der die Kundenberaterin die Ansprüche des Kunden erfährt, indem sie Produkte vorlegt und erläutert.

So sollten Sie vorgehen:
1. Die Beraterin darf höchstens zwei Fragen stellen, eine Eröffnungs- und eine Zweckfrage.
2. Weitere Informationen über die Kundenansprüche erhält die Kundenberaterin ausschließlich durch die Vorlage von Waren und deren Erläuterung.

9

Eine Kundin betritt ein Textilfachgeschäft und sieht sich um. Die Kundenberaterin bemerkt sie und geht auf sie zu.

Informationshandbuch 2.6 Umschreibendes Zuhören

Kundenberaterin: „Guten Tag, wie kann ich Ihnen helfen?"

Kundin: *„Guten Tag. Oh ja, ich hoffe doch, dass Sie mir helfen können. Meine Schwester feiert nächste Woche ihren 25. Geburtstag und das schon das dritte oder vierte Mal. Dieses Jahr hat sie, im Gegensatz zum letzten Jahr, nur eine kleine Party geplant, obwohl sie bestimmt wieder die halbe Stadt und den Bürgermeister eingeladen hat.*

Und für diese Party brauche ich ein neues Kleid, denn das alte blaue vom letzten Jahr kann ich nicht mehr anziehen, da ich mittlerweile schon zehn Kilo abgenommen habe. Wissen Sie, nach meiner dritten Schwangerschaft haben viele zu mir gesagt, dass ich zu dick geworden sei. Nun ja, jetzt bin ich auf jeden Fall wieder schlank und daher möchte ich eventuell ein etwas enger geschnittenes Kleid tragen. Es sollte auch breite Träger haben. Außerdem hätte ich gerne etwas Schwarzes, dann brauche ich mir keine neuen Schuhe zu kaufen, wie letztes Jahr Weihnachten. Oh Gott, können Sie sich vorstellen, wie schlimm das ist, während des Weihnachtsgeschäftes Schuhe kaufen zu gehen? Und das alles nur für ein Abendessen mit meinem Bruder und seiner Frau. Und das Schlimmste war, seine Frau hatte auch noch die gleichen Schuhe wie ich! Auf jeden Fall sollte das Kleid circa knielang sein, denn es soll sehr warm werden. Hoffentlich wird das Wetter so schön wie auf der Taufe meiner Nichte. Das war wirklich eine schöne Feier, und das Essen war klasse. – So, was können Sie mir denn jetzt empfehlen?"

a Antworten Sie der Kundin mit der Methode des umschreibenden Zuhörens, um zum Ausdruck zu bringen, dass Sie die Kundin verstanden haben.

Leiten Sie Ihre Zusammenfassung der Kundenwünsche mit geeigneten Formulierungen ein, z. B.:
* „Wenn ich Sie richtig verstanden habe, suchen Sie ..." oder
* „Sie wünschen also ..."
* „Das heißt, Sie suchen ..."

b Übertragen Sie die Situation auf Ihren Ausbildungsbetrieb. Erkennen Sie in einem umfangreichen Informationsangebot des Kunden dessen Einkaufswünsche und fassen Sie diese zusammen.

10

Informationshandbuch 2.7 Kunden persönlich ansprechen

Herr Heger ist Stammkunde im Fachgeschäft Haustier-Markt. Heute sucht er das Geschäft auf, weil sein Hund Carlos Ungeziefer im Fell hat. Der Hund kratzt sich ständig. „Im Haustier-Markt", denkt Herr Heger, „gibt es doch sicherlich ein Mittel dagegen."

Vermutlich hat sich der Hund das Problem vor einer Woche im Urlaub auf Mallorca geholt. Dabei hat der Flug so gut geklappt, weil ihm die Auszubildende Karin Sanders eine Flugzeug-Reisebox für Hunde verkauft hatte.

Karin Sanders arbeitet im 1. Ausbildungsjahr im Fachgeschäft Haustier-Markt. Viele Kunden sind treue Stammkunden des Hauses. Die Stammkunden bedient Karin am liebsten, weil sich im Laufe der Zeit ein gutes Verhältnis zu ihnen entwickelt hat. Sie erkennt Herrn Heger mit Carlos, die sich dem Geschäft nähern. Karin erinnert sich, ihm vor 14 Tagen eine Flugzeug-Reisebox für Hunde verkauft zu haben, weil Herr Heger mit seiner Frau und dem Hund nach Mallorca fliegen wollte.

Herr Heger öffnet die Tür des Geschäftes und sieht Karin hinter der Verkaufstheke stehen. Er geht auf sie zu.

a Finden Sie für die Situation einen geeigneten Einstieg in ein persönliches Gespräch.

b Finden Sie eine persönlich gefärbte Antwort auf folgende Kundenaussagen.

* Kundin: „Ich brauche eine Glückwunschkarte für eine Bekannte. Sie feiert Goldene Hochzeit."
* Kundin: „Ich suche ein Spielzeug für meine Tochter. Sie liegt im Krankenhaus und langweilt sich."
* Kunde: „Die preisgünstigen T-Shirts reichen für meinen Urlaub in Spanien."
* Kundin: „Bei 20 Gästen ist es schwer, jedem die richtige Weinsorte anzubieten."

c Entwerfen Sie eine Verkaufssituation aus Ihrer Branche, in der Sie einen „persönlichen Draht" zum Kunden aufbauen.

Das sollten Sie beachten:

* Wählen Sie einen Anlass, bei dem ein Kunde oder seine Angehörigen in besonderer Weise persönlich betroffen sind: Hochzeit, Kindstaufe, Geburtstag, Urlaub, Jubiläen, sportliche Wettkämpfe, nahe Feiertage, ein gemütlicher Abend o. Ä.
* Versetzen Sie sich in die Situation des Kunden. Überlegen Sie, inwieweit der Kunde von dem Ereignis persönlich berührt ist.
* Finden Sie einen Ansatzpunkt für persönlich geprägte Anmerkungen, die einen Draht zur Gedankenwelt des Kunden knüpfen.

3 Ware verkaufswirksam vorlegen

Frau Bauer ist Leiterin der Personalabteilung des City-Warenhauses und gleichzeitig Ausbilderin für die Nachwuchskräfte. Als erfahrene Einzelhändlerin führt sie auch regelmäßig Verkaufsschulungen für die Auszubildenden durch. Heute steht das Thema „Verkaufswirksame Warenvorlage" auf dem Programm.

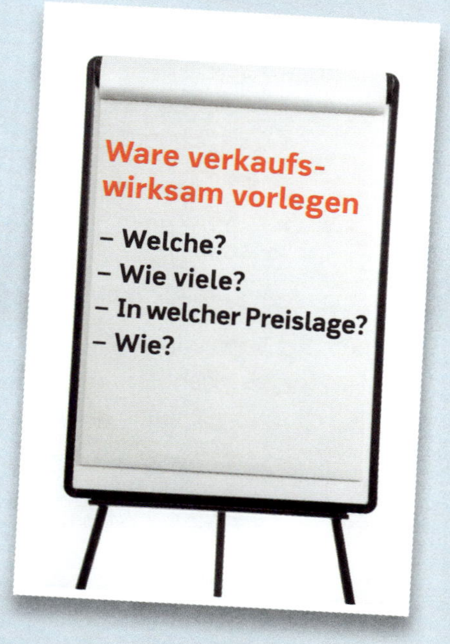

Frau Bauer: „Also, dass eine verkaufswirksame Warenvorlage wichtig für den Verkaufserfolg ist, brauche ich Ihnen ja wohl nicht zu sagen. Beginnen wir gleich mit der Frage, welche Waren wir dem Kunden vorlegen?"

Andrea: *„In meiner Spielwarenabteilung sagen die Kunden meist immer genau, was sie haben wollen. Wünscht eine Kundin ein Spiel für ein vierjähriges Kind, kann ich ein Memory-Spiel empfehlen, ein Puzzle oder ein einfaches Kartenspiel. Ich weiß nämlich, was Kinder in bestimmten Altersgruppen an Spielen bevorzugen."*

Frau Bauer: „Gut, Andrea. Sollte man denn unterscheiden, ob die Kundin die junge Mutter oder die Großmutter ist?"

Andrea: *„Nicht in dem Alter. Aber wenn es für größere Kinder ist, sind die Mütter auch für technisches Spielzeug aufgeschlossen, z. B. für ein Computerspiel. Die Großmütter wollen eher das, was sie von früher her kennen."*

Peter: „Bei mir in der Lebensmittelabteilung kann ich aber nicht nach Kunden unterscheiden. Wenn einer ein Stück Gouda-Käse haben will, dann deute ich mit dem Messer die ungefähre Größe an, die ich abschneiden will. Fertig!"

Frau Bauer: *„Das ist ja auch in Ordnung, Peter. Wir sollten uns aber den Kunden etwas genauer anschauen, wenn die Ansprüche nicht ganz eindeutig formuliert worden sind."*

Sabrina: „Als ich neulich in der Textilabteilung ausgeholfen habe, hat man ganz stark auf den Kundentyp geschaut. Der gut Gestylte bekam auch nur die Top-Sachen vorgelegt, wer im abgewetzten Jogginganzug erschien, wurde zu den Sonderangeboten geführt. Frau Melcher sagte, sie habe einen Blick für Kunden."

Ayse: *„Das ist bei den Schreibwaren genauso: Der Geschäftsmann kauft hochwertig, der Normalkunde billig-billig."*

Simone: „In der Parfümerie geht das auf keinen Fall: Man wundert sich immer wieder, wie preisbewusst oft die Edel-Kunden sind."

Frau Bauer: *„Das heißt also: offen bleiben. Das Äußere gibt allenfalls einen kleinen Hinweis auf das gewünschte Produkt. Andrea legt ihrer Kundin drei Spiele vor. Ist diese Zahl denn ausreichend?"*

Ayse: „Ich mache das ebenfalls. Wünscht ein Kunde ein Schreibset mit Füllfederhalter und Kugelschreiber, erfahre ich über eine Zweckfrage Näheres zum Qualitätsanspruch. Ist das Set für berufliche Zwecke gedacht, muss was Gutes her. Ich lege dem Kunden dann drei unserer Edelmarken zur Auswahl vor, die Traditionelle, die etwas Modernere und die im Super-Design. Dann hat der Kunde gleich einen Sortimentsquerschnitt vor sich liegen."

Frau Bauer: *„Und wenn die gewünschte Preislage aus den Kundenäußerungen nicht erkennbar ist?"*

Simone: „Dann zunächst die mittlere Preislage. Wird der Kunde blass, wenn er den Preis erfährt, nach unten gehen, guckt er unzufrieden oder fragt er nach Alternativen, das Preisniveau anheben."

Frau Bauer: *„Hört sich gut an."*

Peter: „Bei mir geht das aber nicht, mein Gouda hat kein Super-Design, da geht es nach Geschmack."

Sabrina: *„Aber es gibt jungen, mittelalten und alten Gouda und die unterscheiden sich auch im Preis, Peter!"*

Frau Bauer: „Gut. Nun zur Frage, wie wir die Ware vorlegen. Bei Ayse habe ich letztens etwas sehr Schönes gesehen."

Ayse: *„Wir haben auf unserer Verkaufstheke eine spezielle Samtunterlage. Darauf dekoriere ich die drei Schreibsets, ausgerichtet auf den Kunden und nach aufsteigender Preislage. Das hochwertigste Produkt nach rechts, weil ein Kunde eher nach rechts greift. Das sieht sehr attraktiv aus. Hat er die Ware erst einmal in die Hand genommen, ist sie schon fast verkauft."*

Simone: „Wir verkaufen Düfte. Da ist der Geruch ganz entscheidend. Wir sprühen eine Probe auf den Handrücken der Kundin oder auf einen Teststreifen, zeigen mit Sorgfalt den wunderschönen Flakon und tun alles, um den hohen Wert der Ware deutlich zu machen."

Peter: *„Bei mir ..."*

Sabrina: „... geht das aber nicht."

Peter: *„Doch! Wenn ich einer Kundin eine Käsesorte vorlege, die sie nicht kennt, gebe ich ihr ein kleines Stück zum Probieren. Dann nimmt sie sie fast immer."*

Frau Bauer: „Sehr schön. Jetzt fehlt nur noch ein Beispiel, wie man den Hörsinn von Kunden in der Warenvorlage ansprechen kann."

Peter: *„Wenn wir Kunden einen Wein probieren lassen, nehmen wir nicht mehr die kleinen Plastikbecher, sondern richtige Weingläser. Bevor ich nun einem Kunden das Glas überreiche, stoße ich mit einem zweiten, leeren Glas an und sage ‚zum Wohl'. Das klingt ganz toll. Und während er probiert, halte ich die Flasche mit der Schauseite zum Kunden, damit er sich das Etikett einprägen kann."*

Frau Bauer: „Unglaublich! Nun zu Ihrer Aufgabe. Ich komme heute Nachmittag als Kundin zu Ihnen, und Sie legen mir anspruchsgerechte Ware vor. Sie beachten dabei unsere vier Fragen zur verkaufswirksamen Warenvorlage."

ARBEITSAUFTRAG

Entwickeln Sie eine Verkaufssituation, in der Sie einem Kunden Ware verkaufswirksam vorlegen.

VORSCHLÄGE ZUM VORGEHEN

1. Falls Sie die Situation in einem Rollenspiel darstellen wollen, entwerfen Sie einen Beurteilungsbogen für die Auswertung des Gesprächs. Legen Sie die Beobachtungsmerkmale fest, die Ihnen wichtig erscheinen (Muster für einen Beurteilungsbogen siehe unten).
2. Begrüßung des Kunden
3. Anspruchsermittlung
4. Warenvorlage
5. Werten Sie das Gespräch anhand des Beurteilungsbogens aus.

Muster Beurteilungsbogen (Ausschnitt)

Wie beurteilen Sie	ankreuzen!			Bemerkungen/Begründungen

1. Begrüßung des Kunden				
...				

Verkaufsgespräch im Rollenspiel darstellen siehe Anhang des Informationshandbuches.

AUFGABEN

1

Im Gespräch von Frau Bauer mit den Auszubildenden hat Ayse Verfahren vorgestellt, wie sie

* dem Kunden einen Sortimentsquerschnitt vorlegt: „Ist das Schreibset z. B. für berufliche Zwecke gedacht, muss was Gutes her. Ich lege dem Kunden dann drei unserer Edelmarken zur Auswahl vor: die traditionelle, die etwas modernere und die im Super-Design. Dann hat der Kunde gleich einen Sortimentsquerschnitt vor sich liegen."
* die vorgelegte Auswahl besonders attraktiv darbietet: „Wir haben auf unserer Verkaufstheke eine spezielle Samtunterlage. Darauf dekoriere ich z. B. die drei Schreibsets, ausgerichtet auf den Kunden und nach aufsteigender Preislage. Das hochwertigste Produkt nach rechts, weil der Kunde eher nach rechts greift. Das sieht sehr attraktiv aus. Hat er die Ware erst einmal in die Hand genommen, ist sie schon fast verkauft."

siehe Einstiegsituation

Entwickeln Sie jeweils ein Beispiel, wie sie in Ihrem Ausbildungsbetrieb ähnlich wie Ayse bei der Warenvorlage verfahren können.

2

Über die richtige Art, Waren vorzulegen, gibt es in der Verkaufspraxis unterschiedliche Meinungen.

Begründen Sie, mit welcher (welchen) der nachfolgenden Aussagen Sie am ehesten übereinstimmen.

1 „Ich sehe einem Kunden sofort an, was ich ihm vorlegen kann. Wenn ein Kunde mit Anzug hereinkommt, sucht er bestimmt keine preisgünstige Ware."

2 „Man kann sich bei Kunden auch ziemlich täuschen. Gerade die, die am wenigsten Wert auf Kleidung legen, geben eine Menge Geld für andere Dinge aus."

3 „Bei der Warenvorlage probiere ich es zuerst mit den teuersten Produkten. Wenn ich dann sehe, dass ein Kunde den hohen Preis nicht zahlen will, kann ich immer noch später die günstigeren Artikel vorlegen."

4 „Ich lege einem Kunden grundsätzlich alle Artikel vor, die wir im Regal haben. Ich zeige ihm so viel Ware wie möglich, damit sich hinterher keiner beschweren kann, ich hätte nicht genügend Ware angeboten."

5 „Heutzutage wissen Kunden doch sowieso alles besser. Warum soll ich denen denn eine große Auswahl vorlegen? Die Kunden wissen doch ganz genau, was sie haben wollen."

6 „Zu Beginn des Verkaufsgesprächs ist es wichtig, so viele Fragen wie möglich zu stellen. Dann ist es später leichter, die richtigen Artikel vorzulegen."

3

Viele Kunden scheuen sich, direkte Hinweise auf ihre Preiszahlungsbereitschaft zu geben. Oft sagen sie allerdings in versteckter Form, wie viel oder wenig sie ausgeben wollen. Geschickte Kundenberater hören dann ganz genau zu, was der Kunde möchte.

Erklären Sie die Aussagen von Kunden und geben Sie an, ob sie auf Ware mit höherem Preis oder Ware mit niedrigerem Preis hindeuten.

1 „Es muss schon ein besonderes Geschenk sein."

2 „Haben Sie nicht etwas anderes, was aber genauso gut ist?"

3 „Kommt dieser Artikel demnächst vielleicht auch ins Angebot?"

4 „Lange halten soll der Schuh. Qualität ist wichtig ..."

5 „Tja, ich glaube, ich schaue mich noch mal um ..."

6 „Ich suche einen guten Rotwein-Jahrgang für meinen Besuch."

7 „Schließlich möchte ich damit vor allen Dingen eine Freude machen."

8 „Tja, schön ist die Jacke schon ... Eigentlich gefällt sie mir gut ..."

Abschlussaufgabe 1 in Lernfeld 2

Situation

Im Förde-Warenhaus findet einmal im Monat eine Mitarbeiterschulung für die Auszubildenden statt. Herr Bäumer, der Inhaber des Warenhauses, hat eingeladen zum Thema

„kundenorientierte Kontaktaufnahme und Anspruchsermittlung".

Förde-
Warenhaus
Flensburg

Ellen, Saskia, Frank und Benjamin sind die vier Auszubildenden, die am heutigen Nachmittag an der Schulung teilnehmen. Sie erhalten von Herrn Bäumer Aufgaben, die jeweils in Zweierteams zu lösen sind. Bisher hat sich immer eine Mädchen- und eine Jungengruppe gebildet.

1

Der Stammkunde Jakobsen betritt Ihre Abteilung mit der Verkaufsform Vorwahl.

a Beschreiben Sie zwei Verhaltensweisen, mit denen Sie frühzeitig nonverbal Kontakt mit Herrn Jakobsen aufnehmen können.

b Begründen Sie, welche Wirkung diese frühzeitige Kontaktaufnahme auf den Stammkunden hat. Herr Jakobsen hat sich zunächst umgesehen, um sich zu orientieren. Nun hat er einen Artikel in die Hand genommen und betrachtet ihn interessiert.

c Beziehen Sie die Situation auf Ihren Ausbildungsbetrieb und sprechen Sie den Kunden warenbezogen an.

d Nennen Sie zwei weitere Beratungssignale, die Sie veranlassen, den Kunden bei Vorwahl anzusprechen.

e Übertragen Sie die Situation auf ein Geschäft mit der Verkaufsform Bedienung. Ein Kunde betritt das Geschäft. Sie sprechen ihn an und nehmen Kontakt mit ihm auf.

Stichpunkte
* weite Fragen
* Verwendungszweck

2

Herr Jakobsen ist Stammkunde im Förde-Warenhaus. Teilt man Kunden nach ihrer Geschäftstreue ein, so gibt es zwei weitere Kundengruppen.

Erläutern Sie diese beiden Kundengruppen näher.

3

Wenn Herr Jakobsen in der Lebensmittelabteilung einkauft, wählt er gerne Produkte aus, die mit dem Label „Meine Region" ausgezeichnet sind.

a Erläutern Sie drei Ansprüche, die Sie bei dem Kunden vermuten können, wenn er solche Produkte bevorzugt.

Meine Region
In Ihrer Region frisch geerntet!

Auch Produkte, die mit dem FAIRTRADE-Logo versehen sind, kauft Herr Jakobsen gerne ein; er ist auch bereit, dafür einen höheren Preis zu bezahlen.

b Beschreiben Sie drei Ansprüche, die Herr Jakobsen mit dem Kauf von FAIRTRADE-Produkten verbindet. Betrachten Sie die Information zu FAIRTRADE auf der folgenden Seite.

Das Siegel für den Fairen Handel

Fair Trade hat das Ziel, benachteiligte Produzentenfamilien in Afrika, Asien und Lateinamerika zu fördern. Rund 1,66 Millionen Kleinbauernfamilien und Beschäftigte auf Plantagen in 75 Ländern profitieren aktuell vom Fairen Handel. Sie können damit ihren Lebensunterhalt sichern und unterstützen Umwelt, Bildung und medizinische Versorgung. Dies ermöglicht auch den Kindern eine bessere Zukunft.

FAIRTRADE ®

4

Kundenansprüche sind Erwartungen des Kunden an die Einkaufsstätte. Diese Ansprüche richten sich an

* das Geschäft,
* das Personal und
* die Ware.

Geben Sie jeweils zwei Beispiele für diese Ansprüche, die Herr Jakobsen vermutlich an das Förde-Warenhaus hat.

5

Herr Jakobsen ist ca. 60 Jahre alt.

Beschreiben Sie zwei Verhaltensweisen von Verkaufsmitarbeitern, die im Umgang mit älteren Kunden besonders wichtig sind.

6

Die Ansprüche eines Kunden lassen sich oft in drei Schritten ermitteln:

1. Schritt: (weite) Eröffnungsfrage
2. Schritt: (weite) Zweckfrage
3. Schritt: Produktvorführung

Formulieren Sie eine Anspruchsermittlung im Dreischritt, wie sie in Ihrem Ausbildungsbetrieb stattfinden könnte.

7

Rollenspiel siehe Anhang des Informationshandbuches

Bei der verkaufswirksamen Vorlage von Waren sind einige Punkte zu beachten:

* Welche Waren sollen vorgelegt werden?
* Wie viele Waren soll ich dem Kunden zeigen?
* In welcher Preislage beginne ich mit der Warenvorlage?
* Wie lege ich die Waren vor (unter Beachtung der 5 Sinne des Menschen)?

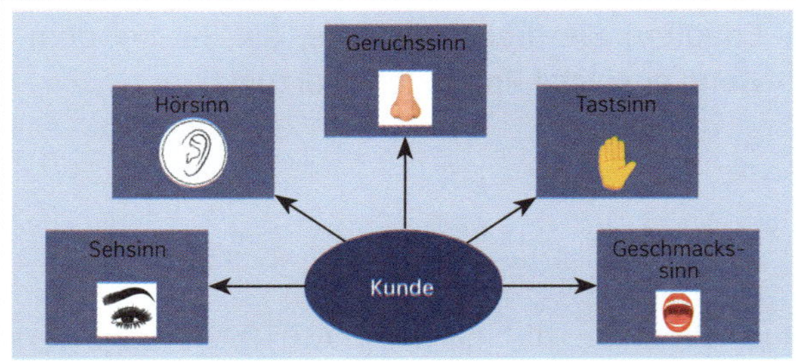

Beschreiben Sie als Fortsetzung der Aufgabe 6, wie Sie diese vier Fragen in der konkreten Verkaufssituation beantworten.

Abschlussaufgabe

8

Herr Bäumer wünscht, dass Ellen und Benjamin die Warenvorlage in einem Rollenspiel darstellen.

a Nennen Sie zwei Vorteile, die sich ergeben, wenn man eine Praxissituation zunächst im Rollenspiel erprobt.
b Erläutern Sie die Arbeitsschritte, die für die Vorbereitung des Rollenspiels sinnvoll sind.
c Ellen wird im Rollenspiel die Rolle der Verkaufsmitarbeiterin übernehmen. Herr Bäumer bittet Ellen zu beschreiben, wie sie sich die Auswertung des Rollenspiels vorstellt. Versetzen Sie sich in die Position von Ellen und stellen Sie die Regeln für die Auswertung des Rollenspiels auf.

9

Herr Bäumer wünscht, dass die Auszubildenden die von ihm gestellten Aufgaben in Teamarbeit lösen.

a Erläutern Sie zwei Gründe, die den Geschäftsinhaber veranlasst haben könnten, die Teamarbeit zu fördern.
b Erfolgreiche Teamarbeit verlangt die Einhaltung bestimmter Regeln. Beschreiben Sie 3 Regeln für die Mitglieder eines Teams. Gehen Sie auch darauf ein, wie mit Konflikten innerhalb des Teams umzugehen ist.

10

Herr Bäumer kann bei der Bearbeitung der Aufgaben durch die beiden Teams nicht immer anwesend sein, weil er viele geschäftliche Termine zu erledigen hat. Manchmal können die Arbeitsergebnisse nicht einmal besprochen werden. Er lässt sich dann die schriftlichen Lösungen aushändigen.

Leider muss er feststellen, dass Frank und Benjamin nun schon zum zweiten Mal Lösungen abgeben, die von wenig Engagement zeugen. Das war vorher völlig anders. Herr Bäumer hat den Verdacht, dass die „Chemie" zwischen Frank und Benjamin nicht mehr stimmt. Er möchte die beiden daher zu einem Feedback-Gespräch einladen.

Beschreiben Sie den möglichen Ablauf eines Feedbackgespräches mit Frank und Benjamin und geben Sie die Aussagen von Herrn Bäumer in wörtlicher Rede wieder. Beachten Sie dabei die Feedback-Regeln.

Feedback-Regeln

1. Positives Umfeld schaffen
2. Eigene Wahrnehmung schildern
3. Wirkungen (Gefühle) beschreiben, die die wahrgenommenen Sachverhalte in mir auslösen
4. Wunsch an den Feedback-Nehmer
5. Wechsel in einen Dialog

Beispiellösung zu 1
Herr Bäumer bittet die beiden Auszubildenden vor der nächsten gemeinsamen Schulungssitzung zu einem Sechs-Augen-Gespräch.

4 Mit Produkteigenschaften argumentieren

In der Abteilung Schuhe/Lederwaren des City-Warenhauses Bauer steht eine Kundin suchend vor den Schulranzen. Frau Seifert, eine Mitarbeiterin in der Abteilung, geht auf die Kundin zu und spricht sie an.

Frau Seifert: „Guten Tag! Das ist unser Sonderstand mit Ranzen zum Schulanfang."

Kundin: *„Guten Tag. Unser Sohn kommt nach den Sommerferien in die 1. Klasse, und ich suche einen Schulranzen für ihn."*

Frau Seifert: „Ja, gerne. Ich kann Ihnen eine große Auswahl an Schulranzen zeigen."

Kundin: *„Allerdings hat der beste Freund unseres Sohnes einen SCOUT bekommen, und den will Stefan jetzt natürlich auch haben. Mir ist die Marke eigentlich völlig egal. Hauptsache, der Ranzen ist stabil, denn Stefan ist oft sehr wild – Sie wissen ja, wie Jungen in dem Alter so sind. Außerdem sollte der Ranzen nicht zu schwer sein, da Stefan einen ziemlich langen Schulweg hat."*

Kundenberater: „Die Einsteigermodelle befinden sich hier vorn."

Kundin: *„Ach ja, und er muss damit leicht umgehen können. Am besten mit auffälligen Farben – wegen der Sicherheit."*

Frau Seifert: ???

ARBEITSAUFTRAG

Setzen Sie das Verkaufsgespräch fort, indem Sie der Kundin diejenigen Produkteigenschaften erläutern, die ihren Ansprüchen gerecht werden.

VORSCHLÄGE ZUM VORGEHEN

1. Listen Sie die Ansprüche auf, die von der Kundin in dem Gespräch geäußert wurden.
2. Wählen Sie aus den Produktinformationen die Eigenschaften aus, die zu den Ansprüchen der Kunden passen.
3. Formulieren Sie zu diesen Eigenschaften Verkaufsargumente, die Sie in ein Beratungsgespräch einbringen.

Informationen zum SCOUT-Schulranzen

Der Hersteller der SCOUT-Schulranzen wirbt in einer Zeitschrift für Einzelhändler mit folgenden Produkteigenschaften.

1. Weil er „Designed in Germany" ist.
2. Weil seine Reflexstreifen jetzt viel breiter sind.
3. Weil er der meistgekaufte Leicht- und Leuchtschulranzen in Deutschland ist.
4. Weil man darin 26 Schulbrote verstauen kann.
5. Weil er jetzt noch mehr Sicherheit hat.
6. Weil er Hochformat statt Querformat besitzt.
7. Weil er so tolle Etiketten hat.
8. Weil man damit auch nachts nicht übersehen wird.
9. Weil er viele kindgerechte Motive hat.
10. Weil in jedem SCOUT eine Ranzenbroschüre mit vielen Informationen drinsteckt.
11. Weil Petra auch einen hat.
12. Weil es ihn in vielen kindgerechten Farben gibt.
13. Weil er ein Extra-Fach fürs Pausenbrot hat.
14. Weil man da auch noch einen Schokoriegel reinkriegt.
15. Weil jeder SCOUT im Herstellungswerk durch eine Fertigungskontrolle muss.
16 Weil er sein Geld wert ist.
17. Weil er so praktisch zu packen ist.
18. Weil er auch die Rauferei mit Harald heil übersteht.
19. Weil er so super ausschaut.
20. Weil die Material- und Herstellungsqualität stimmt.
21. Weil SCOUT eine Garantie von drei Jahren gibt.
22. Weil er leer nur 1.280 g wiegt.
23. Weil die Gurte schräg angebracht sind.
24. Weil man ihn auch mit einer Hand tragen kann.
25. Weil er aus strapazierfähigem Polyester ist.
26. Weil jeder SCOUT seinen eigenen Namen hat.
27. Weil es Spaß macht, beim Hochhüpfen an den Gurten zu ziehen.
28. Weil er aus strapazierfähigem Gewebe genäht ist.
29. Weil sein Reißverschluss nie klemmt.
30. Weil er eine optimale Passform hat.
31. Weil er so praktische Regenklappen hat.
32. Weil er so eine tolle Vortasche hat.
33. Weil er sich millionenfach bewährt hat.
34. Weil man ihn einfach nass auswischen kann.
35. Weil man sich im gleichen Look auch noch den Turnbeutel wünschen kann.
36. Weil er so leicht ist.
37. Weil der SCOUT so gut imprägniert ist, dass er viele Regengüsse aushält.
38. Weil man sich auch zwei davon kaufen kann.
39. Weil er ein mitwachsendes Gurtsystem hat.
40. Weil die Gurtbefestigung so stabil ist.
41. Weil die dickgepolsterten, drehbaren Push-Pull-Gurte optimalen Sitz gewährleisten.
42. Weil die Rückenplatte so gut gepolstert ist.
43. Weil er so breite, bequeme Trageriemen hat.
44. Weil er eine tolle Innentasche hat.
45. Weil die Ranzenschlösser so leicht zu bedienen sind.
46. Weil er eine wasserundurchlässige Imprägnierung hat.
47. Weil er überall, wo's drauf ankommt, doppelt genäht ist.
48. Weil der SCOUT kinderleicht zu bedienen ist.
49. Weil er auch die Drängelei im Schulbus nicht übel nimmt.
50. Weil Kinder die bunten und vielfältigen Muster mögen.
51. Weil er genauso witzig und frech ist wie Anita.
52. Weil er einen widerstandsfähigen Kantenschutz hat.
53. Weil er jetzt an den Seiten mit fluoreszierendem Material ausgestattet ist.
54. Weil es die dazu passende Zeichenblocktasche gibt.
55. Weil Kinder gern zur SCOUT-Generation gehören.
56. Weil er Testsieger bei Öko-Test geworden ist.
57. Weil die Fächer so unterteilt sind, dass man gut Ordnung halten kann.
58. Weil man ihn später einmal seinen Kindern zeigen kann.
59. Weil es Spaß macht, SCOUT auf dem Rücken zu tragen.
60. Weil er nach schulmedizinischen Erkenntnissen geformt ist.
61. Weil die Farben so toll aufeinander abgestimmt sind.
62. Weil jeder Ranzen seine eigene Nummer hat.
63. Weil SCOUT der erste Ranzen war, der konsequent Warnfarben eingesetzt hat.
64. Weil es auch Mäppchen in den SCOUT-Farben gibt.
65. Weil er eine durchdachte Innenaufteilung für rückenfreundliches Packen hat.
66. Weil man ihn sonntags auch als Rucksack verwenden kann.
67. Weil der SCOUT die Nummer 1 von Anfang an ist.
68. Weil die ergonomisch geformte, taillierte Rückenschale große Arm- und Bewegungsfreiheit gibt.
69. Weil er den Kindern genug Bewegungsfreiheit lässt.
70. Weil sich die große Auflagefläche gleichmäßig auf den Kinderrücken verteilt.
71. Weil man sich von SCOUT auch einen Schirm wünschen kann.
72. Weil er „in" ist.
73. Weil er die Sicherheitsausstattung mit eingebaut hat.
74. Weil er knautschig und doch stabil ist.
75. Weil der Lehrer bestimmt auch einen haben will.
76. Weil die Ranzenschlösser rostgeschützt sind.
77. Weil der Reißverschluss auch für Kinderhände gut zu greifen ist.
78. Weil der SCOUT mit dem internationalen Designerpreis „Roter Punkt für höchste Designqualität" ausgezeichnet wurde.
79. Weil bei jedem SCOUT so ein schöner Stundenplan dabei ist.
80. Weil er auch in Milch schwimmt.
81. Weil Kinder keine Packesel sind.
82. Weil der Ranzen durch die Füßchen vor dem Umkippen geschützt wird.
83. Weil er nach den Erkenntnissen von Verkehrsexperten konstruiert ist.
84. Weil die Flächen mit ihrer kontrastreichen Farbigkeit viel Sicherheit geben.
85. Weil er immer wie angegossen sitzt.
86. Weil er genau der Richtige ist.
87. Weil Oma ihren Liebling damit auch von Weitem erkennen kann.
88. Weil es ihn in zwei unterschiedlichen Größen gibt.
89. Weil die Werbung von SCOUT so fetzig ist.
90. Weil er knallbunt und superleicht ist.
91. Weil jeder Ranzen zu 97 % aus recycelfähigem Material besteht.
92. Weil man damit nicht baden gehen kann.
93. Weil sein Material bis 90 kg reißfest ist.
94. Weil man ihn am Nikolaustag vor die Tür stellen kann.
95. Weil die Seitentaschen eine praktische Dehnfalte haben.
96. Weil man mit den Gurten nicht ins 11-Uhr-Loch fällt.
97. Weil wir uns mit dieser Anzeige so viel Mühe gegeben haben.
98. Weil die Kinder Farbe kriegen.
99. Weil er im Test der Ranzen mit der besten Warnwirkung war.
100. Weil er nach dem Verkauf in Ihrer Registrierkasse eine angenehme Erinnerung zurücklässt.

AUFGABEN

1

In einem Schuhfachgeschäft sucht ein Kunde, ca. 40 Jahre, elegant gekleidet, einen hochwertigen und bequemen Schuh für seine Berufstätigkeit.

Kundenberaterin: „Ich kann Ihnen z. B. diesen Hochglanz-Slipper des bekannten Markenherstellers LOID empfehlen. Der schwarze Farbton passt gut zum dunkelblauen Anzug. Auch zum grauen Anzug oder bei allen erdfarbenen Kleidungsstücken sieht dieser Schuh nicht schlecht aus."

Kunde: *„Ja, das entspricht schon meinen Vorstellungen."*

Kundenberaterin: „Das Obermaterial des Schuhs besteht aus hochwertigem Ziegenleder, das besonders flexibel ist. Sie bekommen daher auf keinen Fall Druckstellen an Ihren Füßen. Auch die Bildung von Schweißfüßen ist so gut wie ausgeschlossen, weil die Sohle ebenfalls aus dem Naturmaterial Leder besteht, das besonders atmungsaktiv ist."

Kunde: *„Das könnte ich mir auch kaum erlauben, weil ich viel mit Kunden zu tun habe und mit ihnen auch ständig unterwegs bin."*

Kundenberaterin: „Dann wird der fußgerecht gearbeitete Innenschuh für Sie von besonderer Bedeutung sein. Die anatomisch geformte Innensohle gibt Ihrem Fuß Halt und stützt das Fußgewölbe. Sollten Sie unter einem Spreiz- oder Senkfuß leiden, ist dieser Schuh daher sehr empfehlenswert."

Kunde: *„Mit diesen Problemen bin ich zum Glück nicht belastet."*

Kundenberaterin: „Umso besser. Wichtig ist dann aber, dass alle Nähte und Kanten im Innenschuh – wie Sie hier sehen – mit weichem Leder eingefasst sind. Das verhindert, dass Sie Ihre Füße bei starker Belastung wundlaufen. Die Lasche über dem Rist, die mit einem elastischen Gummizug versehen ist, sorgt außerdem dafür, dass die Schuhe nicht ausleiern. Es könnte sonst passieren, dass Sie bei einem schnellen Schritt über Ihre eigenen Füße stolpern und auf die Nase fallen."

Kunde: *„Ich wusste gar nicht, dass das Tragen von Schuhen mit solchen Gefahren verbunden ist."*

Kundenberaterin: „Nur schlechtes Schuhwerk schafft gesundheitliche Risiken. Dieser LOID-Schuh gehört zu den Spitzenprodukten unseres Sortiments."

Kunde: *„Sind Sie sicher?"*

a **Schreiben Sie alle negativen Ausdrücke auf, die die Kundenberaterin im Verkaufsgespräch verwendet.**
b **Ersetzen Sie die negativen Formulierungen durch positive Aussagen.**

Hinweis zu Leder
* Naturprodukt
* temperaturausgleichend
* atmungsaktiv
* passt sich dem Fuß an

2

An der Fleischtheke eines Lebensmittel-Supermarktes

Mitarbeiterin: „Einen schönen guten Tag. Wie kann ich Ihnen behilflich sein?"

Kundin: *„Ich hätte gerne ein Stück grobe Leberwurst."*

Mitarbeiterin: „Welche darf ich Ihnen geben, die Hausmacherleberwurst oder die Pommersche?"

Kundin: *„Worin liegt denn der Unterschied, und welche würden Sie mir empfehlen?"*

Mitarbeiterin: „In der Hausmacherleberwurst ist der Leberanteil wesentlich geringer. Außerdem ist sie nicht geräuchert, dadurch schmeckt sie nicht so pikant wie die Pommersche. Ich empfehle Ihnen daher die Pommersche."

Kundin: *„Wie teuer ist die?"*

Mitarbeiterin: „100 g kosten 1,59 €."

Kundin: *„Oh, ganz schön teuer!"*

Mitarbeiterin: „Möchten Sie dann doch lieber die Hausmacherleberwurst nehmen? Sie kostet nur 0,89 €."

Kundin: *„Nein, die besser nicht. Eigentlich habe ich auch noch genug Wurst zu Hause. Vielen Dank."*

Mitarbeiterin: „Bitte sehr."

Beschreiben Sie den Fehler der Kundenberaterin.

3

Die nachfolgenden Aussagen von Verkaufsmitarbeitern sind negativ formuliert.

1. „Die verzinkte Karosserie des Autos rostet nicht."
2. „Dieses T-Shirt läuft nicht ein."
3. „Durch die Gummihandschuhe können Sie verhindern, dass Ihre Hände rau und rissig werden."
4. „Dieses Kleid steht Ihnen nicht schlecht."
5. „Mit dieser Hautschutzcreme schützen Sie Ihre Haut vor schädlichen Einwirkungen, Bakterien und Pilzen."
6. „Dieser Käse besitzt eine geringere Fettstufe und macht dadurch nicht dick."

Formulieren Sie die Aussagen eindeutig positiv.

4

Aussagen in der Möglichkeitsform mit wäre, könnte, würde, müsste usw. drücken Unsicherheit aus.

Geben Sie den Aussagen eine kundenfreundliche Formulierung, indem Sie positiv sprechen und die Möglichkeitsform vermeiden.

Möglichkeitsform	positive Formulierung
„Der Preis für das Rasierwasser wäre 28,90 €."	
„Käme die Bluse für Sie infrage?"	
„Ich könnte Ihnen auch einen preiswerteren Akkuschrauber zeigen."	
„Da müsste ich erst die Preise aus unserem neuen Katalog raussuchen."	
„Diese Ausführung haben wir nicht vorrätig. Die müsste ich erst für Sie bestellen."	
„Kommt noch was dazu?"	

5

Eine Kundin im Alter von ca. 30 Jahren betritt ein Geschäft.

Kundenberaterin: „Guten Morgen."

Kundin: *„Guten Morgen."*

Kundenberaterin: „Wie kann ich Ihnen helfen?"

Kundin: *„Ich suche einen Pullover für den Übergang, passend zu meinem Hosenanzug."*

Kundenberaterin: „Pullover haben wir dort drüben; wenn Sie mir bitte folgen würden?"

Kundin und Kundenberaterin begeben sich in die entsprechende Abteilung.

Kundenberaterin: *„Hier sehen Sie einen sehr schönen Pullover. Er ist diese Woche im Sonderangebot und kostet nur 59,90 €."*

Kundin: (betrachtet den Pullover mit kritischem Blick) „Ich weiß nicht so recht ..."

Kundenberaterin: *(nimmt einen anderen Pullover zur Hand) „Wie wär's mit diesem Pullover – ein ganz besonders schönes Stück."*

Die Kundin reagiert wenig begeistert.

Kundenberaterin: „Pullover dieser Art sind zur Zeit besonders beliebt. Wir haben schon viele davon verkauft. Hier habe ich einen besonderen Pullover für nur 89,90 €. Den habe ich mir auch gekauft."

Kundin: *„Der gefällt mir schon etwas besser, aber es ist immer noch nicht ganz mein Geschmack."*

Kundenberaterin: „Hier habe ich einen ausgefallenen Pullover. Er ist allerdings etwas teurer. Er kostet 99,90 €."

Kundin: *„Der gefällt mir schon ganz gut."*

Kundenberaterin: „An diesem Pullover werden Sie lange Freude haben."

Kundin: *„Ob er wohl zu meinem neuen Hosenanzug passt?"*

Kundenberaterin: „Bestimmt. Der ist farblich sehr neutral. Den können Sie zu allem tragen."

Kundin: *„Wenn Sie meinen."*

...

a Sammeln Sie aus dem Verkaufsgespräch alle wenig produktbezogenen, nichtssagenden Aussagen der Kundenberaterin.

b Machen Sie Vorschläge, wie die Kundin argumentativ über das Produkt informiert werden könnte.

6

Ein älterer Kunde ist auf sich selbst gestellt, weil seine Frau für längere Zeit ins Krankenhaus muss. Der Kunde wirkt unsicher und auch ein wenig verwirrt. Er wendet sich mit der Packung Kartoffelpuffer an eine Verkaufsmitarbeiterin und fragt: „Komme ich damit wohl zurecht?"

Erläutern Sie dem Kunden die Zubereitung von Kartoffelpuffern anhand des Rezeptes auf der Packungsrückseite. Versetzen Sie sich dazu in die Situation des Kunden.

Kartoffelpuffer

Zubereitung:

1. Packungsinhalt mit dem Schneebesen in 0,75 l kaltes Wasser einrühren. (Bitte nicht umgekehrt). Den Teig 10 Minuten quellen lassen.
Tipp: Zur Verfeinerung kann man 1 Ei zugeben, dafür aber entsprechend weniger Wasser nehmen. Nach Belieben feingehackte Zwiebeln zugeben.

2. Etwas Fett oder Öl in einer Pfanne gut erhitzen, den Pufferteig esslöffelweise hineingeben und auf beiden Seiten goldgelb braten. Die Puffer wenden, wenn sich ein knusprigbrauner Rand gebildet hat.

3. Puffer herausnehmen und überschüssiges Fett abtropfen lassen.
Fertig! **Guten Appetit!**
Tipp: Fertige Puffer können Sie auch einfrieren und bei Bedarf die gefrorenen Puffer in einer Pfanne von beiden Seiten ca. 2 Minuten erhitzen.

7

Kunden kaufen im stationären Einzelhandel vor allem, weil sie in einem Geschäft von Fachpersonal beraten werden. Der verständlichen Beratung kommt daher in der Einzelhandelspraxis eine besondere Bedeutung zu.

Wählen Sie ein Produkt aus Ihrem Ausbildungssortiment, dessen Handhabung, Pflege oder Lagerung besonders erklärungsbedürftig ist. Erläutern Sie einem Kunden diesen Sachverhalt in verständlicher Weise.

8

In der Haushaltswarenabteilung des City-Warenhauses spricht eine Kundin mittleren Alters Monika, Auszubildende im ersten Ausbildungsjahr, an.

Kundin: „Guten Morgen, wo finde ich denn Isolierkannen?“

Monika: *„Guten Morgen, folgen Sie mir bitte in den nächsten Gang.*
(Monika führt die Kundin in den entsprechenden Gang)
Hier haben wir eine große Auswahl an Kannen. Welche Vorstellungen haben Sie denn?“

Kundin: „Die Kanne ist ein Geschenk für meine Nichte. Sie hat sie nicht näher beschrieben. Auf jeden Fall sollte der Kaffee schon lange heiß bleiben. Und die Kanne sollte nicht zu umständlich sein. Nicht so eine, bei der beim Einschenken immer der Deckel in die Tasse fällt. Und sie sollte schon was hermachen und zu ihrer Einrichtung passen.“

Monika: *„Wie ist Ihre Nichte denn eingerichtet?“*

Kundin: „Oh, das ist schwer zu beschreiben. Sie mag es schon farbig – ihr Service ist beispielsweise orange mit weiß.“

Monika: *???*

Entwickeln Sie unter Berücksichtigung der Ausgangssituation eine kundengerechte Verkaufsargumentation.

So sollten Sie vorgehen:
* Überlegen Sie zunächst, welche Erwartungen die Kundin an die Ware stellt.
* Ermitteln Sie dann anhand der folgenden Produktbeschreibung der Isolierkanne Toscana, welche Produktmerkmale und die sich daraus ergebenden Eigenschaften für die Verkaufsargumentation in dieser Situation von Bedeutung sind.
* Formulieren Sie dann die Verkaufsargumentation.

Produktbeschreibung: alfi Isolierkanne Gusto

Ganz nach Ihrem Gusto. Mit der Isolierkanne Gusto der Firma alfi wird guter Geschmack in Form gebracht. Geschmackvoll durchgestylte Optik, kraftvoll, harmonisch und kompakt mit wohltuend sanften Übergängen vom Ausgießer in den glänzenden Korpus, dazu der große verchromte Griff für perfekte Optik: Die Isolierkanne Gusto passt geschmackvoll zu Ihrem Einrichtungsstil.

Das ist ansprechendes Design in perfekter Qualität. Die Isolierkanne ist mit der praktischen Einhand-Ausgießtaste ausgestattet. Für beste Isolierleistung sorgt der bewährte alfiDur-Vakuum-Hartglaseinsatz.

Auf die Isolierleistung geben wir eine Garantie von 5 Jahren.

9

Beratungskompetenz kann man aufbauen, indem man Produktwissen systematisch sammelt. Dazu wird ein Produkt ausgewählt und anhand seiner Produktmerkmale wie Materialzusammensetzung, Herstellungsbesonderheiten, Farbe und Produkteigenschaften beschrieben.

Entwerfen Sie einen Warenbeschreibungsbogen:

a Wählen Sie ein Produkt aus Ihrem Sortiment aus.

b Nutzen Sie unterschiedliche Quellen, um sich über das Produkt zu informieren.

c Übertragen Sie die Informationen in einen Warenbeschreibungsbogen nach untenstehendem Muster. Verwenden Sie nur solche Informationen, die auch für den Verkauf von Bedeutung sind.

Warenbeschreibungsbogen (Muster)	
Produkt	
Basis-Informationen	
Preis	

Produktmerkmale		Produkteigenschaften
Material		
Herstellung		
Optik	Farbe	
	Form	
	Oberfläche	
Bedienung		
Zeichen		
Maße, Größen		
Herkunft		

Zusätzliche Informationen für den Verkauf

5 Den Preis im Verkaufsgespräch nennen

In der Abteilung Haushaltswaren des City-Warenhauses steht eine Kundin vor dem Regal mit Schnellkochtöpfen. Offensichtlich kann sie das Preisschild nicht finden. Sie wendet sich daher an Frau Bayer, die in der Nähe Ware einräumt.

Kundin: „Wie teuer ist dieser Schnellkochtopf?"

Frau Bayer: *(kommt hinzu) „209,00 €."*

Kundin: „209,00 € für einen Topf? Ich glaube, ich muss mir das noch einmal überlegen."

Frau Bayer: *„Ja, bitte."*

Kundin: „Vielen Dank."

Frau Bayer: *„Bitte schön."*

ARBEITSAUFTRAG

Übertragen Sie die Verkaufssituation auf Ihren Ausbildungsbetrieb. Formulieren Sie die Preisnennung verkaufsaktiver.

VORSCHLÄGE ZUM VORGEHEN

1. Bevor der Preis genannt wird, sollte dem Kunden der Wert des Produktes deutlich gemacht worden sein.
2. Der Preis sollte nicht als letzte Aussage des Kundenberaters im Raum stehen.
3. Wenden Sie die Sandwich-Methode an.

AUFGABEN

1

Die Preisnennungen stammen aus unterschiedlichen Zweigen des Einzelhandels.

Informationshandbuch 5.2 Sandwich-Methode

Markieren Sie die Preisnennung(en), die Sie für gelungen halten.

1 „Dieser Pumps von Garber ist aus hochwertigem Kalbsleder und kostet nur 89,00 €."

2 „Die Uhr kostet 225,00 €. Sie hat ein kratzfestes Mineralglas und ist mit einer 333er-Goldauflage versehen."

3 „Dieses Bordcase aus echtem Leder kostet 125,00 €. Durch die Größe von 45 Zentimetern können Sie es als Handgepäck mit ins Flugzeug nehmen und im Handgepäckfach verstauen."

4 „Diese Badezimmergarnitur ist leider etwas teurer. Durch die aufwendige Einhebeltechnik kommt der Preis auf 247,00 €. Dafür haben Sie aber den höchsten Bedienungskomfort."

2

Wenn ein Kunde gleich zu Beginn eines Verkaufsgesprächs nach dem Preis fragt, hat der Kundenberater keine Gelegenheit, den Produktwert „aufzubauen".

Begründen Sie, welche der aufgeführten Verhaltensweisen eines Kundenberaters Sie in diesem Fall für günstig halten.

1 Kunde: „Wie teuer ist diese Digitalkamera?“

Kundenberater: *„Meinen Sie diese ‚CAMDIGITAL-4‘ von Olympax mit 12 Millionen Pixeln?“*

Kunde: „Ja.“

Kundenberater: *„Dieses leistungsstarke Kompakt-Modell mit 3-fach-Zoom kostet 599,00 €. Die zugehörige 8-Gigabyte-Karte kann bis zu 650 Bilder speichern. Im Nahbereich können Sie bis 20 cm an das Motiv herangehen. Der HMDI-Ausgang erlaubt Ihnen, die Bilder auch am Fernsehgerät zu betrachten.“*

2 Kundenberater: „Darf ich Ihnen die Kamera zunächst einmal etwas näher erklären?“

3 *Kundenberater:* *„Diese Digitalkamera von Olympax hat einen Hochleistungsbildsensor mit 12 Millionen Pixel bei einer maximalen Bildauflösung von 4256 x 2848 Pixel, so erhalten Sie mit dieser Kamera gestochen scharfe Bilder, die Sie direkt am PC weiter bearbeiten oder auch über den Videoausgang am Fernseher betrachten können. Im Nahbereich können Sie bis 20 cm an das Motiv herangehen ...“*

4 Kundenberater: „Die Kamera kostet 599,00 €.“

3

Spricht ein Kunde einen Verkaufsmitarbeiter ohne vorheriges Beratungsgespräch direkt an und fragt nach dem Preis, fühlen sich Verkaufsmitarbeiter häufig genötigt, den Preis sofort zu nennen. Dann besteht aber keine Chance, noch den Produktwert aufzubauen.

Ein Verkaufsmitarbeiter ist mit warenpflegerischen Arbeiten beschäftigt, als er von einem Kunden angesprochen wird: „Wie teuer ist ...“

Trainieren Sie, auf eine Kundenfrage nach dem Preis eines Produktes, nicht sofort mit dem Preis zu antworten, sondern die Sandwich-Methode anzuwenden. Spielen Sie mehrere Situationen durch.

6 Einem Kundeneinwand mit Verständnis begegnen

Manchmal war es wirklich schwierig. In der Abteilung Haushaltswaren des City-Warenhauses hatte Frau Beyer ausführlich die Vorzüge einer Ware erläutert und der Kunde war offensichtlich zum Kauf bereit. Doch zum Schluss kam immer diese Frage, die leicht alles wieder zunichtemachte: „Und wie teuer ist dieser Schnellkochtopf?"
In solchen Situationen dachte Frau Beyer immer: Bloß nicht einfach den Preis sagen, sondern ihn sorgfältig verpacken, damit er etwas in den Hintergrund gedrängt wird.
Im Laufe der Zeit hatte Frau Beyer verschiedene Reaktionen ausprobiert, die aber alle nicht erfolgreich waren:

* „Ja, so sind die Preise halt."
  Meist war das das Ende des Verkaufsgespräches. Manchmal sagte sich Frau Beyer: Bloß nicht in die Defensive drängen lassen! Die Kunden haben oft völlig falsche Preisvorstellungen.
* „Nein, das ist doch nicht teuer. Es gibt Schnellkochtöpfe, die kosten 250,00 €."
  Manch ein Kunde ließ sich durch einen forschen Tonfall etwas einschüchtern. Viele Kunden reagierten aber eher patzig und es kam zu leichten Streitgesprächen. Oft blieb dann nur der sichere Weg zum Sonderangebot.
* „Ich kann Ihnen auch einen normalen Brat-Topf aus unserer Werbung anbieten, der kostet nur 19,90 €."
  Wenn allerdings das Sonderangebot nicht gut zum Kundenwunsch passte, waren die Erfolgsaussichten gering. Hinzu kam, dass die Abteilung vom Verkauf von Sonderangeboten auf Dauer nicht leben konnte.

Bei einer guten Gelegenheit fragt sie ihre Kollegin Frau Ewald.

Frau Beyer: „Frau Ewald, wie machen Sie das eigentlich, wenn die Kunden den Preis beanstanden?"

Frau Ewald: *„Ich meine, der Preiseinwand zeigt, dass der Kunde Interesse am Produkt hat. Ich nehme seinen Einwand daher sehr ernst. Genauer gesagt, ich gebe ihm zunächst einmal recht."*

Frau Beyer: „Sie schleimen sich ein."

Frau Ewald: *„So würde ich das nicht nennen. Wir stehen doch dann auf einer gemeinsamen Stufe. Nun beginne ich damit, den Preis zu begründen. Allerdings höre ich mir den Einwand des Kunden genau an. Wenn er sagt, der Preis sei unverschämt hoch, werde ich ihn darin nicht bestärken. Das wäre ja geradezu geschäftsschädigend. Ich mildere seinen Einwand etwas ab und sage: ‚Ja, Sie haben recht, verglichen mit einem Discounter liegt unser Preisniveau etwas höher.'"*

Frau Beyer: „Sie schleimen sich schon wieder grässlich ein!"

Frau Ewald: *„Nein, nein, ich bin dabei, den Preis verständlich zu machen. Denn nun kommt eine ganze Reihe von Produktvorteilen, die den Kunden hoffentlich davon überzeugen, dass das Produkt seinen Preis wert ist."*

Frau Beyer: „Und das funktioniert?"

Frau Ewald: *„Ausprobieren, liebe Kollegin, ausprobieren!"*

ARBEITSAUFTRAG

Reagieren Sie angemessen auf den Einwand eines Kunden gegen den Preis des Produktes.

VORSCHLÄGE ZUM VORGEHEN

1. Übertragen Sie die Situation auf Ihren Ausbildungsbetrieb.
2. Antworten Sie dem Kunden mit der Ja-aber-Methode.

AUFGABEN

1

Informationshandbuch 6.2 Ja-aber-Methode

In einem Fachgeschäft für Schreibwaren sucht ein Kunde eine Schreibunterlage und wendet sich an einen Kundenberater: „90,00 € für eine Schreibunterlage, das ist aber sehr teuer."

Ermitteln Sie die beste dieser Reaktionen eines Kundenberaters auf einen Kundeneinwand

1 „Dafür haben Sie aber eine handgearbeitete Schreibtischunterlage aus wertvollen Materialien."

2 „Für eine handgefertigte Schreibtischunterlage muss man heute so viel bezahlen."

3 „Dann nehmen Sie doch diese Schreibunterlage aus Kunststoff. Die kostet nur 11, 50 €."

4 „Ja, aber die Schreibunterlage besteht aus hochwertigem Material und ist in Handarbeit gefertigt. Dieses Material bildet die ideale Ergänzung für Ihren Schreibtisch aus Eiche."

5 „Der Preis ist nicht niedrig. Allerdings besteht die Schreibunterlage aus hochwertigem Material und ist handgefertigt. Die Unterlage bildet die ideale Ergänzung für Ihren Schreibtisch aus Eiche."

6 „Sicher, die Unterlage ist nicht besonders billig. Dafür ist sie aber aus hochwertigem Material von Hand gearbeitet. Der Eichenschreibtisch und diese wertvolle Schreibtischunterlage ergänzen sich hervorragend."

Aufklappbare Schreibtischunterlage aus starker Buchbinderpappe. Reproduktion einer alten Original-Handschrift. Die Unterlage ist aus zwei Teilen gefertigt, die mittels eines Leinengelenks verbunden sind. Der obere Teil kann hochgeklappt werden. Auf der Innenseite sind Leinenlaschen aufgeklebt, um Papiere, Dokumente usw. einzustecken. Eckenverstärkungen und Gelenk sind aus kaschiertem Leinen in Dunkelrot.

Maße 50 x 35 cm, Gewicht 850 g von Hand gefertigt im Veneto, Italien

2

Beachten Sie die Informationen zur Preisobergrenze im Informationshandbuch.

In einem Baumarkt sucht ein Kunde Farbe, um eine Hauswand zu streichen.

Kundenberater: „Diese Fassadenfarbe aus 100% Acrylat ist besonders deckfähig. Sie brauchen daher Ihre Hauswand nur einmal zu streichen."

Kunde: *(schaut auf das Preisetikett) „Was, 59,00 € für einen Eimer Farbe! Das ist mir zu teuer."*

Entscheiden Sie, ob der Verkäufer in dieser Situation versuchen soll,

* **den Preis des Produkts zu verteidigen,**
* **oder ob er besser andere Ware vorlegt.**

Kundenberater:

1 „Ja, diese Sorte ist etwas teurer als die gewöhnlichen Fassadenfarben. Sie haben aber dafür den Vorteil, dass Sie Ihre Wände erst in 10 Jahren wieder nachstreichen müssen."

2 „Ich kann Ihnen auch eine preisgünstigere Sorte zeigen. Hier sehen Sie zum Beispiel eine Latexfarbe, die ebenfalls für den Außenanstrich geeignet ist. Den 16-Kilogramm-Eimer erhalten Sie für nur 19,50 €."

3

Kundeneinwände richten sich gegen den Preis, Produkteigenschaften, das Geschäft oder das Personal.

Informationshandbuch 6.1 Kundenwände

Einwände gegen
- den Preis
- Produkteigenschaften
- das Geschäft
- das Personal

a Ordnen Sie die Sammlung von Kundeneinwänden nach der Art ihrer Zielrichtung.

1 „99,00 € für eine Puppe?“

2 „Haben Sie keine größere Auswahl?“

3 „Mir als Fachmann brauchen Sie das nicht zu erklären.“

4 „Komme ich denn mit der komplizierten Technik wohl zurecht?“

5 „Nein, das ist mir zu teuer.“

6 „Im Internet gibt es solche Jacken aber erheblich preiswerter.“

7 „Das passt nicht zu meiner Einrichtung.“

8 „Die Absätze sind viel zu hoch.“

9 „Können Sie mir nicht jemanden schicken, der in diesem Bereich schon mehr Erfahrung hat?“

10 „Sind Sie sicher, dass das Service spülmaschinenfest ist?“

11 „Sechs Wochen Lieferzeit sind mir zu lang.“

b Geben Sie jeweils ein Beispiel für jede Art von Kundeneinwänden aus der Praxis Ihres Ausbildungsbetriebes.

4

Ein Kunde betritt ein Teppichfachgeschäft; der Auszubildende Sascha geht auf ihn zu.

Sascha: „Guten Tag, wie kann ich Ihnen helfen?“

Kunde: *„Guten Tag, ich suche einen Teppich für mein Arbeitszimmer. Ist Herr Kohlmeier nicht da?“*

Sascha: „Mein Chef ist heute auf einer Messe. Vielleicht darf ich Ihnen helfen?“

Kunde: *„Ja – ich weiß nicht – können Sie das überhaupt schon? Sie haben doch hier wohl gerade erst angefangen?“*

Informationshandbuch 6.1 Kundeneinwände

Informationshandbuch 6.2 Ja-aber-Methode

Begründen Sie, welche der Antworten nach Ihrer Meinung die beste ist.

1 „Teppiche verkaufen ist ein Kinderspiel. Das kann man schon nach vier Wochen.“

2 „Sie haben recht, viel Ahnung habe ich noch nicht. Aber Sie können es ja mit mir einmal versuchen.“

3 „Sie haben recht, ich bin hier der jüngste Mitarbeiter. Trotzdem fühlten sich meine Kunden bisher gut beraten.“

4 „Fragen Sie mal meinen Chef. Der kann Ihnen einiges über meine Qualitäten erzählen.“

5 „Ja, ich bin erst seit kurzer Zeit hier tätig. Aber ich hatte bereits Gelegenheit, mich ausgiebig mit unserem Teppichsortiment zu beschäftigen.“

5

In einem Textilfachgeschäft äußern verschiedene Kundinnen Einwände, auf die Kundenberaterinnen antworten.

Einwand 1

Kundin: „Die Bluse wird aber erheblich knittern.“

Kundenberaterin: *„Ja, Sie haben recht, Leinen neigt immer etwas zum Knittern. Allerdings hebt Leinen mit seinen vielen hervorragenden Eigenschaften diesen kleinen Mangel wieder auf, zum Beispiel durch seine ausgezeichnete Feuchtigkeitsaufnahme. Sie werden sich also in dieser Bluse immer frisch fühlen. Außerdem ist Leinen sehr haltbar, was der Bluse eine hohe Lebensdauer verspricht.“*

Einwand 2

Kundin: „Verglichen mit Ihrem Konkurrenten Homeier haben Sie aber nur eine geringe Auswahl."

Kundenberater: *„Sie haben recht, im Vergleich zu einem Fachgeschäft ist unser Sortiment flacher gehalten. Die Beschränkung auf gut laufende Artikel führt aber dazu, dass wir hohe Stückzahlen einkaufen können. Den daraus erfolgenden Preisvorteil geben wir voll an unsere Kunden weiter."*

Einwand 3

Kundin: „Aber diese Bluse ist doch nicht aus Leinen, das ist doch Baumwolle!"

Mitarbeiterin: *„Ja, das Material fühlt sich wirklich sehr weich an. Aber das Leinenmaterial ist speziell ausgerüstet. Dadurch fühlt sich die Bluse wie ein Baumwollstoff an."*

a Stellen Sie fest, wogegen sich die drei Einwände richten (Preis, Produkteigenschaften, Personal, Geschäft)?
b Begründen Sie, ob die Kundeneinwände ausgeräumt oder ausgeglichen werden.
c Bilden Sie entsprechende Beispiele aus Ihrem Ausbildungsbetrieb.

6

Kundenorientierung wird im City-Warenhaus Bauer großgeschrieben. Dazu gehört auch, Einwände von Kunden ernst zu nehmen und dass die Verkaufsmitarbeiter angemessen auf diese Einwände reagieren. Frau Bauer hat deshalb für die Schulung der Auszubildenden der verschiedenen Abteilungen eine Reihe von typischen Kundeneinwänden zusammengestellt. Sie sollen von den Auszubildenden so beantwortet werden, dass die Kunden einerseits Anerkennung ihres Einwands spüren, andererseits müssen die Kundenberater alles tun, um den Kunden zum Kauf der Ware zu bewegen.

Situation 1

In der Abteilung Elektronik/Computer wünschte ein Kunde eine attraktive Stereoanlage für sein Wohnzimmer. Der Kundenberater hat eine farbige Anlage empfohlen.

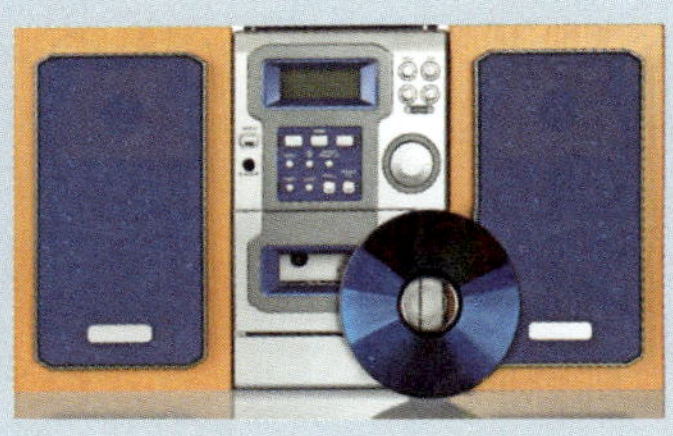

Kunde: „Solch eine blaue Stereoanlage in meiner Schrankwand aus heller Eiche – ich glaube, das sieht nicht gut aus."

Für das erste Beispiel hat Frau Bauer einen Lösungsvorschlag entworfen.

Kundenberater: *„Sie haben recht, an die farbige Anlage muss man sich erst gewöhnen. Durch den kräftigen Blauton bekommen Sie in Ihrer Schrankwand aber einen interessanten Blickfang. Wenn Sie dann noch für weitere blaue Farbakzente sorgen, zum Beispiel durch blaue Kissen, Kerzen oder Bilder, haben Sie eine geschmackvolle Wohnzimmereinrichtung."*

Situation 2

In der Abteilung Textilien hat die Kundenberaterin einer Kundin eine 7/8-Hose empfohlen. Hosen in dieser Länge sind zurzeit sehr aktuell.

Kundin: „Ist die Hose nicht reichlich kurz?"

Situation 3

In der Abteilung Möbel wurden einem Ehepaar verschiedene Sitzgruppen vorgestellt. Eine Sitzgruppe mit Raulederbezug wurde nun in die engere Wahl gezogen. Dieses Leder sieht auf den ersten Blick sehr empfindlich aus, tatsächlich ist es aber sehr strapazierfähig und leicht zu pflegen. Man kann Flecken durch großflächiges Bürsten leicht entfernen.

Kundin: *„Diese Bezüge aus Rauleder muss ich sicher jeden Tag pflegen."*

Situation 4

In der Abteilung Lebensmittel wird aus Hygienegründen die Fleischtheke zweimal in der Woche sehr gründlich gereinigt. Für diese Reinigungsarbeiten tragen die Mitarbeiter einen speziellen Kittel. Eine Kundin, die gerade von Sabrina an der Käsetheke bedient wird, beobachtet die Reinigungsarbeiten und sagt zu Sabrina:

Kundin: „Die Mitarbeiterinnen hinter der Fleischtheke haben ja ganz schmutzige Kittel an."

Situation 5

Die Abteilung Schuhe/Lederwaren des City-Warenhauses ist nicht besonders groß, dafür werden aber Qualitätsprodukte zu günstigen Preisen angeboten.

Kunde: *„Verglichen mit dem Schuhfachgeschäft Maurer am Marktplatz haben Sie aber nur eine geringe Auswahl."*

Situation 6

Ein Kunde hatte sich in der Abteilung Sport schon fast für die Ski-Jacke von Schöffel entschieden. Als Frau Abel jedoch den Preis nennt, stutzt der Kunde merklich.

Kunde: „379,00 € – das ist aber sehr teuer!"

Die Produkteigenschaften der Jacke sind: hochwertige Funktionsjacke, wasser- und winddicht, trotzdem atmungsaktiv.

Antworten Sie in verkaufsaktiver Weise auf die Kundeneinwände.

a Stellen Sie fest, wogegen sich die Kundeneinwände richten (Preis, Produkteigenschaften, Geschäft, Personal).

b Verwenden Sie die Ja-aber-Methode, um auf die Kundeneinwände zu antworten.

7

In einem Schmuckfachgeschäft.

Informationshandbuch 6.3 Gegenfrage-Methode

Kundenberaterin: „Guten Tag!"

Kundin: *„Guten Tag. Ich hätte gerne ein Silberkettchen."*

Kundenberaterin: „Ja, gerne. Da kann ich Ihnen eine große Auswahl zeigen. Hier sehen Sie silberne Collierkettchen, die Sie kurz tragen können, zum Beispiel in dieser Flachpanzerstruktur. Diese Struktur empfiehlt sich besonders dann, wenn Sie einen Anhänger dazu tragen möchten. Es ist ein sehr ruhiges Muster."

Kundin: *„Das ist nicht das Richtige für mich."*

Kundenberaterin: „Es gibt natürlich auch Muster, die Sie ganz ohne Anhänger tragen können, wie dieses Kordelmuster, welches aus drei ineinander gewundenen Strängen besteht. Das Kordelmuster ist auch fülliger, stärker."

Kundin: *„Das gefällt mir nicht."*

Kundenberaterin: „Wenn Ihnen das Kettchen zu stark sein sollte, sehen Sie hier ein besonders zartes. Dieses Fantasiekettchen zeichnet sich durch seine erweiterten Ösen aus, die in rhythmischen Abständen eingesetzt sind. Es wirkt dadurch zart und verspielt. Diese feinen Muster sind gerade zum Sommer aktuell."

Kundin: *„Nein, das ist nicht mein Geschmack."*

Kundenberaterin: „Als Silbercollierkette gibt es noch die venezianische Struktur. Die Kette besteht aus vierkantigen Ösen, die in gleicher Größe geformt sind. Diese Collierkette strahlt einen starken Glanz aus, und Sie können sie natürlich in verschiedenen Längen erhalten."

Kundin: *„Nein, ich hatte mir das ganz anders vorgestellt."*

a **Beschreiben Sie in die Schwierigkeit, in der sich die Kundenberaterin bei diesem Verkaufsgespräch befindet.**

b **Wählen Sie aus den Lösungsvorschlägen einen geeigneten aus.**

1 weitere Ketten vorlegen, bis die Kundin etwas Passendes gefunden hat

2 Kundenberaterin: „Wenn Sie eine bestimmte Vorstellung haben, können Sie mir Ihren Wunsch gerne beschreiben."

3 Kundenberaterin: „Sagen Sie mir doch bitte einmal, was Sie eigentlich haben möchten."

4 Kundenberaterin: „Wenn Sie schon eine bestimmte Vorstellung haben, würden Sie mir Ihren Wunsch bitte etwas näher beschreiben?"

5 Kundenberaterin: „Ich habe Ihnen jetzt alle Kettentypen gezeigt, die wir im Sortiment haben."

8

Informationshandbuch 6.4 Serviceleistungen herausstellen

In einer Berufsschule meldet sich Annegret, Auszubildende in einem Elektrofachgeschäft, nachdem Frau Stephan den Klassenraum betreten hat.

Annegret: „Frau Stephan, ich möchte einmal berichten, was mir gestern passiert ist. Und da das ständig vorkommt, sollten es auch die Übrigen in der Klasse wissen."

Frau Stephan: *„Bitte, Annegret."*

Annegret: „Ich habe gestern einen Kunden ausführlich über ein Fernsehgerät beraten. Den Preis habe ich – so wie wir es gerade gelernt haben – sorgfältig ‚eingepackt': ‚Dieses Markengerät von Sony kostet 590,00 €, es verfügt über ...' usw. Sie wissen ja. Daraufhin sagte der Kunde, das gleiche Gerät könne er im City-Warenhaus Bauer für 499,00 € bekommen. Das sind fast 100,00 € weniger. Ich finde, so kleine Einzelhandelsgeschäfte wie mein Ausbildungsbetrieb haben keine Chance, wenn der Konkurrent um die Ecke mit solchen Preisen an den Markt geht."

René: *„Wir sind eben besser als ihr. Ihr könntet eure Mondpreise ja mal auf ein Niveau herunterfahren, das von Kunden akzeptiert wird. Im nächsten Prospekt bieten wir den Sony-Fernseher sogar für 479,00 € an."*

Annegret: „Meine Chefin hat gesagt, sie verdiene an einem solchen Gerät nur ein paar Euro, weil wir nicht genug Geräte beim Hersteller einkaufen und deshalb schlechte Bezugsbedingungen hätten.
Aber die Kunden kommen ja nicht nur mit Vergleichspreisen des City-Warenhauses, sondern auch mit SATURN, MEDIA-Markt und Internet-Anbietern. Da können wir überhaupt nicht mithalten. Ich glaube, meinem Ausbildungsbetrieb geht es nicht besonders gut. Vielleicht stehe ich schon bald auf der Straße. Ich finde das ungerecht."

Frau Stephan: *„Aber Sie haben doch mehr anzubieten als das Produkt. Sie haben doch z. B. eine eigene Werkstatt."*

Annegret: „Ja, in unserer Werkstatt sind wirklich ganz tolle Leute, die viel können und für jedes Kundenproblem eine Lösung finden. Die bringen dem Kunden sogar das Gerät in die Wohnung, schließen es an und geben eine erste Einweisung. Gibt es Probleme, fährt ein Mitarbeiter der Werkstatt zum Kunden, holt das Gerät ab – übrigens auch am Samstag – und lässt noch ein Ersatzgerät da. Das sind natürlich Kosten, die sich in einem höheren Preis niederschlagen."

Frau Stephan: *„Das müsste man doch einem Kunden klarmachen können."*

Annegret: „Ich weiß nicht, ob das so einfach ist."

Verweisen Sie bei einer Preiseinwandbehandlung auf die Serviceleistungen des Einzelhandelsgeschäftes.

a Antworten Sie auf die Aussage des Kunden aus dem Einstiegsbeispiel: „Das gleiche Gerät bekomme ich im City-Warenhaus für 499,00 €."
b Übertragen Sie die Situation auf Ihren Ausbildungsbetrieb und entwickeln Sie eine ähnliche Lösung.

9

Erstellen Sie eine Übersicht mit den Serviceleistungen Ihres Ausbildungsbetriebes, die Sie bei einer Einwandbehandlung verwenden können.

7 Ein Ergänzungsangebot unterbreiten

Stefan und Klaus machen eine mehrtägige Wanderung. Sie übernachten in einem Zelt. Es ist Herbst und die Nächte sind schon empfindlich kühl. Stefan wälzt sich schon längere Zeit unruhig hin und her, richtet sich schließlich auf.

Klaus: (der wegen der Unruhe aufgewacht ist) „Was ist los?"

Stefan: *„Ich kann bereits in der zweiten Nacht vor Kälte nicht schlafen. Ich verstehe gar nicht, wie du das machst."*

Klaus: „Entweder ist dein Schlafsack zu dünn, oder dir fehlt eine zusätzliche Unterlage."

Stefan: *„Am Schlafsack kann es nicht liegen, er ist von bester Qualität und hat eine Daunenfüllung. Vielleicht hätte ich mir noch eine Schlafsackunterlage dazu kaufen sollen. Wie bist du bloß auf die Idee mit der Unterlage gekommen?"*

Klaus: „Das war gar nicht meine Idee. Die Verkäuferin in dem Sportgeschäft hat mir das vorgeschlagen, nachdem ich ihr gesagt hatte, was wir vorhaben."

Stefan: *„Das habe ich meinem Verkäufer auch gesagt. Aber dem ist das nicht eingefallen."*

Klaus: „Pech gehabt."

Wir schauen zurück in die Sportabteilung des City-Warenhauses, in der Stefan seinen Schlafsack kaufte und an welchen Stellen des Verkaufsgesprächs der Kundenberater eine Unterlage als Ergänzungsangebot zum Schlafsack hätte unterbreiten können.

Stefan: „Ich suche einen Schlafsack für das Zeltwandern."

Herr Heuser: *„Für Übernachtungen im Zelt kann ich Ihnen z. B. diesen HIMALAYA empfehlen. Mit nur 850 g Gesamtgewicht ist er besonders leicht und damit gut bei Ihrer Wanderung zu transportieren. Die Gesamtlänge von 220 cm garantiert Ihnen bis zu einer Körpergröße von 183 cm ausreichend Bewegungsfreiheit, aber keine überflüssigen Lufträume, die mitgewärmt werden müssten."*

Stefan: „1,83 m, ja, das kommt hin."

Herr Heuser: *„Der Schlafsack ist in der sogenannten Mumienform gefertigt. Dadurch haben Sie im Schulter- und Beckenbereich mehr Bewegungsraum. Dies sichert Ihnen nicht nur die notwendigen Schlafbewegungen, sondern hält auch die Füllung elastisch, sodass sie ihre volle Isolationswirkung entfalten kann. Im Beinbereich wird der Schlafsack schmaler und damit ebenfalls wärmehaltender."*

Stefan: „Ja, wärmen muss er, wir wollen nämlich jetzt im Herbst wandern. Da wird es nachts schon reichlich kalt."

Herr Heuser: *„Dann ist die Füllung des Schlafsacks für Sie besonders wichtig. Sie besteht zu 70 % aus echter Entendaune. Daunen können ein Vielfaches ihres eigenen Volumens an Luft einschließen. Dadurch entsteht ein unübertroffenes Isoliervermögen bei kleinstem Gewicht. Auch wenn es draußen kälter wird, können Sie in diesem Schlafsack warm und entspannt schlafen und damit Kräfte für den nächsten Wandertag sammeln. Der äußere Bezugsstoff ist aus wasserabweisendem Polyamid gefertigt. Morgentau und Nebelfeuchte werden auf diese Weise von Ihnen ferngehalten. Der innere Bezugsstoff besteht aus hautsympathischer und atmungsaktiver Baumwolle, sodass Sie sich in dem Schlafsack auch sehr wohlfühlen werden.*
Damit die isolierende Wirkung lange erhalten bleibt, ist die Füllung in Trapezkammern eingebettet, die eine gleichmäßige Verteilung der Daunen im Schlafsack sicherstellen. Dies ist Voraussetzung für eine gleichmäßige Wärmerückhaltung über die gesamte Fläche."

Stefan: „Das klingt alles sehr gut. Wie teuer ist der Schlafsack?"

Herr Heuser: *„Dieser Qualitätsschlafsack mit Wärmekragen und Innentasche kostet 149,00 €. Der umlaufende Zwei-Wege-Reißverschluss sorgt für zusätzlichen Komfort."*

Stefan: „Gut, ich nehme ihn. Wo ist die Kasse?"

Herr Heuser: *„Wenn Sie mir bitte folgen würden?" (an der Kasse) „Das macht dann 149,00 €."*

Stefan: „einhundert, einhundertvierzig, einhundertfünfzig"

Herr Heuser: *„Ein Euro zurück: Ich wünsche Ihnen viel Vergnügen bei Ihrer Zeltwanderung."*

Stefan: „Vielen Dank. Auf Wiedersehen."

Herr Heuser: *„Auf Wiedersehen."*

ARBEITSAUFTRAG

Formulieren Sie zum Verkaufsgespräch ein Ergänzungsangebot

1. **während des Hauptkaufs,**
2. **nach dem Hauptkauf.**

VORSCHLÄGE ZUM VORGEHEN

1. Suchen Sie im Gesprächsverlauf eine geeignete Stelle, um während des Hauptkaufs ein Ergänzungsangebot zu machen. Verwenden Sie die unten stehenden Produktinformationen.
2. Unterbreiten Sie alternativ ein Ergänzungsangebot nach dem Hauptkauf.
3. Vergleichen Sie Ihre beiden Lösungen und beurteilen Sie, an welcher Stelle des Verkaufsgespräches ein Ergänzungsangebot am besten angebracht ist.

Informationen zur Unterlage (Isomatte)

Die Matte hat zwei unterschiedliche Oberflächen: die Obere aus texturiertem, rutschfestem Kunststoff, die Untere aus dem leichteren, glatten und Schmutz abweisenden Nylon. Der Kern aus Vollschaum bietet effektive Isolierung. Es ist eine Allround-Matte für alle Jahreszeiten.

Die leichte Matte ist der Länge nach faltbar. Besonders kleines Packmaß: 26 x 15 cm Ø. Maße: 183 x 51 x 2,5 cm. Gewicht: 880 g.

AUFGABEN

1

Im City-Warenhaus Bauer werden Ergänzungsangebote nicht nur während des Hauptkaufs, sondern auch nach dem Hauptkauf gemacht:

* unmittelbar nach der Kaufentscheidung des Kunden oder
* auf dem Weg zur Kasse oder
* an der Kasse

Entscheiden Sie, welche der Formulierungen Sie für ein Ergänzungsangebot für geeignet halten.

1 „Darf es sonst noch etwas sein?"

2 „Brauchen Sie noch Bohrer für die Bohrmaschine?"

3 „Zu dieser Kette gibt es auch ein passendes Täschchen. Dieses braune Täschchen zum Beispiel harmoniert farblich mit den Perlen der Kette."

4 „Darf ich Ihnen zu dieser Garnitur auch einmal die passenden Kissen aus reiner Seide zeigen?"

5	„Soll ich Ihnen gleich die passenden Batterien einlegen?“
6	Kunde: „Ja, das Rennauto nehme ich.“ *Kundenberater:* *„Möchte Ihr Sohn sofort mit dem Rennauto spielen?“* Kunde: „Ja, dann benötige ich vermutlich noch passende Batterien dazu.“

2

Sie verkaufen einer Kundin ein Produkt aus Ihrem Sortiment. Gleichzeitig sind Sie bemüht, auch einen Ergänzungsartikel anzubieten. Verwenden Sie als Ergänzungsartikel ein Produkt,

* das den Hauptartikel verschönert,
* das die Einsatzmöglichkeiten des Hauptartikels verbessert
* oder den Hauptartikel erst einsatzfähig macht.

Entscheiden Sie jeweils, ob Sie das Ergänzungsangebot während oder nach dem Hauptkauf aussprechen.

3

Ergänzungsartikel können einfacher und wirksamer empfohlen werden, wenn sie in der Nähe der zugehörigen Hauptartikel platziert sind.

Schlagen Sie drei Verteilungen von Ergänzungsartikeln in Ihrem Ausbildungsbetrieb vor, damit Ergänzungsangebote während des Hauptkaufs unterbreitet werden können und die entsprechenden Produkte gleich zur Hand sind.

8 Die Kaufentscheidung beschleunigen

Eine gut gekleidete Kundin von etwa 55 Jahren hat sich schon zahlreiche Schuhmodelle zeigen lassen. Sie wünscht einen bequemen Schuh, den sie bei ihrer Berufstätigkeit anziehen kann, der aber auch elegant sein soll. Fünf Paar Schuhe hat sie nach den Anproben in die engere Wahl gezogen. Es fällt ihr aber schwer, sich für ein Paar zu entscheiden. Frau Seifert bemüht sich darum, der Kundin die Entscheidung zu erleichtern.

Informationshandbuch 8.3 Abschlusstechniken

Informationshandbuch 8.2 Kaufbeschleunigung

Kundin: „Welche soll ich denn nun nehmen? Eigentlich gefallen sie mir alle ganz gut."

Kundenberaterin: „Diese Schuhe mit den hohen Absätzen sehen zwar elegant aus, aber wenn Sie den ganzen Tag darin laufen müssen, tun Ihnen am Abend bestimmt die Füße weh."

Kundin: „Sie haben recht, also die nehme ich auf keinen Fall."

Kundenberaterin: „Diese Schuhe haben die gleiche Absatzhöhe, und beide sind mit einem Fußbett ausgestattet. Die Schuhe von VARIO wirken aber viel klobiger als die von Lady-Gabor."

Kundin: „Tatsächlich, sehr klobige Schuhe. Dann stellen wir die von VARIO auch einmal zur Seite."

Kundenberaterin: „Sie sagten, dass Sie schon viele Schuhe in Dunkelrot haben. Dieses Rot geht stark in den violetten Bereich, sodass Sie damit kaum eine größere Auswahl hätten."

Kundin: „Richtig, von dieser Farbe habe ich genug."

Kundenberaterin: „Dann bleiben noch diese beiden übrig."

Kundin: „Wie teuer sind die denn?"

Kundenberaterin: „Dieser Lady-Gabor-Schuh kostet 169,00 €."

Kundin: „Oh, so viel wollte ich aber nicht anlegen. Und die anderen?"

Kundenberaterin: „Die sind leider noch etwas teurer: 189,00 €. Vielleicht sollten Sie doch die eleganten mit den hohen Absätzen nehmen?"

Kundin: „Damit mir die Füße wehtun?"

Kundenberaterin: „Oder die von VARIO."

Kundin: „Die Klobigen?"

Kundenberaterin: „Die roten Schuhe waren doch auch sehr schön."

Kundin: „Noch mehr Dunkelrot?"

Kundenberaterin: „Tja, ..."

Kundin: „Also, ich überlege mir das noch einmal. Vielen Dank und auf Wiedersehen."

ARBEITSAUFTRAG

Entwerfen Sie eine Verkaufssituation, in der Sie einem unschlüssigen Kunden die Kaufentscheidung erleichtern.

VORSCHLÄGE ZUM VORGEHEN

1. Übertragen Sie die Verkaufssituation auf Ihre Branche.
2. Gehen Sie davon aus, dass einem Kunden am Ende des Verkaufsgespräches drei bis fünf Produkte zur Auswahl vorliegen und er sich nicht entscheiden kann.

3. Verringern Sie die Auswahl in verkaufsfördernder Weise.
4. Berücksichtigen Sie dabei die Ansprüche des Kunden, den Verwendungszweck, den er eventuell für das Produkt genannt hat, oder gehen Sie auf Besonderheiten ein, die der Kunde während des Verkaufsgespräches zum Ausdruck gebracht hat.
5. Geben Sie zum Schluss eine begründete Empfehlung.

AUFGABEN

1

Informationshandbuch 8.2 Abschlusstechniken

Die Kundenberaterin in einem Textilfachgeschäft hat in einem Verkaufsgespräch die Auswahl für die Kundin erfolgreich auf zwei Blazer eingeschränkt. Die Kundin kann sich aber immer noch nicht entscheiden.

Beschreiben Sie drei Möglichkeiten, wie die Kundenberaterin die Kundin zu einer Kaufentscheidung bewegen könnte.

2

Informationshandbuch 8.1 Kaufsignale

Ein Kunde fragt einen Kundenberater gegen Ende des Verkaufsgesprächs:

1. „Kann ich den Drucker in mein häusliches Netz einbinden?"
2. „Kann ich den Drucker mit meiner Kreditkarte bezahlen?"

Begründen Sie jeweils, warum es sich bei diesen Kundenaussagen um Kaufsignale handelt.

3

Am Ende eines Verkaufsgespräches hat eine Kundin noch drei Produkte zur Auswahl. Sie wollen die Kaufentscheidung der Kundin beschleunigen und eine Entscheidung herbeiführen.

Entwickeln Sie eine ähnliche Verkaufssituation für Ihren Ausbildungsbetrieb.

a Engen Sie die Auswahl auf zwei Produkte ein.
b Unterstützen Sie die Kaufentscheidung der Kundin durch eine Alternativfrage.

4

Informationshandbuch 8.3 Kaufbeschleunigung

Am Ende eines Verkaufsgespräches hat eine Kundin nur noch einen Artikel zur Auswahl. Die Kundin ist aber sehr unschlüssig und das Ende des Verkaufsgesprächs (ohne Kauf) droht, als die Kundin sagt: „Ich glaube, ich muss noch mal mit meinem Mann sprechen."

Entwickeln Sie eine vergleichbare Verkaufssituation für Ihren Ausbildungsbetrieb. Halten Sie jeweils in wörtlicher Rede fest, wie Sie

a auf eine bestehende Umtauschmöglichkeit hinweisen,
b der Kundin die Ware zur Auswahl mitgeben,
c der Kundin die Ware für eine bestimmte Frist reservieren.

5

Am Ende eines Verkaufsgespräches entschließt sich der Kunde nicht immer zum Kauf: „Ich kann mich jetzt noch nicht entscheiden.", „Da muss ich noch meinen Mann fragen." oder „Das muss ich mir noch einmal überlegen." Solche Bemerkungen enttäuschen dann den Kundenberater.

Begründen Sie, welche Antworten Ihrer Meinung nach als gelungen anzusehen sind.

1 „Morgen sind Sie auch nicht schlauer als heute."

2 „Lassen Sie sich ruhig Zeit."

3 „Ja, ja, das sagen alle, die nicht kaufen wollen."

4	„Gerne. Darf ich Ihnen noch diesen Prospekt mitgeben. Dort sind die wichtigsten Vorteile übersichtlich dargestellt."
5	„Gerne. Bringen Sie Ihren Mann doch einmal mit, dann kann er sich selbst von der Vorteilhaftigkeit der Ware überzeugen."
6	„Ja, bitte. Wir haben auch noch einige günstige Modelle da. Wenn Sie sich die einmal anschauen wollen?"

6

In jedem Einzelhandelsunternehmen kommt es vor, dass Kunden sich nicht zum Kauf entscheiden wollen. Trotzdem ist ein freundliches Verhalten gegenüber dem Kunden unbedingt notwendig.

Entwickeln Sie eine Situation aus Ihrem Ausbildungsbetrieb, in der ein Kunde sich nicht zum Kauf entschließt.

Reagieren Sie auf die Entscheidung des Kunden angemessen und machen Sie deutlich, wie Sie versuchen, den Kunden an das Geschäft zu binden.

9 Kaufentscheidungen bestätigen und Kunden verabschieden

In der Abteilung Elektronik/Computer möchte Frau Albers, eine Dame von 73 Jahren und Stammkundin des City-Warenhauses, eine Heizdecke für kalte Wintertage erwerben. Sie äußert allerdings Bedenken, weil sie sich Sorgen um ihre Sicherheit macht. Außerdem muss sie an ihre nicht allzu üppige Rente denken. Herr Thomas gelingt es aber durch sorgfältige Beschreibung der Funktionsweise der Decke, die Bedenken der Kundin zu zerstreuen. Auch vom Preis her kann Herr Thomas – wegen kleiner Farbabweichungen – ein günstiges Angebot machen.

Frau Albers: „Gut, ich nehme die Decke."

Herr Thomas: *„Da haben Sie eine schöne Decke erworben, an der Sie noch lange Freude haben werden. Wenn Sie bitte dort an der Kasse bezahlen möchten?"*

Frau Albers: „Ja, gerne."

An der Kasse trifft Frau Albers auf Frau Beyer, die heute ausnahmsweise an der Kasse aushilft, und man plaudert ein wenig miteinander.

Frau Beyer: *(als Herr Thomas die Decke bringt) „Oh, da haben Sie aber eine schöne Heizdecke erworben. Die wird Ihnen noch lange Freude machen."*

Während Frau Beyer kassiert, erscheint Frau Bauer, die Ehefrau des Inhabers des City-Warenhauses und seit Jahren bekannt mit Frau Albers. Als sie die Decke und Frau Albers sieht, spricht sie Frau Albers an.

Frau Bauer: „Guten Tag, Frau Albers. Wie geht es Ihnen?"

Frau Albers: *„Danke, gut."*

Frau Bauer: „Da haben Sie aber eine schöne Decke gekauft. Daran werden Sie noch lange Freude haben."

Wenn Herr Bauer im Verkaufsraum anwesend ist, lässt er es sich gewöhnlich nicht nehmen, ein paar Worte mit den Stammkunden des Hauses zu wechseln. Heute allerdings ist er ausschließlich in seinem Büro tätig. Was hätte Herr Bauer wohl zu Frau Albers gesagt, wenn er sie mit der Heizdecke gesehen hätte?

ARBEITSAUFTRAG

Bestätigen Sie die Kaufentscheidung eines Kunden.

VORSCHLÄGE ZUM VORGEHEN

1. Formulieren Sie eine Kaufbestätigung, wie sie durch Herrn Thomas nach der Entscheidung der Kundin hätte vorgenommen werden können.
2. Übertragen Sie die Situation auf Ihren Ausbildungsbetrieb und bestätigen Sie die Kaufentscheidung eines Kunden. Beschreiben Sie vorher den Kunden und seine Ansprüche.

AUFGABEN

1

Die Kaufentscheidung eines Kunden kann auf vielfältige Weise bestätigt werden.

Begründen Sie, welchen der Aussagen Sie zustimmen.

1 Bei Kaufbestätigungen genügen allgemeine Aussagen. Dem Kunden muss das Gefühl vermittelt werden, etwas Gutes (Schönes) gekauft zu haben. Auch mehrmalige Bestätigungen sind sinnvoll.

2 Der Kundenberater sollte besser auf die Kaufbestätigung verzichten, da der Kunde an der Kasse genug Bestätigung erfährt.

3 Zumindest der Kundenberater, der das Verkaufsgespräch geführt hat, kann den Kauf individuell, d. h. anspruchs- und verwendungsgerecht bestätigen.

4 In der Kaufbestätigung wird dem Kunden noch einmal vor Augen geführt, dass das gekaufte Produkt die Kundenansprüche erfüllt.

2

In der Spielwarenabteilung des City-Warenhauses Bauer hat Andrea eine ältere Kundin bedient, die für ihre Enkelin einen großen Teddy-Bär eingekauft hat. Im Verkaufsgespräch hat sie viel über die Enkelin erfahren: „... ein reizendes Kind ... so freundlich ... brav ... geht gerne in den Kindergarten ... malt und spielt so schön ... hat schon eine große Sammlung von Puppen ... jetzt soll es ein richtig großer Teddy-Bär werden – zum Schmusen ...“

Andrea ist ein bisschen froh, als die Kaufentscheidung gefallen ist und sie die Kundin zur Kasse begleiten kann.

Andrea: „So, das macht dann 79,00 €.“

Kundin: *(übergibt einen 100-Euro-Schein) „Bitte schön“*

Andrea: „Danke schön – und 21,00 € zurück – bitte schön.“

Kundin: *„Danke schön.“*

Andrea: „Auf Wiedersehen.“

Kundin: *„Auf Wiedersehen.“*

Die Kundin hat allerdings Schwierigkeiten, den großen Bär unter ihrem Arm zu tragen, weil sie neben ihrer Handtasche auch noch zwei kleinere Pakete aus dem Einkauf in einem anderen Geschäft bei sich trägt. Eines davon fällt auf den Boden. Mühsam hebt die Kundin das Paket auf, verliert danach sogar ein wenig die Orientierung und findet den Weg Richtung Ausgang nicht sofort.

Andrea, die alles genau beobachtet hat, fragte noch besorgt:

Andrea: „Geht's?“

Kundin: *„Ja, ich komme schon zurecht.“*

Am Ende hat es die Kundin dann doch noch geschafft und verlässt sichtlich gestresst die Abteilung.

a Geben Sie an, wie Andrea der Kundin hätte behilflich sein können.
b Beschreiben Sie, wie die Verabschiedung der Kundin freundlicher gestaltet werden könnte. Beachten Sie dabei den Verwendungszweck des Produktes.

3

Kunden sollen möglichst individuell, d. h. anspruchs- und verwendungsbezogen verabschiedet werden.

a Stellen Sie dar, wie Sie in den nachfolgenden Situationen den Kunden mit freundlichen Worten individuell verabschieden und noch einmal auf das gekaufte Produkt eingehen.

Situation 1
Ein Ehemann hat in einer Drogerie hochwertiges Parfüm für seine Ehefrau als Geburtstagsgeschenk gekauft.

Situation 2
Eine Schülerin hat in einem Supermarkt eine große Menge Süßigkeiten für eine Abschlussfeier ihres Jahrgangs an der Schule gekauft.

Situation 3
In einem Textilgeschäft hat eine Kundin leichte Sommerkleidung für ihren Urlaub erworben.

b Entwickeln Sie eine kundenfreundliche Verabschiedungssituation, wie sie in Ihrem Ausbildungsbetrieb ablaufen könnte.

10 Ein Alternativangebot unterbreiten

Ein Kunde betritt die Abteilung Werkzeuge und schaut sich suchend um. Herr Thomas geht auf den Kunden zu.

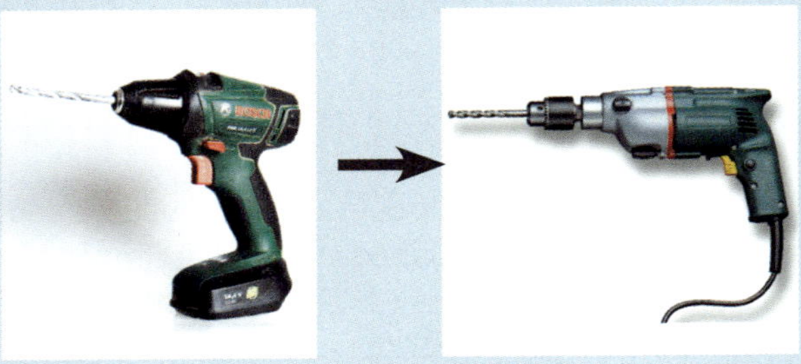

Kundenberater: „Guten Tag."

Kunde: *„Guten Tag."*

Kundenberater: „Was darf ich Ihnen zeigen?"

Kunde: *„Ich suche eine Bohrmaschine von Bosch."*

Kundenberater: „Bosch-Bohrmaschinen haben wir leider nicht. Wir führen nur METABO-Maschinen."

Kunde: *„Schade. Können Sie mir sagen, wo ich Bosch-Geräte finden kann?"*

Kundenberater: „Ja, schräg gegenüber befindet sich ein Baumarkt. Dort bekommen Sie, was Sie wünschen."

Kunde: *„Vielen Dank und auf Wiedersehen."*

Kundenberater: „Bitte schön, auf Wiedersehen."

Die Leiterin der Abteilung, Frau Bense, hat das Gespräch beobachtet und spricht Herrn Thomas an.

Frau Bense: *„Das war ja keine besonders umsatzstarke Lösung des Kundenproblems. Oder glauben Sie, der Baumarkt schickt uns seine METABO-Kunden?"*

Herr Thomas: „Was soll ich machen, wir führen nun mal keine Bosch-Produkte."

Frau Bense: *„Aber unsere METABO-Maschinen sind doch gleichwertig. Sie hätten sie dem Kunden zumindest zeigen können. Da gibt es verschiedene Möglichkeiten, den Kunden zu überzeugen."*

Herr Thomas: „Ich bin gespannt."

Frau Bense: *„1. Sie führen den Kunden zu unserem Regal mit den Bohrmaschinen und stellen ihm eine METABO-Maschine vor, ohne näher auf seinen Wunsch nach Bosch-Maschinen einzugehen. Schließlich sucht der Kunde zunächst einmal eine Bohrmaschine.*

2. Sie führen den Kunden zu unserem Regal und klären ihn dort darüber auf, dass wir Bosch nicht führen, aber ein vergleichbares Produkt anbieten können.

3. Sie klären den Kunden über unser Sortiment auf und fragen ihn dann, ob Sie ihn zu unserer Warenauswahl führen dürfen – das ist die kundenfreundlichste, aber nicht die verkaufsstärkste Lösung."

Herr Thomas: „Und Sie meinen, das führt zum Erfolg?"

Frau Bense: *„Ich bitte Sie dringend, probieren Sie es doch einmal aus."*

ARBEITSAUFTRAG

Übertragen Sie die Situation auf Ihren Ausbildungsbetrieb und unterbreiten Sie einem Kunden ein Alternativangebot.

AUFGABEN

1

Der Kunde in der Einstiegssituation wünschte eine Bohrmaschine von Bosch.

Versetzen Sie sich in die Situation des Kunden. Wählen Sie aus den Aussagen die nach Ihrer Meinung zutreffende aus.

1	Der Kunde hat schon einmal ein Produkt von Bosch gekauft und war damit sehr zufrieden.
2	Mit dem Namen Bosch verbindet der Kunde bestimmte positive Produkteigenschaften wie moderne elektronische Steuerung, Zuverlässigkeit und lange Lebensdauer.
3	Der Name Bosch bürgt allgemein für Qualität. Der Kunde kann sicher sein, ein Qualitätsprodukt zu erwerben.
4	Bosch-Maschinen werden vielfach von Handwerkern benutzt. Wer solch ein Gerät benutzt, gilt als Profi.
5	Der Kunde nennt den Namen, weil ihm kein anderer eingefallen ist.
6	Der Kunde sucht Ersatz für eine Maschine, für die er reichlich Zubehör hat.

2

Ein Kunde wünscht eine Wohnungseinrichtung mit Möbeln vom Hersteller Trüggeler, der Stilmöbel nach überlieferten Formen baut. Aus den Kundenäußerungen ist zu entnehmen, dass der Kunde etwas Besonderes sucht. Da Produkte dieses Herstellers nicht geführt werden, bietet die Verkäuferin als Alternativangebot Stilmöbel von Silva an.

Ordnen Sie die Aussagen der Kundenberaterin zu einem sinnvollen Alternativangebot.

1	auf dem Weg zur Stilmöbelabteilung: „Hinter dem Namen ‚Silva' verbirgt sich ein Hersteller, der Möbel nach antiken Vorbildern stilecht nachbildet. Silva verwendet dazu nur edle Hölzer, die nach traditionellen Verfahren verarbeitet werden. Handarbeit spielt bei der Fertigung von Silva-Möbeln noch eine große Rolle."
2	„Unser Haus präsentiert Ihnen auf einer ganzen Etage ein komplettes Stilmöbelprogramm unterschiedlicher Hersteller. Trüggeler führen wir nicht. Für eine anspruchsvolle und stilgerechte Wohnungseinrichtung kann ich Ihnen zum Beispiel Möbel von Silva zeigen. Würden Sie mir bitte folgen?"
3	„Solche kunsthandwerklich gearbeiteten Möbel von Silva geben Ihrer Wohnung eine individuelle Note."
4	vor einer Möbelgruppe von Silva: „Dieser Schrank besteht zum Beispiel aus massiver Eiche. Die Oberfläche in gelaugter und gewachster Ausführung hat durch eine aufwändige Behandlung ein unübertroffenes Antik-Finish bekommen. Dazu passend sehen Sie hier die handgeschmiedeten Beschläge aus patiniertem Altmessing."

3

Verkaufsmitarbeiter sollten sich frühzeitig auf Kundenwünsche einstellen, die sich auf Produkte beziehen, die man nicht führt.

a **Tragen Sie in die Übersicht drei Artikel ein, die Kunden häufig nachfragen, die Sie aber nicht führen.**
b **Stellen Sie den Artikeln drei geeignete Alternativprodukte aus Ihrem Sortiment gegenüber.**
c **Begründen Sie, warum Kunden Ihre Alternativangebote jeweils als wirkliche Alternative empfinden würden.**

Gewünschter, aber nicht geführter Artikel	Alternativangebot
•	•
•	•
•	•

4

Der Ablauf eines typischen Verkaufsgesprächs lässt sich häufig in 9 Schritten darstellen.

Typischer Ablauf eines Verkaufsgespräches		Aussagen
Schritt 1	Mit dem Kunden Kontakt aufnehmen.	
Schritt 2	Die Kundenansprüche ermitteln.	
Schritt 3	Ware vorlegen.	
Schritt 4	Mit Produkteigenschaften argumentieren und dem Kunden den Produktnutzen verdeutlichen.	
Schritt 5	Den Preis der Ware nennen.	
Schritt 6	Kundeneinwände behandeln.	
Schritt 7	Den Kaufabschluss beschleunigen.	
Schritt 8	Die Kaufentscheidung des Kunden bestätigen.	
Schritt 9	Den Kunden verabschieden.	

Die nachfolgenden Aussagen von Verkaufsmitarbeitern aus verschiedenen Verkaufsgesprächen geben diese Schritte jeweils wieder; sie sind allerdings nicht geordnet.

Aussagen von Kundenberatern

①	„Ihr Mann wird sich über dieses attraktive Geburtstagsgeschenk bestimmt sehr freuen."
②	„Dieses leistungsstarke Kompaktmodell mit 3fach-Zoom kostet 599,00 €. Die eingesteckte 8-Gigabyte-Karte kann bis zu 1.220 Bilder speichern. Im Nahbereich können Sie bis 20 cm an das Motiv herangehen. Der Video-Ausgang erlaubt es Ihnen, die Bilder auch am Fernsehgerät zu betrachten."
③	„Diese Schuhe haben die gleiche Absatzhöhe, und beide sind mit einem Fußbett ausgestattet. Die Lady-Gabor-Schuhe sind aber besonders elegant und würden ausgezeichnet zu Ihrem festlichen Kleid passen. Ich stelle die beiden anderen Schuhe deshalb einmal zur Seite."
④	„Guten Tag, wie kann ich Ihnen helfen?"
⑤	„Vielen Dank für Ihren Besuch und viel Spaß heute beim Grillabend."
⑥	„Ich kann Ihnen hier z. B. Baumwollhemden zeigen, die besonders für die Freizeit geeignet sind."
⑦	„Ich empfehle Ihnen diesen Orangensaft. Er besteht aus 100 % Fruchtsaft, ist sehr Vitamin-C-haltig und ungesüßt. Durch seinen natürlichen süßsäuerlichen Geschmack ist er ein schmackhafter Durstlöscher, der gleichzeitig die Abwehrkräfte Ihrer Kinder stärkt. Außerdem werden zusätzliche Kalorien vermieden. Wenn Sie ein gesundheitsförderndes und zugleich wohlschmeckendes Getränk möchten, ist dieser Orangensaft eine gute Wahl."
⑧	„Ja, diese Sorte ist etwas teurer als die gewöhnlichen Fassadenfarben. Sie haben aber den Vorteil, dass Sie Ihre Wände erst in 10 Jahren wieder streichen müssen."
⑨	„Wozu möchten Sie den Jogginganzug verwenden?"

Ordnen Sie die Aussagen ① bis ⑨ den typischen Ablaufschritten eines Verkaufsgespräches zu. Tragen Sie dazu die passende Kreiszahl in die Spalte „Aussagen" ein.

Abschlussaufgabe 2 in Lernfeld 2

Situation

Wieder findet im Förde-Warenhaus eine Mitarbeiterschulung für die Auszubildenden statt. Herr Bäumer, der Inhaber des Warenhauses, hat die vier Auszubildenden Ellen, Saskia, Frank und Benjamin eingeladen.

Die Aufgaben sind von den Auszubildenden in Zweierteams zu lösen.

1

Zunächst möchte Herr Bäumer von den Auszubildenden wissen, warum intensive Produktkenntnisse für Verkaufsmitarbeiter/-innen besonders wichtig sind. Außerdem möchte er von den Auszubildenden hören, wie sie sich außer durch regelmäßige Schulungen und durch den Umgang mit der Ware eigenständig Warenkenntnisse aneignen können.

a Erläutern Sie zwei Gründe, warum Warenkenntnisse für Verkaufsmitarbeiter/-innen eine hohe Bedeutung haben.

b Nennen Sie neben den beiden genannten Informationsquellen für warenkundliche Informationen 4 weitere Quellen, die Auszubildenden zugänglich sind.

2

Entwerfen Sie eine Verkaufssituation, in der Sie das Einkaufsproblem eines Kunden aus Ihrem Ausbildungsbetrieb mit den Eigenschaften eines Produktes lösen.

So sollten Sie vorgehen:

* Beschreiben Sie den Kunden und erläutern Sie seine Ansprüche an das Produkt.
* Nennen Sie das Produkt, das Sie dem Kunden empfehlen wollen.
* Argumentieren Sie mit geeigneten Produkteigenschaften und machen Sie dem Kunden den Nutzen deutlich, den er durch den Kauf des Produktes erhält.

3

Viele Kunden sind heute umweltbewusst und machen sich Sorgen um die Zukunft ihrer Kinder, weil sie unsicher sind, ob unser Planet lebenswert bleibt (Nachhaltigkeit). Andere wollen keine Produkte kaufen, die durch Kinderarbeit oder generell durch die Ausbeutung von Mensch und Umwelt preiswert angeboten werden.

Gehen Sie für die Teilaufgaben vom Sortiment Ihres Ausbildungsbetriebes aus.

a Halten Sie zwei Kundenaussagen fest, in denen Sie diese Ansprüche erkennen können.

b Wählen Sie eine der Aussagen als Beginn eines Verkaufsgesprächs aus und unterbreiten Sie dem Kunden einen Produktvorschlag. Argumentieren Sie mit den Eigenschaften des Produkts und machen Sie dem Kunden den Nutzen deutlich, der sich für die Umwelt, für nachhaltiges Wirtschaften oder für soziale Ziele z. B. in Entwicklungsländern ergibt.

4

In der Elektroabteilung wird eine Kundin über ein Fernsehgerät beraten, das sie ihrem fußballbegeisterten Ehemann schenken möchte. Schon kurz nach Beginn des Gespräches fragt die Kundin nach dem Preis.

Kundenberater: „... sogar mit 3D-Technologie ausgestattet."

Kundin: *„Wie teuer ist das Gerät?"*

Kundenberater: „899,00 €"

a Beurteilen Sie die Preisnennung durch den Kundenberater.

b Formulieren Sie eine verkaufsaktive Preisnennung.

Trotz einer verkaufsaktiven Preisnennung ist die Kundin noch nicht vom Preis-Leistungsverhältnis des Gerätes überzeugt.

Wesentliche Eigenschaften des vorgestellten Fernsehgerätes	Service TV – 25,00 €
* Bildschirmdiagonale 116 cm * LED-Hintergrundbeleuchtung mit besonders hoher Auflösung und somit gestochen scharfes Bild * optimaler Raumklang durch 2 x 10 Watt Musikleistung * Video-Text * elektronische Programmzeitschrift * zahlreiche Anschlüsse: 3 x HDMI, 3 x USB 2.0, AV, SCART, DVB-T, -C, -S	* Lieferung zum Wunschtermin * Aufstellen, Anschließen, Einstellen * Funktionsvorführung * Altgerätmitnahme

Kundin: „Was! So teuer?"

c Antworten Sie der Kundin mit der Ja-aber-Methode und gehen Sie auf die Serviceleistungen des Förde-Warenhauses für Fernsehgeräte ein (siehe Information zu Service).

d Nennen Sie drei Gründe, die neben dem Preis Anlass für Kundeneinwände sein können.

5

Ergänzungsartikel sind wichtige Umsatzbringer im Einzelhandel. Im Förde-Warenhaus wurden bereits alle Mitarbeiter geschult, in jedem Verkaufsgespräch diese Produkte anzubieten. Nun soll auch den vier Auszubildenden die Wichtigkeit des Themas nahe gebracht werden.

a Erklären Sie den Begriff Ergänzungsangebot.

b Nennen Sie drei Hauptartikel und je ein dazu passendes Ergänzungsprodukt.

c Entscheiden Sie begründet, ob Sie den Ergänzungsartikel während des Hauptkaufs oder nach Abschluss des Hauptkaufs anbieten.

d Entwickeln Sie eine Verkaufssituation, in der Sie einem Kunden einen Ergänzungsartikel anbieten. Beschreiben Sie zunächst die Situation und halten Sie in wörtlicher Rede fest, wie Sie dem Kunden das Angebot unterbreiten.

e Herr Bäumer hat aus seinem Warenwirtschaftssystem einen Jahresvergleich der Bruttoumsätze pro Kunde, den Durchschnittsbon, ausdrucken lassen. Mit Beginn des Jahres 20(0) waren alle Mitarbeiter geschult worden, möglichst viele Ergänzungsprodukte anzubieten. Berechnen Sie die Veränderung des Bruttoumsatzes in Prozent.

Förde-Warenhaus
Finanzbericht

...	20(-1)	20(0)
Bruttoumsatz pro Kunde (Ø-Bon)	46,50	47,43
...		

f Unterscheiden Sie Alternativangebote im Vergleich zu Ergänzungsartikeln.

g Beschreiben Sie eine Situation, in der Sie einem Kunden ein Alternativangebot unterbreiten.

6

Frau Enders hat sich immer neue Blusen zeigen lassen, die sie mit einem Blazer kombinieren möchte. Am Ende stehen sechs Blusen zur Auswahl und die Kundin kann sich nicht entscheiden.

a Beschreiben Sie, wie Sie im Verkaufsgespräch die Kaufentscheidung der Kundin fördern können.

b Sie haben die Auswahl erfolgreich reduziert. Trotz Ihrer Bemühungen bleibt die Kundin unschlüssig. Nennen Sie drei weitere Möglichkeiten, die es der Kundin erleichtern, eine Kaufentscheidung zu treffen.

7

Das Verkaufsgespräch mit der Kundin in Aufgabe 4 endet.

Kundin: „Gut, ich nehme das Gerät einschließlich Ihres Service-Angebotes."

Kundenberater: „Da haben Sie eine gute Wahl getroffen."

a Begründen Sie, warum die Kaufbestätigung zwar möglich, aber nicht besonders kundenwirksam ist.

b Formulieren Sie eine Kaufbestätigung, die den Verwendungszweck der Ware aufgreift und die Kundin davon überzeugt, dass sie die richtige Ware eingekauft hat.

c Sie füllen einen Verkaufsbeleg aus und begleiten die Kundin zur Kasse. Dort übergeben Sie den Verkaufsbeleg der Mitarbeiterin, die den Vorgang weiter bearbeitet. Formulieren Sie eine freundliche Verabschiedung von der Kundin in wörtlicher Rede.

LERNFELD 3
Kunden im Servicebereich Kasse betreuen

1 Waren an Kinder und Jugendliche verkaufen

Geschäftsfähigkeit

In der Abteilung Schreibwaren/Büro des City-Warenhauses konnte sich Ayse noch sehr gut an die beiden Kinder erinnern. Das Mädchen war etwa 8 Jahre alt und machte einen sehr vernünftigen und selbstsicheren Eindruck. An ihrer Hand führte sie einen etwa 5-jährigen Jungen, offensichtlich ihr Bruder.

Das Mädchen hatte ein Schüleretui für die Schule zum Preis von 18,00 € gekauft. Außerdem nahmen sich beide ein Tütchen mit Sammelbildern aus dem Regal. Für 1,00 € gab es in einer kleinen Tüte 6 Bilder zum Sammeln und Tauschen. Der Junge war so ungeduldig, dass er das gekaufte Tütchen mit Bildern seiner Lieblings-Superhelden noch im Geschäft öffnete.

Nun jedoch ist die Mutter der beiden am Telefon.

Mutter: „Wie kamen Sie bloß auf die Idee, meinen Kindern diese unsinnigen Sammelbilder zu verkaufen!"

Ayse: *„Entschuldigen Sie, aber diese Bilder werden täglich in großer Zahl von Kindern ..."*

Mutter: (unterbricht Ayse) „Andere Kinder interessieren mich nicht. Haben Sie sich einmal angesehen, was für ein brutales Zeug Sie einem 5-jährigen Kind in die Hand gedrückt haben?"

Ayse: *„Ich ..."*

Mutter: „Hören Sie gut zu! Meine Tochter taucht gleich bei Ihnen auf und gibt Ihnen die Bilder – besser gesagt, was von ihnen noch übrig geblieben ist – und das Etui zurück. Und Sie händigen meiner Tochter die 20,00 € aus. Verstanden?"

ARBEITSAUFTRAG
Klären Sie die Rechtslage über die Wirksamkeit der Kaufverträge zwischen Ayse und den beiden Kindern und geben Sie begründete Empfehlungen, wie sich Ayse gegenüber den Forderungen der Mutter verhalten soll.

AUFGABEN

1

Taschengeldparagraf

Im Einzelhandel ist es nicht ungewöhnlich, dass Kinder und Jugendliche als Kunden auftreten. Das Risiko, dass ein Kauf nicht rechtswirksam war oder rückgängig gemacht werden kann, liegt beim Einzelhändler.

Prüfen Sie, ob in den Fällen ein rechtswirksamer Kaufvertrag zustande gekommen ist.

1 Der kleine Peter ist zwar erst vier Jahre alt, aber wenn er von seiner Tante ein 50-Cent-Stück bekommt, läuft er ins nahe Lebensmittelgeschäft, legt das Geldstück auf die Theke und erhält dafür Bonbons.

2 Ein Zehnjähriger erwirbt für 46,00 € einen Steckbaukasten.

3 Susanne ist 17 Jahre alt und Kundenberaterin in einem Möbelgeschäft. Heute hat sie einem Kunden für 12 000,00 € eine Schrankwand verkauft.

4 Eine 16-jährige Auszubildende mit 520,00 € Monatseinkommen kauft sich einen hochwertigen Pullover für 280,00 €.

5 Nach 5 Monaten hatte der 15-jährige Schüler Frank so viel von seinem Taschengeld gespart, dass er sich die lang gewünschte Playstation für 150,00 € kaufen konnte.

6 Regelmäßig kommt die 6-jährige Elisabeth ins Lebensmittelgeschäft, händigt einen Einkaufszettel aus und übergibt ein Portemonnaie, das ihr von ihrer Mutter mitgegeben wurde. Daraufhin wird ihr die auf der Einkaufsliste genannte Ware ausgehändigt.

2

Der Einzelhändler Groß war sich sicher, dass der junge Mann, der das Rennrad für 2 300,00 € gekauft hatte, nach seinem Aussehen mindestens 20 Jahre alt war. Nun steht der Vater mit dem völlig demolierten Fahrrad im Geschäft: „Mein Sohn hatte mit dem Fahrrad einen Unfall." Er verlangt die Herausgabe der 2 300,00 €, weil sein Sohn erst 17 Jahre alt sei.

Beurteilen Sie die Chancen des Einzelhändlers, die 2 300,00 € zu behalten.

3

Im Verkaufsraum des Einzelhandelsgeschäftes Motor Kranz betrachtet der 17-jährige Henning schon einige Zeit den Motorroller. Ein Kundenberater kommt auf ihn zu.

Kundenberater: „Gefällt Ihnen der Roller?"

Henning: *„Ja sehr. Aber 2 400,00 € ist auch ein stolzer Betrag. Ich überlege schon die ganze Zeit, wie ich es finanzieren soll."*

Kundenberater: „Sie sehen sehr jung aus, entschuldigen Sie die Frage, aber sind Sie schon 18?"

Henning: *„Noch nicht, aber in 2 Monaten."*

Kundenberater: „Wenn Sie erst 17 Jahre alt sind, darf ich Ihnen den Roller ohne Einwilligung Ihrer Eltern nicht verkaufen."

Henning: *„Wieso, das ist doch mein Geld. Ich bekomme 600,00 € Ausbildungsvergütung. Seit einem Jahr spare ich für den Roller. Außerdem, mit 17 Jahren kann ich mit meinem Taschengeld doch kaufen, was ich will."*

Kundenberater: „Solch ein Betrag geht aber über das Taschengeld hinaus. Vor Kurzem hatte ich den gleichen Fall. Ich hab einen Vertrag mit dem 17-Jährigen geschlossen. Am nächsten Tag waren seine Eltern bei meinem Chef und haben sich darüber beschwert, dass wir an Minderjährige teure Sachen verkaufen. Das passiert mir nicht nochmal. Wir können den Vertrag ja schon soweit fertig machen. Wenn Ihre Eltern dann unterschreiben, ist alles klar."

Henning: *„Meine Eltern lassen wir besser aus dem Spiel. Wenn der zu zahlende Betrag zu hoch ist, können wir das doch in Form von Ratenzahlungen machen. Sie bieten diese Zahlungsform an. Hier steht doch, 24 Monatsraten à 100,00 €; und 100,00 € im Monat bewegen sich doch im Rahmen meines Taschengeldes, oder?"*

Prüfen Sie die Rechtslage in der oben beschriebenen Situation.

4

Frank hat sich zwei Tage vor seinem 18. Geburtstag eine teure Hi-Fi-Anlage für 1 200,00 € in einem Fachgeschäft gekauft. Nachdem er die Kosten für seine Geburtstagsparty überschauen kann, stellt sich seine finanzielle Situation als katastrophal dar. Daraufhin geht er in das Hi-Fi-Geschäft.: „Vor einigen Tagen habe ich diese Hi-Fi-Anlage bei Ihnen gekauft. Damals war ich noch keine 18 Jahre alt. Der Kaufvertrag ist schwebend unwirksam. Jetzt bin ich volljährig. Ich verweigere die Zustimmung zu meinem Kauf und verlange das Geld zurück."

Beurteilen Sie den Fall mithilfe des nachfolgenden Auszugs aus dem Bürgerlichen Gesetzbuch (BGB).

§ 108 BGB (Vertragsabschluss ohne Einwilligung)

(1) Schließt der Minderjährige einen Vertrag ohne die erforderliche Einwilligung des gesetzlichen Vertreters, so hängt die Wirksamkeit des Vertrages von der Genehmigung des Vertreters ab.
(2) Ist der Minderjährige unbeschränkt geschäftsfähig geworden, so tritt seine Genehmigung an die Stelle der Genehmigung des Vertreters.

5

Ein Einzelhandelsunternehmen schließt regelmäßig unterschiedliche Verträge ab.

Stellen Sie fest, um welche Vertragsart es sich bei den beschriebenen Situationen handelt. Ergänzen Sie die Tabelle mit den Vertragsarten.

* Kaufvertrag
* Mietvertrag
* Leihvertrag
* Darlehensvertrag
* Dienstvertrag
* Werkvertrag

Situationen	Vertragsart
1. Ein Baumarkt stellt Kunden einen Anhänger kostenlos zur Verfügung, damit sie gekaufte Produkte wie Fliesen, Kanthölzer u. Ä. mit eigenem Pkw abholen können.	
2. Die Kundin Sabine Breuer erwirbt in der Leuchtenabteilung des Baumarktes eine Küchenleuchte.	
3. Der Baumarkt richtet in jedem Frühjahr auf dem eigenen Parkplatz einen Blumenmarkt ein. Zum Blumenmarkt gehört ein Zelt, das der Baumarkt von einem spezialisierten Unternehmen zum Preis von 800,00 € für 4 Wochen bekommt.	
4. Die Erweiterung des Baumarktes wird von der örtlichen Bank mit 400 000,00 € zum Zinssatz von 3 % finanziert. Nach 10 Jahren ist der Betrag durch monatliche Tilgungen zurückbezahlt.	
5. Der Inhaber des Baumarktes hat einen Steuerberater beauftragt, die jährliche Einkommensteuererklärung zu erstellen und an das Finanzamt weiterzuleiten. Dafür erhält der Steuerberater ein Honorar.	
6. Die Leistungen des Steuerberaters werden auch regelmäßig in Anspruch genommen, wenn arbeitsrechtliche Fragen mit Mitarbeitern auftreten. Für seine Beratung erhält der Steuerberater ebenfalls ein Honorar.	

6

Aufgaben zur Prüfungsvorbereitung

Welche der Rechtsgeschäfte kann der 17-jährige Auszubildende Pascal
1. nur mit Zustimmung der Erziehungsberechtigten rechtswirksam,
2. auch ohne Zustimmung der Erziehungsberechtigten rechtswirksam,
3. auch mit Zustimmung der Erziehungsberechtigten nicht rechtswirksam abschließen?

Tragen Sie die zutreffende Ziffer in das betreffende Kästchen ein.

a Kauf eines Motorrollers für 5 900,00 €. ☐

b Kauf einer DVD für 24,99 €. ☐

c Kauf von Drogen in einer Diskothek für 50,00 €. ☐

d Geschenk der Tante von 2 000,00 € (ohne Bedingungen). ☐

e Kauf einer Packung Zigaretten am Automaten. ☐

f Wechsel des Arbeitgebers (gleiche Branche, gleiche Tätigkeit). ☐

g Abschluss einer Krankenversicherung im Rahmen seiner Berufsausbildung. ☐

h Kauf einer Flasche Branntwein zum Preis von 14,98 €. ☐

7

Ordnen Sie den Aussagen die zutreffenden Rechtsgeschäfte zu. Tragen Sie die Ziffern entsprechend ein.

1. Trotz beschränkter Geschäftsfähigkeit eines Vertragspartners kommt das Rechtsgeschäft zustande.
2. Wegen beschränkter Geschäftsfähigkeit eines Vertragspartners kommt das Rechtsgeschäft nicht zustande.
3. Trotz der Geschäftsunfähigkeit eines Vertragspartners kommt das Rechtsgeschäft wirksam zustande.
4. Wegen der Geschäftsunfähigkeit eines Vertragspartners kommt das Rechtsgeschäft nicht zustande.

a Onkel Karl hat in seinem Testament verfügt, dass das gesamte Barvermögen in Höhe 500 000,00 € seinem 14-jährigen Neffen Sascha vererbt werden soll. ☐

b Außerdem soll Sascha den Ferrari im Wert von 250 000,00 € von seinem Onkel Karl erben. ☐

c Dennis (16 Jahre), seit dem 01.08. Auszubildender, will Mitglied der Betriebskrankenkasse werden. Sein Vater will ihn in seiner Krankenkasse mitversichern. ☐

d Kaum hat er mit der Ausbildung begonnen, beauftragt ihn sein Ausbilder, den Einkauf von Ware im Wert von 15 000,00 € selbstständig abzuwickeln. ☐

e Ein stark geistig Behinderter bezahlt an der Kasse seinen Einkauf und verpackt sämtliche Waren in einer Tasche. Er ist offensichtlich allein unterwegs. ☐

f Ein vierjähriges Mädchen händigt an der Theke einen Zettel ihrer Mutter aus. Darauf steht: Meine Tochter darf vier Brötchen kaufen. ☐

8

Welche der Vertragsarten sind in den unten stehenden Beispielen angesprochen?

1. Mietvertrag
2. Werkvertrag
3. Kaufvertrag
4. Darlehensvertrag
5. Pachtvertrag
6. Dienstvertrag

Tragen Sie die zutreffende Ziffer bei dem jeweiligen Beispiel ein.

a Die Arko AG gestattet dem Landwirt Harko Bloch, ein Stück Land gewerblich zu nutzen. ☐

b Ein Einzelhändler gibt einem befreundeten Geschäftsinhaber einen Quittungsblock. „Du kannst ihn aufbrauchen." „Danke. Ich gebe Dir dann einen Neuen." ☐

c Herr Baer gestattet einem Nachbarn, eine Garage für 50,00 € je Monat zu nutzen, damit dieser dort seinen Pkw parken kann. ☐

d Rechtsanwalt Dr. Dreifuss berät das City-Warenhaus in allen arbeitsrechtlichen Fragen, die bei Personalangelegenheiten anfallen. ☐

e Klaus Meier ist Privatpatient und begibt sich wegen starker Zahnschmerzen zum Zahnarzt. ☐

f Thomas lädt sich einen Song aus einem Store und muss dafür eine Gebühr von 10,00 € pro Monat bezahlen. ☐

g Zur Vorbereitung auf die Prüfung organisiert ein Nachhilfeinstitut für Auszubildende Nachhilfeunterricht. ☐

2 Vom Kunden die Abnahme gekaufter Ware verlangen

Simone war wirklich nicht zu beneiden. In der Textilabteilung des City-Warenhauses redete die Kundin ununterbrochen, ließ sich immer wieder neue Artikel zeigen, hastete hin und her und schuf ein großes Durcheinander. Simone hatte große Mühe, den Überblick zu behalten.

Kundin: „Ach Gott, mein Mann wird sicher gegen solch eine Bluse etwas haben. Wissen Sie, junge Frau, er hat einen schrecklich konservativen Geschmack. Ob ihm diese wohl gefällt? Am besten nehme ich alle drei zur Auswahl mit. Das geht doch, oder?"

Simone: *„Ja, selbstverständlich, ich stelle Ihnen einen Auswahlschein aus. Sie können sich dann zu Hause in Ruhe entscheiden."*

Kundin: „Diese Hose nehme ich auf jeden Fall. Stecken Sie mir mal die Länge ab? (während Simone die Länge absteckt) Wie lange dauert die Änderung?"

Simone: *„Übermorgen können Sie die Hose abholen."*

Kundin: „Dann bezahle ich sie auch übermorgen, ja?"

Simone: *„Gerne. Wegen der Änderung muss ich Sie allerdings um eine Anzahlung von 15,00 € bitten."*

Kundin: „Ja, ja. Wegen des Rocks muss ich noch einmal bei Kremer vorbeischauen. Dort habe ich ein Modell gesehen, das mir eigentlich noch besser gefiel. Können Sie mir den gestreiften Rock so lange zurücklegen?"

Simone: *„Ja, natürlich. Ich reserviere Ihnen den Rock für eine Stunde. Genügt das?"*

Kundin: „Bestimmt. Ich habe mich schon fast entschieden. Haben wir nun alles?"

Simone: *„Sie wollten noch einen Hut. Den Hut mit der Schleife und das kleine Samthütchen hatten Sie in die engere Wahl gezogen."*

Kundin: „Ach ja, der Hut. Ich nehme den großen mit der Schleife. Aber abholen werde ich ihn zusammen mit der Hose, sonst muss ich zu viel schleppen."

Beide begeben sich zur Kasse, wo Simone den Änderungs- und den Auswahlschein erstellt. Während sie schreibt, nimmt die Kundin aus dem Trog gegenüber der Kasse eine Strumpfhose, betrachtet das Preisetikett mit einem Preis von 6,80 € und legt 21,80 € auf die Kassentheke.

Simone: „Das ist der Änderungsschein für die Hose und dies ist der Auswahlschein für die Blusen. Die Anzahlung wird auf dem Änderungsschein vermerkt. (Simone registriert die 21,80 € und übergibt der Kundin die Scheine und die Blusen verpackt in einer Tüte.) Bitte schön."

Kundin: *„Danke, tschüs, bis gleich!"*

Die drei Blusen werden am nächsten Tag von einem jungen Mädchen gebracht: „Sie haben meiner Mutter nicht gefallen." Von der Kundin selbst gab es aber auch nach vier Wochen keine Reaktion.

ARBEITSAUFTRAG

Entwerfen Sie den Text für ein Schreiben an die Kundin, in dem Sie darum bitten, die gekaufte Ware abzuholen. Nennen Sie die Artikel in Ihrem Brief.

Briefdaten
Absender: City-Warenhaus Bauer, Oberstraße 17, 40878 Ratingen
Empfänger: Frau Hildemarie Sommer, Auenweg 37, 40882 Ratingen
Tag des Kaufs: 05.10.20(0)
Briefdatum: 15.11.20(0)
Formulierungsvorschläge

* „Ihre Bestellung" oder „Erinnerung"
* für den Text:
  - „Sie haben am ..."
  - „Diesen Artikel seit dem ... zur Abholung bereit."
  - „Wir bitten Sie daher, ... bis zum ..." oder „Wir fordern Sie auf, unverzüglich ..."

AUFGABEN

1

Betrachten Sie die Eingangssituation, in der Ware angezahlt, aber nicht abgeholt worden ist.

Begründen Sie, welche Verhaltensweisen angebracht sind.

1 Der Kunde wird telefonisch oder schriftlich aufgefordert, die Ware abzunehmen.

2 Bei Waren von geringem Wert räumt der Einzelhändler die Ware ins Regal und behält die Anzahlung als Entschädigung für seine Bemühungen.

3 Die Ware wird eingeräumt, der Auszahlungsbetrag aber der Kundin erstattet, sofern es sich um leicht verkäufliche Ware handelt.

4 Der Einzelhändler besteht auf Abnahme der Ware, wenn der Kaufpreis höher liegt.

2

Oft ist genaues Hinhören erforderlich, um in einer Gesprächssituation erkennen zu können, ob ein gültiger Kaufvertrag vorliegt.

Entscheiden Sie, ob in den Situationen jeweils ein Kaufvertrag zustande gekommen ist.

1 Die Kundin im Einstiegsbeispiel sagt: „Ich nehme die grüne Bluse, wenn sie meinem Mann gefällt."

2 Kundin: „Haben Sie auch diese schicken Kamelhaarmäntel, die in diesem Herbst so modern sind?"

Kundenberaterin: *„Ja, da kann ich Ihnen z. B. diesen Kamelhaarmantel mit Schalkragen zeigen."*

Kundin: „Oh ja, der sieht wirklich schick aus."

3 Ein Blumengeschäft hat einen Automaten neben der Eingangstür stehen. Ein junger Mann wirft drei 2-Euro-Stücke ein und entnimmt dann einer Lade einen Blumenstrauß.

4 An einem Kiosk wird die Tageszeitung in einem Korb bereitgestellt. Die Kunden nehmen sich eine Zeitung und übergeben den Kaufpreis wortlos.

5 Kundenberater: „Für ein Mädchen ist das farbige Jugendzimmer sicherlich ansprechender."

Kunde: *„Ja, ich glaube das auch. Ich nehme es. Bezahlen kann ich es aber erst Anfang Dezember."*

Kundenberater: „Das geht in Ordnung."

3

Der Kundenberater eines Sportfachgeschäfts hatte einem Kunden verschiedene Tennisschläger zur Auswahl und zum Ausprobieren mitgegeben. Nach einem weiteren Beratungsgespräch, in dem der Kundenberater die Vorzüge der verschiedenen Schläger noch einmal hervorhebt, entscheidet sich der Kunde für ein Produkt.

Kunde: „Ja, ich nehme doch diesen Schläger."

Kundenberater: *„Ich glaube auch, dass er Ihrer Spielstärke am besten gerecht wird. Ich hole Ihnen eben den gleichen Schläger vom Lager. Würden Sie bitte schon zur Kasse gehen? Ich komme sofort nach."*

Der Kunde begibt sich zur Kasse. Der Kundenberater kommt nach kurzer Zeit und schreibt einen Kassenzettel aus.

Kundenberater: „So, das macht dann 156,00 €."

Der Kunde bezahlt, anschließend übergibt der Kundenberater dem Kunden den Schläger.

a Bestimmen Sie den genauen Zeitpunkt des Verpflichtungsgeschäfts, an dem Kundenberater und Käufer die Kaufvertragspflichten übernommen haben.

b Zu welchem Zeitpunkt fand das Erfüllungsgeschäft statt, an dem Kundenberater und Käufer die Pflichten aus dem Kaufvertrag erfüllt haben?

4

Von ihrem Standort im Audio-Fachgeschäft beobachtet Annemarie einen Kunden, der interessiert die Schaufensterauslage betrachtet. Dann öffnet er die Ladentür und betritt das Geschäft. Nach kurzer Orientierung begibt sich der Kunde zum Regal mit Kopfhörern und nimmt ein Paar in die Hand. Annemarie geht auf den Kunden zu.

Annemarie: „Guten Tag. Das sind Kopfhörer, wie sie Kinder und Jugendliche gerne verwenden. Sie sind besonders leicht und sorgen für eine gute Wiedergabequalität."

Kunde: *„Ja, so etwas suche ich. In Ihrer Zeitungsanzeige heute Morgen haben Sie diese Kopfhörer angeboten. Als ich sie vorhin in Ihrem Schaufenster sah, fiel mir ein, dass sich meine Tochter so etwas zum Geburtstag wünscht."*

Annemarie: „Für Ihre Tochter empfehle ich Ihnen Kopfhörer in einer etwas knalligeren Farbe (sie holt aus einem Karton Kopfhörer in leuchtendem Pink). Kopfhörer in diesem Farbton sind gleichzeitig ein Schmuckstück, daher werden sie von Mädchen sehr geschätzt."

Kunde: *„Sie kennen sich da besser aus. Sind das auch die preisgünstigen aus dem Angebot?"*

Annemarie: „Ja, das Paar für nur 19,80 €. (Sie betrachtet den Kunden, der nach der Preisnennung zustimmend nickt.) Ich stelle Ihnen einen Kassenzettel aus, mit dem Sie an der Kasse bezahlen können."

Kunde: *„Ja, gerne."*

Annemarie: (während sie den Kassenzettel schreibt) „Ihre Tochter wird sich über die Kopfhörer bestimmt freuen."

Kunde: *„Das glaube ich auch."*

Er nimmt den Kassenzettel und begibt sich zur Kasse, wo er die 19,80 € bezahlt.

Bestimmen Sie im Verkaufsgespräch den genauen Zeitpunkt, in dem ein Kaufvertrag abgeschlossen wird.

Beachten Sie den Unterschied zwischen einem Angebot und einer Anpreisung.

5

Rechtlich ist zwischen Anpreisung und Angebot zu unterscheiden.

Stellen Sie fest, ob es sich bei den „Angeboten" um rechtswirksame Angebote handelt.

1 Ein Supermarkt wirbt in einer ganzseitigen Anzeige mit der Überschrift „Angebot der Woche".

2 In einem Prospekt, der einer Tageszeitung beiliegt, bietet ein Textilgeschäft seine neue Winterware an.

3 Ein Haushaltswarengeschäft stellt in einer Vitrine, die zur Verschönerung einer Einkaufsstraße dient, Glas und Porzellan aus. Die Produkte sind mit Preisen versehen.

4 Das Warenangebot eines Selbstbedienungsgeschäftes liegt auf den Warenträgern für den Kunden bereit.

5 Aufgrund einer telefonischen Anfrage erhält ein Krankenhaus von einem Fachgeschäft für medizinischen Bedarf eine Zusammenstellung von Waren, die besonders preisgünstig angeboten werden.

6

Ein Kunde läuft mit seinem Einkaufswagen durch ein Selbstbedienungsgeschäft und kauft ein. Kurz vor der Kasse kommen ihm offensichtlich Bedenken, ob er überhaupt genug Geld dabei hat, denn er schaut zweifelnd in sein Portemonnaie. Dann nimmt er zwei teure Flaschen Spirituosen aus seinem Wagen und stellt sie ins Regal zurück. „Moment mal", ruft da eine Kundenberaterin: „Gekauft ist gekauft!"

Begründen Sie, ob die Kundenberaterin in dieser Situation recht hat.

7

Einer Kundin gefällt eine attraktiv dekorierte Rock-Blazer-Kombination im Schaufenster so gut, dass sie die Kombination unbedingt sofort haben möchte. Der Einzelhändler ist bereit, die Kombination nach dem Dekorationswechsel in einer Woche zu verkaufen.

Kundin: „Wenn Sie die Waren im Schaufenster anbieten, müssen Sie sie mir auch verkaufen."

Einzelhändler: *„Müssen? Ich muss Ihnen gar nichts verkaufen. Fragen Sie mal einen Rechtsanwalt, der wird Ihnen meine Aussagen bestätigen."*

a Begründen Sie, ob die Kundin oder der Einzelhändler recht hat.

b Beurteilen Sie die Reaktion des Einzelhändlers auf den Wunsch der Kundin.

c Wie würden Sie der Kundin antworten? Übertragen Sie den Fall eventuell auf die eigene Branche. Die nachfolgenden Formulierungen sollen Ihnen ein paar Anregungen geben.

Einzelhändler A
„Verstehen Sie bitte, dass ich für die Dekoration viel Geld bezahlt habe. Wenn ich die Kombination herausnehme, muss ich erneut den Dekorateur bestellen. Dann verdiene ich an der Ware keinen Cent mehr."

Einzelhändler B
„Es freut mich sehr, dass Ihnen die Kombination so gut gefällt. Sie wird Ihnen auch hervorragend stehen. Attraktive Produkte dieser Art zeigen aber auch anderen Kunden die modische Aktualität unseres Hauses. Daher kann ich Ihnen – das ist rechtlich abgesichert – die Kombination erst in einer Woche überlassen, wenn neu dekoriert wird. Wenn Sie mir Ihre Adresse sagen, rufen wir Sie ..."

8

Wie Kaufverträge zustande kommen, hängt auch vom Verkaufssystem ab.

a Halten Sie schriftlich fest, wie in einem Geschäft
- **mit Bedienungssystem,**
- **mit Vorwahlsystem und**
- **mit Selbstwahlsystem (Selbstbedienungssystem) Kaufverträge gewöhnlich zustande kommen.**

b Schildern Sie zwei unterschiedliche Arten, nach denen in Ihrem Ausbildungsbetrieb Kaufverträge mit Kunden geschlossen werden.

9

Der 18-jährige Auszubildende Thomas hat seinen Führerschein gemacht und möchte sich ein Auto kaufen. In der Zeitung findet er unter der Rubrik Gebrauchtwagen eine Anzeige.

Thomas meldet sich noch am gleichen Tag telefonisch auf diese Anzeige und einigt sich mit dem Verkäufer, Herrn Kirch, dass er das Auto am nächsten Tag abholen und bezahlen wird.

Tags darauf klingelt Thomas bei Herrn Kirch, der ihm die Tür öffnet.

Thomas: „Guten Tag Herr Kirch. Ich bin gekommen, das Auto abzuholen. Das Geld, die 3500,00 €, habe ich dabei."

Herr Kirch: *„Oh, das tut mir leid. Aber das Auto habe ich bereits heute Morgen an jemand anderen verkauft."*

Thomas: „Wie verkauft? Wir hatten doch verabredet, dass ich heute bezahle und den Wagen abhole."

Herr Kirch: *„Ja, das schon. Aber schließlich konnte ich doch nicht wissen, ob Sie auch wirklich kommen. Außerdem hat mir der andere Käufer mehr gezahlt als Sie. Schließlich hatten wir ja nichts schriftlich vereinbart. Wie gesagt, es tut mir leid, aber Sie wissen ja, wer zuerst kommt, mahlt zuerst."*

Prüfen Sie, ob in der beschriebenen Situation zwischen Thomas und Herrn Kirch ein Kaufvertrag zustande gekommen ist.

10

Aus einem Kaufvertrag entstehen vier Pflichten:

1. rechtzeitige Aushändigung der Ware,
2. Aushändigung mangelfreier Ware,
3. Annahme (Abholung) der Ware,
4. Bezahlung der Ware

Ordnen Sie die Pflichten den Vertragspartnern, Käufer oder Verkäufer, zu.

Kaufvertragspflichten	
Verkäufer	Käufer

11

Ergänzen Sie die fehlenden Begriffe.

Verkäufer				Käufer
	→ ①		② ←	
Antrag		Kaufvertrag		Annahme
	→ ②		① ←	
Annahme		Kaufvertrag		Antrag

Angebot → Allgemeinheit

=

Angebot →

= rechtswirksames Angebot

12

Kaufverträge lassen sich u. a. nach der Art der Zahlung unterscheiden.

Ordnen Sie die Kaufvertragsarten den Aussagen zu. Tragen Sie die Ziffer vor der jeweils zutreffenden Kaufvertragsart in das Kästchen ein.

Kaufvertragsarten
1. Kauf gegen Anzahlung oder Vorauszahlung 2. Barkauf 3. Zielkauf 4. Ratenkauf

	Aussagen
	Der Kunde zahlt den Kaufpreis in mehreren Teilbeträgen.
	Der Kunde bezahlt den Kaufbetrag mit seiner Girokarte.
	Der Kunde erhält die Ware gegen Rechnung und hat 30 Tage Zeit, die Rechnung auszugleichen.
	Eine Kundin bezahlt 20,00 €, damit man ihr die Ware für einen Tag zurücklegt. Noch am gleichen Tag zahlt sie den Restbetrag.
	Nach einer telefonischen Bestellung überweist ein Kunde den Kaufbetrag. Nach Eingang des Geldes schickt der Einzelhändler die bestellte Ware per Post zum Kunden.

Aufgaben zur Prüfungsvorbereitung

13

Prüfen Sie, ob in den Fällen ein Kaufvertrag zustande gekommen ist.

Tragen Sie in das Kästchen ein:
1 wenn ein Kaufvertrag zustande gekommen ist,
9 wenn kein Kaufvertrag zustande gekommen ist.

a Ein vierjähriger Junge bringt das Geld, das er von seiner Tante bekommen hat in den Laden und kauft dafür Bonbons. ☐

b Ein Zehnjähriger erwirbt für 98,00 € eine elektrische Lokomotive für seine elektrische Eisenbahn im Kinderzimmer. ☐

c Susanne (17 Jahre) ist Auszubildende in einem Möbelgeschäft und verkauft einem Kunden eine Möbelgarnitur für 12 000,00 €: ☐

d Nach fünf Monaten hat ein Schüler (15 Jahre alt) so viel von seinem Taschengeld gespart, dass er sich einen MP3-Player für 98,00 € kaufen kann. ☐

e Eine Vierjährige kommt regelmäßig mit einem Einkaufszettel und abgezähltem Geld zur Trinkhalle und soll für ihren Vater eine Flasche Bier kaufen. ☐

14

Überprüfen Sie, welche der Aussagen falsch ist.

Tragen Sie die Ziffern der falschen Aussagen in die Kästchen ein. ☐ ☐

1 Verbindliche Angebote sind immer an eine bestimmte Person gerichtet.

2 Ein rechtswirksamer Kaufvertrag kommt zustande, wenn der Kunde den zu zahlenden Geldbetrag für seinen Einkauf der Kassierkraft ausgehändigt hat.

3 Angebote in einer Zeitungsbeilage sind keine verbindlichen Willenserklärungen.

4 Schaufensterauslagen im Geschäft des Einzelhändlers sind lediglich Anpreisungen und somit nicht rechtsverbindlich.

5 Unverlangte Angebote sind trotzdem rechtsverbindlich.

6 Wenn eine Kassierkraft die Ware auf dem Kassenband scannt, handelt es sich um eine Annahme und der Kaufvertrag kommt zustande.

7 Die Angaben in einer Schaufensteranlage sind für das Einzelhandelsgeschäft stets verbindlich.

15

In welchen der Fälle handelt es sich

1. nur um ein Verpflichtungsgeschäft?
2. nur um ein Erfüllungsgeschäft?
3. sowohl um ein Verpflichtungs- als auch um ein Erfüllungsgeschäft?
4. weder um ein Verpflichtungs- noch um ein Erfüllungsgeschäft?

Tragen Sie die Ziffern bei den zutreffenden Antworten ein.

a Bei der Erkundung von Liefermöglichkeiten wendet sich das City-Warenhaus Bauer mit einer Anfrage an die Müller KG. ☐

b Die Müller KG macht dem City-Warenhaus daraufhin ein Angebot über die Lieferung farbiger Prospekthüllen. ☐

c Das City-Warenhaus Bauer bestellt aufgrund dieses Angebots 10000 Prospekthüllen in diversen Farben. ☐

d Die Müller KG liefert diese Prospekthüllen aus. ☐

e Das City-Warenhaus Bauer überweist den Rechnungsbetrag für diese Prospekthüllen. ☐

3 Den Verkauf eines Artikels zum falsch ausgezeichneten Preis ablehnen

Im City-Warenhaus Bauer gibt es einen Schuh-Shop, in dem Schuhe zu günstigen Preisen in Selbstbedienung angeboten werden. Ein Kunde kommt mit einem Paar Schuhe zur Kasse.

Kunde: „Die hätte ich gern."

Kundenberaterin: „Sehr gerne."

Die Kundenberaterin scannt das Etikett. In der Anzeige der Computerkasse erscheint aber nicht der ausgezeichnete Preis von 19,90 €, sondern ein Preis von 39,90 €.

Kundenberaterin: „Oh, ich sehe gerade, dass die Schuhe falsch ausgezeichnet sind. Der tatsächliche Preis lautet 39,90 €."

Kunde: „Sie wollen mich wohl auf den Arm nehmen. Auf dem Schuh steht 19,90 €."

Kundenberaterin: „In meiner Computerkasse steht, dass der Preis 20,00 € höher ist."

Kunde: „Ich weiß nicht, was in Ihrem Computer gespeichert ist – interessiert mich auch nicht."

Kundenberaterin: „Ich habe heute Morgen diese Schuhe mit Preisen ausgezeichnet. Dabei habe ich mich wohl vertan. Es kann doch mal vorkommen, dass man sich irrt."

Kunde: „Sie bieten hier Schuhe für 19,90 € an und zu diesem Preis habe ich die Schuhe gekauft."

Kundenberaterin: „Aber ich kann an meiner Kasse gar keinen anderen Preis als 39,90 € erfassen."

Kunde: „Das ist Ihr Problem. Ich will den Schuh zu dem Preis haben, zu dem Sie ihn hier ins Regal gestellt haben."

Kundenberaterin: „Ich kann das nicht machen!"

Kunde: „19,90 €!"

ARBEITSAUFTRAG

Lehnen Sie den Wunsch des Kunden ab, und bestehen Sie darauf, nur zum Preis von 39,90 € zu verkaufen. Übertragen Sie die Situation eventuell auf Ihre Branche. Klären Sie zunächst Ihre Rechtslage und entwerfen Sie dann eine geeignete Formulierung.

VORSCHLÄGE ZUM VORGEHEN

1. Prüfen Sie zunächst, ob ein Kaufvertrag vorliegt. Achten Sie dabei auf die Aussagen der Kundenberaterin.
2. Sollte ein Kaufvertrag bestehen, stellen Sie fest, ob eine Anfechtung des Vertrages möglich ist.
3. Bedenken Sie bei der Antwort auf die Kundenforderung, dass laute Streitgespräche einem Geschäft schaden. Äußern Sie daher Verständnis für den Kunden.

AUFGABEN

1

Beim Reifenhändler Kranich will Peter sein Auto abholen.

Peter: „Guten Tag, ich möchte mein Auto abholen. Es sollten neue Reifen montiert werden. Aber wie ich sehe, ist noch nichts gemacht worden."

Sekretärin: „Gut, dass Sie da sind. Wir hatten schon versucht, Sie zu erreichen. Aber wir konnten Ihre Telefonnummer nicht finden. Unser Meister möchte Sie noch sprechen, bevor er mit der Montage beginnt."

Nach kurzer Zeit erscheint der Meister.

Meister: „Guten Tag, als wir die Reifen auswechseln wollten, haben wir gesehen, dass vorne und hinten das Profil einseitig abgelaufen ist. Neue Reifen zu montieren, ohne vorher eine Spurvermessung vorzunehmen, ist sinnlos. Aber man kann so schon sehen, dass sich was verzogen hat."

Peter: *„Ich habe mich auch schon gewundert, dass die Reifen so schnell ablaufen."*

Meister: „Wieso, haben Sie beim Fahren denn nichts gemerkt?"

Peter: *„Ich hab das Auto erst vor einem halben Jahr beim Autohaus Melzig gekauft. Es ist auch mein erstes Auto."*

Meister: „Aber Sie müssen doch nach dem Unfall gemerkt haben, dass der Wagen beim Lenken anders reagiert."

Peter: *„Bei welchem Unfall? Ich habe keinen Unfall mit dem Auto gehabt. Und vorher war der Wagen unfallfrei. Das habe ich schriftlich in meinem Kaufvertrag."*

Meister: „Da hat man Sie reingelegt."

Peter: *(wütend) „... das lass ich mir nicht bieten!"*

Versetzen Sie sich in die Situation von Peter und geben Sie ihm einen Rat, wie er sich verhalten soll.

2

Motivirrtum – Irrtum in der Erklärung

Manchmal möchten Kunden, aber auch Einzelhändler, einen Kaufvertrag rückgängig machen.

1. Kunde: „Ich glaubte, dieser Handrasenmäher hielte mich körperlich fit. Aber heute, nach 14 Tagen, sehe ich doch, dass ich mich damals geirrt habe. Es ist mir zu anstrengend, ich brauche einen Elektrorasenmäher. Den Kaufvertrag über den Handrasenmäher fechte ich wegen Irrtums in der Erklärung an."
2. Ein Kunde hatte eine Klemm-Leseleuchte erworben. Nun will er den Kaufvertrag anfechten, weil er die Leuchte für das Kinderzimmer als zu gefährlich ansieht. Er meint, sein Kind könne die Leuchte mit der heißen Glühbirne herunterziehen und das Zimmer in Brand setzen.
3. Zu Beginn des Sommerschlussverkaufs wird die Sommerware im Preis herabgezeichnet. Gleichzeitig trifft bereits die neue Herbst- und Winterware ein, die ebenfalls mit Preisen zu versehen ist. Eine neu hereingekommene Jacke, die aussieht wie ein Sommermodell, wird von der Kundenberaterin irrtümlich als Sommerware mit 199,00 € statt mit 299,00 € ausgezeichnet. Eine Kundin erwirbt diese Jacke. Die Kundenberaterin stellt darüber einen Kassenzettel aus. An der Kasse bemerkt der Geschäftsinhaber den Irrtum.

Begründen Sie, ob und welche Kaufverträge anfechtbar sind.

3

In seinem Onlineshop hat ein Versandhändler PC-Speichermodule versehentlich für 1,88 € pro Stück angeboten. Der Preis sollte eigentlich 188,00 € betragen. Die Panne sprach sich blitzschnell herum, über 2500 Kunden bestellten die Module in kürzester Zeit. Jeder erhielt vom Versandhändler eine automatische E-Mail als Bestätigung der Bestellung mit einer Wiederholung des Preises von 1,88 €.

Entscheiden Sie sich begründet für eine der beiden Aussagen.

Aussage 1
Bestellung und Bestellbestätigung haben zu zwei übereinstimmenden Willenserklärungen geführt. Es liegt demnach ein wirksamer Kaufvertrag vor. Der Versandhändler muss die Module zum Preis von 1,88 € pro Stück ausliefern.

Aussage 2
Es war nie die Absicht des Versandhändlers, die Ware zum angegebenen Preis zu verkaufen. Der Preis ist irrtümlich in der Höhe von 1,88 € pro Stück ausgewiesen worden. Der Versandhändler kann daher die Erklärung in der automatischen Bestätigungsmail als Übermittlungsirrtum anfechten.

4

In einem Werbeprospekt waren zwei Preise vertauscht worden mit der Folge, dass eine Kamera im Wert von 980,00 € mit 480,00 € angeboten wurde.

Entscheiden Sie sich für eine der Vorgehensweisen, wenn der Einzelhändler den Verkauf der Kamera für 480,00 € gegenüber den Kunden ablehnen möchte.

1 Er erklärt, dass Prospekte Anpreisungen darstellen, die nicht zu einem rechtsverbindlichen Angebot des Einzelhändlers führen.

2 Er fechtet einen bestehenden Kaufvertrag wegen Irrtums an.

3 Er beruft sich auf seine Vertragsfreiheit.

Aufgabe zur Prüfungsvorbereitung

5

Welche der Willenserklärungen oder Rechtsgeschäfte sind generell
1 anfechtbar?
2 nichtig?

Tragen Sie die zutreffende Ziffer in das Kästchen ein.

a Eine 19-jährige Auszubildende bestellt schriftlich im Auftrag ihres Ausbilders 1 500 Schreibmappen statt 150 Schreibmappen. ☐

b Ein 19-jähriger Auszubildender kauft mit Zustimmung seiner Eltern einen Gebrauchtwagen. Der Verkäufer verschweigt einen Unfallschaden. ☐

c Ein 15-jähriger Schüler kauft in einem Supermarkt eine Flasche Wodka und sagt, es sei ein Geschenk. ☐

d Ein Mann sagt in der Kneipe im Scherz zu seinem Freund: „Mein Haus kannst Du geschenkt haben. Hand drauf." ☐

e Ein Zeitungswerber zwingt eine alte Dame unter Androhung von Gewalt zum Abschluss eines Zeitungsabonnements. ☐

f Ein Telefonverkäufer bietet einem älteren Kunden eine Warensendung zum Preis von 950,00 €/Stück an. Der Kunde versteht jedoch 59,00 €, freut sich und bestellt. ☐

g Ein geistig behinderter Mann kauft im City-Warenhaus Bauer eine Winterjacke zum Preis von 99,00 €. ☐

h Ein Einzelhändler verkauft einen künstlichen Pelzmantel und versichert, es handele sich um einen echten Pelz. ☐

i Der Einzelhändler verkauft ein Spiel an ein sechsjähriges Mädchen. Das Mädchen bezahlt mit abgezähltem Geld. ☐

4 Dem Kunden das Eigentum an einer Ware verschaffen

In der Zweiradabteilung des City-Warenhauses Bauer hat Christian Blume eine Chopper VS 1400 erworben. Erfreulicherweise war das Warenhaus bei der Finanzierung des Kaufs behilflich. Bei einem Preis von 4 395,00 € war eine Anzahlung von 1 395,00 € zu leisten. Der Restbetrag konnte in 12 Monatsraten zu je 250,00 € beglichen werden. Allerdings blieb die Zulassungsbescheinigung Teil II, früher Fahrzeugbrief, bis zur endgültigen Bezahlung im Warenhaus; denn erst mit der letzten Rate war Christian Eigentümer des Motorrades geworden. Im Kaufvertrag, der im Warenhaus in solchen Fällen immer schriftlich abgeschlossen wird, lautete eine Formulierung: „Die Ware bleibt bis zur endgültigen Bezahlung unser Eigentum."

Kauf unter Eigentumsvorbehalt

Besitz – Eigentum

Heute ist die letzte Rate auf dem Konto des Warenhauses eingegangen, sodass der Fall nun abgeschlossen werden kann. Der Kunde erhält die Zulassungsbescheinigung Teil II und ein freundliches Werbeschreiben mit Hinweisen auf attraktive Angebote und Neuheiten.

ARBEITSAUFTRAG

Entwerfen Sie den Text eines Briefes an den Kunden Blume, in dem Sie ihm mitteilen, dass er mit der Zahlung der letzten Rate Eigentümer des Motorrads geworden ist. Nutzen Sie die Gelegenheit, um den Kunden auf die neuen Motorrad-Modelle und attraktives Zubehör aufmerksam zu machen.
Absender: City-Warenhaus Bauer, Oberstraße 17, 40878 Ratingen
Empfänger: Christian Blume, Kolpingstraße 17, 40878 Ratingen
Motorrad: Chopper VS 1400, Kennzeichen: ME-M 4890

LÖSUNGSHILFEN:

* Dank für die pünktlichen Zahlungen
* Hinweis auf die Zulassungsbescheinigung Teil II
* Eigentumserwerb
* Hinweis auf neue Modelle und Zubehör
* Einladung zur Besichtigung oder Probefahrt

AUFGABEN

1

In der Textilabteilung eines Warenhauses hat sich eine Kundin am Ende eines Verkaufsgespräches für eine Kombination aus Hose und Bluse entschieden.

Kundenberaterin: „Sehr gerne. Mit dieser Kombination werden Sie sich auf der Geburtstagsfeier sehr wohl fühlen. Würden Sie dann bitte mit zur Kasse kommen?"

Kundin und Kundenberaterin begeben sich zur Kasse.

Kundenberaterin: (nachdem sie den Artikel in die Kasse eingegeben hat) „Das macht dann 245,00 €."

Kundin: *„Ich sehe gerade, dass ich gar nicht genug Geld dabei habe. Kann ich 100,00 € anzahlen und den Rest morgen bringen? Die Geburtstagsfeier beginnt nämlich in wenigen Stunden."*

Kundenberaterin: „Selbstverständlich. Ich packe Ihnen die Kombination noch ein."

Kundin: *„Vielen Dank."*

Kundenberaterin: (als die Kundin sich mit der Tragetasche abwendet) „Aber gehen Sie mit der Kombination bitte sehr sorgfältig um, schließlich sind wir immer noch Eigentümerin der Ware."

Kundin: *„Eigentümerin? Ich habe die Sachen doch gerade bei Ihnen gekauft. Dann gehören sie doch wohl mir – oder?"*

Begründen Sie, wer in diesem Falle Eigentümer der Ware ist.

2

In einigen der folgenden Situationen ist nicht sofort klar, wer Eigentümer und wer Besitzer der Ware ist.

1 Ein Kunde hat sich drei Teppiche zur Auswahl in seine Wohnung legen lassen.
2 In einem Möbel-Mitnahmemarkt hat ein Kunde einen Kinderschreibtisch gekauft und selbst in seinem Pkw verstaut.
3 Nach einer telefonischen Bestellung wird einem Kunden ein Ersatzteil per Post übersandt und durch den Postboten zugestellt. Die Ware ist noch nicht bezahlt.
4 Einem Kunden wird eine Ware für einen Tag zurückgelegt, weil er an einem Kauf interessiert ist.
5 Weil eine Kundin nicht genug Geld bei sich hatte, leistete sie für den Blazer eine Anzahlung. Der Artikel wurde bis zur endgültigen Bezahlung zurückgelegt.
6 Die Uhr eines Kunden wird in einem Uhren-Schmuck-Geschäft repariert.
7 Ein Kunde hat ein Fernsehgerät gekauft und bezahlt. Kundenberater: „Ich bringe Ihnen das Gerät zu Ihrem Auto. Wenn Sie bitte noch einen kleinen Augenblick warten wollen?"

Stellen Sie fest, ob der Einzelhändler oder der Kunde Eigentümer oder Besitzer der Waren ist.

3

In einem Warenhaus hat sich eine Kundin für eine bestimmte Vase entschieden. Sie bittet die Kundenberaterin, die Vase als Geschenk einzupacken. Die Kundenberaterin nimmt die Vase mit zur Kasse und registriert den Kaufpreis. Beim Einpacken geschieht ihr leider ein Missgeschick, die Vase fällt zu Boden und zerbricht.

Kundin: „Schade, die schöne Vase. Im Regal steht aber noch ein ähnliches Exemplar. Das hole ich mir eben."

Kundenberaterin: „Ja, gerne. Ich muss Ihnen die zweite Vase allerdings zusätzlich berechnen, denn die erste Vase hatte ich bereits registriert."

Beurteilen Sie die Situation. Ist die Kundin verpflichtet, die zerbrochene Vase zu bezahlen? Bedenken Sie, wer Eigentümer der Vase war, als sie zerbrach.

4

Schildern Sie, zu welchem Zeitpunkt in Ihrem Ausbildungsbetrieb bei einem gewöhnlichen Verkauf von Waren die Eigentumsübertragung erfolgt.

5

Verkauf unter Eigentumsvorbehalt

Das Elektrofachgeschäft Becker verkauft hochwertige Elektrogeräte nur unter Eigentumsvorbehalt.

1 Der Kunde behält sich vor, das Eigentum an dem Gerät erst dann zu erwerben, wenn es ihm tatsächlich gefällt. Der Kunde hat damit ein Rückgaberecht.

2 Der Einzelhändler überträgt dem Kunden das Eigentum an der Ware erst, nachdem sie vollständig bezahlt worden ist. Der Verkäufer hat im Falle unzureichender Zahlung als Eigentümer ein Rücknahmerecht an der Ware.

3 Der Kunde bleibt immer nur Besitzer des Gerätes. Er hat es im Grunde nur gemietet, auch wenn der volle Kaufpreis bezahlt worden ist.

AGB-Auszug
9. Eigentumsvorbehalt

Alle Lieferungen erfolgen unter Eigentumsvorbehalt. Die gelieferte Ware bleibt bis zur vollständigen Bezahlung des Kaufpreises Eigentum des Elektrofachgeschäftes Becker.

Stellen Sie fest, welche der Aussagen auf diesen Sachverhalt zutrifft.

6

Ein Juwelier, der auch gelegentlich alten Schmuck ankauft, der ihm von Kunden angeboten wird, stellt nach einem Hinweis der Polizei fest, dass er gestohlenen Schmuck erworben hat.

Stellen Sie fest, mit welchen der nachfolgend beschriebenen Konsequenzen der Einzelhändler rechnen muss.

1	Die Polizei wird den Schmuck herausfordern und dem wahren Eigentümer übergeben, da man an gestohlenen Gegenständen kein Eigentum erwerben kann.
2	Der Juwelier hat einen rechtmäßigen Kaufvertrag abgeschlossen. Durch die Einigung und die Übergabe der Ware ist er Eigentümer geworden. Der Schmuck gehört ihm.

7

Aufgaben zur Prüfungsvorbereitung

Welche der in den Fällen genannten Personen sind
1. nur Besitzer?
2. nur Eigentümer?
3. sowohl Besitzer als auch Eigentümer?
4. weder Besitzer noch Eigentümer?

Tragen Sie die Ziffer in das Kästchen ein.

Fälle

a Die Müller KG hat von der Schneider AG, einem Hersteller von Datenverarbeitungsanlagen, eine DV-Anlage unter Eigentumsvorbehalt gekauft. Die Müller KG verkauft diese Anlage gegen Barzahlung an den gutgläubigen Kunden Peter Klein. Dieser nimmt die DV-Anlage sofort mit.

Schneider AG ☐

Müller KG ☐

Peter Klein ☐

b Der volljährige Auszubildende Arne Land kauft bei der Müller KG ein Notebook gegen Ratenzahlung und unter Eigentumsvorbehalt.

Arne Land ☐

Müller KG ☐

c Arne Land lässt das Notebook, dessen letzte Rate noch nicht bezahlt ist, in einem Café liegen. Der Cafébesitzer bringt das Gerät zum Fundbüro.

Müller KG ☐

Arne Land ☐

Cafébesitzer ☐

Fundbüro ☐

8

Richtig oder falsch? Tragen Sie in das betreffende Kästchen ein:
1 für richtige Aussagen,
9 für falsche Aussagen.

a Eigentum ist die tatsächliche Herrschaft über eine Sache. Besitz ist die rechtliche Herrschaft daran. ☐

b An gestohlenen Sachen kann man kein Eigentum erwerben, auch wenn der Käufer die gestohlene Sache in gutem Glauben erworben hat. ☐

c Ein Käufer kann Eigentümer einer Sache werden, selbst wenn dem Verkäufer die Sache nicht gehört. Der Käufer muss in gutem Glauben gehandelt haben. ☐

d Eigentumsvorbehalt bedeutet, dass der Verkäufer bis zur vollständigen Bezahlung Eigentümer einer Sache bleibt. ☐

e Wenn ein Käufer eine Sache, die er selbst unter Eigentumsvorbehalt gekauft hat, weiterverkauft, ist er gleichzeitig Eigentümer und Besitzer. ☐

5 Die Allgemeinen Geschäftsbedingungen berücksichtigen

Eine etwa 70-jährige Kundin marschiert in der Abteilung Elektronik/Computer wütend auf René, einen Auszubildenden des City-Warenhauses, zu.

Kundin: „Junger Mann, wo finde ich Ihre Kollegin Frau Gerdes?"

René: „Frau Gerdes ist zurzeit leider im Urlaub. Worum geht es denn?"

Kundin: „Heute Morgen habe ich diese Rechnung für meinen neuen Fernseher erhalten: Fernseher SX900 für 400,00 € netto plus Lieferung, Anschluss und Sendereinstellung für 35,00 €. So eine Unverschämtheit!"

Die Kundin zeigt René die Rechnung des City-Warenhauses.

City-Warenhaus Bauer

40878 Ratingen
Oberstraße 17
Tel.: 02102 56742-0
FAX: 02102 56733
E-Mail: City-Warenhaus@t-online.de

Frau
Elisabeth Sanders
Danziger Straße 144
40883 Ratingen

Datum:
22.05.20(0)
Bestellung vom:
01.05.20(0)

USt.-ID.: DE433711343

Rechnungs-Nr. 1754-20(0) | Kunden-Nr. 425

Menge	Artikel-Nr.	Bezeichnung	Einzelpreis/€	Gesamtpreis/€
1	32-7655	Fernseher SX900 lt. Vertrag	400,00	400,00
1		Preiserhöhung im Monat Mai	40,00	40,00
1	32-8000	Lieferung, Anschluss, Sendereinstellung		35,00
1	32-8001	Wartungsvertrag für 2 Jahre		110,00
		Nettobetrag		585,00
		+ 19 % Umsatzsteuer		111,15
				696,15

Wir gewähren ein Zahlungsziel von 30 Tagen nach Rechnungsdatum.

Bankverbindung: Sparbank Ratingen,
IBAN: DE92301516604565051000, BIC: WELADED1RAT

René: „Wurde Ihnen der Fernseher denn nicht geliefert und eingestellt?"

Kundin: „Natürlich, schließlich bin ich nicht mehr die Jüngste. Aber ich habe mit Ihrer Kollegin vereinbart, dass diese Leistungen kostenfrei sind."

René: „Das ist gar nicht möglich. Sie haben doch beim Kauf unsere Allgemeinen Geschäftsbedingungen unterschrieben. Und darin steht, dass Lieferung, Anschluss und Sendereinstellung zusätzlich berechnet werden."

Kundin: „Außerdem: Warum kostet denn der Fernseher plötzlich 40,00 € mehr?

René: *„Leider hat der Hersteller zwischen Ihrer Bestellung und der Lieferung die Preise für seine Geräte erhöht. Und diese Preiserhöhung reichen wir Ihnen nun weiter – steht auch so in den Allgemeinen Geschäftsbedingungen."*

Kundin: „Man wird hier doch völlig überrumpelt! Was soll denn dieser Wartungsvertrag, den ich nie bestellt habe und den ich auch gar nicht haben will."

René: *„Ich hole eben die Durchschrift Ihres Kaufvertrages.*
(kurze Zeit später)
So, hier auf der Rückseite Ihres Vertrages steht alles schwarz auf weiß, ist von Ihnen unterschrieben und dabei haben Sie ausdrücklich unsere AGB akzeptiert!"

§ 4 Lieferung
Lieferung nur innerhalb Deutschlands. Die Lieferung erfolgt ab Lager an die vom Kunden mitgeteilte Adresse. Sämtliche Preise gelten ab Lager. Lieferung, Installation und andere Nebenleistungen werden entsprechend der aktuellen Preisliste zusätzlich berechnet.

§ 5 Preise
Wir sind berechtigt, Preiserhöhungen von Lieferanten während der Lieferzeit an den Kunden weiterzugeben.

§ 6 Wartungsverträge
Der Kauf technischer Geräte wie Fernseher, Hi-Fi, Computer schließt einen zweijährigen Wartungsvertrag zum Preis von 110,00 € zuzüglich Umsatzsteuer ein, sofern der Kunde nicht bei Vertragsabschluss ausdrücklich widerspricht.

Kundin: „Das ist wirklich unglaublich! – Ich sehe das zum ersten Mal."

René: *„Wenn Sie sich die Allgemeinen Geschäftsbedingungen sorgfältig durchgelesen hätten, hätten Sie heute nicht dieses Problem."*

Kundin: **„Sie** haben ein Problem, junger Mann. **Sie,** nicht ich!"

ARBEITSAUFTRAG

Entwickeln Sie eine Lösung für das Kundenproblem über die Anwendung der Allgemeinen Geschäftsbedingungen.

VORSCHLÄGE ZUM VORGEHEN

1. Prüfen Sie, ob die Allgemeinen Geschäftsbedingungen wirksam vereinbart worden sind.
2. Stellen Sie fest, ob die drei zusätzlichen Rechnungspositionen (Preiserhöhung, Lieferung, Wartung) berechtigt in Rechnung gestellt worden sind.
3. Entwickeln Sie einen Vorschlag für die Kundin.

AUFGABEN

1

Einzelhändler, die gegenüber ihren Kunden die eigenen AGB verbindlich vereinbaren wollen, müssen einige Voraussetzungen beachten.

Begründen Sie, ob in den drei Fällen die Allgemeinen Geschäftsbedingungen der Einzelhändler wirksam vereinbart worden sind.

1 In einem Kaufhaus stehen an den Kassen Schilder mit der Aufschrift „Für alle Verträge gelten unsere Allgemeinen Geschäftsbedingungen. Diese liegen für Sie hier an der Kasse zur Einsicht bereit."

2 Ein Verbrauchermarkt hat seine Allgemeinen Geschäftsbedingungen auf der Rückseite der Kaufverträge abgedruckt.

3 Die Allgemeinen Geschäftsbedingungen werden dem Kunden von einem Möbelfachgeschäft immer bei der Möbellieferung ausgehändigt.

2

Christian, Auszubildender in einem Elektrofachmarkt, hat mit einem Kunden beim Kauf einer Waschmaschine „Zahlung 10 Tage nach Lieferung“ vereinbart. Zu Hause stellt der Kunde fest, dass in den von ihm akzeptierten Allgemeinen Geschäftsbedingungen „Zahlung 7 Tage nach Lieferung“ angegeben ist. Verwirrt ruft der Kunde noch einmal im Elektrofachmarkt an und fragt Christian, welcher Zahlungstermin denn nun gilt.

Geben Sie begründet an, welchen Zahlungstermin Christian nennt.

3

„Unwirksame Klauseln“ in Allgemeine Geschäftsbedingungen sind nicht gültige Vertragsbestandteile.

Entscheiden Sie, ob die Klauseln eines Möbelfachmarktes in seinen Allgemeinen Geschäftsbedingungen zulässig sind.

1 „Beim Kauf eines Elektroherds ist der Käufer zu einem Jahresabonnement der Zeitschrift „Glücklich Kochen“ zum Preis von 48,00 € verpflichtet.“

2 „Farb- oder Maserabweichungen bei Holz- und Lederwaren sind bei Naturprodukten unausweichlich und müssen vom Kunden akzeptiert werden.“

3 „Für unsere verkauften Waren gilt eine Gewährleistungsfrist von sechs Monaten.“

4 „Preiserhöhungen nach Vertragsschluss gehen grundsätzlich zulasten des Käufers.“

Abschlussaufgabe 1 in Lernfeld 3

Situation

Sie sind Mitarbeiter im Elektrofachmarkt „Mediador". Im Laufe des Tages besuchen fünf Personen das Geschäft.

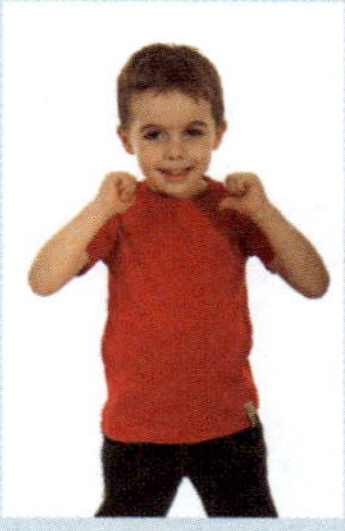
Finn Stegemann, 5 Jahre

Annika Pawlick, 22 Jahre

Lukas Janzen, 13 Jahre

Michelle Hösler, 42 Jahre

Sebastian Winkel, 32 Jahre

1

a Beschreiben Sie, wie die abgebildeten Personen ihre Rechtsfähigkeit erlangt haben.

b Nennen Sie ein Recht und eine Pflicht, die sich mit der Rechtsfähigkeit ergeben.

c Erläutern Sie die drei Stufen der Geschäftsfähigkeit und ordnen Sie die Personen den Stufen zu.

d Beurteilen Sie die Rechtslage in den Fällen und beschreiben Sie, wie Sie sich verhalten:

- **da** Finn Stegemann steht mit einem PC-Spiel vor Ihnen. Er streckt Ihnen einen 20-Euro-Schein entgegen und sagt: „Ich will das!" Von den Eltern ist weit und breit nichts zu sehen.
- **db** Annika Pawlick beabsichtigt, ein TV-Gerät zu kaufen. Sie möchte das Finanzierungsangebot des Elektromarkts in Anspruch nehmen und in zehn Monatsraten bezahlen.
- **dc** Lukas Janzen möchte ein Akkuladegerät zum Preis von 12,99 € kaufen. Von seinen Eltern erhält Lukas monatlich 40,00 € Taschengeld.

e Beschreiben Sie zwei weitere Ausnahmefälle, in denen beschränkt geschäftsfähige Personen auch ohne Zustimmung der gesetzlichen Vertreter wirksam Rechtsgeschäfte abschließen können.

2

Michelle Hösler steht an der Kasse und legt eine DVD auf das Kassenband. Das Display zeigt nach dem Scannen durch die Verkäuferin einen Preis von 14,99 €. Frau Hösler zahlt den Betrag bar und verlässt anschließend das Geschäft mit der DVD.

a Erklären Sie, durch welche Handlungen im oben beschriebenen Fall ein Kaufvertrag zustande gekommen ist.

b Beschreiben Sie die Pflichten, die mit Abschluss des Kaufvertrages für beide Vertragspartner entstanden sind.

c Entscheiden Sie, ob die Verkäuferin des Elektrofachmarktes den Verkauf der DVD auch verweigern könnte mit dem Hinweis: „Das ist unsere letzte DVD von diesem Film, die verkaufe ich Ihnen nicht.

3

Als Sebastian Winkel an der Reihe ist, um einen Staubsauger zu bezahlen, ergibt sich ein Gespräch zwischen ihm und der Kassiererin.

Kassiererin: „Das macht 82,99 €."

Herr Winkel: „Warum 82,99 €? Im Prospekt, der heute in der Zeitung lag, kostet dieser Staubsauger nur 64,99 €."

Kassiererin: „Stimmt, aber das ist ein Druckfehler. Meine Kasse zeigt mir auch den höheren Preis an."

Herr Winkel: „Ihre Kasse interessiert mich nicht. Hier im Prospekt steht es schwarz auf weiß, 64,99 € und keinen Cent mehr."

a Entscheiden und begründen Sie, ob Herr Winkel den Betrag von 82,99 € bezahlen muss.
b Nachdem Herr Winkel den Staubsauger zu Hause ausprobiert hat, stellt er fest, dass ihm das Gerät zu laut ist. Beurteilen Sie, ob er das Recht hat, den Staubsauger gegen Erstattung des Geldes zurückzugeben.
c Nennen Sie fünf Gründe, warum ein Rechtsgeschäft von vornherein unwirksam (nichtig) sein kann.

4

Annika Pawlick hat sich entschieden, das Finanzierungskaufangebot des Elektrofachmarktes „Mediador" anzunehmen und das TV-Gerät in 10 Monatsraten zu bezahlen. Als sie den Kaufvertrag unterschreiben will, fällt ihr Blick auf einen Hinweis auf die Allgemeinen Geschäftsbedingungen (AGB).

a Nennen Sie drei Regelungen, die Bestandteil der AGB des Elektrofachmarktes sein könnten.
b Beschreiben Sie die drei Voraussetzungen, die erfüllt sein müssen, damit die AGB Bestandteil des Kaufvertrages werden.
c Erläutern Sie den Zweck, den die AGB im allgemeinen Geschäftsverkehr erfüllen.
d In den AGB liest Frau Pawlick von „unter Eigentumsvorbehalt gelieferten Waren". Beurteilen Sie, ob das TV-Gerät von Frau Pawlick auch unter Eigentumsvorbehalt geliefert wird und wer nach Abschluss des Kaufvertrages Besitzer und Eigentümer des Gerätes ist.
e Drei Monate nach dem Kauf des TV-Gerätes erhält Frau Pawlick unaufgefordert vom Elektrofachmarkt ein Paket mit einer DVD. In der beiliegenden Rechnung wird sie aufgefordert, den Betrag von 9,65 € innerhalb von 14 Tagen zu überweisen. Auf ihre telefonische Rückfrage, warum sie etwas bezahlen soll, das sie nicht bestellt hat, erhält Frau Pawlick den Hinweis auf Punkt 9 der AGB.

9 Weitere entstehende Verpflichtungen des Käufers
Der Käufer verpflichtet sich mit Abschluss des Kaufvertrages dazu, je ein Produkt, das im Zusammenhang mit dem gekauften Produkt steht (z. B. DVD zum TV-Gerät) quartalsweise für zwei Jahre zu kaufen. Mediador sendet diese Produkte unaufgefordert zu.

Klären Sie die Rechtslage in diesem Fall.

5

Zu Hause stößt Michelle Hösler im Onlineshop des Elektrofachmarktes auf ein verlockendes Angebot. Das Auslaufmodell eines Tablets wird dort zum „Schnäppchenpreis" von 122,00 € statt wie bisher 349,00 € angepriesen. Frau Hösler kann nicht widerstehen und tätigt den Onlinekauf. Dabei geht sie wie folgt vor:

* Sie klickt den Button „Warenkorb" und legt die Ware damit im Warenkorb ab.
* Nachdem sie sich „zur Kasse" durchgeklickt hat, tätigt sie den Button „Jetzt kaufen".
* Sofort erhält sie in ihrem E-Mail-Postfach eine automatisch versendete Bestellbestätigung des Elektrofachmarktes, in der der Inhalt und der Zugang der Bestellung bestätigt wird.
* Einen Tag später erhält Frau Hösler eine Versandbestätigung des Elektrofachmarktes als E-Mail.
* Am darauffolgenden Tag trifft das Tablet bei ihr zu Hause ein.

a Bestimmen Sie die Zeitpunkte der ersten und zweiten Willenserklärung, die zu einem Vertragsabschluss führen. Berücksichtigen Sie dabei den untenstehenden Auszug aus den Allgemeinen Geschäftsbedingungen des Elektrofachmarktes.
b Beschreiben Sie, welchem Problem der Elektrofachmarkt bei dieser Form des Vertragsabschlusses aus dem Weg geht, wenn nur noch wenige Exemplare des Auslaufmodells im Lager vorrätig sind.

Auszug aus den AGB des Elektrofachmarktes „Mediator"
Zustandekommen des Vertrages: Die Darstellung der Produkte im Onlineshop stellt kein rechtlich bindendes Angebot, sondern einen unverbindlichen Online-Katalog dar. Durch Anklicken des Buttons „Jetzt zum genannten Preis bestellen" geben Sie eine verbindliche Bestellung der im Warenkorb enthaltenen Waren ab. Die Bestätigung des Eingangs der Bestellung folgt unmittelbar nach dem Absenden der Bestellung und stellt noch keine Vertragsannahme dar. Der Kaufvertrag kommt erst durch unsere ausdrückliche Erklärung oder den Versand der Ware zustande.

6 Die Servicebereitschaft des Geschäftes deutlich machen

Simone ist an der Hauptkasse des City-Warenhauses Bauer eingesetzt. Neben den Kassierarbeiten hat sie auch regelmäßig telefonische Anfragen von Kunden zu beantworten. Sie teilt sich diese Aufgaben mit der Leiterin der Hauptkasse, Frau Everding.

Nun klingelt das Telefon und Frau Everding nimmt das Gespräch an:

Kundin: „Sie wollten für mich Staubsauger-Beutel nachbestellen und mich bis gestern telefonisch benachrichtigen. Ich habe aber bisher nichts von Ihnen gehört. Ich brauche die Beutel dringend!"

Frau Everding: *„Sagen Sie mir bitte Ihren Namen."*

Kundin: „Weiß, Stefanie Weiß."

Frau Everding: *„Dann muss ich erst mal nachschauen, ob ich Ihren Auftrag im Computer finden kann. Einen Augenblick bitte. (nach einer Weile) Die Beutel waren bei der letzten Lieferung nicht dabei. Am besten Sie rufen übermorgen noch einmal an."*

Kundin: „Ja, vielen Dank."

Frau Everding: *„Bitteschön."*

Simone, die das Gespräch verfolgt hat, denkt: „Hm, besonders freundlich war das aber nicht. Ich würde das anders machen."

Kurze Zeit später klingelt das Telefon erneut. Weil Frau Everding gerade nicht an ihrem Platz ist, nimmt Simone das Gespräch an.

Kunde: „Sie wollten für mich ein Sieb für meine Waschmaschine nachbestellen. Und Sie wollten mich bis vorgestern anrufen, sobald es eingetroffen ist. Ich warte nun schon seit zwei Tagen."

Simone: *„Das tut mir sehr leid. Sagen Sie mir bitte Ihren Namen?"*

Kunde: „Christoph Jansen"

Simone: *„Haben Sie bitte einen kleinen Augenblick Geduld, Herr Jansen. Der Computer sagt mir gleich, wie es um Ihre Nachbestellung steht. Wir können dann sofort überlegen, wie Sie schnellstens an Ihr Waschmaschinen-Sieb kommen.*

Simone kann dem Computer entnehmen, dass das Ersatzteil erst am Montag nächster Woche eintreffen wird, weil der Hersteller nicht früher liefern kann.

ARBEITSAUFTRAG

Machen Sie Servicebereitschaft des City-Warenhauses Bauer im Telefongespräch deutlich.

VORSCHLÄGE ZUM VORGEHEN

1. Beurteilen Sie die beiden Telefongespräche daraufhin, wie sie dem Kunden die Servicebereitschaft des Unternehmens deutlich machen.
2. Setzen Sie das Gespräch mit Herrn Jansen fort, indem Sie ihm die neue Terminlage kundenorientiert erläutern.
3. Entwerfen Sie zwei unterschiedliche Situationen, in denen sich Kunden telefonisch mit einer Bitte an Sie wenden. Antworten Sie kundenorientiert, sodass die Kunden Ihre Servicebereitschaft deutlich erkennen.

Diese oder ähnliche Begriffe helfen Ihnen bei Ihrer Aufgabe:

* sofort
* gerne
* schnell
* selbstverständlich
* kommen Ihnen entgegen
* freuen uns, Ihnen ...
* natürlich
* für Sie

AUFGABEN

1

Das City-Warenhaus Bauer bietet an der Kasse verschiedene Serviceleistungen an. Teilweise wird für die Leistungen eine Gebühr erhoben.

Service-Leistung	Entgelt
Plastiktüte	0,15 €
Papiertüte	kostenlos
Tragetasche aus Stoff	1,00 €
Warenzustellung bis in die Wohnung des Kunden	25,00 €
Aufstellen von Großgeräten und Möbeln beim Kunden	50,00 €
Regenschirmverleih mit dem Logo des Warenhauses	Pfand 3,00 €

a **Begründen Sie, ob es sinnvoll ist, für die aufgeführten Leistungen ein Entgelt zu nehmen.**

b **Falls Sie das Entgelt für sinnvoll erachten: Geben Sie an, wie Sie Kunden antworten, die das Entgelt beanstanden.**

2

Das City-Warenhaus will seinen Kunden Änderungen an Textilien als Serviceleistung anbieten. Dazu hat das Warenhaus eine Vereinbarung mit einer Änderungsschneiderei getroffen. Die Änderungsschneiderei berechnet für eine 15-Minuten-Einheit Arbeitszeit 7,50 €.

Leistung	Arbeitszeit
Hose kürzen, normal	20 Minuten
Hose kürzen, Originalsaum	25 Minuten
Ärmel kürzen pro Arm	15 Minuten
Rock mit Falten kürzen	30 Minuten

a **Berechnen Sie die Preise, die auf der Preisliste für die genannten Leistungen ausgewiesen werden müssen. Das Geschäft berechnet die Preise, die an die Änderungsschneiderei zu zahlen sind.**

b **Entwerfen Sie mit den Leistungen und Preisen eine attraktiv gestaltete Preisliste, die man an der Kasse aushängen kann.**

3

Betrachten Sie die Serviceleistungen Ihres Ausbildungsbetriebes.

a Geben Sie an, welche Serviceleistungen Ihr Ausbildungsbetrieb den Kunden zur Verfügung stellt.

b Erläutern Sie zwei weitere Serviceleistungen, die nach Ihrer Meinung in Ihrem Ausbildungsbetrieb zusätzlich angeboten werden sollten.

c Begründen Sie, welche Gebühr Ihr Ausbildungsbetrieb für die zusätzlichen Leistungen erheben sollte.

4

Sabrina arbeitet an der Kasse in der Lebensmittelabteilung des City-Warenhaues Bauer. Im Laufe des Tages kam es zu fünf Situationen mit jungen Kunden, bei denen der Jugendschutz zu beachten ist.

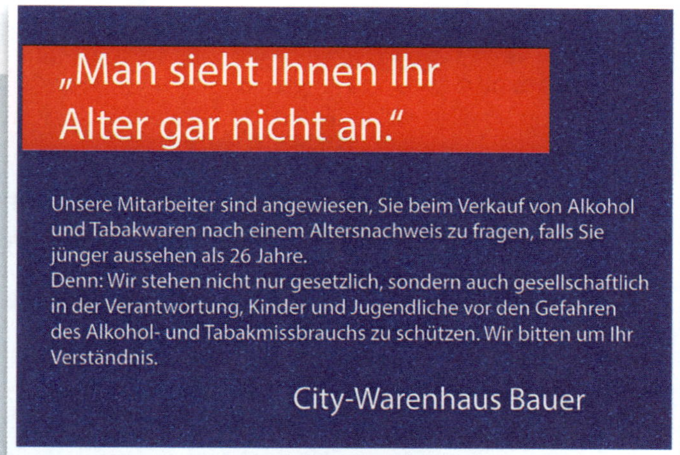

Deckenhänger vor den Kassen des City-Warenhauses Bauer

Situation 1

Ein Kunde, den Sabrina auf 15 bis 16 Jahre schätzt, legt Produkte auf das Band:

* 1 Flasche alkoholfreies Weizenbier
* 6 Flaschen Radler (Bier mit Zitronenlimonade)
* 1 Flasche Limonade mit Wodka (Alkopop)

Sabrina: „Guten Morgen."

Kunde: *„Guten Morgen"*

Sabrina: (betrachtet die Flaschen auf dem Band und wendet sich an den Kunden) „Ich glaube, du musst mir einmal deinen Ausweis zeigen."

Kunde: *„Natürlich" (übergibt Sabrina seinen Ausweis)*

Sabrina stellt fest, dass der Kunde gerade 16 Jahre alt geworden ist.

a Setzen Sie das Gespräch unter Beachtung der Bestimmungen des Jugendschutzgesetzes fort.

Situation 2

Ein Kunde hat seinen Führerschein als Altersnachweis vorgelegt. Sabrina stellt fest, dass der junge Mann 17 Jahre alt ist. Er möchte kaufen:

* 1 Flasche Sekt
* 2 Flaschen Wein
* 1 Sechser-Pack Bier
* 1 Packung Zigaretten

b Prüfen Sie, welche Produkte Sabrina dem Kunden verkaufen darf.

Situation 3

Die Kundin ist vielleicht 15 Jahre alt und legt eine Flasche Ramazotti (Kräuterlikör) und eine Flasche Wein auf das Band.

Sabrina: „Tut mir leid, aber das darf ich dir leider nicht verkaufen."

Kundin: *„Das ist ja nicht für mich, sondern es sind Geschenke für meine Eltern, die morgen ihren Hochzeitstag feiern. Ich mag gar keinen Alkohol."*

c Antworten Sie der Kundin anstelle von Sabrina.

Situation 4
Drei junge Männer standen an der Kasse und alberten so laut herum, dass die umstehenden Kunden bereits aufmerksam wurden. Sie hatten einen Kasten Cola und eine Flasche Weizenkorn in ihrem Wagen. Sabrina ließ sich den Ausweis des Käufers zeigen.

Kunde: „Heute Nacht um 12:00 Uhr habe ich es geschafft, dann bin ich 18! Das wird gefeiert!"

d Antworten Sie dem Kunden anstelle von Sabrina.

Situation 5
Sabrina hatte einen jungen Kunden aufgefordert, ihr den Ausweis zu zeigen, weil er 3 Flaschen Limonade mit Rum kaufen wollte. Leider dauerte es, bis der Kunde seinen Ausweis gefunden hatte, sodass sich an der Kasse eine Schlange bildete. Ein Kunde beschwerte sich laut.

Kunde: „Nun geben Sie ihm doch das bisschen Alkohol, Sie halten ja den ganzen Betrieb auf! Der bekommt das Zeug doch sowieso, wenn nicht hier, dann halt woanders"

e Antworten Sie dem Kunden anstelle von Sabrina.

5

Regelmäßig wird im City-Warenhaus Bauer überlegt, welche Zusatzangebote an den Kassen platziert werden sollen. Für die Warenpräsentation ab nächster Woche werden ins Auge gefasst:

Artikel	geeignet?
Snackartikel für Erwachsene	
Süßigkeiten für Kinder	
Zeitschriften	
Grußkarten	

Artikel	geeignet?
Zigaretten	
Waren aus der Prospektwerbung	
stark reduzierte Restposten	
Telefonkarten	

a Markieren Sie die Artikel, die Sie als Zusatzangebote an der Kasse für geeignet halten. Begründen Sie Ihre Lösung.

b Geben Sie an, welche Produkte in Ihrem Ausbildungsbetrieb als Zusatzangebote an der Kasse angeboten werden.

7 Die Falschgeldprüfung in die Kassieranweisung einbinden

Nun war es zum zweiten Mal geschehen, dass an der Kasse der Lebensmittelabteilung des City-Warenhauses Bauer unbemerkt mit einem gefälschten 50-Euro-Schein bezahlt wurde. Erst der Telefonanruf der Bank machte das Problem sichtbar.

Ab sofort sollen alle 50-Euro-Scheine an der Kasse geprüft werden. Die Kassieranweisung, die jeder Kassenmitarbeiter genau zu studieren und zu unterschreiben hat, soll um diesen Prüfvorgang ergänzt werden.

In der Geschäftsleitung war man sich aber darüber im Klaren, dass ein zeitaufwendiger Prüfvorgang an der Kasse von Kunden nicht akzeptiert würde. Es geht vielmehr darum, wenige wichtige und schnell erkennbare Sicherheitsmerkmale zu überprüfen. Frau Dehn, die Leiterin der Verwaltung, war der Meinung, dass man in kurzer Zeit höchstens drei Sicherheitsmerkmale erfassen könne, am besten jeweils eines aus den Prüfschritten

* fühlen,
* sehen und
* kippen.

Kassieranweisung: Tätigkeiten beim Kassieren

* Begrüßen Sie jeden Kunden freundlich. Damit zeigen Sie ihm, dass Sie ihn wahrgenommen haben.
* Bevor Sie zu kassieren beginnen, müssen die Kunden alle Waren auf das Band gelegt haben.
* Als Kassierkraft müssen Sie auf jeden Fall in den Einkaufswagen blicken, ob auch tatsächlich die gesamte Ware auf dem Band liegt.
* erfassen Sie alle Einkäufe zum Verkaufswert.
* Die meisten Artikel werden über EAN-/GTIN-Code gescannt.
* Manche Warengruppen sind auf der Tastatur festgelegt und werden über die Festtaste registriert.
* Registrieren Sie versehentlich nicht erfasste oder nachgekaufte Artikel getrennt.
* Können Sie einen EAN-/GTIN-Code nicht lesen, so muss der Preis bei der Filialleitung erfragt werden.
* Preisrückfragen bei Kunden sind nicht zulässig.
* Nennen Sie nach der Registrierung den Kaufbetrag deutlich.
* Das Geld des Kunden wird unter Nennung des Betrags auf das Zahlbrett gelegt und der Betrag in die Kasse eingegeben.
* Das Rückgeld wird der Schublade entnommen und dem Kunden mit Nennung des Betrags ausgehändigt.
* Das vom Kunden abgegebene Geld wird nun in die Kassenschublade einsortiert und die Geldschublade sofort verschlossen.
* Verabschieden Sie den Kunden freundlich.

ARBEITSAUFTRAG

Ergänzen Sie die Kassieranweisung mit einer Anweisung zur Falschgeldkontrolle.

VORSCHLÄGE ZUM VORGEHEN

1. Stellen Sie fest, welche der 7 Sicherheitsmerkmale eines 50-Euro-Scheins im Kassierablauf besonders leicht zu prüfen sind.
2. Wählen Sie etwa drei Sicherheitsmerkmale aus, die in die Kassieranweisung aufgenommen werden sollen.
3. Bestimmen Sie eine geeignete Stelle in der Kassieranweisung, an der die Falschgeldprüfung im Kassierablauf stattfinden soll.
4. Ergänzen Sie die Kassieranweisung

AUFGABEN

1

Die 5-Euro-Scheine weisen ähnliche Sicherheitsmerkmale wie der neue 50-Euro-Schein auf.

Ordnen Sie die Bezeichnungen der Sicherheitsmerkmale den Kästchen zu.

* Sicherheitsfaden
* erhabene Linien
* Smaragd-Zahl
* als Erhebungen spürbar, fühlbares Relief
* Frauenkopf und Wertzahl im Wasserzeichen

2

Wie üblich zieht Sabrina die Artikel über den Scanner, als plötzlich ein Artikel aus der Verkaufsaktion auf dem Laufband angefahren kommt, bei dem die Preisauszeichnung fehlt. Normalerweise ertönt ein Pieps-Ton, sobald der Artikel registriert wurde, doch hierbei ertönt überhaupt nichts. „Da fehlt der Preis", sagt Sabrina zu der Kundin, worauf die Kundin antwortet: „Ich glaube, das waren 15,98 € ..." Sabrina bedankt sich und gibt den Preis über die Kassentastatur ein.

Beurteilen Sie das Verhalten der Kassiererin in der Situation.

3

Als Sabrina weiter kassiert, zieht sie einen Artikel über das Laufband, bei dem der EAN-/GTIN-Code leider nicht mehr vom Scanner gelesen werden kann.

Erläutern Sie, wie man sich in dieser Situation korrekt verhält.

4

Eigentlich machte der Kunde einen ganz netten Eindruck, doch nun wird es unangenehm. „Das macht 14,79 €", hatte Sabrina zu dem jungen Mann gesagt und war sich sicher, dass er ihr einen 50-Euro-Schein gegeben hatte. Also gab sie ihm als Wechselgeld auch 35,21 € heraus. „Moment mal", sagte der junge Mann jedoch, „ich habe Ihnen einen 100-Euro-Schein gegeben ..." Sabrina stutzte: „Aber das war doch nur ein 50-Euro-Schein."

Beschreiben Sie, wie man dieser Situation vorbeugen könnte.

5

Eine Kundin lädt viele Artikel auf das Band, darunter eine Dose.

Kundin: „Den Karton mit den anderen Dosen lasse ich im Einkaufswagen."

Sabrina: *„Wie viele Dosen haben Sie denn?"*

Kundin: „Das sind sechzehn Dosen."

Sabrina nahm eine Dose in die Hand, zog sie über den Scanner und gab die Zahl 16 in die Kasse ein. Die Kundin bezahlte und verschwand. Aber irgendwie hatte Sabrina das Gefühl, dass es mehr als sechzehn Dosen waren. Na ja, die Kundin war weg, und zum Zählen hatte Sabrina ohnehin kaum Zeit.

Beurteilen Sie das Verhalten der Kassenmitarbeiterin.

6

Aufgaben zur Prüfungsvorbereitung

Markieren Sie die Echtheitsmerkmale von Banknoten.

1 Wasserzeichen
2 EAN-/GTIN-Code
3 erhabene Linien, Relief
4 Hologramm
5 Sicherheitsfaden
6 Smaragdzahl
7 Glanzstreifen
8 Unterschrift des Bundespräsidenten

7

Bringen Sie die Tätigkeiten an der Kasse in die richtige Reihenfolge. Tragen Sie die Ziffern entsprechend in die Kästchen ein.

a Der Kunde übergibt der Kassenmitarbeiterin den zu zahlenden Betrag. ☐
b Das Wechselgeld wird dem Kunden von der Kassenmitarbeiterin laut vorgezählt. ☐
c Der zu zahlende Geldbetrag wird laut genannt. ☐
d Die Kassierkraft händigt dem Kunden den Kassenbon aus. ☐
e Geldscheine des Kunden werden an einer Klemme befestigt. Erst nach dem Kassieren werden sie einsortiert. ☐
f Der Kunde wird freundlich begrüßt, bevor der Kassiervorgang beginnen kann. ☐
g Der Geldbetrag wird kontrolliert. ☐
h Der Kunde wird freundlich verabschiedet. ☐
i Der Zahlbetrag wird in die Kasse gelegt. ☐
j Die Kassierkraft wartet, bis die Ware aufgelegt wurde und stellt dann die Kontrollfrage: „Ist das alles?" oder „Haben Sie nun alles auf das Band gelegt?" ☐

8 Über die weitere Nutzung des elektronischen Lastschriftverfahrens (ELV) entscheiden

Herr Bauer unterhält sich mit seiner Verwaltungsleiterin, Frau Dehn.

Herr Bauer: „Immer mehr Kunden nutzen an unseren Kassen das kontaktlose Bezahlen. Das elektronische Lastschriftverfahren scheint auszusterben."

Frau Dehn: *„Ja, das stimmt. Es gefällt den Kunden, wenn Sie bei Beträgen bis 25,00 € ihre girocard nur noch an das Kartenlesegerät halten müssen. Und bei größeren Beträgen ist die PIN schnell eingegeben. Das ELV wird nur noch von rund 10 % der Kunden genutzt."*

Herr Bauer: „Da sollten wir uns aber doch fragen, ob wir das elektronische Lastschriftverfahren überhaupt noch anbieten sollen, zumal es mit einem zusätzlichen Risiko behaftet ist."

Frau Dehn: *„Ja, diese Frage liegt nahe. Ich könnte eine Entscheidungshilfe erstellen, die die wesentlichen Eigenschaften der beiden Verfahren gegenüberstellt."*

Herr Bauer: „Das ist eine gute Idee. Wir entscheiden dann kurzfristig."

ARBEITSAUFTRAG

Entscheiden Sie anstelle von Herrn Bauer und Frau Dehn, ob das elektronische Lastschriftverfahren weiterhin an den Kassen des City-Warenhauses Bauer eingesetzt werden soll.

VORSCHLÄGE ZUM VORGEHEN

1. Stellen Sie die Daten zur Zahlung mit girocard und elektronischem Lastschriftverfahren (ELV) in einer Entscheidungstabelle nach untenstehendem Muster zusammen.
2. Treffen Sie die Entscheidung.

Muster Entscheidungstabelle

	girocard	elektronisches Lastschriftverfahren (ELV)
Abläufe der beiden Zahlungsverfahren		
Abläufe beim kontaktlosen Bezahlen		
Arbeitsaufwand beim Kassieren		
Kosten des Zahlungsverfahrens		
Sicherheit/Ausfallrisiko		

AUFGABEN

1

In einem Einzelhandelsunternehmen treffen täglich Zahlungen ein und täglich werden auch Zahlungen geleistet.

Prüfen Sie, um welche Zahlungsart es ich handelt

1 halbbare Zahlungen

2 bargeldlose Zahlungen

a Ein Kunde begleicht eine Rechnung mit Banküberweisung. [2]

b Die Telefonrechnung wird im Lastschriftverfahren beglichen. [1]

c Die Geschäftsmiete wird per Dauerauftrag bezahlt. [1]

d Ein Kunde bezahlt die Rechnung eines Versandhauses durch den beigelegten Zahlschein. [2]

2

Einem Einzelhändler stehen für die Begleichung von Schulden unterschiedliche Zahlungsformen zur Verfügung.

Begründen Sie, mit welchen Zahlungsformen die Zahlungen nach Ihrer Meinung abgewickelt werden sollten

1 Banküberweisung

2 Dauerauftrag

3 Lastschriftverfahren

a Monatliche Miete für das Geschäftslokal [2]

b Gutschrift für einen Kunden wegen einer mangelhaften Lieferung [1]

c Vierteljährliche Abschlagszahlungen und jährliche Schlussrechnung der Stadtwerke für Gas- und Wasserverbrauch [3]

d Gehaltszahlungen für Mitarbeiter [2]

e Gelegentliche Rechnungen kleinerer Lieferanten [1]

f Regelmäßige Rechnungen eines Groß-Lieferanten [2]

g Beiträge für die Industrie- und Handelskammer [3]

h Rechnungen der Wasserwerke über regelmäßige Wasserlieferungen [2]

3

Wer in Deutschland Geld von seinem Bankkonto überweisen will, muss in dem Überweisungsauftrag die 22-stellige IBAN, die Internationale Bank-Kontonummer, eingeben.

Erläutern Sie den Aufbau der IBAN: DE06 2501 0030 0008 3667 24

DE – Land; 06 – Prüfziffer; 2501 0030 – Bankleitzahl; 0008 3667 24 – Kontonummer

4

Beim Elektronischen Lastschriftverfahren (ELV) unterschreibt ein Kunde den Lastschriftbeleg mit einer Einzugsermächtigung, der von der Kasse ausgedruckt wird. Auf der Vorderseite sind regelmäßig Betrag, Datum, weitere Daten des Einzelhändlers und die Bankverbindung des Käufers genannt, auf der Rückseite ein SEPA-Lastschriftmandat aufgedruckt.

Betrachten Sie das Lastschriftmandat auf der Rückseite eines Lastschriftbelegs.

a **Stellen Sie fest, wer mit dem „umseitig genannten Unternehmen" gemeint ist.**

b **Beschreiben Sie das Risiko, das für den Einzelhändler beim Elektronischen Lastschriftverfahren besteht.**

c **Eine Lastschrift wird nicht eingelöst. Begründen Sie, welches Recht des Einzelhändlers, das der Kunde durch seine Unterschrift auf der Lastschrift eingeräumt hat, nun wichtig wird.**

SEPA-Lastschriftmandat

Ich ermächtige das umseitig genannte Unternehmen, den umseitig genannten Betrag einmalig von meinem Konto per Lastschrift einzuziehen.

Ich weise mein Kreditinstitut unwiderruflich an, die Lastschrift einzulösen und im Falle der Nichteinlösung der Lastschrift dem umseitig genannten Unternehmen auf Anforderung meinen Namen und meine Anschrift zur Geltendmachung der Forderung mitzuteilen.

Hinweis: Ich kann innerhalb von 8 Wochen, beginnend mit dem Belastungsdatum, die Erstattung des belasteten Betrages verlangen.

____

(Unterschrift des/der Karteninhabers/in)

5

Das elektronische Lastschriftverfahren (ELV) und girocard unterscheiden sich in grundlegenden Dingen, z. B. bei der Frage, wie sich der Zahlungspflichtige ausweist oder legitimiert.

Ergänzen Sie die Tabelle, sodass die grundlegenden Unterschiede deutlich werden.

Funktionen der Girokarte	Legitimation des Zahlungspflichtigen	Zahlungsgarantie für den Zahlungsempfänger	Kosten für den Zahlungsempfänger
girocard			
ELV			

6

Im deutschen Einzelhandel sind Barzahlung und Zahlung mit Girokarte die beliebtesten Zahlungsmittel. Immer mehr Einzelhändler akzeptieren aber auch die Kreditkarten ihrer Kunden.

Markieren Sie zutreffende Aussagen.

1 Jeder voll Geschäftsfähige, der eine Kreditkarte bekommen möchte, erhält diese auf Antrag.

2 Die Vertragsunternehmen, z. B. Einzelhändler, rechnen in der Regel einmal im Monat mit der Kartenorganisation ab.

3 Die Kartenorganisation rechnet gewöhnlich einmal in der Woche mit den Karteninhabern ab.

4 Die Vertragsunternehmen können mit Umsatzsteigerungen rechnen.

5 Kreditkarten sind für Karteninhaber und für Einzelhändler mit zusätzlichen Kosten verbunden, die bei Barzahlung nicht entstanden wären.

6 Ein Karteninhaber, dem die Karte gestohlen wurde, muss mit erheblichen Verlusten rechnen.

7 Dem Karteninhaber entstehen durch den Zeitpunkt der Belastung der Rechnungsbeträge auf seinem Konto Zinsvorteile.

8 Kreditkarten können auch mit zusätzlichen Leistungen, z. B. einer Reiseversicherung, verbunden sein.

9 Kreditkarten verführen die Karteninhaber, mehr zu kaufen, als sie sich finanziell erlauben können.

7

Bringen Sie den Ablauf bei der Kreditkartenzahlung in die richtige Reihenfolge.

1 Der Einzelhändler setzt sich mit der Kreditkartenorganisation in Verbindung und fordert von ihr die Begleichung des Zahlungsbetrags.

2 Der Kunde erhält vom Einzelhändler eine Durchschrift des Leistungsbelegs, seine Karte und die Ware.

3 Der Kunde legt beim Kauf im Geschäft die Kreditkarte zur Bezahlung seines Einkaufs vor.

4 Die Kreditkartenorganisation überweist dem Vertragshändler (Einzelhändler) den Zahlungsbetrag unter Abzug einer Kreditkartenprovision.

5 Der Kunde prüft den Kaufbeleg und unterschreibt ihn an der Kasse.

6 Der Kreditkarteninhaber erhält am Ende des Monats, in dem er mit seiner Kreditkarte eingekauft hat, die Rechnung von der Kreditkartenorganisation.

7 Das Konto des Kreditkarteninhabers wird am Ende des Monats mit dem vorgestreckten Geldbetrag belastet.

8

Hatice arbeitet in einer Parfümerie und begleitet eine Kundin zur Kasse.

Kundin: „Ich möchte gerne mit dem Smartphone bezahlen, kenne mich aber mit dem Ablauf noch nicht so gut aus."

Hatice: „Das ist kein Problem. Wir verwenden hier die NFC-Technik."

Kundin: „NFC, hört sich kompliziert an. Ist das denn alles auch sicher?"

a **Erläutern Sie der Kundin Schritt für Schritt die Abwicklung der bargeldlosen Bezahlung mit der NFC-Technik.**

b **Beruhigen Sie die Kundin, indem Sie ihr drei Aspekte nennen, die die Sicherheit dieser Bezahlmethode gewährleisten.**

9

Ein Lebensmitteldiscounter bietet bargeldloses Bezahlen über eine eigene App an. Bevor der Kunde mit seinem Smartphone an der Kasse bezahlen kann, muss er allerdings sein Smartphone auf das mobile Bezahlen vorbereiten.

Bringen Sie die nachfolgenden Arbeitsschritte in die richtige Reihenfolge, indem Sie die Arbeitsschritte mit den Nummern 2–7 versehen.

Nr.	Arbeitsschritte
1	Die Bezahl-App des Einzelhändlers von dessen Webseite herunterladen und auf dem Smartphone installieren.
6	Die individuelle Sicherheits-PIN in vorbereitete Felder eintragen.
5	Nach 1–2 Tagen trifft auf dem angegebenen Bankkonto eine 1-Cent-Überweisung ein. Im Feld „Verwendungszweck" steht der Freischaltcode Nr. 2. Dieser ist in die Bezahl-App auf dem Smartphone einzutragen.

Nr.	Arbeitsschritte
4	Den per SMS übermittelten Freischaltcode Nr. 1 angeben.
2	Die Bankverbindung angeben.
7	Die Bezahl-App kann nun für Einkäufe bei dem Einzelhandelsunternehmen verwendet werden.
3	Sich als Nutzer der Bezahl-App registrieren und seine persönlichen Daten angeben. Benutzername und Passwort eintragen.

10

Das Einzelhandelsunternehmen, in dem Marco arbeitet, hat sich für ein mobiles Bezahlverfahren entschieden, das mittels QR-Code funktioniert. Als Marco die Artikel eines Kunden über den Scanner zieht, sagt der Kunde:

Kunde: „Ich möchte gerne mit meinem Smartphone bezahlen. Die App Ihres Unternehmens habe ich bereits heruntergeladen."

Marco: „Sehr gerne."
(Nachdem alle Waren erfasst sind:)

Marco: „Das macht dann 24,50 €."

Kunde: „Ich habe jetzt die App aktiviert, kann aber meine persönliche PIN gar nicht eingeben."

Marco: „..."

Arbeitsschritte beim Kassiervorgang

1 Der Kunde aktiviert die Bezahl-App.

2 Ein QR-Code wird am Kassenterminal angezeigt.

3 Der Kunde scannt den QR-Code mit seinem Smartphone.

4 Die Bezahl-App zeigt die Rechnungsdaten an.

5 Kunde gibt seine PIN ein und bestätigt so die Zahlung.

6 Der Zahlungsbetrag wir von Kundenkonto abgebucht.

Betrachten Sie die Arbeitsschritte der Bezahl-App und geben Sie dem Kunden einen Hinweis, wie er den Bezahlvorgang fortsetzen kann.

11

Payback ist ein Bonussystem, das von vielen Geschäften unterschiedlicher Branchen eingesetzt wird. Mit der Einführung des Mobile Payment Verfahrens „Payback Pay" kann der Kunde die Payback App auf seinem Smartphone nun auch zum bargeldlosen Bezahlen nutzen.

Beschreiben Sie die besonderen Vorteile dieses Bezahlverfahrens aus Kundensicht.

12

Für elektronische Zahlungsvorgänge gilt die 2-Faktoren-Beglaubigung (2-Faktoren-Authentifizierung). Zwei der folgenden drei Faktoren müssen bei einer Zahlung bestätigt werden:

① **Wissen** (etwas, was nur der Nutzer weiß)

② **Besitz** (etwas, was nur der Nutzer besitzt)

③ **Zugehörigkeit** (Inhärenz) = etwas, das im Nutzer innewohnt, zu seiner Person gehört

Nachfolgend werden Faktoren für die Beglaubigung von Zahlungsvorgängen aufgelistet.

Faktoren	
PIN	1
Fingerabdruck	3
girocard	2
Mobiltelefon	1
Iris (im Auge)	3
Passwort	1
Gesichtszüge	3
Geheimfrage	1

Ordnen Sie die Kreiszahlen ① – ③ den Faktoren zu.

9 Mit Kundenkarten und Gutscheinen an der Kasse umgehen

Das City-Warenhaus Bauer hat ein Bonus-Programm. Kunden, die eine Kundenkarte besitzen, erhalten einen Rabatt von 3 % auf den Einkaufswert. Der Rabatt wird an der Kasse gesondert erfasst, nachdem sich der Kunde durch seine Kundenkarte ausgewiesen hat. Vierteljährlich – sofern ein Mindestbetrag von 10,00 € erreicht worden ist – erhält der Kunde per Post einen Gutschein übersandt.

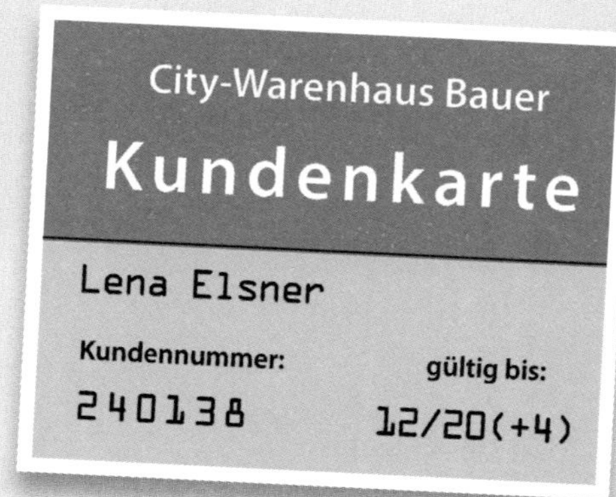

Simone, die regelmäßig an der Hauptkasse arbeitet, hatte auch bisher keine Probleme mit dem Programm, weil sie lediglich die Kundenkarte einlesen musste und eine Taste „Kundenkarte" an der Kasse zu drücken hatte.

Auch wenn Kunden mit Gutscheinen aus dem Bonusprogramm kamen oder wenn sie Geschenkgutscheine des City-Warenhauses vorlegten, war das an der Kasse durch Drücken der Taste „Gutschein annehmen" leicht zu bewältigen.

Heute lief es aber anders als sonst, es gab nur Problemfälle.

Situation 1
Eine Kundin, die Simone unbekannt ist, legt einen Gutschein aus dem Bonusprogramm vor.

Simone: „Der Gutschein ist leider auf den Namen unserer Stammkundin Frau Elsner ausgestellt."

Kundin: *„Ja, Frau Elsner ist meine Freundin. Sie hat mir den Gutschein zu meinem Geburtstag geschenkt. Ihnen kann es doch egal sein, wer den Gutschein einlöst."*

Simone: „Es tut mir sehr leid, aber der Gutschein gilt nur für Teilnehmer unseres Bonusprogramms."

Situation 2
Frau Anders hatte zum Monatsende aus dem Bonusprogramm einen Gutschein per Post bekommen – wieder einmal über einen hohen Betrag: 95,00 €. Frau Anders war wirklich eine gute Kundin.

Als ihre heutigen Einkäufe in die Kasse eingegeben worden waren und die Kundin den Gutschein vorlegt, stellt sich heraus, dass der Einkaufsbetrag nur 65,00 € beträgt.

Frau Anders: „Die restlichen 30,00 € zahlen Sie mir am besten aus, weil ich ab morgen in Urlaub bin."

Simone: *„Das darf ich leider nicht machen. Ich könnte Ihnen aber einen neuen Gutschein über 30,00 € ausstellen."*

Frau Anders: „Finden Sie nicht, dass Sie sehr kleinlich sind?"

Situation 3
Simone hat gerade die Einkaufsdaten einer Kundin in die Kasse eingegeben.

Kundin: „Ich habe hier einen Gutschein, den mir meine Tochter geschenkt hat. Leider habe ich ihn verlegt und erst heute wiedergefunden. Ich nehme an, es ist kein Problem, dass die Gültigkeit des Gutscheins um 2 Monate überschritten worden ist."

Simone: *„Leider darf ich Gutscheine nur bis zum Gültigkeitsdatum annehmen."*

Kundin: „Aber meine Tochter hat Ihnen doch für den Gutschein 80,00 € gegeben. Die dürfen Sie jetzt einfach behalten? Das empfinde ich als sehr ungerecht."

ARBEITSAUFTRAG
Entwickeln Sie für die Situationen 1 bis 3 kundenfreundliche Lösungen.

VORSCHLÄGE ZUM VORGEHEN
1. Klären Sie für die drei Situationen jeweils die Rechtslage. Wozu ist das City-Warenhaus verpflichtet?
2. Formulieren Sie für jede Situation die Antwort an die Kundin.

AUFGABEN

1

Annika Schmidt hatte einen Geschenkgutschein zu ihrem Geburtstag erhalten. Die Daten auf dem Gutschein lauteten:

* Aussteller: Geschenkboutique Heimbach
* Wert: 50,00 €
* Ausstellungsdatum: 23.07.20(0)
* Gültigkeitsdauer: keine Angabe

Nach einem Umzug war der Gutschein verschwunden. Am 10.11.20(+3), also mehr als 3 Jahre später entdeckt sie den Gutschein in einem Karton.

a Klären Sie die rechtliche Situation für diesen Gutschein.

b Beurteilen Sie die Chance, dass Annikas Gutschein noch vom Aussteller eingelöst wird.

c Nehmen Sie an, der Gutschein hätte keine Befristung und auch kein Ausstellungsdatum enthalten. Begründen Sie, wie lange der Gutschein von der Geschenkboutique einzulösen wäre.

2

Wenn Kunden häufiger im City-Warenhaus einkaufen, aber keine Kundenkarte besitzen, werden Sie von den Verkaufsmitarbeitern gefragt, ob sie am Bonusprogramm teilnehmen möchten. Wenn die Kunden interessiert sind, erhalten Sie ein Formular, in das sie ausgewählte Daten eintragen sollen.

Kundin: „Dass Sie meinen Namen und meine Anschrift benötigen, sehe ich ja ein. Aber wofür brauchen Sie mein Geburtsdatum?"

Simone: „Wir haben dann die Möglichkeit, Ihnen neben den regelmäßigen Einkaufsgutscheinen zusätzlich zu Ihrem Geburtstag ein kleines Präsent übersenden zu können."

a Die Aussage von Simone ist korrekt, aber unvollständig. Begründen Sie diese Aussage.

Versetzen Sie sich in die Situation der Kundin. Sie wollen ein Formular mit Ihren Daten ausfüllen, um an einem Bonusprogramm teilzunehmen.

☐ Name	☐ Vorname und Geburtsdatum der Kinder
☐ Adresse	☐ Hobbys (eigene und die des Partners)
☐ Telefonnummer	☐ Geburtstag des Antragstellers
☐ E-Mail-Adresse	☐ Geburtstag des Partners
☐ Name und Vorname des Partners	☐ Beruf des Antragstellers

b Markieren Sie die Daten mit

1 wenn Sie die Daten ohne weitere Überlegung,

2 wenn Sie die Daten erst nach genauer Überlegung (oder Nachfrage) und

3 wenn Sie die Daten niemals angeben würden.

3

An der Kasse eines Lebensmitteldiscounters können die Kunden auch Gutscheine einlösen, die auf ihr Smartphone gesendet wurden.

Hatice, die gerade an der Kasse arbeitet, hat bereits alle Artikel eines Kunden über den Scanner gezogen:

Hatice: „Das macht dann 64,80 €“

Kunde: „Ich habe auf meinem Smartphone einen Coupon. Damit erhalte ich auf den Kaffee, den Sie vorhin eingescannt haben, 30 % Rabatt. Was mache ich jetzt?“

Hatice: „Die Einlösung des Coupons ist ganz einfach:

1. Sie starten Ihre Bezahl-App.
2. Wählen den Button ‚Coupon einlösen‘.
3. Die App erzeugt eine Nutzer-ID, die auf Ihrem Display erscheint.
4. Sie nennen mir den Code oder zeigen ihn mir auf Ihrem Smartphone, damit ich den Code eingeben kann.
5. Nun wählen Sie noch unsere Filiale in Ihrer App aus.

Das ist alles.“

Betrachten Sie die Arbeitsschritte 1 bis 5 genau. Hatice hat in der Beschreibung des Ablaufs einen Fehler gemacht. Geben Sie die korrekte Reihenfolge an.

10 Belege für Kunden erstellen

Das City-Warenhaus Bauer hat mehrere Nebenkassen über die Verkaufsfläche verteilt. Alle Sonderfälle werden an der Hauptkasse erledigt, weil dort die notwendigen Formulare vorhanden sind.

Fall 1
Eine Kundin wünscht eine Quittung über eine Jacke, die sie vor 2 Monaten im City-Warenhaus zum Preis von 198,00 € gekauft hat. Bei einer Geburtstagsfeier hatte ein Bekannter leider ein Glas Rotwein umgestoßen und dadurch ihre Jacke ruiniert. Der Bekannte will den Vorfall seiner Haftpflichtversicherung melden, damit Schadenersatz geleistet wird. Die Quittung muss die Umsatzsteuer von 19 % gesondert ausweisen.

Fall 2
In der Abteilung Sport bedient Frau Dünsing einen Kunden.

Kunde: „Ich hätte gerne 20 Pedal-Plattensätze SH-50 von Shimano und 10 Pedal-Reflektorsätze PD-51."

Frau Dünsing: *„Sehr gerne."*

Kunde: „Das ist für den Radsportclub Ratingen."

Frau Dünsing: *„Würden Sie dann bitte mit zur Hauptkasse gehen. Dort lasse ich für Sie den Lieferschein ausstellen.*

Nachdem Frau Dünsing die Waren geholt hat, gehen sie gemeinsam zur Hauptkasse, wo Andrea arbeitet.

Andrea: „Guten Tag."

Kunde: *„Guten Tag."*

Frau Dünsing: (zu Andrea) „Stellen Sie bitte für diese Produkte einen Lieferschein für den Radsportclub Ratingen aus. Die Adresse ist in der Kundendatei."

Andrea: *(nachdem sie den Lieferschein ausgefüllt hat) „Würden Sie dann bitte hier unterschreiben?"*

Kunde: (während er die Unterschrift leistet) „Unser Trainer sagt, er braucht die Rechnung schnellstens."

Frau Dünsing: *„Ich lasse die Rechnung sofort fertig machen."*

Kunde: Sehr schön.

Frau Dünsing: *(übergibt dem Kunden das Original des Lieferscheins und die Produkte) „Bitte schön. Und viel Erfolg beim Rennen am Sonntag."*

Kunde: „Ich glaube, wir haben guten Chancen. Vielen Dank und auf Wiedersehen."

Frau Dünsing: *„Auf Wiedersehen."*

Andrea: „Auf Wiedersehen."

Frau Dünsing: *„Stellen Sie bitte aufgrund dieser Lieferschein-Durchschrift die Rechnung aus. Die Pedal-Platten kosten pro Paar 18,50 €, ein Reflektorsatz 27,50 €, einschließlich Umsatzsteuer. Die Umsatzsteuer ist gesondert auszuweisen."*

Andrea: „Ich werde das sofort erledigen."

Fall 3
Frau Melcher aus der Abteilung Textilien tritt mit einer Kundin an die Hauptkasse.

Andrea: „Guten Tag."

Kundin: *„Guten Tag."*

Frau Melder: „Andrea, würdest du bitte dieser Kundin einen Auswahlschein für das T-Shirt ausstellen.

Andrea: *„Sehr gerne. Sagen Sie mir bitte Ihre Adresse?"*

Kundin:	„Eva Stelzer, Poststraße 19, 40878 Ratingen“
Andrea:	*„Vielen Dank. Der Beleg ist gleich fertig. Reicht Ihnen die Auswahlfrist von 3 Tagen?“*
Kundin:	„Ja, natürlich.“
Andrea:	*„Würden Sie bitte hier unterschreiben?“*

ARBEITSAUFTRAG
Erstellen Sie die Belege für die Fälle 1 bis 3. Das heutige Datum ist der 10.11.20(0).

Belege
Quittung

Nr. **Quittung**

Nettobetrag ______ €

+ Umsatzsteuer ______ % ______ €

Bruttobetrag ______ €

von

für

dankend erhalten.

______________________ den ______________________

____

Buchungsvermerk: Unterschrift des Empfängers

Daten zur Quittung
* Kauf am 10.09.20(0)
* Name der Kundin: Ellen Weinhold, Christinenstraße 33, 40880 Ratingen
* Laufende Nr. der Quittung: 328

Lieferschein

City-Warenhaus Bauer	40878 Ratingen Oberstraße 17 Tel.: 02102 56742-0 FAX 02102 56733 E-Mail: City-Warenhaus@t-online.de	
	Datum: Bestellung vom:	
Lieferschein-Nr.	**Kunden-Nr.**	
Menge	**Artikel-Nr.**	**Bezeichnung**
gepackt am	durch	Unterschrift des Empfängers

Daten zu Lieferschein und Rechnung

* Adresse: Radsportclub Ratingen, Kölner Str 278, 40885 Ratingen
* Kunden-Nr. 129
* Lieferschein-Nr. 1188/20(0)
* Pedal-Plattensatz SH-50, Artikel-Nr. 42-33-28-322
* Pedal-Reflektorsatz PD-51, Artikel-Nr. 42-33-17-232

Rechnung

City-Warenhaus Bauer	40878 Ratingen Oberstraße 17 Tel.: 02102 56742-0 FAX 02102 56733 E-mail: City-Warenhaus@t-online.de
	Datum: Bestellung vom:
Rechnungs-Nr.	**Kunden-Nr.**

Menge	Artikel-Nr.	Bezeichnung	Einzelpreis/€	Gesamtpreis/€

Wir gewähren ein Zahlungsziel von 30 Tagen nach Rechnungsdatum.

Bankverbindung: Sparbank Ratingen, IBAN: DE92 3015 1660 4565 0510 00 BIC: WELADED1RAT

Andrea stellt fest, dass die letzte Rechnung mit der Nr. 1.243/20(0) versehen worden war.

Auswahlschein

City-Warenhaus Bauer	40878 Ratingen Oberstraße 17 Tel.: 02102 56742-0 FAX 02102 56733 E-mail: City-Warenhaus@t-online.de
	Datum:
Auswahlschein-Nr.	**Kunden-Nr.**

Menge	Artikel-Nr.	Bezeichnung	Einzelpreis/€	Gesamtpreis/€

Es bediente Sie:
Ware erhalten:

Ware, die innerhalb von 3 Tagen nicht zurückgegeben worden ist, gilt als verkauft.
Bei Umtausch oder Rückgabe bitte diesen Beleg mitbringen.

Daten zum Auswahlschein

* Kundin: Eva Stelzer, Poststraße 19, 40878 Ratingen
* Artikel: Artikel-Nr. 21-15-13-288, Damen-T-Shirt ½ Arm, Preis 24,95 €

AUFGABEN

1

Lieferschein und Rechnung hängen eng miteinander zusammen. Trotzdem gibt es wichtige Unterschiede.

Markieren Sie die Aussagen, mit

1 wenn sie auf den Lieferschein zutreffen,

2 wenn sie für die Rechnung gelten.

a Gibt vor allem Auskunft über die Zusammensetzung des Preises. ☐ ☐

b Dient als Begleitpapier für eine Warenlieferung. ☐ ☐

c Auf diesem Papier quittiert der Empfänger den Erhalt der Ware. ☐ ☐

d Die Ware wird nach Menge und Art beschrieben. ☐ ☐

2

Die Kundin Eva Stelzer aus Fall 3 der Einstiegssituation hat am 10.11.20(0) eine Auswahlsendung erhalten.

Stellen Sie fest, welche rechtliche Verpflichtung Frau Stelzer eingeht, wenn sie die Auswahlsendung
a am 12.11.20(0) oder
b am 18.11.20(0) zurückbringt.

3

Auf verschiedenen Quittungen sind die nachfolgenden Beträge enthalten.

	Nettoverkaufspreis	Umsatzsteuer (19 %)	Bruttoverkaufspreis
Quittung 1	45,00 €		
Quittung 2		15,20 €	
Quittung 3			199,00 €

Berechnen Sie die jeweils fehlenden Beträge.

4

Aufgaben zur Prüfungsvorbereitung

Richtig oder falsch? Tragen Sie in die Kästchen eine
1 für richtige Aussagen
9 für falsche Aussagen ein.

a Der Kassenbon ersetzt die Quittung. Beim Kassenbon fehlt im Gegensatz zur Quittung nur die Unterschrift. ☐

b Verlangt der Kunde eine Quittung, so muss er sie auch unterschreiben. ☐

c Verlangt ein Kunde eine Rechnung vom Einzelhändler, so handelt es sich um eine Ausgangsrechnung. ☐

d Ausgangsrechnungen, in welchen der Kunde ein Zahlungsziel erhält, stellen aus Sicht des Einzelhändlers eine Forderung gegenüber dem Kunden dar. ☐

e Die Umsatzsteuerzahllast muss zum 10. eines Monats an das Finanzamt überwiesen werden. ☐

f In einer Quittung muss die im Kaufbetrag enthaltene Umsatzsteuer im Regelfall nicht gesondert ausgewiesen werden. ☐

g Die in der Quittung ausgewiesene Umsatzsteuer in letztlich vom Endverbraucher zu tragen. ☐

h Wenn der Einzelhändler die dem Kunden berechnete Umsatzsteuer nicht dem Finanzamt meldet, handelt es sich um Steuerhinterziehung. ☐

i Die Umsatzsteuerzahllast erhält man, indem man die selbst gezahlte Vorsteuer von der den Kunden in Rechnung gestellten Umsatzsteuer abzieht. ☐

j Die in einer Eingangsrechnung ausgewiesene Steuer nennt man auch Umsatzsteuer. ☐

k Für Lebensmittel und Verlagsprodukte gilt ein verminderter Umsatzsteuer-Satz. ☐

l Übergibt ein Lieferfahrer angelieferte Ware ordnungsgemäß, so muss er dies auf der Bestellung quittieren. ☐

5

Geben Sie an, in welchem Fall die im Bruttoverkaufspreis einer Elektrolampe enthaltene Umsatzsteuer richtig berechnet wurde.

a 7,60 €

b 2,80 €

c 6,38 €

d 2,62 €

Elektro-Tischlampe
„LuxLight"
39,99 €

Lösungsbuchstabe ☐

6

Prüfen Sie, in welchem Fall die an das Finanzamt abzuführende Zahllast richtig ermittelt wurde. Tragen Sie den Lösungsbuchstaben in das entsprechende Kästchen ein.

a 613,00 €

b 3 213,00 €

c 513,00 €

d 97,47 €

Einkauf von Waren:	
Rechnungsbetrag (brutto)	6 545,00 €
Verkauf von Waren:	
Rechnungsbetrag (brutto)	9 758,00 €

Lösungsbuchstabe ☐

11 Die Tageseinnahmen an der Kasse ermitteln

Herr Sander betreibt als Mieter im City-Warenhaus ein Fotofachgeschäft. Jeden Abend kurz nach Geschäftsschluss kommt er mit einer Umsatzstatistik an die Kasse. Christoph, Auszubildender im 1. Lehrjahr, steht dort allein, weil Frau Böhm, die für die Kasse zuständig ist, noch einen verspäteten Kunden bedient.

Herr Sander: „Können Sie mir schon die Umsatzzahlen des heutigen Tages nennen?"

Christoph: *„In der Kasse sind etwa 1 500,00 €."*

Herr Sander: „Das ist ja schön, aber ich möchte nicht wissen, was in der Kasse ist, sondern was heute an Waren über die Kasse verkauft wurde."

Christoph: *„Das kann ich Ihnen leider nicht sagen. Das hat mir bisher auch noch niemand gezeigt."*

Herr Sander: (holt ein Formular aus der Kassenschublade und eine Mappe mit verschiedenen Belegen) „Hier haben Sie das Formular für den Kassenbericht. Außerdem benötigen Sie noch diese Belege. Heute Mittag sind z. B. 3 000,00 € aus der Kasse genommen und zur Bank gebracht worden."

Formular siehe Seite 214

Christoph: *„Das Geld haben wir für verkaufte Waren bekommen, also muss es – Moment? – wieder zum Kassenbestand hinzugerechnet werden."*

Herr Sander: „Genau. Und der Rechnungsbetrag vom 10.08., den der Kunde heute bar bezahlt hat?"

Christoph: *„Das haben wir nicht heute verkauft, sondern vor 14 Tagen. Der Betrag muss also – wenn ich es mir genau überlege? ..."*

Herr Sander: Ich sehe, Sie kommen allein zurecht. Sonst fragen Sie Frau Böhm."

ARBEITSAUFTRAG

Füllen Sie anhand der Angaben das Formular des Kassenberichts aus und berechnen Sie die Barverkäufe des Tages.

DARAUF SOLLTEN SIE BESONDERS ACHTEN

* Der Kassen-Schlussbestand ist der Betrag, der am Ende des Geschäftstages noch in der Kasse ist.
* Mithilfe des Kassenberichts soll vor allem ermittelt werden, welche Einnahmen durch Barverkäufe erzielt worden sind.
* Ausgaben, die aus der Kasse heraus bezahlt wurden, haben die Einnahmen aus Barverkäufen verändert.
* Einnahmen, die nicht durch Barverkäufe am Abrechnungstag entstanden sind, müssen wieder herausgerechnet werden.

Daten für den Kassenbericht Nr. 196 vom 25. August 20(0)	
	Beträge in €
Wechselgeld vom Vortag	300,00
Kassen-Schlussbestand bei Geschäftsschluss	1 451,00
Belege	
Barkauf eines speziellen Reinigungsmittels	6,00
Geldentnahme des Geschäftsinhabers für private Zwecke	300,00
Wareneinkauf per Nachnahme	249,00
Hausfracht für eine Warenlieferung wird bar bezahlt	29,00
Kunde bezahlt Rechnung Nr. 245/20(0) vom 10.08.20(0) bar	150,00
Bankeinzahlung	3 000,00

Kassenbericht	vom		Nr.
			€
Kassen-Schlussbestand			
		€	
Ausgaben			
1. Zahlungen für Wareneinkäufe			
	Zwischensumme:		→
2. Geschäftsausgaben			
	Zwischensumme:		→
3. Privatentnahmen			
	Zwischensumme:		→
4. Sonstige Ausgaben, z. B. Bankeinzahlungen			
	Zwischensumme:		→
Summe			
abzüglich Anfangsbestand (Wechselgeld)			
= Kasseneingang			
abzüglich sonstige Einnahmen			
= Barverkäufe			

AUFGABEN

1

Im Textilfachgeschäft Hiller ist der abendliche Kassenbericht zu erstellen.

Erstellen Sie aus den Angaben den Kassenbericht Nr. 142 vom 05.06.20(0).

Daten für den Kassenbericht	
	Beträge in €
Wechselgeld vom Vortag	245,50
Kassen-Schlussbestand bei Geschäftsschluss	560,00
Barkauf von Blumen zur Geschäftsdekoration	20,00
Paketgebühren an den Zusteller vom Paketdienst	9,50
Hausfracht für eine Warenlieferung bar bezahlt	29,00
Kunde bezahlt Rechnung vom 28.05.20(0) bar	370,00

Daten für den Kassenbericht	
Bankeinzahlungen mittags, nachmittags	5 700,00
Süßigkeiten für die Kinderabteilung als kleine Aufmerksamkeit bar eingekauft	15,00
Tagegeld für den Messebesuch an Mitarbeiterin bar ausgezahlt	30,00
Reparaturmaterial im Baumarkt bar eingekauft	12,50
Mineralwasser zur Erfrischung der Kunden bar bezahlt	25,00

Kassenbericht	vom	Nr.
		€
Kassen-Schlussbestand		
	€	
Ausgaben		
1. Zahlungen für Wareneinkäufe		
Zwischensumme:		→
2. Geschäftsausgaben		
Zwischensumme:		→
3. Privatentnahmen		
Zwischensumme:		→
4. Sonstige Ausgaben, z. B. Bankeinzahlungen		
Zwischensumme:		→
Summe		
abzüglich Anfangsbestand (Wechselgeld)		
= Kasseneingang		
abzüglich sonstige Einnahmen		
= Barverkäufe		

2

Die Zählung des Bargeldbestandes kann auch zu einer Kassenabrechnung führen, in der die genaue Zusammensetzung des Kassenbestandes aufgezeichnet wird (Siehe Formular unten).

Informationen zur Kassenabrechnung Nr. 208 vom 13.09.20(0)

Abendliche Kassenzählung

Euro-Scheine			Euro-Münzen		
3	x	200,00	18	x	2,00
7	x	100,00	17	x	1,00
17	x	50,00	15	x	0,50
20	x	20,00	8	x	0,20
25	x	10,00	21	x	0,10
-	x	5,00	10	x	0,05
			5	x	0,02
			15	x	0,01

Ausdruck der Registrierkasse

Zweirad-Center Breuer
Steinstraße 24, 40212 Düsseldorf
Tel. 02111 56742-0

13.09.20(0) MON

Finanzbericht

Barverkäufe	4476,95€
Anzahl Artikel	310
Anzahl Kunden	135

In der Kassenlade liegt eine vom Chef unterschriebene Quittung über eine Bargeldentnahme in Höhe von 2000,00€. Das Wechselgeld zu Beginn des Tages betrug 200,00€. Ein Kunde hat seine Rechnung vom 05.09.20(0) über 210,00€ bar an der Kasse beglichen. Paketzustellkosten über 17,00€ wurden direkt aus der Kasse bezahlt.

Kassenabrechnung **Datum:**

Bargeldbestand (Scheine und Münzen) in €		
	• 0,01 =	
	• 0,02 =	
	• 0,05 =	
	• 0,10 =	
	• 0,20 =	
	• 0,50 =	
	• 1,00 =	
	• 2,00 =	
	• 10,00 =	
	• 20,00 =	
	• 50,00 =	
	• 100,00 =	
	• 200,00 =	
Barbestand zum Geschäftsschluss		

Kassen-Schlussbestand	
+ Ausgaben	
+ Bankeinzahlungen	
– Wechselgeld	
– bezahlte Kundenrechnungen	
= Barverkäufe (Ist-Bestand)	
+ Barverkäufe laut Registrierkasse (Soll-Bestand)	
Kassendifferenz	
– Fehlbetrag	
+ Überschuss	

Ist-Bestand: Betrag, der tatsächlich in der Kasse ist.

Soll-Bestand: Betrag, der in der Kasse sein soll.

a Stellen Sie fest, ob die Kasse zum Schluss des Geschäftstages einen Fehlbetrag oder einen Überschuss ausweist. Vergleichen Sie dazu den Ist-Kassenbestand mit dem Soll-Kassenbestand laut Ausdruck der Registrierkasse.

b Berechnen Sie die Barverkäufe des Tages.

3

Bei der Kassenabrechnung an einem Aktionstisch wird festgestellt, dass
* 112 Artikel zu je 12,75 €
* 287 Artikel zu je 9,95 € verkauft wurden.

Am Morgen befanden sich 270,00 € Wechselgeld in der Kasse. Am Abend beträgt der Ist-Bestand der Kasse 4 452,65 €.

Berechnen Sie
a die Barverkäufe des Tages,
b die Kassendifferenz.

4

Wechselgeld 150,00 €, bezahlte Kundenrechnungen 185,00 €, Bankeinzahlungen 2 500,00 €, Geschäftsausgaben 79,00 €, Zahlungen für Wareneinkäufe 310,00 €, für private Zwecke entnimmt die Inhaberin 100,00 €, Kassen-Schlussbestand 1 355,60 €.

Ermitteln Sie rechnerisch anhand der Angaben die Barverkäufe des Tages.

5

Aufgaben zur Prüfungsvorbereitung

Am Abend müssen Sie die Kassenabrechnung vornehmen und den Kassenbericht erstellen. Der Kassenbestand beträgt 2 300,00 €. Zu berücksichtigende Belege sind:

* Quittung über Privatentnahmen des Geschäftsinhabers: 300,00 €
* Durchschrift einer Einzahlung auf das Bankkonto: 3 000,00 €
* Lieferschein und Abschnitt für erhaltene Nachnahmen: 250,00 €
* Wechselgeld vom Vortag: 500,00 €

Geben Sie an, in welchem Fall die Barverkäufe richtig berechnet wurden. Tragen Sie die korrekte Ziffer in das Lösungskästchen ein.

1. 6 550,00 €
2. 8 250,00 €
3. 5 350,00 €
4. 7 550,00 €

Lösungsbuchstabe ☐

12 Kassenauswertungen vergleichen

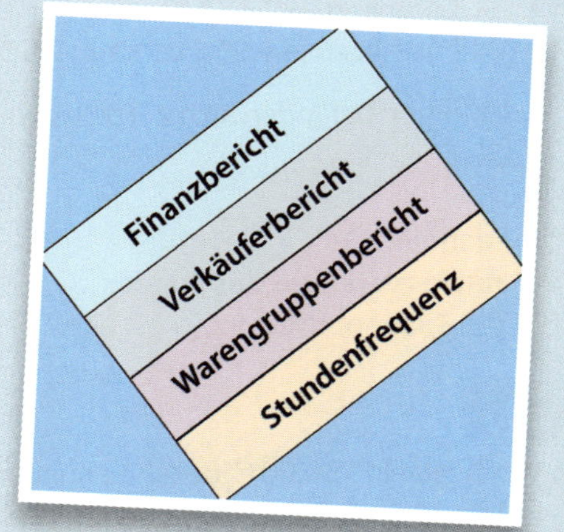

Im Fotofachgeschäft des City-Warenhauses liefert die elektronische Registrierkasse Herrn Sander verschiedene Berichte, die über den Geschäftsverlauf eines Tages wichtige Auskünfte geben. Vor allem der Vergleich mit den Tageszahlen des Vorjahres gibt Hinweise auf die Entwicklung des Betriebes. Heute, am Montag, den 11. September 20(0), hat sich Herr Sander vier Berichte ausdrucken lassen (siehe unten). Die wird er mit den Berichten vom Montag der 37. Woche des Jahres 20(–1) vergleichen. Sein Ziel ist, Hinweise für die Führung seines Geschäftes zu erhalten. Diese Hinweise können sich z.B. auf das Sortiment, auf die Ladenöffnungszeiten oder den Personaleinsatz beziehen. Weil nur jeweils ein Verkaufstag betrachtet wird, ist die Aussagekraft der Auswertungen für eine längerfristige Entwicklung natürlich begrenzt. Herr Sander hat aber den Eindruck, dass beide Tage typische Geschäftstage waren.

Kalender: September 20(–1)

Woche	35	36	37	38	39
Montag		6	13	20	27
Dienstag		7	14	21	28
Mittwoch	1	8	15	22	29
Donnerstag	2	9	16	23	30
Freitag	3	10	17	24	
Samstag	4	11	18	25	
Sonntag	5	12	19	26	

Kalender: September 20(0)

Woche	35	36	37	38	39
Montag		4	11	18	25
Dienstag		5	12	19	26
Mittwoch		6	13	20	27
Donnerstag		7	14	21	28
Freitag	1	8	15	22	29
Samstag	2	9	16	23	30
Sonntag	3	10	17	24	

Kassenauswertungen vom 13.09.20(–1) und 11.09.20(0)

Foto Sander Oberstraße 17, 40878 Ratingen Tel. 02102 45362	
MON 13.09.20(–1)	
Finanzbericht	
Gesamtumsatz brutto	3332,00
Gesamtumsatz netto	2800,00
Gesamtbetrag USt.	532,00
Anzahl Artikel	90
Anzahl Kunden	35
Artikelzahl pro Kunde	2,57
Bruttoumsatz pro Kunde	95,20
Bruttoumsatz bar	2165,80
Kundenzahl	30
Bruttoumsatz Kartenzahlung	1166,20
Kundenzahl	5
Nr.	0211
Zeit	19:02

Foto Sander Oberstraße 17, 40878 Ratingen Tel. 02102 45362	
MON 11.09.20(0)	
Finanzbericht	
Gesamtumsatz brutto	3094,00
Gesamtumsatz netto	2600,00
Gesamtbetrag USt.	494,00
Anzahl Artikel	85
Anzahl Kunden	32
Artikelzahl pro Kunde	2,66
Bruttoumsatz pro Kunde	96,69
Bruttoumsatz bar	1918,28
Kundenzahl	28
Bruttoumsatz Kartenzahlung	1175,72
Kundenzahl	6
Nr.	0212
Zeit	19:05

Finanzbericht	13.09.20(–1)	11.09.20(0)	Veränderung in %
Gesamtumsatz brutto in €			
Anzahl Artikel			
Anzahl Kunden			
Artikelzahl pro Kunde			
Bruttoumsatz pro Kunde in €			
Bruttoumsatz bar in €			
Anteil am Gesamtumsatz in %			
Barzahlende Kunden			
Anteil an der Gesamtkundenzahl in %			
Wetter			

Foto Sander Oberstraße 17, 40878 Ratingen Tel. 02102 45362	
MON 13.09.20(–1)	
Verkäuferbericht	
01 Sander	
Gesamtumsatz brutto	850,00
Anzahl Artikel	23
02 Binder	
Gesamtumsatz brutto	550,00
Anzahl Artikel	20
03 Vormann	
Gesamtumsatz brutto	935,00
Anzahl Artikel	17
04 Alici	
Gesamtumsatz brutto	997,00
Anzahl Artikel	30
Nr.	0211
Zeit	19:02

Foto Sander Oberstraße 17, 40878 Ratingen Tel. 02102 45362	
MON 11.09.20(0)	
Verkäuferbericht	
01 Sander	
Gesamtumsatz brutto	740,00
Anzahl Artikel	22
02 Binder	
Gesamtumsatz brutto	650,00
Anzahl Artikel	23
03 Vormann	
Gesamtumsatz brutto	870,00
Anzahl Artikel	18
04 Alici	
Gesamtumsatz brutto	834,30
Anzahl Artikel	22
Nr.	0212
Zeit	19:05

Verkäuferbericht	13.09.20(–1)	11.09.20(0)	Veränderung in %
01 Sander			
– Gesamtumsatz brutto in €			
– Anzahl Kunden			
02 Binder			
– Gesamtumsatz brutto in €			
– Anzahl Kunden			
03 Vormann			
– Gesamtumsatz brutto in €			
– Anzahl Kunden			
04 Alici			
– Gesamtumsatz brutto in €			
– Anzahl Kunden			
Summe Umsatz			
Summe Artikel			

Zusammenfassung der Warengruppenberichte

Warengruppenbericht	13.09.20(−1) Bruttoumsatz		11.09.20(0) Bruttoumsatz		Veränderung der Bruttoumsätze in %
Warengruppen	€	%	€	%	
01 Foto digital	1 360,00	40,82	1 450,00	46,86	
02 Kamerazubehör	1 060,00	31,81	990,00	32,00	
03 Foto analog	210,00	6,30	140,00	4,52	
04 Aufnahmematerial	200,00	6,00	140,00	4,52	
05 Entwicklung, Bilderdienst	240,00	7,20	150,00	4,85	
06 Projektion	262,00	7,86	224,00	7,24	
Summe	3 332,00	100,00	3 094,00	100,00	−7,14

Auszug aus den Stundenfrequenzberichten

Foto Sander Oberstraße 17, 40878 Ratingen Tel. 02102 45362	
MON 13.09.20(−1)	
Stundenfrequenzbericht	
09:00−10:00	
Umsatz	430,00
Artikel	8
Kunden	3
…	

Foto Sander Oberstraße 17, 40878 Ratingen Tel. 02102 45362	
MON 11.09.20(0)	
Stundenfrequenzbericht	
09:00−10:00	
Umsatz	190,00
Artikel	4
Kunden	1
…	

Zusammenfassung der Stundenfrequenzberichte

Stundenfrequenzbericht						
	Umsatz		**Artikel**		**Kunden**	
Zeit	**13.09.20(−1)**	**11.09.20(0)**	**13.09.20(−1)**	**11.09.20(0)**	**13.09.20(−1)**	**11.09.20(0)**
09:00−10:00	430,00	190,00	8	4	3	1
10:00−11:00	420,00	200,00	10	7	4	2
11:00−12:00	450,00	350,00	14	10	5	3
12:00−13:00	180,00	140,00	5	4	3	2
13:00−14:00	200,00	180,00	6	5	3	2
14:00−15:00	310,00	284,00	8	8	4	3
15:00−16:00	380,00	410,00	11	10	4	4
16:00−17:00	542,00	565,00	14	15	4	6
17:00−18:00	360,00	465,00	10	14	3	5
18:00−19:00	60,00	310,00	4	8	2	4
Summe	3 332,00	3 094,00	90	85	35	32

ARBEITSAUFTRAG

Nutzen Sie die Kassenauswertungen für die Führung des Fotogeschäftes Sander.

Vergleichen Sie die Kassenauswertungen vom 13.09.20(–1) und 11.09.20(0). Suchen Sie Hinweise zur Betriebsführung in den Punkten:

1. **Umsatzentwicklung**
2. **Zahlungsverhalten der Kunden**
3. **Leistungsfähigkeit des Personals**
4. **Sortiment**
5. **Ladenöffnungszeiten**
6. **Personaleinsatzplanung**

Berücksichtigen Sie auch das Wetter der beiden Tage: 13.09.20(–1): sonnig; 11.09.20(0): bewölkt

VORSCHLÄGE ZUM VORGEHEN

1. Ergänzen Sie die Tabelle „Finanzbericht“ mit den Kassenauswertungen „Finanzbericht“ auf Seite 219.
2. Ergänzen Sie in gleicher Weise die Tabelle „Verkäuferbericht“ mit den entsprechenden Kassenauswertungen (siehe Seite 219).
3. Berechnen Sie die Umsatzveränderungen der einzelnen Warengruppen in Prozent (siehe Tabelle Seite 220).
4. Prüfen Sie die Tabelle „Frequenzbericht“ auf Veränderungen im zeitlichen Kaufverhalten der Kunden.

AUFGABEN

1

Ergänzen Sie den unvollständigen Finanzbericht aus einer elektronischen Registrierkasse um die fehlenden Werte. Der Umsatzsteuersatz beträgt 19 %.

Finanzbericht	
Gesamtumsatz brutto in €	3 272,50
Gesamtumsatz netto in €	
Gesamtbetrag USt. in €	
Anzahl Artikel	
Anzahl Kunden	30
Artikelzahl pro Kunde	2,5
Bruttoumsatz pro Kunde in €	

2

Bei der Dokumentation von Kassenauswertungen wird häufig die aktuelle Wetterlage ergänzt.

Beschreiben Sie, welchen Einfluss Ihrer Meinung nach das Wetter auf den Geschäftsverlauf eines Verkaufstages in den verschiedenen Branchen des Einzelhandels hat.

13 Aufgaben zum kaufmännischen Rechnen

Durchschnittsrechnen siehe Anhang des Informationshandbuches

13.1 Durchschnittsrechnen

1

Anlässlich einer Kundenbefragung hat ein Einzelhandelsgeschäft viele Fragebögen zurückerhalten:

Montag	68	Donnerstag	105
Dienstag	85	Freitag	98
Mittwoch	94	Samstag	45

Durchschnittsrechnen

$$\frac{180{,}00\,€ + 210{,}00\,€ + 230{,}00\,€}{3} = 180{,}00\,€$$

$$\frac{540{,}00\,€}{3} = 180{,}00\,€$$

Berechnen Sie, wie viele Fragebögen durchschnittlich pro Tag zurückgekommen sind.

2

Silke hat eine Ausbildung zur Kauffrau im Einzelhandel begonnen und erhält monatlich 493,20 € auf ihrem Bankkonto gutgeschrieben. Von ihren Freundinnen und Freunden erfuhr sie, dass die Ausbildungsvergütung bei allen unterschiedlich hoch ist.

* Elena, die eine Ausbildung zur Großhandelskauffrau begonnen hat, erhält 572,40 €.
* Jürgen, der Bankkaufmann werden möchte, erhält 798,00 € ausgezahlt.
* Beate werden im ersten Jahr ihrer Ausbildung zur Industriekauffrau monatlich 646,00 € auf dem Bankkonto gutgeschrieben.

Berechnen Sie,

a wie viel Euro auf die beiden Bankkonten von Silke und Elena durchschnittlich im Monat überwiesen werden.

b wie viel Silke, Elena, Beate und Jürgen durchschnittlich im Monat netto verdienen.

3

Silke hat von ihrer Berufsschule die Nachricht erhalten, dass sie der Fachklasse EU1 in Raum 135 zugeteilt wurde. Am ersten Schultag findet sie sich dort ein und stellt überrascht fest, dass der Raum hoffnungslos überfüllt ist. Ihr Klassenlehrer, Herr Neumann, erklärt, dass von den anwesenden 32 Schülern fünf nicht angemeldet waren. Ähnliche Verhältnisse bestehen auch in den Parallelklassen.

EU1	32 Schüler/-innen	EU3	26 Schüler/-innen
EU2	25 Schüler/-innen	EU4	29 Schüler/-innen

Stellen Sie den gerechten Ausgleich in den Klassenstärken der Klassen EU 1 bis 4 her.

4

In sechs Fachklassen einer Berufsschule ist die Anzahl der zu unterrichtenden Schüler unterschiedlich: 24; 26; 29; 27; 19; und 31 Schüler

a Errechnen Sie, wie viele Schüler in den Klassen im Durchschnitt unterrichtet werden.

Die sechs Klassen erhalten eine unterschiedliche Anzahl von Unterrichtsstunden in der Woche.

Klasse 1	11 Stunden	Klasse 3	10 Stunden	Klasse 5	8 Stunden
Klasse 2	8 Stunden	Klasse 4	13 Stunden	Klasse 6	10 Stunden

b Ermitteln Sie, wie viel Stunden Unterricht in den sechs Klassen im Durchschnitt gegeben werden.

5

Im Januar möchte Silke wissen, wie hoch die Telefonkosten im Durchschnitt aller Monate bis zum und ab Beginn ihrer beruflichen Ausbildung am 1. August waren. Sie vergleicht die in einem Ordner abgehefteten Rechnungen, indem sie die Rechnungsbeträge in eine Tabelle einträgt

Januar	19,78 €	Mai	26,84 €	September	121,76 €
Februar	23,20 €	Juni	28,52 €	Oktober	114,05 €
März	15,34 €	Juli	43,86 €	November	105,18 €
April	22,62 €	August	87,93 €	Dezember	99,24 €

a Berechnen Sie die Telefonkosten, die Silke im Durchschnitt aller Monate vor Ausbildungsbeginn zu zahlen hatte.

b Berechnen Sie die durchschnittliche Höhe der Telefonkosten nach Beginn der beruflichen Ausbildung.

c Ermitteln Sie, wie viel Silke im Durchschnitt aller Monate im letzten Jahr an die Telefongesellschaft überwiesen hat.

6

Der Abteilung Elektronik/Computer des City-Warenhauses liegen Bestandsdaten der Wäschetrockner zum 31.12. vor.

Datum	Bestand in Stück	Datum	Bestand in Stück	Datum	Bestand in Stück
01. Januar	38	30. Juni	42	31. Dezember	16
31. März	36	31. Oktober	26		

Der Bezugspreis (Einkaufspreis) für einen Wäschetrockner beträgt 340,00 €.

Berechnen Sie

a den durchschnittlichen Lagerbestand in Stück,

b den durchschnittlichen Lagerbestand in Euro.

7

In einer Kundenbefragung wird die Service-Qualität eines Einzelhandelsgeschäftes beurteilt und tabellarisch erfasst.

Berechnen Sie die Schulnote, mit der die Kunden die Service-Qualität einschätzen, indem Sie die Anzahl der Nennungen bei den Schulnoten berücksichtigen (gewogener Durchschnitt).

Schulnote	Kundenzahl
1	18
2	36
3	44
4	12
5	4
6	1

Rechenverfahren: gewogener Durchschnitt

8

Während eines Klassengesprächs in der Berufsschule erfährt Silke, dass ihre Mitschüler unterschiedliche Ausbildungsvergütungen (netto) erhalten.

7 Schüler	550,20 €	1 Schüler	548,20 €
12 Schüler	498,00 €	1 Schüler	530,40 €
4 Schüler	472,00 €		

Ermitteln Sie das durchschnittliche Einkommen aller Schüler der Klasse.

9

Die Schüler von sechs Berufsschulklassen haben eine unterschiedlich viele Unterrichtsstunden.

Klasse 1	24 Schüler	11 Stunden	Klasse 4	27 Schüler	11 Stunden
Klasse 2	26 Schüler	9 Stunden	Klasse 5	19 Schüler	9 Stunden
Klasse 3	29 Schüler	10 Stunden	Klasse 6	32 Schüler	10 Stunden

Berechnen Sie die Anzahl von Unterrichtsstunden, die die Schüler der Klassen 1 bis 6 im Durchschnitt wöchentlich haben.

10

In einer Klasse erhalten die Schüler jede Woche von ihren Eltern Taschengeld.

7 Schüler	18,00 €	5 Schüler	20,00 €
4 Schüler	22,00 €	6 Schüler	25,00 €
2 Schüler	30,00 €		

a Berechnen Sie den Betrag, der im Durchschnitt als Taschengeld gezahlt wird.
b Ermitteln Sie, wie viel Euro alle Schüler der Klasse im Durchschnitt erhalten.

11

Im neuen Schuljahr sind 416 Auszubildende aus dem Einzelhandel, dem Großhandel, der Industrie und aus Kreditinstituten in 16 Klassen eingeschult worden.

Berechnen Sie die durchschnittliche Klassenstärke.

12

Eine Fragebogenaktion in einhundert ausgesuchten Familien über Ausgaben für Ernährung und Wohnen ergab:

24 Familien	1 650,00 €	16 Familien	2 480,00 €	17 Familien	2 200,00 €
20 Familien	1 950,00 €	23 Familien	1 750,00 €		

Errechnen Sie die durchschnittlichen Ausgaben aller Familien.

13.2 Dreisatzrechnen

Dreisatzrechnen siehe Anhang des Informationshandbuches

≙ heißt „entspricht“

1

Regelmäßig werden im Baumarkt „Heim & Hobby“ samstags und bei besonderen Verkaufsaktionen Schülerinnen und Schüler als Aushilfen eingesetzt, damit ausreichend Personal für die Kunden zur Verfügung steht. Claudia Hoffs hat beim letzten Einsatz für 16 Stunden (h) 144,00 € erhalten. Diesmal sind 22 Stunden abzurechnen.

Dreisatzrechnen

160 h ≙ 1 600,00 €
140 h ≙ x

$$x = \frac{1\,600{,}00\text{ €} \cdot 140\text{ h}}{160\text{ h}} = 1\,400{,}00\text{ €}$$

Berechnen Sie den Betrag, den Claudia nun ausbezahlt bekommt.

2

Bianca, 17 Jahre alt, hat am 01.08.20(0) eine Ausbildung zur Kauffrau im Einzelhandel begonnen. Die dreimonatige Probezeit hat sie hinter sich, und sie ist froh, dass sie in ihrem Ausbildungsbetrieb bleiben kann, da dieser Betrieb für eine gründliche Ausbildung bekannt ist.

Auf einer betriebsinternen Schulung wurde den Auszubildenden ein Informationsblatt zur Urlaubsregelung gegeben

Information zur Urlaubsregelung

1. Der Urlaub dient der Erhaltung und Wiederherstellung der Arbeitskraft des Arbeitnehmers.
2. Urlaubsjahr ist das Kalenderjahr.
3. Der Urlaub beträgt im Kalenderjahr
   * bis zum vollendeten 20. Lebensjahr 30,
   * nach dem vollendeten 20. Lebensjahr 32,
   * nach dem vollendeten 23. Lebensjahr 34,
   * nach dem vollendeten 30. Lebensjahr 36 Werktage.
4. Jeglicher Urlaubsanspruch entsteht erstmalig nach Ablauf einer dreimonatigen ununterbrochenen Zugehörigkeit zu demselben Betrieb.
5. Für das Urlaubsjahr, in dem das Arbeitsverhältnis beginnt oder endet, steht dem Arbeitnehmer für jeden vollen Beschäftigungsmonat 1/12 des Jahresurlaubs zu.
6. Bruchteile von Urlaubstagen sind auf volle Urlaubstage aufzurunden.

Berechnen Sie den Urlaubsanspruch von Bianca für das Jahr 20(0) mithilfe der Dreisatzrechnung.

3

Manfred und Stefan sind erst seit wenigen Monaten im Lebensmittelmarkt Steiner beschäftigt. Sie möchten wissen, wie viel Urlaubstage sie haben.

* Manfred, 19 Jahre alt, 4 Monate betriebszugehörig
* Stefan, 24 Jahre alt, 8 Monate betriebszugehörig

Bestimmen Sie die Gesamturlaubswerktage der beiden Mitarbeiter. Verwenden Sie die Informationen zur Urlaubsregelung aus Aufgabe 2.

4

Ein Einzelhandelsunternehmen beschäftigt Arbeitnehmer, deren Alter, Anzahl und Betriebszugehörigkeit tabellarisch aufgeschlüsselt wurden.

Beschäftigte		
Anzahl	**Alter**	**Betriebszugehörigkeit**
3	17	jeweils 5 Monate
2	18	8 und 12 Monate
2	19	6 und 9 Monate
6	22	jeweils 4 Jahre
1	24	6 1/2 Jahre

Bestimmen Sie die Gesamturlaubszeit (Anzahl der Urlaubswerktage). Verwenden Sie die Informationen zur Urlaubsregelung aus Aufgabe 2.

5

Ein Abteilungsleiter erhält bei einem monatlichen Umsatz von 250 000,00 € eine Prämie von 750,00 €.

Berechnen Sie die Prämie für einen Umsatz von 280 000,00 €.

6

Ein Ausbildungsbetrieb hat monatliche Gehaltsaufwendungen für sieben Beschäftigte in Höhe von 13 475,00 €. Es werden zwei neue Kollegen zu den gleichen Bedingungen eingestellt.

Berechnen Sie, mit welchen Gehaltsaufwendungen das Unternehmen ungefähr rechnen muss.

7

In einer Sonderaktion wurden zwölf Elektrobohrmaschinen der Marke „Latos" zu insgesamt 675,00 € an einen Kunden verkauft. Eine Woche später wünscht der Kunde weitere fünf Maschinen aus dieser Aktion zum alten Preis je Maschine.

Berechnen Sie den Verkaufspreis der fünf Elektrobohrer.

8

Die KuBo GmbH zahlte im vorherigen Jahr ihren 15 Mitarbeitern insgesamt 1 080,00 € Prämie. In diesem Jahr wurden zusätzlich zwei Kollegen eingestellt.

Ermitteln Sie, welche Prämie die KuBo GmbH insgesamt zahlen muss, wenn jeder Mitarbeiter den gleichen durchschnittlichen Prämienbetrag wie im vorherigen Jahr erhalten soll.

9

Die Verkaufsprämie für eine Filialleiterin betrug im April 278,00 € bei einem Monatsumsatz von 139 000,00 €.

Errechnen Sie die Verkaufsprämie für den Monat Mai unter Berücksichtigung einer Umsatzsteigerung von 6 000,00 €.

10

Rechenverfahren: Dreisatz mit ungeradem Verhältnis

Sandra, Martin und Marion haben den Auftrag, drei Paletten Margarine auszuzeichnen und einzuräumen. Der Abteilungsleiter erwartet, dass diese Arbeit wie immer in 90 Minuten erledigt ist. Als sich die Drei an die Arbeit machen wollen, werden Martin und Marion an die Kasse gerufen. Sandra steht nun allein vor der Arbeit. Sie beschwert sich. Daraufhin wird ihr die Auszubildende Petra zur Mitarbeit geschickt.

Berechnen Sie die Zeit, die Sandra und Petra benötigen, um die Ware auszuzeichnen und einzuräumen.

Hilfsfragen zu Aufgabe 10

* Wie viele Arbeitskräfte werden gewöhnlich benötigt, damit der erteilte Auftrag in 90 Minuten erledigt ist?
* Wie viel Zeit hätte Sandra voraussichtlich gebraucht, wenn sie die Arbeit allein hätte erledigen müssen?
* Schätzen Sie ungefähr ab, wie viel Zeit Sandra und Petra voraussichtlich für das Auszeichnen und Einräumen der drei Paletten Margarine benötigen

11

Der Ausbildungsbetrieb von Bianca schließt um 18:30 Uhr. Oft verlässt der letzte Kunde den Verkaufsraum wesentlich später, sodass die Aufräumarbeiten entsprechend später beginnen können.

Im Durchschnitt sind Bianca und vier weitere Kollegen 24 Minuten mit den Aufräumungsarbeiten beschäftigt, sodass sie dann in den verdienten Feierabend gehen können. Am 13. September fehlt ein Kollege wegen Krankheit.

Berechnen Sie, wie lange die Aufräumungsarbeiten heute dauern werden.

12

Ihr Ausbildungsbetrieb erhält um 16:00 Uhr den Auftrag, 30 Artikel zu verpacken, die bis 18:00 Uhr zum Abholen fertig sein müssen. Der Chef beauftragt damit gewöhnlich drei Auszubildende, die dies in 120 Minuten auch schaffen.

Stellen Sie fest, wann die Sendung verpackungsfertig ist, wenn zwei weitere Auszubildende damit beauftragt werden.

13

Mit fünf Mitarbeitern dauerte die Durchführung einer Werbeaktion im vergangenen Geschäftsjahr sechs Tage.

Ermitteln Sie, mit wie vielen Tagen man in diesem Jahr für das gleiche Vorhaben rechnen muss, wenn nur drei Mitarbeiter zur Verfügung stehen.

14

Für Inventurarbeiten benötigten im Vorjahr sieben Angestellte sechs Tage. In diesem Jahr sollen die Inventurarbeiten in vier Tagen beendet sein.

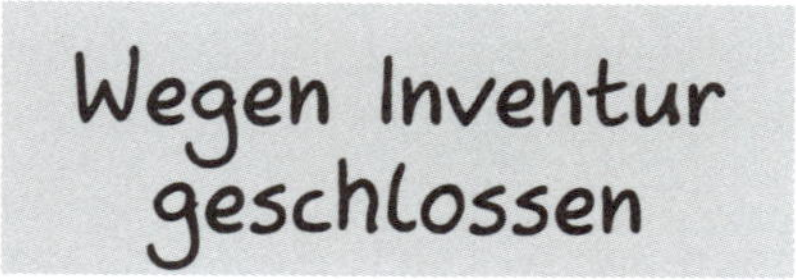

Entscheiden Sie, wie viele Angestellte nun für diese Arbeiten abzustellen sind.

15

In den vergangenen sechs Tagen wurden von einem Artikel durchschnittlich 700 Stück verkauft.

Berechnen Sie, wie lange der gleiche Vorrat reicht, wenn man von einem durchschnittlichen Tagesbedarf von 525 Stück ausgeht.

16

Der Bestand an Fotokopierpapier reicht bei einem Tagesbedarf von 500 Blatt noch 30 Tage.

Stellen Sie fest, wie lange der Vorrat reichen wird, wenn der Tagesbedarf um die Hälfte steigt.

17

Rechenverfahren: zusammengesetzter Dreisatz

Ein Warenhaus bietet in jedem Frühjahr auf dem Parkpla Pflanzen und Gartenbedarf in einem großen Zelt an. Dafür wurden im letzten Jahr vier Mitarbeiter für sechs Arbeitstage bei täglich acht Stunden Arbeitszeit aus anderen Abteilungen abgezogen. Die Abteilung Gartenbedarf wurde dafür mit 4 200,00 € Personalkosten belastet. In diesem Jahr soll die Aktion zwölf Arbeitstage dauern. Allerdings werden wegen einer verringerten Verkaufsfläche nur drei Mitarbeiter benötigt. Die Arbeitszeit wird durch Konzentration auf verkaufsstarke Zeiten auf sechs Stunden täglich reduziert. Der Leiter der Buchhaltung hat nun festzustellen, in welcher Höhe der Abteilung Gartenbedarf in diesem Jahr Personalkosten für den Verkauf im Zelt zugerechnet werden müssen.

Er geht davon aus, dass er die Kosten vom letzten Jahr von 4 200,00 € auch in diesem Jahr als Umrechnungsgrundlage nehmen kann.

Errechnen Sie die Personalkosten, die der Abteilung „Gartenbedarf" in diesem Jahr durch den Zeltverkauf zugerechnet werden.

Lösungshilfen

* Fassen Sie den Personaleinsatz und die belasteten Personalkosten beim Zeltverkauf im letzten Jahr in einem Satz zusammen. Wenn *x* Mitarbeiter an *y* Arbeitstagen jeweils *z* Stunden täglich eingesetzt werden, entstehen Personalkosten in Höhe von *p*.
* Wie lauten die Bedingungen in diesem Jahr?
* Stellen Sie überschlägig fest, ob die diesjährigen Personalkosten höher oder niedriger ausfallen als im letzten Jahr. Prüfen Sie dazu die Umrechnungsbedingungen Mitarbeiter, Arbeitstage, Arbeitszeit jeweils gesondert.
* Stellen Sie die mathematische Beziehung zwischen der veränderten Mitarbeiterzahl und den Personalkosten in Form eines Dreisatzes dar. Werden *x* Mitarbeiter eingesetzt, entstehen Personalkosten in Höhe von *p* € bei ...
* Wie ist die Aussage zu verstehen, dass die Abteilung Gartenbedarf mit 4 200,00 € Personalkosten belastet wird?

18

Zur Eröffnung einer neuen Zweigstelle lässt ein Warenhausunternehmen Rosen an die Kunden verteilen. Am ersten Tag verteilen zwei Mitarbeiter in fünf Stunden 4 500 Rosen. Am zweiten Tag soll nur noch ein Mitarbeiter eingesetzt werden, der acht Stunden lang Rosen verteilt.

Berechnen Sie, wie viele Rosen das Warenhaus für den zweiten Tag bereithalten muss, wenn man davon ausgeht, dass sich der Kundenzulauf ähnlich wie am ersten Tag verhält.

19

Für die Einrichtung einer Filiale sollen sechs Angestellte bei einer Arbeitszeit von täglich acht Stunden zwölf Tage lang eingesetzt werden.

Ermitteln Sie, auf wie viele Tage man die vorgesehene Einrichtungszeit verkürzen kann, wenn man die tägliche Arbeitszeit um eine Stunde verlängert und zusätzlich zwei Mitarbeiter einsetzt.

20

Zur Durchführung einer Inventur brauchen sechs Angestellte vier Tage mit einer Arbeitszeit von jeweils acht Stunden täglich.

Berechnen Sie, auf wie viele Stunden die tägliche Arbeitszeit heraufgesetzt werden muss, um infolge der Erkrankung von zwei Angestellten die Bestandsaufnahme in fünf Tagen auszuführen.

21

Wenn eine neue Filiale mit vier Arbeitskräften besetzt wird, die täglich je 7,5 Stunden arbeiten, fallen im Monat 6 450,00 € Lohnkosten an.

Ermitteln Sie die monatlichen Lohnkosten, wenn sieben Personen eingesetzt werden, die täglich aber nur je fünf Stunden arbeiten.

22

Für eine Schreibarbeit von 500 Seiten benötigen zwei Schreibkräfte 40 Stunden, wenn sie 240 Anschläge pro Minute schreiben.

Stellen Sie fest, wie viele Stunden drei Schreibkräfte für 450 Seiten benötigen, wenn sie 220 Anschläge pro Minute schreiben.

23

Während einer Werbeaktion werden an vier Tagen 70 Flaschen Wein benötigt, wenn an die Kunden stündlich 50 Probiergläser ausgegeben werden.

Geben Sie an, wie viele Flaschen benötigt werden, wenn die Aktion nur an drei Tagen läuft und stündlich nur 45 Proben ausgegeben werden?

24

Mit der Renovierung seines Ladens beauftragt ein Einzelhandelsgeschäft einen Malerbetrieb, der sechs Handwerker zwölf Tage bei einer täglichen Arbeitszeit von acht Stunden einsetzen will. Die Arbeiten sollen jedoch schon innerhalb von acht Tagen erledigt sein.

Berechnen Sie, wie viele Handwerker nötig sind, wenn täglich neun Stunden gearbeitet werden kann.

25

In einem Warenhaus befinden sich 35 Kassen, an denen im Durchschnitt 240 Kunden pro Tag bezahlen.

Ermitteln Sie, wie viele weitere Kassen eingerichtet werden müssten, um im Interesse kürzerer Wartezeiten die durchschnittliche Zahl der Kunden auf 200 zu senken.

26

In den vergangenen vier Monaten sind für ein Faxgerät insgesamt 18 Papierrollen eingesetzt worden. Heute soll der Bedarf an Faxrollen für die nächsten zwölf Monate bestellt werden.

Stellen Sie fest, mit wie vielen Papierrollen bei gleichbleibender Nutzung des Faxgerätes zu rechnen ist.

27

Die Geschäftsfläche eines Einzelhandelsgeschäftes ist von 180 m^2 um 40 m^2 erweitert worden. Bisher sind Sachaufwendungen für Geschäftsräume wie Energie, Reinigungsmittel u. Ä. in Höhe von 16 200,00 € entstanden.

Ermitteln Sie, in welcher Höhe voraussichtlich zukünftig Sachaufwendungen für Geschäftsräume entstehen werden, wenn die Erweiterung der Geschäftsfläche berücksichtigt wird.

28

In einem Getränkemarkt werden den Kunden Kostproben einer Weinsorte angeboten. Der Weinvorrat reicht für sechs Verkaufstage, wenn durchschnittlich zweihundert Proben pro Tag ausgegeben werden.

Berechnen Sie, für wie viele Tage der Weinvorrat reichen würde, wenn an einem Tag im Durchschnitt 150 Gläser Wein ausgeschenkt würden.

29

In der Lebensmittelabteilung eines Warenhauses wurden bisher für täglich 8.000 Kunden bei einer durchschnittlichen Einkaufszeit von 20 Minuten 600 Einkaufswagen benötigt.

Ermitteln Sie, wie viele Einkaufswagen das Warenhaus zusätzlich beschaffen muss, wenn nach einem Umbau mit täglich 9.000 Kunden gerechnet wird, die durchschnittlich 25 Minuten für einen Einkauf benötigen.

13.3 Prozentrechnen

Prozentrechnen siehe Anhang des Informations-Handbuches

1

Im City-Warenhaus Bauer wurden im Monat April 21 Fläschchen Piccolo-Sekt an Kunden verschenkt, die an der Kasse einen Preisnachlass verlangten. Im Monat Mai waren es 28 Fläschchen.

Prozentrechnen

$50{,}00\,€ \triangleq 100\,\%$

$60{,}00\,€ \triangleq x$

$$x = \frac{100\,\% \cdot 60{,}00\,€}{50{,}00\,€} = 120\,\%$$

Berechnen Sie die Veränderung in Prozent.

2

Das Sortiment eines Einzelhandelsgeschäftes wurde um 1 200 Artikel auf 13 600 Artikel erweitert.

Berechnen Sie die Steigerung in Prozent.

3

Der Abholpreis eines Möbelmarktes für ein Kinderzimmer beträgt 4 560,00 €. Bei Zustellung des Zimmers bis zum Haus des Kunden wird ein pauschaler Zuschlag in Höhe von 100,00 € erhoben.

Stellen Sie fest, um wie viel Prozent sich der Abholpreis erhöht.

4

Bei einer Werbeaktion wird der Preis eines Pullovers von 180,00 € auf 135,00 € reduziert.

Berechnung Sie, wie viel Prozent die Preisermäßigung beträgt.

5

Das Haushaltswarenfachgeschäft Hermsen erzielte im Jahre 20(0) die nebenstehenden Umsätze.

a Geben Sie an, wie viel Umsatz mit der Warengruppe C erzielt wurde.

b Berechnen Sie den der Anteil Warengruppe A am Gesamtumsatz in Prozent.

Warengruppe	Umsatz
A	125 580,00 €
B	206 595,00 €
C	
D	164 550,00 €
gesamt	627 900,00 €

6

Im Biker-Shop liegt am Ende des Jahres 20/0) die Umsatzstatistik vor.

Warengruppe		Umsatz 20(–1)	Anteil %	Umsatz 20(0)	Anteil %	Umsatzveränderungen	
						€	%
I	Tourenräder	426 400,00 €		445 000,00 €			
II	Rennsporträder	606 800,00 €		747 600,00 €			
III	Fahrrad-Zubehör	246 000,00 €		231 400,00 €			
IV	Sportbekleidung	360 800,00 €		356 000,00 €			

Ermitteln Sie

a die Umsatzanteile der einzelnen Warengruppen in Prozent,
b die Umsatzveränderungen in Euro und in Prozent.

7

Das Zweirad-Center Breuer hat eine Personalstatistik für einen Jahresvergleich angelegt.

Jahr	Personalbestand	Umsatz	Umsatz pro Person	Branchen-durchschnitt	Abweichung vom Branchendurchschnitt %
20(0)	11	1 780 000,00 €		180 500,00 €	
20(–1)	10	1 640 000,00 €		178 000,00 €	

Welcher Wert ist beim Vergleich zum Branchendurchschnitt mit 100 % gleichzusetzen?

a Ergänzen Sie die Übersicht mit der Personalleistung (Umsatz pro Person). Runden Sie auf volle Euro.
b Beurteilen Sie die Personalleistung des Betriebes im Vergleich zum Branchendurchschnitt.

8

Der Umsatz eines Einzelhandelsgeschäftes entwickelte sich laut unten stehender Übersicht:

Jahr	20(–3)	20(–2)	20(–1)	20(0)
Mio. €	9,7	10,9	11,5	11,9
Veränderung in €	XXXX			
Veränderung in %	XXXX			

Welcher Wert ist mit 100 % gleichzusetzen?

Berechnen Sie die jährlichen Veränderungsraten in Euro und in Prozent jeweils verglichen mit dem Vorjahr.

9

Im Jahre 20(–1) betrug der Umsatz eines Einzelhandelsgeschäftes 980 000,00 €. Im Jahre 20(0) konnte der Umsatz auf 1 150 000,00 € gesteigert werden.

Berechnen Sie den Umsatzzuwachs in Prozent.

10

Das Textilfachgeschäft Alfred Werner befragte 360 Kunden, welcher Gesichtspunkt ihnen der wichtigste bei der Entscheidung sei, wo sie einkaufen.

Kundenzahl	Aussage	Prozentanteil
126	niedrige Preise	
108	hohe Qualität der Ware	
72	freundliches Personal	
54	umfangreiche Serviceleistungen	
360		

Berechnen Sie die Kundenaussagen als Prozentanteile.

11

Ein Getränkemarkt möchte die Rücklauf-Quote seiner Mehrweg-Getränkeflaschen berechnen. Zu diesem Zweck sind für einen Monat alle für vier Warengruppen erfasst worden.

Warengruppe	Absatz in Stück	Leergutrückgabe in Stück	Mehrwegquote in %
Bier	95 400	86 814	
Mineralwasser	86 200	80 166	
Fruchtsaft	21 600	17 280	
Wein	550	264	

Berechnen Sie anhand der Angaben die Mehrweg-Quote in Prozent des Absatzes.

12

Eine Kundenberaterin erhält ein Bruttogehalt von 1 800,00 €. Es wurden 1 422,00 € auf ihr Bankkonto überwiesen.

Berechnen Sie den Gehaltsabzug in Prozent.

13

Waren sind nach nebenstehender Preisliste ausgezeichnet worden.

Ermitteln Sie, wie viel Umsatzsteuer in Euro in diesen Beträgen jeweils enthalten ist. Berücksichtigen Sie die unterschiedlichen Umsatzsteuersätze.

Lebensmittel und Verlagserzeugnisse: 7 % Umsatzsteuer

Auszeichnungspreis	Umsatzsteuersatz
416,50 €	19 %
14,28 €	19 %
9,99 €	7 %
4 599,00 €	19 %
3,98 €	7 %

14

Ein Preis, mit dem eine Ware ausgezeichnet ist, enthält 53,20 € Umsatzsteuer zum normalen Satz 19 %.

Ermitteln Sie

a den Nettoverkaufspreis
b den Bruttoverkaufspreis

Der Preis eines Lebensmittels enthält 1,12 € Umsatzsteuer zum ermäßigten Satz 7 %.

Ermitteln Sie

c den Nettoverkaufspreis
d den Bruttoverkaufspreis

15

Auf einem Kassenbon sind 19 % Umsatzsteuer als 12,73 € ausgewiesen worden.

Berechnen Sie

a den Nettobetrag
b den Bruttobetrag

16

Die Grafik zeigt Waren und Geldströme im Umsatzsteuersystem.

Das Umsatzsteuer-System

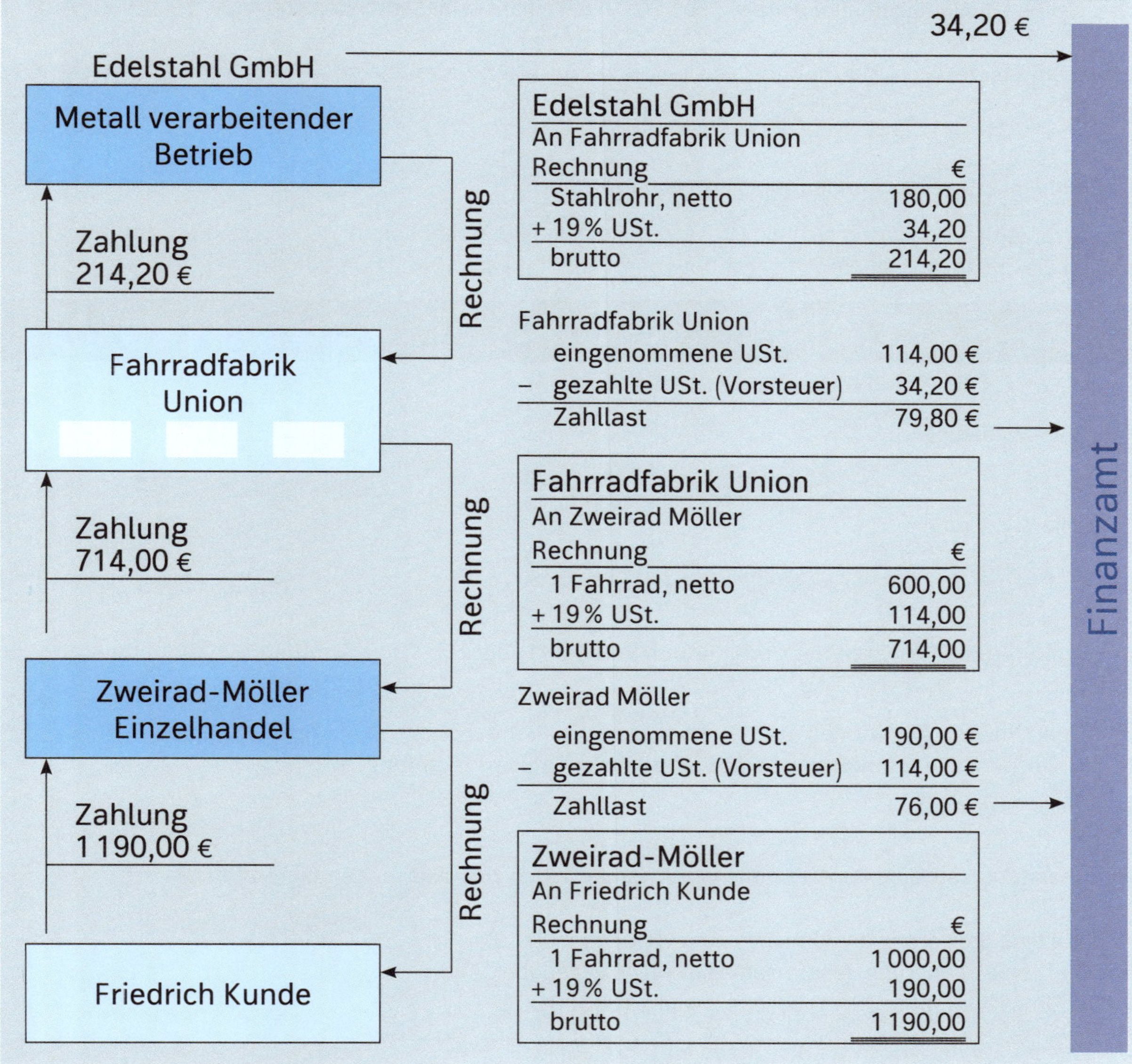

a Beschreiben Sie den Weg des Stahlrohrs zum Fahrrad.
b Welchen Verlauf nehmen die Zahlungen?
c Warum zahlt die Fahrradfabrik Union nur 79,80 € an das Finanzamt?
d Welchen Betrag erhält das Finanzamt insgesamt?
e Wie viel Euro Umsatzsteuer zahlt Friedrich Kunde?
f Wie viel Euro muss das Fachgeschäft Zweirad-Möller aus „eigener Tasche“ an Umsatzsteuer entrichten?

17

Der Jahresumsatz eines Einzelhandelsgeschäftes beträgt 465 450,00 € und liegt damit um 7 % höher als im Vorjahr.

Berechnen Sie den Vorjahresumsatz und die Umsatzsteigerung in Euro.

18

Bei einem Teilzahlungskauf zahlt eine Kundin 904,70 € für eine Geschirrspülmaschine einschließlich eines Teilzahlungsaufschlages von 9 %.

a Ermitteln Sie den Aufschlag und den eigentlichen Verkaufspreis in Euro.
b Berechnen Sie, wie viel Euro die Kundin gespart hätte, wenn sie bei Barzahlung 3 % Skonto ausgenutzt hätte.

19

Das Gehalt eines Angestellten beträgt 2 964,00 € nach einer Gehaltserhöhung von 4 %.

Ermitteln Sie die Gehaltserhöhung und die Höhe des alten Gehaltes.

20

Der Kundenkartei eines Kunden ist zu entnehmen:

Im Jahre 20(0) verringerten sich die Umsatzerlöse gegenüber dem Vorjahr 20(−1) um 10 %. Im Jahr 20(+1) gingen die Erlöse um weitere 5 % gegenüber dem Jahr 20(0) auf 40 425,00 € zurück.

		Umsatz in €		%	%
Umsatz 20(−1)	1. Jahr		≙	100	
Umsatz-Minderung			≙	− 10	
Umsatz 20(0)	2. Jahr		≙	90	⟶ 100
Umsatz-Minderung			≙		− 5
Umsatz 20(+1)	3. Jahr		≙		95

Ermitteln Sie die Umsätze mit dem Kunden von 20(−1) bis 20(+1). Verwenden Sie die oben stehende Übersicht.

a Tragen Sie den gegebenen Euro-Wert an entsprechender Stelle in die Aufstellung ein.
b Berechnen Sie die fehlenden Werte mithilfe der Dreisatzrechnung.

21

Der Gesamtumsatz eines Unternehmens schwankte in den zurückliegenden Jahren:

* 20(0) eine Steigerung des Umsatzes um 15 % gegenüber 20(−1);
* 20(+1) eine Minderung des Umsatzes um 10 % gegenüber 20(0);
* Der Umsatz im Jahre 20(+1) belief sich auf 1 138 500,00 €.

Berechnen Sie die Höhe des Umsatzes im Jahre 20(−1).

22

Ein nicht absetzbarer Warenposten wird sechs Monate nach dem Einkauf um 30 % im Preis herabgesetzt. Für eine Sonderangebotsaktion wird der Preis vier Monate später noch einmal um 20 % ermäßigt. Schließlich wird der immer noch vorhandene Posten nach einer weiteren Preisherabsetzung von 10 % für 1 260,00 € in einem „Super-Sonderangebot" angeboten.

Ermitteln Sie den ursprünglichen Verkaufspreis.

23

Die Tabelle stellt den Anteil der Barverkäufe und der Kreditverkäufe (Verkäufe gegen Rechnung) am Umsatz lückenhaft dar.

Jahr	Umsatz in €	Barverkäufe in €	Anteil in %	Kreditverkäufe in €	Anteil in %	Branchendurchschnitt bei Kreditverkäufen in %
20(0)	1 780 000,00	1 386 620,00		393 380,00		23,8
20(−1)	1 640 000,00			334 560,00		23,3
20(−2)	1 580 000,00		80,2			22,9

Ergänzen Sie die fehlenden Werte in der Tabelle.

24

Eine Verkaufsmitarbeiterin des City-Warenhauses Bauer erhält auf einen leicht beschädigten Artikel 10 % Preisnachlass. Nach Abzug ihres Personalrabatts von 15 % zahlt sie für diesen Artikel noch 137,70 €.

Berechnen Sie den ursprünglichen Auszeichnungspreis dieses Artikels.

25

Im City-Warenhaus Bauer werden regelmäßig die Umsätze von Kunden, die eine Kundenkarte besitzen, verglichen mit den Umsätzen jener Kunden, die keine Karte verwenden. Als Stichprobe wurden jeweils die ersten Montage der Monate Mai, Juni, Juli ausgewählt.

Datum 20(0)	Umsatz gesamt in €	Anzahl Kunden	Umsatz mit Karte in €	Anzahl Kunden	Umsatz ohne Karte in €	Anzahl Kunden
03.05.	25 400,00	410	10 610,00	158	15 240,00	252
07.06.	26 200,00	433	11 004,00	168	15 196,00	265
05.07.	24 700,00	388	10 621,00	154	14 079,00	234

a Werten Sie die Stichprobe aus und ergänzen Sie die nachfolgende Tabelle.

Datum 20(0)	Durchschnittsumsatz je Kunde in €	Durchschnittsumsatz je Kunde mit Karte in €	Durchschnittsumsatz je Kunde ohne Karte in €	Käufer mit Kundenkarte in %
03.05.				
07.06.				
05.07.				

b Erläutern Sie das Ergebnis der Stichprobe.

Abschlussaufgabe 2 in Lernfeld 3

Situation
Seit vier Wochen sind Sie an der Kasse des SB-Warenhaus es Krengel eingesetzt. Neben der Barzahlung bietet Ihr Geschäft auch alle gängigen kartengestützten Zahlungsmöglichkeiten an.

1

a Ein Kunde mit fünf Artikeln in seinem Einkaufswagen kommt zu Ihnen an die Kasse. Beschreiben Sie all Ihre Tätigkeiten bis zur Nennung des Kaufbetrages.
b Zur Bezahlung gibt der Kunde Ihnen einen 50-Euro-Schein. Um die Echtheit der Banknote zu prüfen, sollen Sie den Schein laut Kassenanweisung fühlen, sehen und kippen. Nennen Sie jeweils ein Sicherheitsmerkmal, das Sie bei diesen drei Kontrollhandlungen prüfen können.
c Beschreiben Sie, wie Sie sich verhalten, wenn Sie Zweifel an der Echtheit des 50-Euro-Scheins haben.

2

a Nachdem ein Kunde an der Kasse bezahlt hat, händigen Sie ihm den abgebildeten Kundenbeleg aus. Beschreiben Sie den Ablauf dieses Zahlungsvorgangs.
b Erläutern Sie jeweils zwei Vorteile des girocard-Verfahrens für den Kunden und für das SB-Warenhaus Krengel.
c Als der nächste Kunde seine Einkäufe mit der Girokarte bezahlen möchte, bekommt er von Ihnen einen Beleg zur Unterschrift vorgelegt. Nennen Sie das Zahlungsverfahren, das in diesem Fall ausgeführt wird.

-K-U-N-D-E-N-B-E-L-E-G-
SB-Warenhaus
Krengel
Am Steingraben 24-26
55128 Mainz
06131-45780

Datum 07.11.20(0)	15:50 Uhr
Beleg-Nr.	0425
Trace-Nr.	006632

Kartenzahlung
girocard

Nr.	
################	5500024
gültig bis	12/20(0)
VU-Nr.	1202454798
Terminal-ID	65454798
Pos-Info	00 0624 00
AID	881541
AS-Zeit 07.11.	15:50 Uhr
Betrag €	59,95

Zahlung erfolgt
Bitte Beleg aufbewahren

Ich ermächtige das umseitig genannte Unternehmen, einmalig eine Zahlung von meinem Konto mittels Lastschrift einzuziehen. Zugleich weise ich mein Kreditinstitut an, die von obigen Unternehmen auf mein Konto gezogene Lastschrift einzulösen.

Hinweis: Ich kann innerhalb von acht Wochen, beginnend mit dem Belastungsdatum, die Erstattung des belasteten Betrages verlangen...

Adressweitergabe bei Nichteinlösung

Ich weise mein Kreditinstitut unwiderruflich an, bei Nichteinlösung der Lastschrift umseitig genanntem Unternehmen ... auf Anforderung meinen Namen und meine Anschrift zur Geltendmachung der Forderung mitzuteilen.

Im Falle der Nichteinlösung ermächtige ich das umseitig genannte Unternehmen meine Daten in die Sperrdatei des SB-Warenhaus Krengel aufzunehmen. Der Sperreintrag wird nach Begleichung des Forderungsbetrages gelöscht.

____

(Unterschrift des/der Karteninhabers/-in)

d Erklären Sie, welche Rechte der Kunde als Karteninhaber dem SB-Warenhaus und seiner Bank mit der Unterschrift einräumt.
e Erläutern Sie Gründe, warum das SB-Warenhaus beide Zahlungsverfahren anwendet.

3

Eine Kundin legt Ihnen zur Bezahlung der Waren im Wert von 160,85 € ihre Kreditkarte hin.

a Beschreiben Sie vier Arbeitsschritte, die zur weiteren Zahlungsabwicklung an der Kasse erforderlich sind.
b Nennen Sie jeweils zwei Vorteile und Nachteile, die eine Nutzung der Kreditkarte für die Kundin mit sich bringt.
c Von Ihrem Chef wissen Sie, dass er es gar nicht so gerne sieht, wenn Kunden mit der Kreditkarte zahlen. Erläutern Sie diesen Standpunkt aus Sicht des Einzelhändlers.
d Berechnen Sie für den Verkaufswert von 160,85 € die Provision in Euro, die an die Kreditkartenorganisation zu zahlen ist. Es werden 0,3 % Provision in Rechnung gestellt.

4

Seit einiger Zeit liegen Flyer für die Krengel card an der Kasse aus.

a Formulieren Sie in wörtlicher Rede, wie Sie die Kunden auf die Vorteile der neuen „Krengel card" aufmerksam machen können.
b Erklären Sie die Funktion der Kundenkarte als Mittel zur Kundenbindung an das SB-Warenhaus.
c Berechnen Sie die Höhe des Bonusgutscheins für einen Kunden mit 874,65 € Jahresumsatz.
d Durch den Einsatz der Kundenkarte erhält der Einzelhändler eine Vielzahl von Informationen über das Kaufverhalten der Kunden. Nennen Sie drei Informationen, die in einer Kundendatei gespeichert werden können.
e Beschreiben Sie eine Möglichkeit, wie das SB-Warenhaus Krengel die Informationen aus der Kundendatei nutzen kann.

Die neue Krengel card
Ihr ständiger Einkaufs-Begleiter

Einkaufen und Sparen!

Profitieren Sie bei jedem Einkauf von Ihrer neuen Krengel card.

* Sammeln Sie auf Ihrem Kundenkonto alle Umsätze, die Sie während eines Jahres tätigen.
* Nach einem Jahr erhalten Sie einen Bonusgutschein auf Ihre Umsätze.
* Sie nehmen automatisch an Gewinnspielen teil.
* Wir informieren Sie regelmäßig und exklusiv über unsere Top- Angebote.

Bonusstaffel

Jahresumsatz	Bonus
ab 250,00 €	2 %
ab 1 200,00 €	4 %
ab 2 500,00 €	6 %

Kommen Sie in den Genuss dieser Vorteile und beantragen Sie Ihre persönliche Krengel card.

5

Am Ende eines Geschäftstages führen Sie die Kassenabrechnung durch.

Daten für die Kassenabrechnung	Beträge in €
Wechselgeld zu Beginn des Tages	180,00
Wechselgeld am Ende des Tages	225,70
Kundenrechnungen bar bezahlt	574,43
Frachtkosten eines Spediteurs, die aus der Kasse bezahlt wurden	41,65
Bankeinzahlung	6 300,00
Privatentnahme durch den Geschäftsinhaber	500,00

a Berechnen Sie die Barverkäufe des Tages (Ist-Barverkäufe).
b Der elektronische Kassenbericht für diesen Tag weist Barverkäufe (Soll-Barverkäufe) in Höhe von 6 292,92 € aus. Prüfen Sie, ob eine Kassendifferenz vorliegt, und geben Sie mögliche Gründe dafür an.
c Beschreiben Sie, was neben den Barverkäufen zu berücksichtigen ist, um den Gesamtumsatz des Geschäftstages zu ermitteln.

6

Mithilfe des Warenwirtschaftssystems erstellt das SB-Warenhaus Krengel monatlich verschiedene Berichte, die wichtige Auskünfte über den Geschäftsverlauf geben.

Finanzbericht	April 20(–1)	April20(0)	Veränderung in %
Gesamtumsatz brutto in €	422 601,32	411 501,79	
Kundenzahl	24 678	23 804	
Artikelzahl	182 098	198 266	
Umsatz pro Kunde in €	17,12	17,29	
Warenbereichsbericht, Umsatz in €			
Non-Food insgesamt	93 428,17	78 819,12	
Food insgesamt	329 173,15	332 682,67	
davon:			
• Getränke	23 770,45	17 944,16	
• Frische-Theken	50 112,20	66 393,93	
• Obst und Gemüse	101 380,32	105 605,95	
• Trockensortiment	153 910,18	142 738,63	
Stundenfrequenzbericht, Kundenzahl			
08:00–09:00 Uhr	1 128	938	
09:00–10:00 Uhr	1 702	1 533	
10:00–11:00 Uhr	2 422	2 610	
11:00–12:00 Uhr	2 694	2 773	
12:00–13:00 Uhr	1 801	1 753	
13:00–14:00 Uhr	1 586	1 314	
14:00–15:00 Uhr	1 388	974	
15:00–16:00 Uhr	1 828	1 488	
16:00–17:00 Uhr	2 540	2 380	
17:00–18:00 Uhr	3 011	2 893	
18:00–19:00 Uhr	2 691	2 924	
19:00–20:00 Uhr	1 887	2 224	

Vervollständigen Sie die Berichte und werten Sie diese anschließend aus.

a Ergänzen Sie die Spalte „Veränderung in %".
b Beschreiben und beurteilen Sie die Entwicklung in den drei Berichten zu

* Umsatz, gesamt und warenbereichsbezogen,
* Absatz und
* Nachfrageverhalten der Kunden.

c Entwickeln Sie Maßnahmen, wie das SB-Warenhaus auf die Entwicklung reagieren sollte.

1 Ein Geschäft außen gestalten

„Forever Now", die Eigenmarke für junge Mode des City-Warenhaus Bauer, hat ein Imageproblem. Obwohl die Sachen eine sehr gute Qualität haben und immer modisch aktuell sind, liegen sie bei den jungen Kunden nicht im Trend. Dies macht sich auch an den Umsatzzahlen bemerkbar, die hinter den Erwartungen liegen.

Mit einer geplanten Werbekampagne soll in den kommenden Wochen das Image der Jugendlinie „Forever Now" aufpoliert werden. Frau Yildrim, Leiterin der Textilienabteilung im City-Warenhaus Bauer, hat aber noch weitere Ideen, um auch die Kunden anzusprechen, die mit der Werbung vielleicht nicht erreicht werden können. Darum geht sie auf die junge Dekorateurin Frau Krömer zu, die gerade ein Schaufenster gestaltet.

Frau Yildrim: „Hallo, Frau Krömer. Na, wie läuft's?"

Frau Krömer: „Guten Tag, Frau Yildrim. Prima, ich darf endlich die neue Frühjahrsmode dekorieren. Das bringt Farbe in das trübe Wintergrau."

Frau Yildrim: „Schön. Da haben Sie ja den richtigen Schwung für mein Anliegen."

Frau Krömer: „Und das wäre?"

Frau Yildrim: „Ich möchte, dass Sie in einem Fenster unsere junge Mode szenisch präsentieren. Am besten in bevorzugter Lage."

Frau Krömer: „Wie ich Sie kenne, haben Sie sich schon ein bestimmtes Fenster ausgesucht ..."

Frau Yildrim: „Ja, das große Eckschaufenster eignet sich besonders als Themenfenster."

Frau Krömer: „Aber darin will der Chef doch immer die exquisite Damenmode sehen."

Frau Yildrim: „Herr Bauer hat im Moment ein ganz besonderes Interesse an ‚Forever Now', der gibt schon seine Einwilligung. Machen Sie sich mal keine Sorgen, sondern besser Gedanken."

ARBEITSAUFTRAG

Gestalten Sie für die Modelinie „Forever Now“ ein Schaufenster als Themenfenster.

VORSCHLÄGE ZUM VORGEHEN

1. Entwickeln Sie eine Szene, in der Sie die Produkte präsentieren wollen. Füllen Sie dazu die Tabelle aus.
2. Legen Sie die Anordnung der Ware fest, indem Sie sich für eine der drei gängigen Varianten (Gruppenbildung, Reihen oder Häufung) entscheiden.
3. Skizzieren Sie auf einem DIN-A4-Blatt das dekorierte Schaufenster.

Das Produkt in Szene setzen.	
Produkt(e)	Mode ~~Damen Jacke, Sportmode, Damen Hose, Dusch~~ Mode für junge Erwachsene
Vorstellungswelt der Kunden	Fröhliche Farben,
Szene	Spaziergang im Park
Farben	grün, Braun, Blau, Helle Farben (Blumen)
Materialien und Requisiten (Zubehör)	Plastik Blumen, Fake Rasen, Puppen, Produkte, Scheinwerfer, Display im Hintergrund
Anordnung der Ware	**Gruppenbildung** ☒ **Reihen** ☐ **Häufung** ☐

AUFGABEN

1

Ein Lebensmittelgeschäft möchte sein Schaufenster zum Thema „Picknick auf dem Lande“ gestalten.

Entwerfen Sie dazu eine passende Szene mit Produkten, Vorstellungswelt, Farben, Materialien und Requisiten. Skizzieren Sie anschließend das Schaufenster.

2

Auch das Deko-Geschäft „Schnick & Schnack“ versucht, die Kunden mittels Aufsteller anzulocken. Gerade kämpfen die Auszubildende Janine und ihre Chefin Frau Krüger wieder mit dem Alurahmen, den sie mit einem Plakat neu bestücken wollen.

Janine: Autsch, warum machen wir das eigentlich, Frau Krüger? Ich habe mir schon wieder die Finger geklemmt.

Frau Krüger: *Der Aufsteller soll Kunden auf unser Angebot aufmerksam machen, damit sie zu uns ins Geschäft kommen.*

Janine: Aber fast alle Läden auf dieser Straße haben so ein 08/15-Ding vor der Tür. Das fällt doch niemandem mehr auf, und unseres ist auch noch so alt.

Frau Krüger: *Sie haben eigentlich recht, Janine. Mir gefällt der Aufsteller auch nicht mehr.*

Janine:	Ich habe letztens vor einem Geschäft eine Tafel gesehen, die mit Kreide beschriftet war. Das sah hübsch aus.
Frau Krüger:	*Die Idee ist nicht schlecht, aber wenn es regnet, verwischt alles.*
Janine	Nein, es gibt sogar farbige Kreidestifte, die sind wetterfest.
Frau Krüger:	*Sie haben sich ja richtig Gedanken gemacht, prima! Solch eine Tafel könnten wir ja auch wöchentlich neu gestalten. Wissen Sie was, ich besorge alles Notwendige und wir fangen gleich mit einem Angebot für die brandneue Herbst-Deko an. Wer von uns beiden hat die schönere Schrift?*

a Gestalten Sie zum Thema „Herbst-Deko" eine Werbetafel. Zeichnen Sie einen Rahmen und tragen Sie Ihren Entwurf dort ein.

b Geben Sie an, welche weiteren Passantenstopper das Deko-Geschäft im Außenbereich einsetzen könnte.

3

Ein Einzelhändler hat verschiedene Möglichkeiten ein Schaufenster zu dekorieren.

Kennzeichnen Sie die Geschäfte, für die sich die Gestaltung von „Qualitätsfenstern" anbietet.

1 Schmuckgeschäft ✗

2 Lebensmitteldiscounter

3 Exklusives Schuhfachgeschäft ✗

4 Drogeriemarkt

5 Fotofachgeschäft ✗

4

Zu bestimmten Anlässen, wie zum Beispiel Valentinstag, werden Sonderfenster gestaltet.

Nennen Sie Branchen, in denen folgende Ereignisse zur Schaufenstergestaltung genutzt werden könnten.

1 Olympische Spiele

2 Erntedankfest ✗

3 Muttertag ✗

4 Jahr des Kindes

5 Hundertster Todestag eines Dichters oder Malers

6 Französische Woche

7 Halloween ✗

5

Die beiden Schaufenster sind auf verschiedene Weise dekoriert.

a Entscheiden Sie, um welchen Schaufenstertyp es sich jeweils handelt.

b Geben Sie an, in welcher Variation die Waren in den beiden Schaufenstern angeordnet sind.

c Untersuchen Sie, ob in beiden Fällen ein Blickfang die Aufmerksamkeit des Betrachters fesselt.

d Beschreiben Sie die Art und Weise der Beleuchtung im linken Schaufenster.

6

Requisite: Zubehör

Um die Aufmerksamkeit der Passanten auf ein Schaufenster zu lenken, wird häufig eine Dekorationsrequisite als Blickfang eingesetzt.

Nennen Sie solche Requisiten, die bei der Schaufenstergestaltung für die unten stehenden Waren zum Einsatz kommen könnten.

1 Basketballstiefel unterschiedlicher Markenhersteller

2 Käsespezialitäten aus der Schweiz

3 Bademodeartikel

4 Edle Füllfederhalter und Kugelschreiber

5 Trekkingfahrräder

7

In Schaufenstern müssen nicht ausschließlich nur die Waren des Geschäftes präsentiert werden.

Geben Sie drei Beispiele, wofür man im Schaufenster neben dem eigentlichen Warensortiment außerdem noch werben kann.

8

„Schaufenster stellen das Gesicht des Einzelhandelsgeschäftes dar".

Nehmen Sie in einem kurzen zusammenhängenden Text Stellung zu dieser Behauptung.

Aufgaben zur Prüfungsvorbereitung

9

Sie sollen ein Schaufenster neu gestalten. Je nachdem, welche Waren Sie präsentieren und wie Sie diese dekorieren, haben Sie die Wahl zwischen mehreren Schaufensterarten.

Ordnen Sie zu, indem Sie die Kennziffern der fünf Schaufensterarten in die Kästchen neben der Gestaltung eintragen.

Schaufensterarten	Gestaltung	
1. Übersichtsfenster	Eine kleine Auswahl besonders exklusiver Artikel wird ausgestellt.	4
2. Stapelfenster	Zu einem besonderen Termin, zum Beispiel Valentinstag, wird das Schaufenster gestaltet.	5
3. Themenfenster	Mit einem Blick in dieses Fenster hat der Kunde einen umfassenden Eindruck vom Angebot des Geschäftes.	1
4. Qualitätsfenster	Mehrere Artikel werden in ihrem Verwendungszusammenhang dargestellt und vermitteln ein stimmungsvolles Erlebnis.	3
5. Sonderfenster	Eine Vielzahl von Produkten einer Warengruppe wird gebündelt dargeboten.	2

10

Bei der Gestaltung eines Themenfensters sind bestimmte Grundsätze zu berücksichtigen.

Wie verhalten Sie sich, wenn Sie diese Grundsätze befolgen?

Tragen Sie die Ziffer der richtigen Aussage in das Kästchen ein. 3

1 Um Schattenbildung zu vermeiden, verzichten Sie auf eine Schaufensterbeleuchtung.

2 Sie vermeiden es, dass einzelne Gegenstände besonders ins Auge fallen, damit der Kunde nicht vom Gesamtangebot abgelenkt wird.

3 Sie setzen mit unterschiedlichen Mitteln die Produkte so in Szene, dass beim Kunden Wünsche und Sehnsüchte entstehen.

4 Die Waren sollten so angeordnet sein, wie der Kunde sie auch zusammen in den einzelnen Abteilungen Ihres Geschäfts wiederfindet.

5 In ein Schaufenster gehören ausschließlich Gegenstände, die auch zum Verkauf stehen.

2 Den Verkaufsraum eines Bedienungsgeschäftes gestalten

In einem Fachgeschäft für Uhren und Schmuck ist der Geschäftsinhaber mit der Gestaltung des Verkaufsraumes unzufrieden. Er und seine Kundenberaterinnen beklagen die große Unruhe, die im Geschäft herrscht, wenn zwei oder drei Kunden gleichzeitig bedient werden müssen. Dies gilt insbesondere dann, wenn während eines Beratungsgesprächs Waren aus dem Schaufenster geholt werden müssen, denn alle Produkte sind entweder in den Verkaufstheken oder in den Schaufenstern untergebracht.

Grundriss des Verkaufsraumes mit Einrichtung

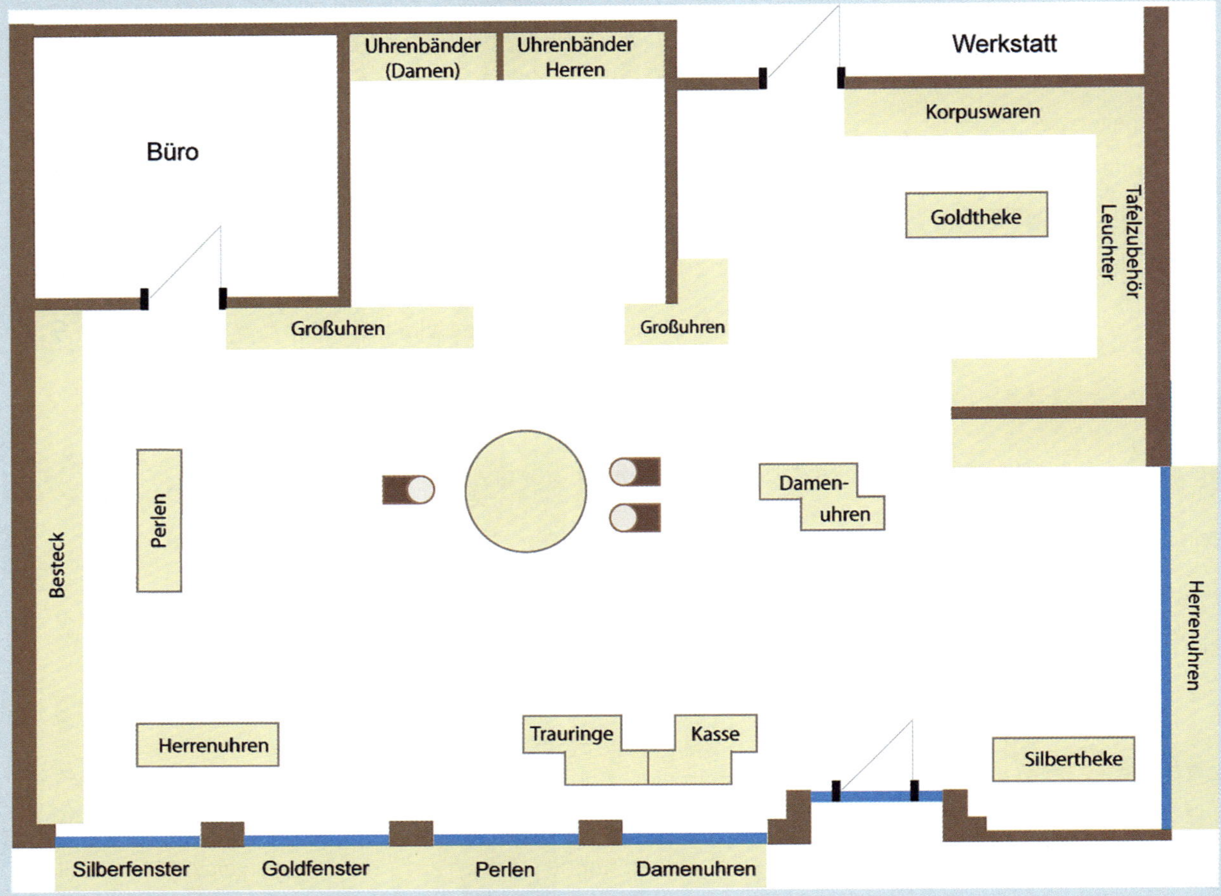

ARBEITSAUFTRAG

Machen Sie Vorschläge für die Neugestaltung des Verkaufsraumes und entwerfen Sie einen neuen Warenträgerplan. Der Grundriss befindet sich auf der nächsten Seite.

VORSCHLÄGE ZUM VORGEHEN

Korpuswaren: Produkte mit einem „Körper", z. B. Silbervasen, Kerzenleuchter

1. Die im Raum befindlichen Warenträger und den Tisch können Sie frei bewegen.
2. Die Warengruppen (z. B. Perlen, Korpuswaren, Großuhren) können Sie nach eigenen Vorstellungen auf die Warenträger verteilen.
3. Die Wandregale sind fest installiert. Die Schaufenster sollen unverändert bleiben.
4. Damit der Eingang ständig beobachtet werden kann, soll die Kasse ihren jetzigen Platz behalten.
5. Ein großer Teil der verkaufsfähigen Ware befindet sich im Schaufenster und muss regelmäßig für die Kunden geholt werden.
6. Großuhren werden meistens von mehreren Kunden gleichzeitig gekauft (z. B. von einem Ehepaar). Sie erfordern daher Platz für die Beratung.
7. Trauringe verlangen ebenfalls ein langes Beratungsgespräch (sorgfältige Auswahl durch die Kunden, Beratung über Gravuren u. Ä.).

Grundriss des Verkaufsraumes

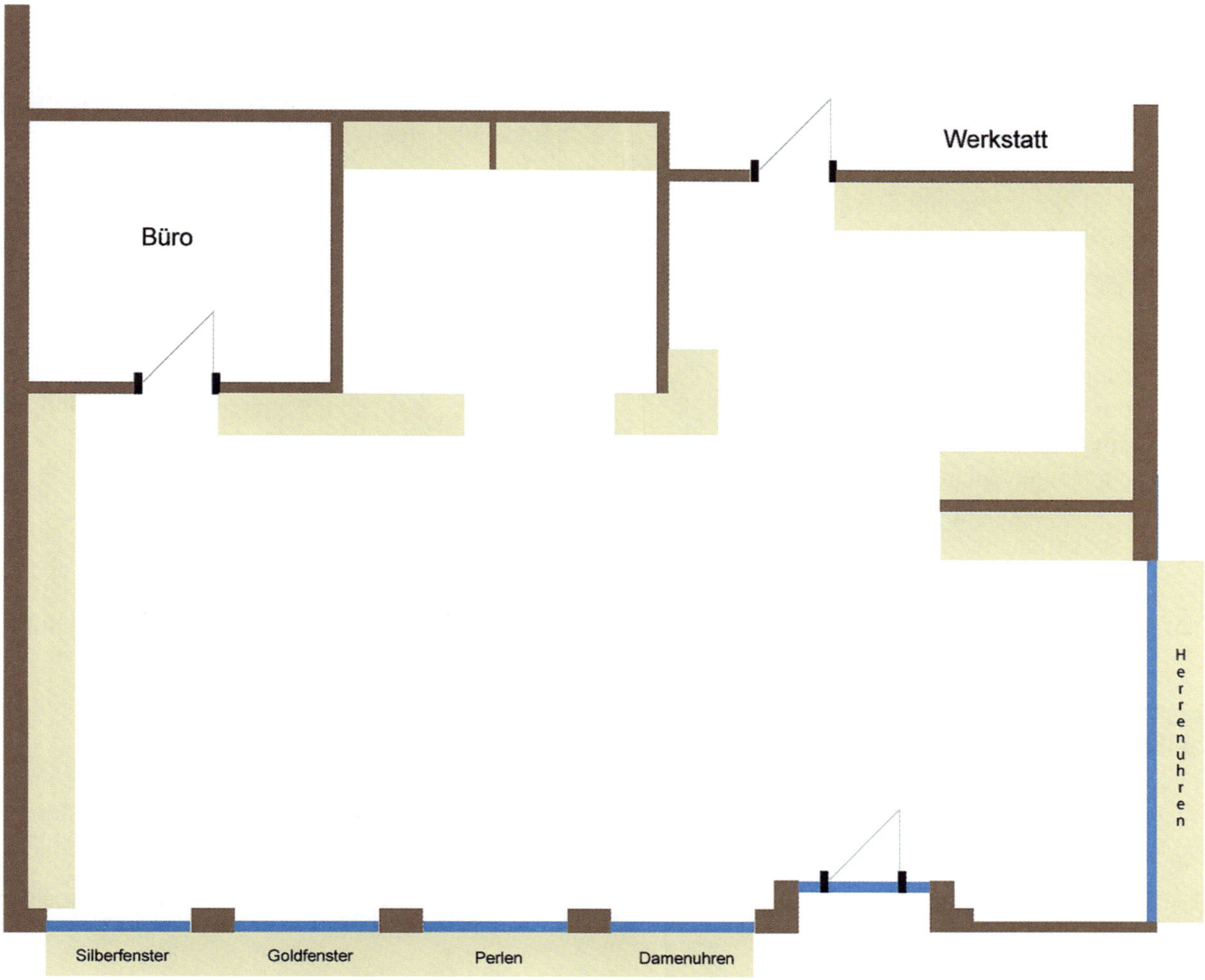

AUFGABEN

1

Betrachten Sie Ihre Lösung des Arbeitsauftrages, den neu gestalteten Verkaufsraum.

a Begründen Sie, wo sich nach Ihrer Meinung die Kundenberaterinnen im Verkaufsraum aufhalten sollten, damit sie eintretende Kundinnen und Kunden sofort ansprechen können.

b Entwickeln Sie eigene Vorschläge zur Ergänzung des Sortiments und zur Platzierung der Waren. Nehmen Sie an, dass die Kasse auch an anderer Stelle im Geschäft platziert werden kann.

2

In der Einzelhandelspraxis sind vielfach die Verkaufsformen Vorwahl und Selbstwahl vorzufinden. Trotzdem gibt es immer noch Geschäfte, in denen der Kunde sofort beim Eintreten bedient wird.

a Nennen Sie drei Geschäfte aus Ihrem Erfahrungsbereich, die in der Verkaufsform Bedienung betrieben werden.

b Begründen Sie, warum sich die Geschäftsinhaber nach Ihrer Meinung für diese Verkaufsform entschieden haben.

3

Das Einkaufsverhalten von Frau Esser lässt sich folgendermaßen beschreiben:

* Den Einkauf für den täglichen Bedarf erledigt sie immer zügig, in der Regel beim Discounter. Sie legt zu Hause eine Einkaufsliste an, die sie dann in den Geschäften abarbeitet. Es muss schnell gehen, denn sie hat einen Haushalt mit Ehemann und zwei kleinen Kindern zu versorgen.
* Am Samstag kümmert sich ihr Ehemann um die Kinder. Dann geht Frau Esser shoppen. Dafür nimmt sie sich viel Zeit und schaut sich in verschiedenen Geschäften um. Oft hat sie eine ungefähre Vorstellung, was sie einkaufen möchte. Sie lässt sich aber auch gerne durch interessante Produkte zu etwas völlig anderem verleiten.

a Beschreiben Sie das Einkaufsverhalten von Frau Esser mit den Begriffen
* **Impulskauf**
* **Plankauf**
* **Kundenansprüche:**
  - **geringer Suchaufwand**
  - **einfache Vergleichbarkeit**
  - **zusätzliche Kaufanregungen**
  - **ansprechendes optisches Erscheinungsbild**

b Geben Sie jeweils ein Beispiel, wie die unter a genannten vier Kundenansprüche in der Verkaufsraumgestaltung Ihres Ausbildungsbetriebes verwirklicht werden.

4

Ein Einzelhandelsgeschäft kann seine Kunden durch die Verkaufsraumgestaltung stark lenken, indem die Warenträger so angeordnet werden, dass der Kunde das Geschäft zwangsläufig in bestimmter Weise durchlaufen muss, z. B. in Lebensmittelsupermärkten.

Die Warenträger können aber auch sehr locker angeordnet werden, sodass sich der Kunde wie in einer Warenlandschaft frei bewegen kann.

Begründen Sie, ob die Kunden in Ihrem Ausbildungsbetrieb durch die Anordnung der Warenträger stark geführt werden oder ob sie sich im Verkaufsraum beliebig bewegen können.

5

Für die Verkaufsraumgestaltung gelten vier allgemeine Regeln:
1. Kunden benötigen Orientierung
2. Kunden sollen sich in einem Geschäft wohlfühlen
3. Die Anzahl der Produktkontakte maximieren
4. Laufgewohnheiten der Kunden beachten

a Geben Sie für jede Regel zwei Anwendungsbeispiele aus Ihrem Ausbildungsbetrieb.

b Nehmen Sie an, Sie könnten auf die Verkaufsraumgestaltung in Ihrem Ausbildungsbetrieb Einfluss nehmen. Erläutern Sie zwei Dinge, die Sie in der Verkaufsraumgestaltung Ihres Betriebes ändern würden.

6

Die Verkaufsraumgestaltung hat unter anderem die Aufgabe, dass sich Kunden im Geschäft wohlfühlen. Das kann auch dadurch gelingen, dass die fünf Sinne des Menschen angesprochen werden.

Entwickeln Sie jeweils einen Vorschlag je Sinn, wie in der Verkaufsraumgestaltung Ihres Ausbildungsbetriebes die Sinne der Kunden angesprochen werden.

Die fünf Sinne des Menschen
* sehen
* hören
* riechen
* tasten
* schmecken

3 Warengruppen in einem Geschäft mit Vorwahl verteilen

In einem Haushaltswarenfachgeschäft hat die Inhaberin des Geschäftes ein zusätzliches Ladenlokal übernommen, das sie in der Verkaufsform Vorwahl betreiben will. Nach einer Besichtigung der Räumlichkeiten fertigt sie einen Grundriss des Geschäftsraumes an. Zusammen mit ihren beiden Kundenberaterinnen überlegt sie,

* welcher Kundenlauf bei der vorhandenen Anordnung der Warenträger zu erwarten ist,
* welche Verkaufszonen (Eingangszone, verkaufsstarke/verkaufsschwache Zone, Auflaufzone, Beratungszone, Bedienungszone, Kassenzone) sich aus dem Kundenlauf und der Warenträgeranordnung ergeben,
* wie die Warengruppen mit ihren Besonderheiten (siehe Beschreibung unterhalb des Grundrisses) am besten im Verkaufsraum verteilt werden können.

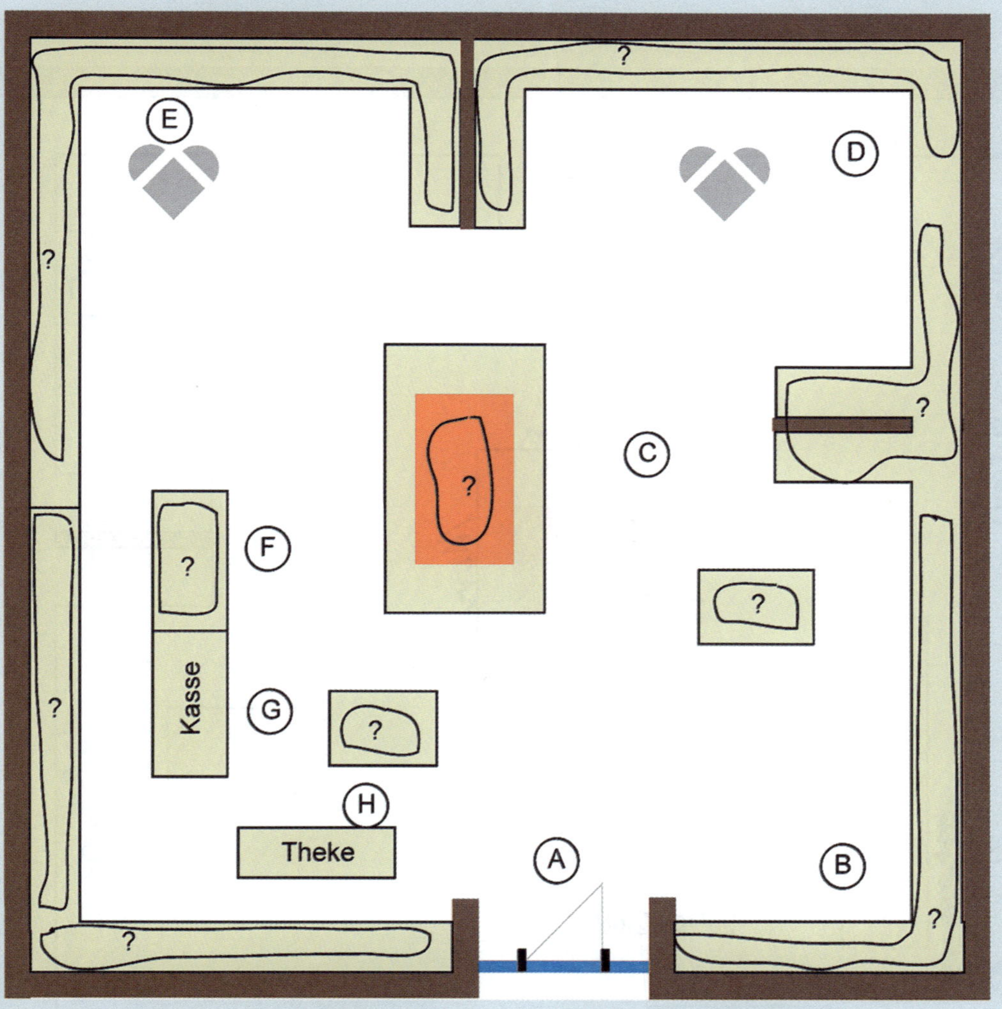

Besonderheiten der Warengruppen

* **Glas und Porzellan** erfordern eine ausgiebige Beratung. Da viele Kunden das Geschäft gerade wegen dieser Waren betreten, sollten sie im hinteren Teil des Verkaufsraumes untergebracht werden. Kunden müssen dann den ganzen Raum durchwandern (langer Kundenweg). Die Unterbringung dieser beiden Warengruppen ist daher unstrittig, nämlich Glas hinten links. Porzellan hinten rechts.
* **Bestecke** erfordern eine ausgiebige Beratung; sie sind wertvoll, werden daher zum Teil in Schubladen aufbewahrt, um für den Kunden nicht zugänglich zu sein.
* **Chrom-, Messing- und Zinnteile** sind gesondert zu platzieren, da sie gut verkäuflich sind und als Blickfang dienen sollen.
* **Schnellkochtöpfe** sind beratungsintensiv; mit Schnellkochtöpfen wird ein hoher Gewinn erzielt, weshalb möglichst viele Kunden an ihnen vorbeigeführt werden sollen.
* **Metallwaren** (Töpfe, Pfannen) benötigen keine verkaufsaktiven Plätze, da der Kunde sie bei Bedarf auch sucht.
* **Geschenkartikel** sind kundeninteressant und zugleich mit hoher Gewinnspanne kalkuliert (also auch einzelhandelsinteressant).
* **Haushaltsbedarf, Kleinwaren** sind diebstahlgefährdet und außerdem Impulskaufprodukte.
* **Saisonbedarf** wie Campingwaren, Grillartikel, Weihnachtsartikel u. Ä. erfordert im Augenblick keine besondere Platzierung; erst in der entsprechenden Jahreszeit wird er besonders herausgestellt.

Flächen mit Fragezeichen siehe Seite 247

ARBEITSAUFTRAG

Verteilen Sie die Warengruppen auf die vorhandenen Warenträger.

VORSCHLÄGE ZUM VORGEHEN

1. Ermitteln Sie den zu erwartenden Kundenlauf, der sich aus der Anordnung der Warenträger ergibt, unabhängig von der Frage, welche Warengruppen auf den entsprechenden Warenträgern untergebracht werden. Verwenden Sie den leeren Grundriss unten.
2. Kennzeichnen Sie in der Tabelle (siehe unten) die Verkaufszonen, indem Sie diese den Buchstaben A bis H vom Geschäftsgrundriss der Einstiegsituation zuordnen.
3. Verteilen Sie die Warengruppen auf die Warenträger, wobei die Besonderheiten der einzelnen Waren zu berücksichtigen sind.

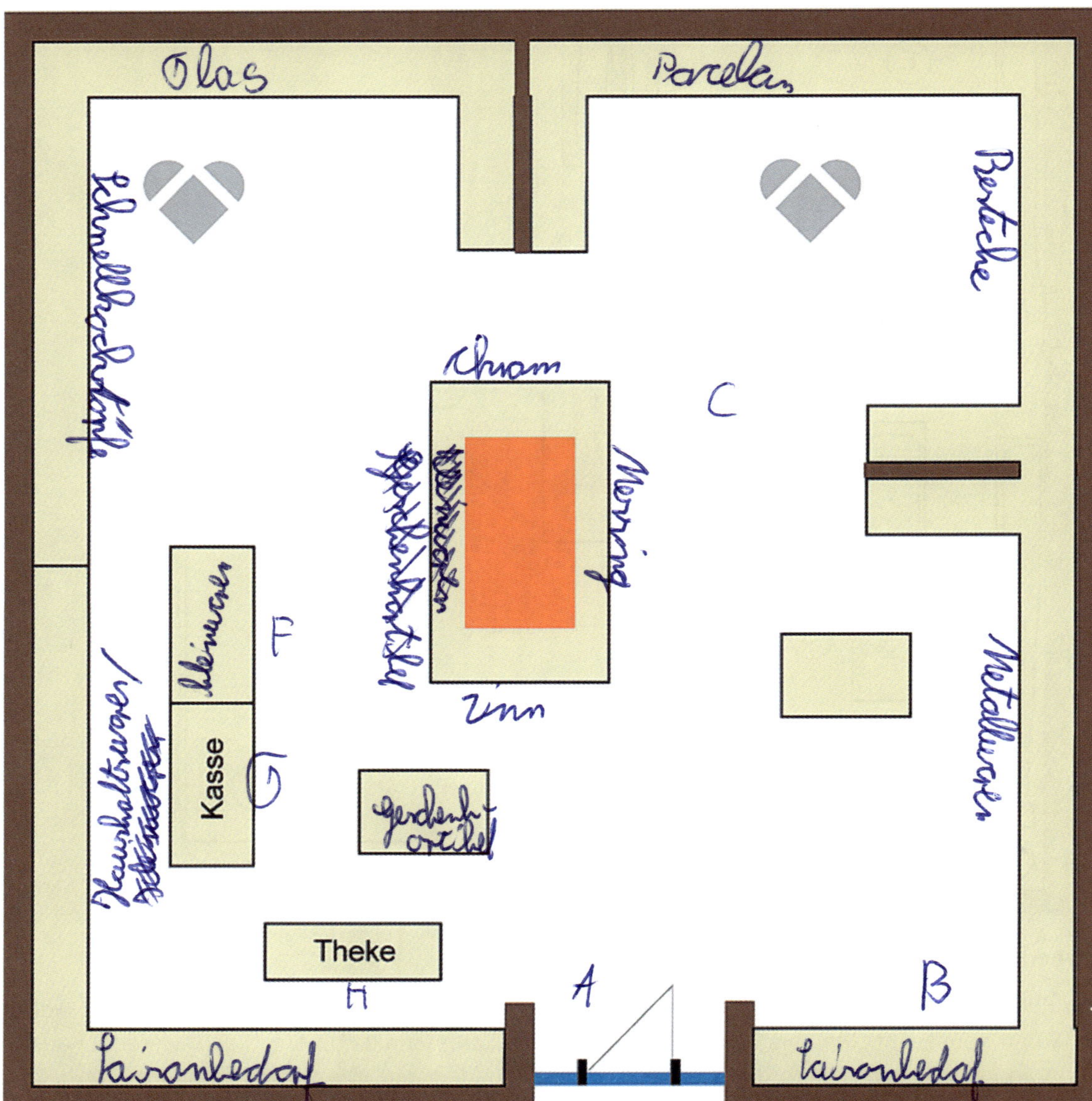

Buchstabe	Verkaufszone
A	Eingangszone
B	Verkaufsschwache Zone
C	Verkaufsstarke Zone
D	Beratungszone
E	Beratungszone
F	Auflaufzone
G	Kassenzone
H	Bedienungszone

AUFGABEN

1

Betrachten Sie noch einmal Ihre Lösung des Arbeitsauftrages.

Begründen Sie, wo sich nach Ihrer Meinung die Kundenberaterinnen im Verkaufsraum aufhalten sollen, damit sie Kundinnen und Kunden nach der Vorauswahl ansprechen können. würden C und F

2

Zwei Einzelhändler unterhalten sich über die Frage, ob sie ihre Verkaufsraumgestaltung regelmäßig ändern oder ob die Anordnung der Warenträger und Warengruppen weitgehend unverändert lassen.

Einzelhändler A: „Einmal im Monat wird mein Geschäft umgeräumt. Andernfalls nehmen die Kunden immer nur den gleichen Weg und sehen auch nur einen kleinen Teil meines Sortiments. Sie wissen ja: Umwege erhöhen die Ortskenntnisse. Nach kurzer Eingewöhnungszeit kommen die Kunden wieder zurecht. Dafür haben sie aber viele neue Sortimentsteile kennen gelernt."

Einzelhändler B: „Bei mir bleibt alles an seinem Platz. Ich will es den Kunden so bequem wie möglich machen."

Beurteilen Sie die Aussagen der Einzelhändler.

3

Zwei Einzelhändler unterhalten sich über die Frage, wo sie Sonderangebote platzieren.

Einzelhändler A: „Sonderangebote aus der Werbung präsentiere ich so, dass die Kunden sie sofort sehen. Ich verdiene zwar an den Sonderangeboten wenig, oft sogar gar nichts, aber die Kunden erwarten das und viele kommen ja nur wegen der Sonderangebote in mein Geschäft."

Einzelhändler B: „Kundeninteressante Produkte erhalten bei mir schlechte Plätze im Verkaufsraum. Die besten Plätze gehören Produkten, die für mich interessant sind, weil ich an ihnen viel verdiene."

Beurteilen Sie die Aussagen der Einzelhändler.

4

Kunden orientieren sich in einem Geschäft, indem sie einen gedanklichen Lageplan entwickeln. Das gilt vor allem, wenn sie ein Geschäft regelmäßig betreten.

Prüfen Sie, ob die aufgeführten Maßnahmen eines Einzelhändlers dazu geeignet sind, den „gedanklichen Lageplan" des Kunden zu verbessern. Kennzeichnen Sie zutreffende Aussagen mit 1, unzutreffende mit 9.

- [9] Der Verkaufsraum wird regelmäßig umgestaltet.
- [1] Die Hauptkundenwege sind deutlich erkennbar.
- [1] Niedrige Warenträger sorgen für Überblick.
- [9] Die Warenträger sind besonders hoch, damit der Kunde nicht von seinem Weg abgelenkt wird.
- [1] Hinweisschilder weisen den Kunden auf die Warengruppen hin.
- [1] Die Warengruppen sind deutlich voneinander getrennt und für den Kunden gut erkennbar.
- [9] Der Kunde wird auf seinem gesamten Weg durch den Verkaufsraum mit zahlreichen Lautsprecherdurchsagen auf Sonderangebote und Neuheiten in den verschiedenen Warengruppen aufmerksam gemacht.

5

Bestimmte Sortimentsteile erfordern eine besondere Platzierung im Verkaufsraum.

Geben Sie zu den Sortimentsteilen jeweils ein Beispiel aus Ihrem Ausbildungssortiment.

Besondere Sortimentsteile	Beispiel
erklärungsbedürftige Produkte	
diebstahlgefährdete Produkte	
Suchkaufprodukte	
Impulskaufprodukte	
Plankaufprodukte	
Sonderangebote	
Magnetangebote	
empfindliche Produkte	
Neuheiten	

6

Die Drogeriemarktkette DROMA wächst stetig. Jedes Jahr werden neue Filialen in größeren Städten eröffnet. Mittlerweile gibt es auch einen Onlineshop, mit dem erfreuliche Umsätze erzielt werden. Das Unternehmen möchte den Onlinekunden nun die Möglichkeit geben, Produkte im Internet zu bestellen, sie aber in einer Filiale abzuholen (Click & Collect).

Für die Filialen ist noch zu klären, wie der Abholprozess zu organisieren ist. Das Unternehmen wünscht, dass die bestellten Produkte nicht nur ausgehändigt werden, sondern die Abholung zur Kundenbindung und auch für zusätzliche Verkäufe genutzt wird.

Folgende Vorschläge stehen zur Diskussion:

1. Das Personal an der Kasse übernimmt diese Aufgabe.
2. Es wird eine spezielle Abholzone im Eingangsbereich geschaffen.
3. Die Abholzone wird zentral im Verkaufsraum eingerichtet.
4. Die bestellten Produkte werden im Lager verwahrt. Alle Mitarbeiter werden so geschult, dass sie die Übergabe der Waren übernehmen können.

a Entscheiden Sie begründet, welchen Vorschlag die Drogeriemarktkette umsetzen soll.

b Im Informationshandbuch werden folgende Verkaufszonen beschrieben:

Eingangszone	verkaufsschwache Zone	Auflaufzone
Bremszone	Beratungszone	Kassenzone
verkaufsstarke Zone	Bedienungszone	

Begründen Sie, mit welcher Verkaufszone die Abholzone am ehesten vergleichbar ist.

4 Ein Selbstbedienungs-Schuhgeschäft umgestalten

In einem Niedrigpreis-Schuhgeschäft wird das gesamte Sortiment zur Selbstwahl auf den Regalen dargeboten. Besonders Kinderschuhe werden in diesem Geschäft gerne gekauft, aber auch mit Damenschuhen werden gute Umsätze erzielt. Nur in Ausnahmefällen wird eine Kundenberaterin hinzugezogen.

In diesem Geschäft läuft es allerdings nicht so, wie Inhaberin und Mitarbeiterinnen es sich vorstellen. Am Eingang herrscht ständig ein großes Gedränge; außerdem ist die Zahl der Ladendiebstähle beträchtlich. Dies gilt vor allem für die Pflegemittel wie Schuhcremes, aber auch Schnürsenkel und Schuheinlagen.

Grundriss des Verkaufsraumes

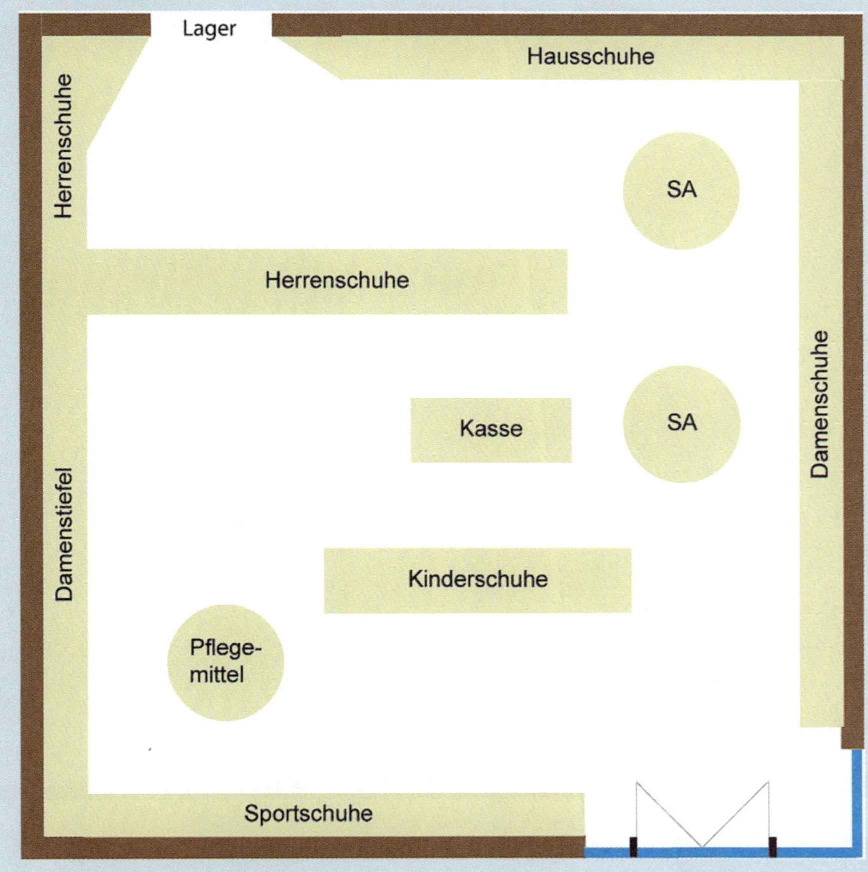

SA: Sonderangebote

Die Inhaberin überlegt daher zusammen mit ihren Mitarbeiterinnen, wie man die Anordnung der Warenträger und die Verteilung der Warengruppen verbessern könnte.

ARBEITSAUFTRAG

Erstellen Sie einen Plan für die Neugestaltung des Verkaufsraumes.

VORSCHLÄGE ZUM VORGEHEN

1. Verwenden Sie den leeren Grundriss auf der nächsten Seite.
2. Die Wandregale sind fest montiert.
3. Die Rundständer, die Mittenregale und die Kasse sind frei beweglich.
4. Die Warengruppen können Sie beliebig verteilen.

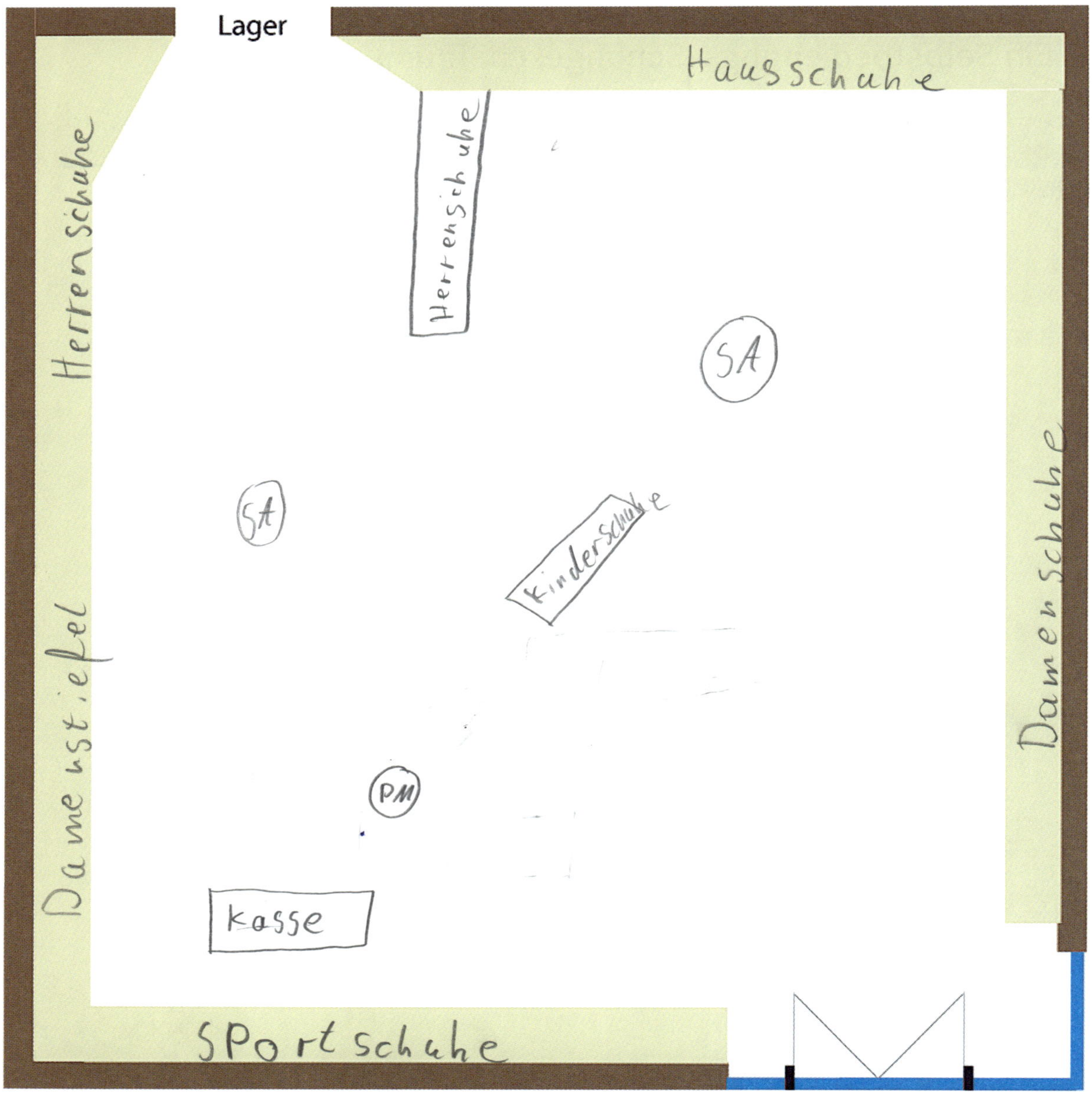

AUFGABEN

1

Die Abbildung zeigt den Grundriss eines Selbstbedienungs-Baumarkts.

Beurteilen Sie die Anordnung der Warenträger sowie die Verteilung der Warengruppen und entdecken Sie mindestens 7 Fehler.

Hinweise

* Werkzeuge und Maschinen sind einzelhandelsinteressant.
* Bauelemente, Türen und Leisten sind hochformatige Suchkaufartikel.
* Bodenbeläge erfordern hohen Platzbedarf und intensive Beratung.
* Gartengeräte sind kundeninteressant.
* Mitnahmeartikel sind Impulskaufprodukte.
* Sonderangebote (SA) sind kundeninteressante Wochenangebote aus der Werbung.

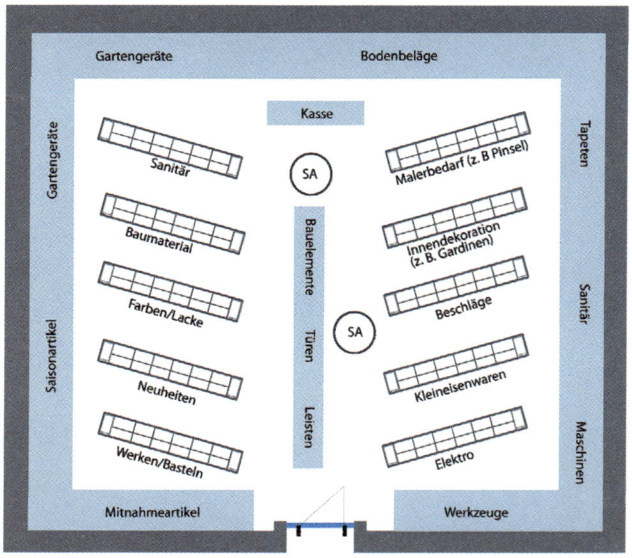

2

Für die Kundenwegplanung in Geschäften mit Selbstwahl gelten bestimmte Regeln, damit der Einzelhändler den Weg des Kunden im Geschäft in seinem Sinne beeinflussen kann. Er berücksichtigt bei seiner Planung auch die Laufgewohnheiten von Kunden.

Ergänzen Sie den Lückentext zu sinnvollen Aussagen über die Kundenwegplanung und das Laufverhalten von Kunden in Geschäften mit Selbstwahl.

Das Schritttempo von Kunden, die das Geschäft betreten, muss zunächst gebremst

werden. Dazu eignen sich sogenannte ~~Bremszonen~~ Stopper mit kundeninteressanten Produkten.

Kunden bewegen sich im Verkaufsraum vorzugsweise gegen den Uhrzeigersinn

Blick und Griff des Kunden sind nach rechts orientiert. Aus der bevorzugten Laufrichtung

des Kunden folgt, dass die Mitte des Verkaufsraumes

Die Mitte ist daher durch Artikel auf-*) [x] ab-*) zuwerten, die für den Kunden*) [x] Einzelhändler*) interessant

sind. Es gilt der Grundsatz, in verkaufsstarke Zonen kommen Produkte (richtige Lösung bitte ankreuzen),

- [ ] die für die Kunden interessant sind (z. B. preisgünstige Sonderangebote)
- [x] die für den Einzelhändler interessant sind (z. B. gut kalkulierte Markenware)

*) Nichtzutreffendes streichen

3

Waren können nach Warengruppen, im Verbund oder als Mischung von Stamm- und Zweitplatzierung dargeboten werden.

Geben Sie jeweils zwei Beispiele aus Ihrem Ausbildungssortiment für eine

a Warengruppenplatzierung
b Verbundplatzierung
c gemischte Platzierung (Stamm- und Zweitplatzierung)

5 Einen Lebensmittelsupermarkt verkaufsaktiv gestalten

Die Suchlogik von Kunden mit der Flächenplanung von Lebensmittelsupermärkten vergleichen

Anja, Katrin und Frank hatten den Auftrag erhalten, jeweils einen Lebensmittelsupermarkt aufzusuchen und der Klasse zu beschreiben, wie folgende Warengruppen in den Geschäften verteilt sind:

1. Frischeartikel: Fleisch, Käse, Obst und Gemüse, frisches Brot usw.
2. Normalware: abgepacktes Brot, Konserven, Getränke, Marmelade, Nährmittel usw.
3. Non-Food: Kosmetikartikel, Batterien, Kerzen, Papier, Tiernahrung usw.

Kerstin und Stefanie sollten in Absprache mit ihren Müttern je einen Einkaufszettel für den täglichen Einkauf in einem Supermarkt erstellen. Heute werden die Ergebnisse der Aufträge in der Klasse vorgestellt.

Bericht von Anja

„Also, ich bin zu dem Supermarkt gegangen, in dem wir seit Jahren einkaufen. Ich habe mich an die Marktleiterin gewandt und ihr gesagt, welchen Arbeitsauftrag ich habe. Sie war gerne bereit, auf meine Fragen zu antworten.

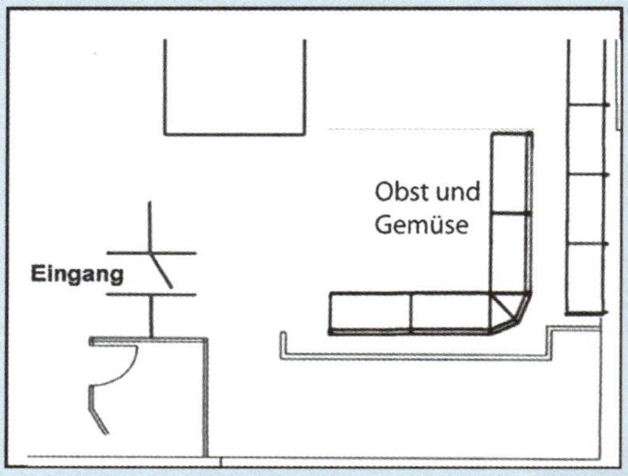

Nun zu den Ergebnissen: Obst und Gemüse werden im Eingangsbereich angeboten. Dem Kunden soll sofort beim Betreten des Geschäftes „Frische“ signalisiert werden. Auch frisches Brot und Kuchen befinden sich in diesem Bereich.

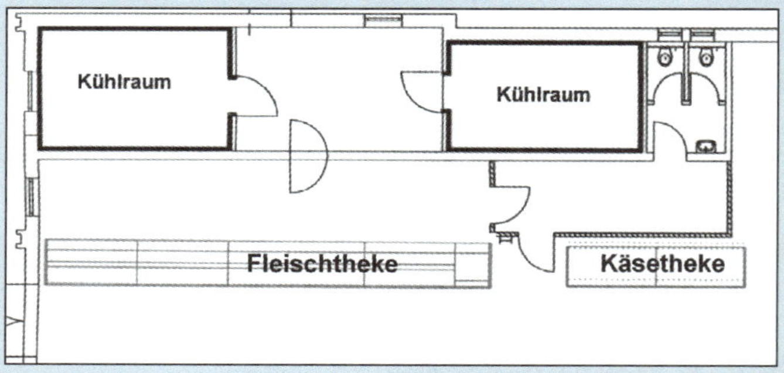

Bei Fleisch und Käse ist die Überlegung völlig anders. Es sind Frischeartikel des täglichen Bedarfs, Kunden müssen sie regelmäßig einkaufen. Wie ihr alle wisst, befindet sich die Fleischtheke wie auch die Käsetheke immer hinten im Supermarkt, weil der Kunde durch den ganzen Laden laufen soll, um möglichst viel zu sehen und Ungeplantes einzukaufen. Impulskäufe nennt man das.“

Bericht von Katrin

„Ich war auch in ‚unserem‘ Supermarkt um die Ecke. Hinter dem Eingangsbereich folgt auf der rechten Seite eine lange Reihe mit Konserven, Gemüse, Eintöpfe, Suppen, Obst. Auf der linken Seite beginnt es mit Cornflakes und Müsli, dann folgen Kaffee, Tee und Kakao, gefolgt von Nudeln, Reis, Gewürzen, Fleisch und Wurst in Konserven. Am Ende des Gangs stehen Soßen, Salat-Dressings und Süßigkeiten und Gebäck. Die letzten Warenträger nehmen Babynahrung, Windeln usw. auf.

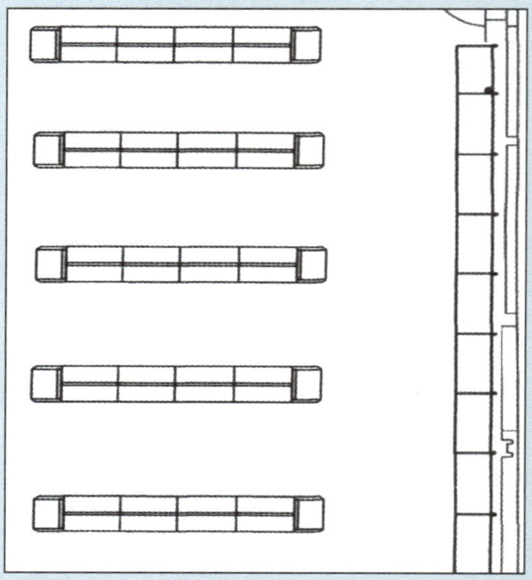

Die Getränke findet man am Ende des Kundenweges, und zwar an der Außenwand und unmittelbar vor der Kasse auf einer Sonderfläche."

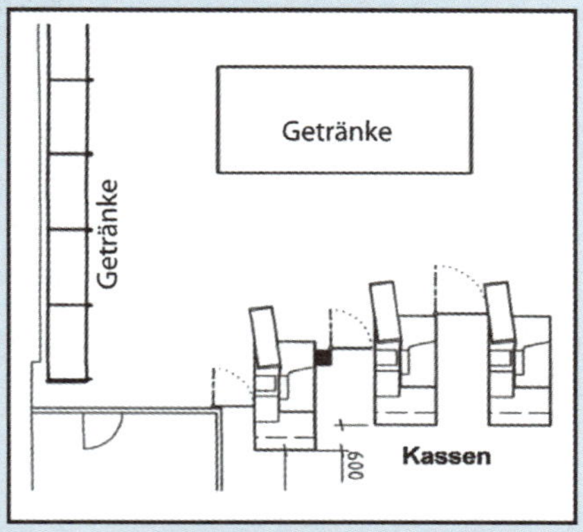

Bericht von Frank

„In meinem Supermarkt muss man erst einmal an der rechten Seite entlanglaufen, an der Fleisch- und Kühltheke vorbei und dann Richtung Ausgang, um Non-Food-Produkte zu finden. Nach den Kühltruhen beginnt es mit Produkten zur Körperpflege wie Zahnpasta, Haarbürsten, Duschgel usw., gefolgt von Reinigungs- und Putzmitteln für den Haushalt. Zum Schluss – vor den Getränken – steht die Tiernahrung."

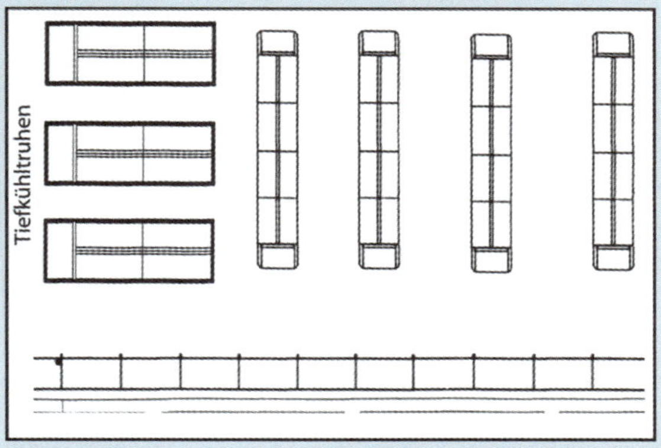

Bericht von Kerstin

„Meine Mutter sagte, sie brauche keinen Einkaufszettel. Trotzdem haben wir dann aufgeschrieben, welchen Einkaufsplan sie in ihrem Kopf hat, wenn sie in das Geschäft geht.

Ausgangspunkt ist das Mittagessen: Bratwurst mit Backkartoffeln und Salat, zum Nachtisch Quark mit Erdbeeren. Kartoffeln sind vorhanden.

Danach überlegt sie, was beim Frühstück zur Neige gegangen war oder fehlte.

Auf einige Süßigkeiten mag meine Mutter nie verzichten.

Weil morgen und übermorgen einige Termine anstehen, muss das Mittagessen schnell zubereitet werden. Daher wird der Vorrat an Konserven aufgestockt; Suppeneinlagen sind noch vorhanden. Für meinen Bruder müssen immer einige Tiefkühlfertiggerichte greifbar sein, denn er ist Sportler und hat ständig Hunger.

Nun kommen einige Kleinigkeiten für den Haushalt, die meine Mutter nicht vergessen darf: Zahnpasta, Spülmittel, Futter für die beiden Sittiche.

Weil die Freundin meiner Mutter Geburtstag hat, muss ein kleines Geschenk eingekauft werden.

Das war's – bis auf die Dinge, die meiner Mutter während des Einkaufens noch spontan einfallen.

Größere Getränkekisten muss mein Vater schleppen."

Einkaufszettel Nr. 1

Bratwurst
Salat
Quark
Erdbeeren
Marmelade
Käse
6 Frühstückseier
2 Liter Milch
1 Tafel Schokolade
1 Tüte Fruchtgummi
Erbsen- und Linsensuppe
(Konserven) Pizza, Baguette
(Tiefkühl)
2 Gläser mit Kirschen
(Obstkonserve)
Zahnpasta
Spülmittel
1 Tüte Vogelfutter
1 Flasche Wein
1 Paket Plätzchen

Bericht von Stefanie

„Meine Mutter würde zunächst die Sonderangebote in verschiedenen Geschäften zusammensuchen. Wenn sie alles in einem Geschäft kaufen würde, käme zunächst das Frühstück an die Reihe: täglich Milch, der Rest zum Auffüllen der Vorräte.

Danach folgen das Mittagessen und etwas Kuchen für den Nachmittag.

Nun überlegt sie sich, was sie für das Abendessen benötigt und was vorhanden ist, zur Neige geht oder zur Abwechslung gekauft werden könnte.

Zum Schluss wird der Getränkevorrat ergänzt und Notwendiges für den Haushalt erworben.

Ach ja – und natürlich Futter für Simba, den Liebling der Familie.“

Einkaufszettel Nr. 2

Brot
Müsli
Milch
Marmelade
Kaffee und Kaffeesahne
Salat, Saisongemüse
Fleisch (3 Schnitzel)
Reis
Eis (Nachtisch)
Süßigkeiten
Kuchen (für den Nachmittag)
Aufschnitt, Käse für das Abendessen
Getränke (2 Flaschen Wasser, Cola)
Sonstiges: Strümpfe, Haarspray, Duschgel, Waschmittel
Hundefutter

ARBEITSAUFTRAG 1

Prüfen Sie, inwieweit sich die Einkaufspläne (Einkaufszettel) mit der typischen Anordnung der Warengruppen in Lebensmittelsupermärkten decken.

VORSCHLÄGE ZUM VORGEHEN

1. Beschreiben Sie die Warengruppen, die sich in den Bereichen 1 bis 4 des Geschäftsgrundrisses befinden.
2. Betrachten Sie die Einkaufszettel und stellen Sie fest, wie weit die Warenanordnung mit der auf dem Einkaufszettel festgehaltenen Einkaufslogik der Kunden übereinstimmt.

Bereich 1

Bereich 2

Bereich 3

Bereich 4

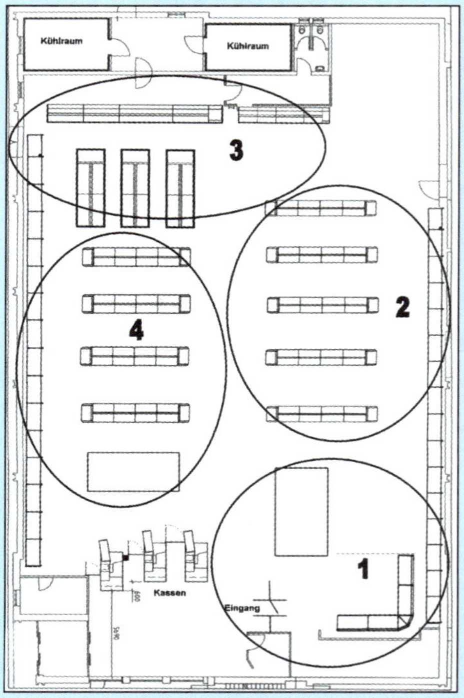

AUFGABEN

1

Jeder Einzelhändler kann seinen Verkaufsraum nach eigenen Vorstellungen gestalten. Deshalb findet man in der Praxis auch sehr unterschiedlich gestaltete Verkaufsräume.

Finden Sie begründete Lösungen für folgende Fragen zur Verkaufsraumgestaltung.

a An welcher Stelle des Verkaufsraumes sollte der Kunde am besten von eventuell vorhandenem Leergut „befreit" werden?

b Obst und Gemüse sind empfindliche Produkte. Trotzdem werden sie am Anfang des Kundenweges angeboten. Wie könnten Obst und Gemüse alternativ im Verkaufsraum untergebracht werden?

c Einen eigenen Brotshop findet man – je nach Geschäft – sowohl am Anfang als auch am Ende des Kundenweges. Welche Lösung halten Sie für die bessere?

2

Die Suchlogik der Kunden ist nicht nur im Lebensmitteleinzelhandelt wichtig.

Machen Sie an einem Beispiel aus Ihrem Ausbildungssortiment deutlich, wie Sie bei der Verkaufsraumgestaltung die Suchlogik der Kunden beachten.

Warenträger und Warengruppen verkaufsaktiv anordnen

Die Lebensmittelabteilung des City-Warenhauses soll neu gestaltet werden. Dazu sind die Warenträger so im Verkaufsraum anzuordnen, dass sich ein flüssiger Kundenstrom ergibt und die Kunden angehalten werden, möglichst durch den gesamten Verkaufsraum zu gehen. Der Eingangsbereich und die Anordnung der Kassen sollen unverändert bleiben, ebenso die Fleisch-Käse-Theke.

ARBEITSAUFTRAG 2

Gestalten Sie den Verkaufsraum neu, indem Sie die Warenträger mit den zugeordneten Warenarten sinnvoll im Geschäft verteilen.

VORSCHLÄGE ZUM VORGEHEN

1. Verwenden Sie den leeren Grundriss auf der nächsten Seite.
2. Übertragen Sie die Warenträger sinnvoll in den Grundriss, indem Sie die Einkaufs- und Laufgewohnheiten der Kunden beachten.

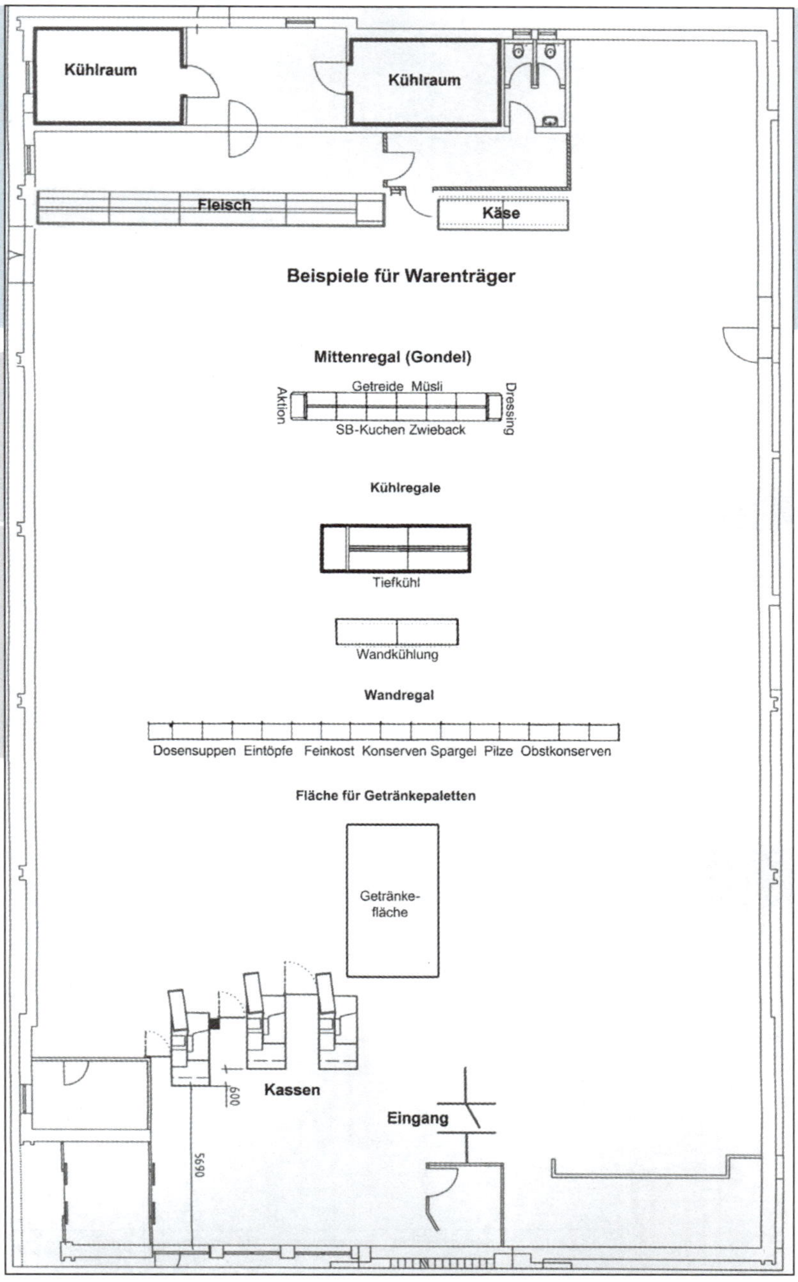

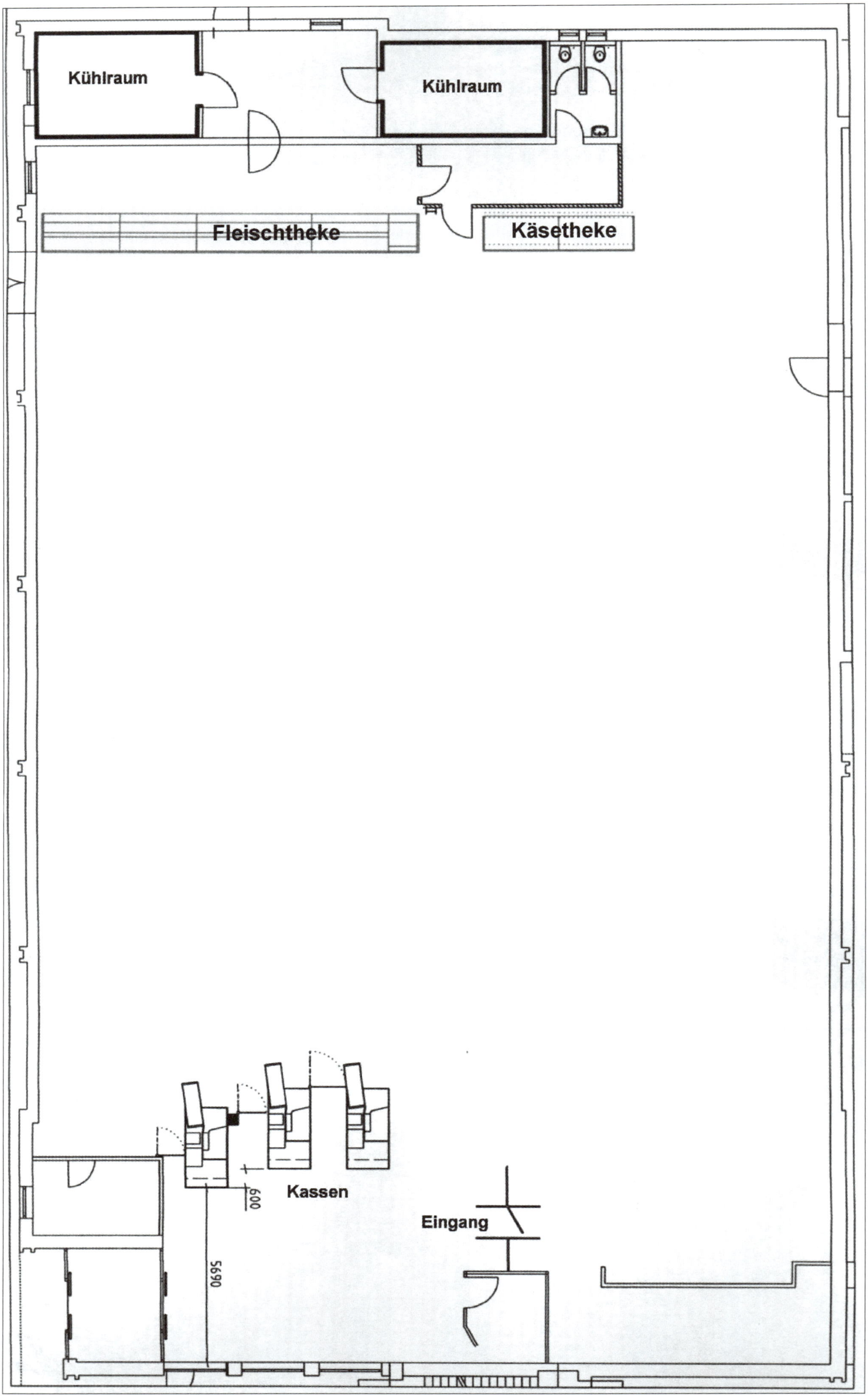
Kühlraum
Kühlraum
Fleischtheke
Käsetheke
Kassen
600
Eingang
5690

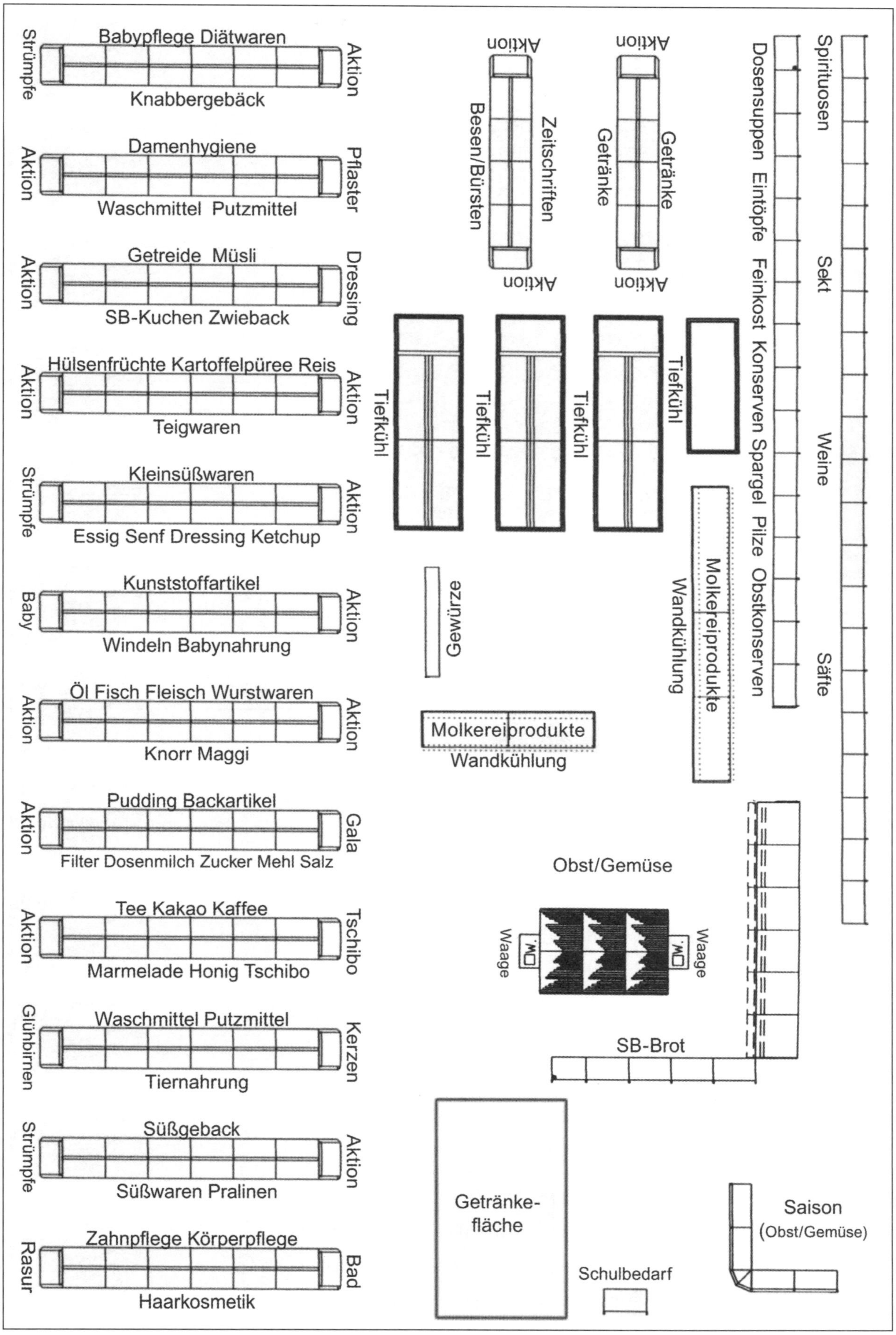
Babypflege Diätwaren
Knabbergebäck
Strümpfe
Aktion
Damenhygiene
Waschmittel Putzmittel
Aktion
Pflaster
Getreide Müsli
SB-Kuchen Zwieback
Aktion
Dressing
Hülsenfrüchte Kartoffelpüree Reis
Teigwaren
Aktion
Aktion
Kleinsüßwaren
Essig Senf Dressing Ketchup
Strümpfe
Aktion
Kunststoffartikel
Windeln Babynahrung
Baby
Aktion
Öl Fisch Fleisch Wurstwaren
Knorr Maggi
Aktion
Aktion
Pudding Backartikel
Filter Dosenmilch Zucker Mehl Salz
Aktion
Gala
Tee Kakao Kaffee
Marmelade Honig Tschibo
Aktion
Tschibo
Waschmittel Putzmittel
Tiernahrung
Glühbirnen
Kerzen
Süßgeback
Süßwaren Pralinen
Strümpfe
Aktion
Zahnpflege Körperpflege
Haarkosmetik
Rasur
Bad
Aktion
Zeitschriften
Besen/Bürsten
Aktion
Aktion
Getränke
Getränke
Aktion
Tiefkühl
Tiefkühl
Tiefkühl
Tiefkühl
Gewürze
Molkereiprodukte
Wandkühlung
Molkereiprodukte
Wandkühlung
Dosensuppen Eintöpfe Feinkost Konserven Spargel Pilze Obstkonserven
Spirituosen
Sekt
Weine
Säfte
Obst/Gemüse
Waage
Waage
SB-Brot
Getränke-
fläche
Schulbedarf
Saison
(Obst/Gemüse)

AUFGABEN

3

Kunden, die einen Lebensmittelsupermarkt betreten, haben genaue Vorstellungen davon, an welcher Stelle eines Geschäftes sie bestimmte Produkte finden.

Ordnen Sie den Produkten der Tabelle die Stellen 1 bis 4 zu.

Artikel	Bereich im Geschäft
zwei frische Mettwürstchen	
ein Pfund Kaffee	
ein Kopf Salat	
zwei Flaschen Cola	
eine Tube Zahnpasta	

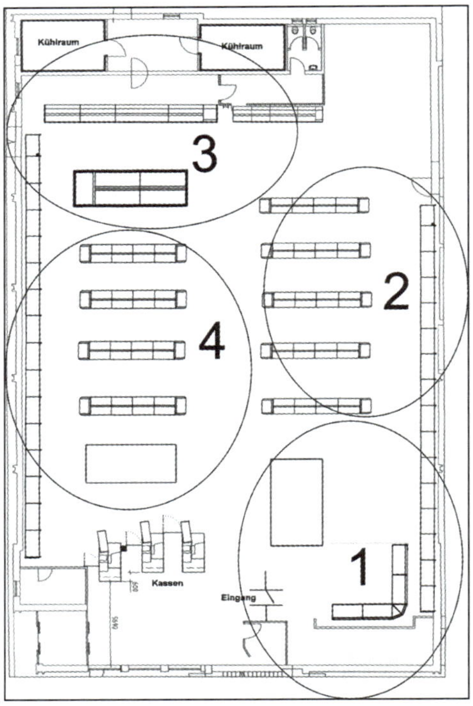

4

Kunden, die sich gerne in einem Geschäft aufhalten, erhöhen ihre Verweildauer, kaufen mehr und schneller, beurteilen die Eigenschaften von Produkten besser und sind allgemein zufriedener mit ihrem Einkauf.

Bringen Sie die Maßnahmen eines Lebensmittelsupermarktes in eine Rangfolge von 1 für wichtig bis 6 für unwichtig.

Maßnahmen **Rang**

1 Die Regale sind eher niedrig, sodass der Kunde über sie hinwegschauen kann (oberster Regalboden bei 1,40 m). ☐

2 Die Raumtemperatur liegt zwischen 18 und 22 °C. ☐

3 Duftspender fördern die Kaufstimmung. ☐

4 Das Geschäft ist sehr sauber und ordentlich. ☐

5 Die Gangbreite beträgt 2 m. ☐

6 Dezente Hintergrundmusik ☐

7 Gelungene farbliche Gestaltung des Verkaufsraumes

8 Ein warmes, freundliches Licht schafft eine angenehme Atmosphäre.

9 Im Eingangsbereich werden den Kunden attraktiv dekorierte Frischeartikel in einer Marktatmosphäre angeboten.

10 Die Außenfassade wirkt gepflegt und einladend.

11 Hinweisschilder erleichtern die Orientierung.

12 Gelegentlich findet der Kunde Probierständer, um Produkte zu testen.

6 Eine Vertragsfläche planen

Frau Melcher, die Leiterin der Abteilung Textilien, und Herr Bauer wollen der Warengruppe Wäsche/Strümpfe ein neues Gesicht geben. Seit mehreren Jahren ist hier alles unverändert. Die Umsätze sind in den letzten Monaten sogar zurückgegangen. Es muss also etwas geschehen. Erste Vorentscheidungen sind bereits getroffen worden.

Zwei führende Wäschelieferanten sollen in der Wäscheabteilung spezielle Vertragsflächen erhalten, die nur für Produkte dieser Hersteller reserviert sind, damit deren Marken besonders herausgestellt werden können. Mit dem Hersteller Triumph sind die Verhandlungen bereits abgeschlossen.

Das Unternehmen bekommt 30 m² Verkaufsfläche und darf selbst entscheiden, welche Produkte auf eigenen Warenträgern präsentiert werden. Dafür garantiert Triumph dem City-Warenhaus einen bestimmten Umsatz pro Quadratmeter.

Mit dem Lieferanten Schiesser sind noch endgültige Vereinbarungen zu treffen.

Herr Bauer verspricht sich von den Markenflächen vor allem:
* Eine höhere Attraktivität der Warengruppe Wäsche durch die spezielle Flächengestaltung zweier führender Wäschehersteller.
* Einen Image-Gewinn für die gesamte Abteilung Textilien und schließlich auch für das City-Warenhaus.
* Durchführung gemeinsamer Marketingaktivitäten (z. B. in der Werbung) in Kooperation mit den Herstellern.
* Eine deutlichere Profilierung gegenüber den Mitbewerbern, weil innerhalb der Stadt Ratingen Vertragsflächen dieser Lieferanten nur im City-Warenhaus bestehen.

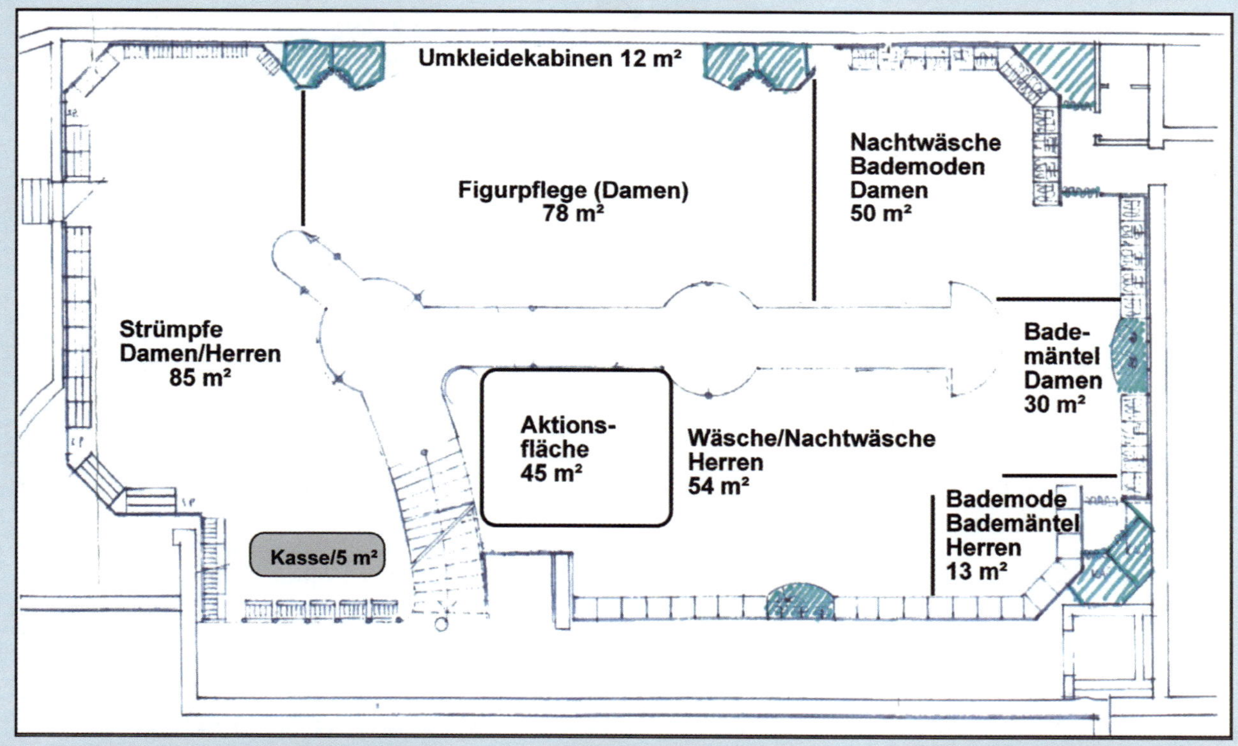

Alter Grundriss der Warengruppe Wäsche

Was soll an der bestehenden Flächenaufteilung verändert werden?
* Die Kasse (5 m²) wird rechts neben der Treppe angesiedelt.
* Die Aktionsfläche verschwindet, dafür wird Aktionsware auf die gesamte Fläche verteilt. Bei der Planung ist diese Fläche nicht mehr zu berücksichtigen.
* Die Umkleidekabinen (12 m²) werden zusammengelegt.
* Es wird eine neue Fläche „Junge Wäsche“ (34 m²) für Damen angelegt. Diese Warengruppe soll besonders attraktiv gestaltet werden und als Blickfang in der Abteilung dienen.
* Mit dem Lieferanten Triumph ist die Einrichtung eines Markenshops für Damenwäsche vereinbart worden (30 m²). Auch die Position dieser Vertragsfläche ist bereits festgelegt (siehe Planungsgrundriss).

Planungsgrundriss siehe Seite 263

* Mit dem Lieferanten Schiesser wird über eine Vertragsfläche für Damen- (31 m²) und Herrenwäsche (44 m²) verhandelt. Die Position dieser Flächen ist noch nicht entschieden.
* Die einzelnen Warengruppen müssen für den Kunden in einem sinnvollen Zusammenhang dargeboten werden.

Über einige Flächen ist nun noch zu entscheiden.

Warengruppen	Größe in m²
Junge Wäsche Damen	34
Strümpfe	51
Schiesser Damen	31
Schiesser Herren	44
Bademode, Bademäntel, Nachtwäsche Damen	60
Figurpflege Damen (für die reifere Kundin)	48
Bademode/Bademäntel/Nachtwäsche Herren	37
Gesamtfläche für alle Warengruppen	372 m²

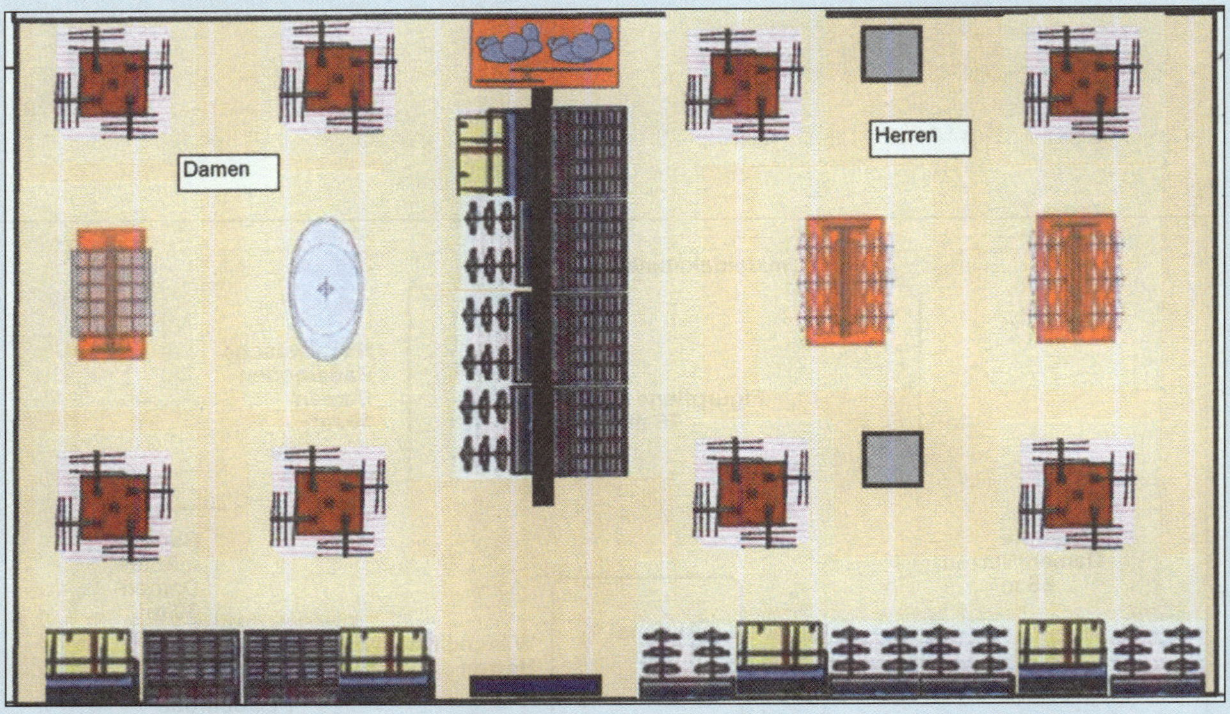

So könnten die Vertragsflächen von Schiesser aussehen.

Der Grundriss befindet sich auf der nächsten Seite.

Herr Bauer erwartet von Frau Melcher als Abteilungsleiterin Vorschläge, wie die Verhandlungen mit Schiesser aus ihrer Sicht geführt werden sollen.

ARBEITSAUFTRAG

Versetzen Sie sich in die Lage von Frau Melcher und entwickeln Sie Vorschläge für die Einbindung von zwei Vertragsflächen in die Wäscheabteilung des City-Warenhauses.

VORSCHLÄGE ZUM VORGEHEN

1. Treffen Sie eine begründete Entscheidung für die Lage der Schiesser-Vertragsflächen im Abteilungsgrundriss.
2. Entscheiden Sie über die Lage der übrigen Warengruppen.
3. Beachten Sie:
   * „Junge Wäsche" soll Kundinnen bei Betreten der Abteilung über die Treppe sofort ins Auge fallen.
   * Die Warengruppen sollen sinnvoll angeordnet werden und Orientierung bieten.
   * Bedingt durch die Treppe und die Lage der Kasse bewegen sich die Kunden im rechten Teil des Verkaufsraumes erfahrungsgemäß vorzugsweise im Uhrzeigersinn.

Planungsgrundriss
Maßstab: 1 cm = ca. 1 m

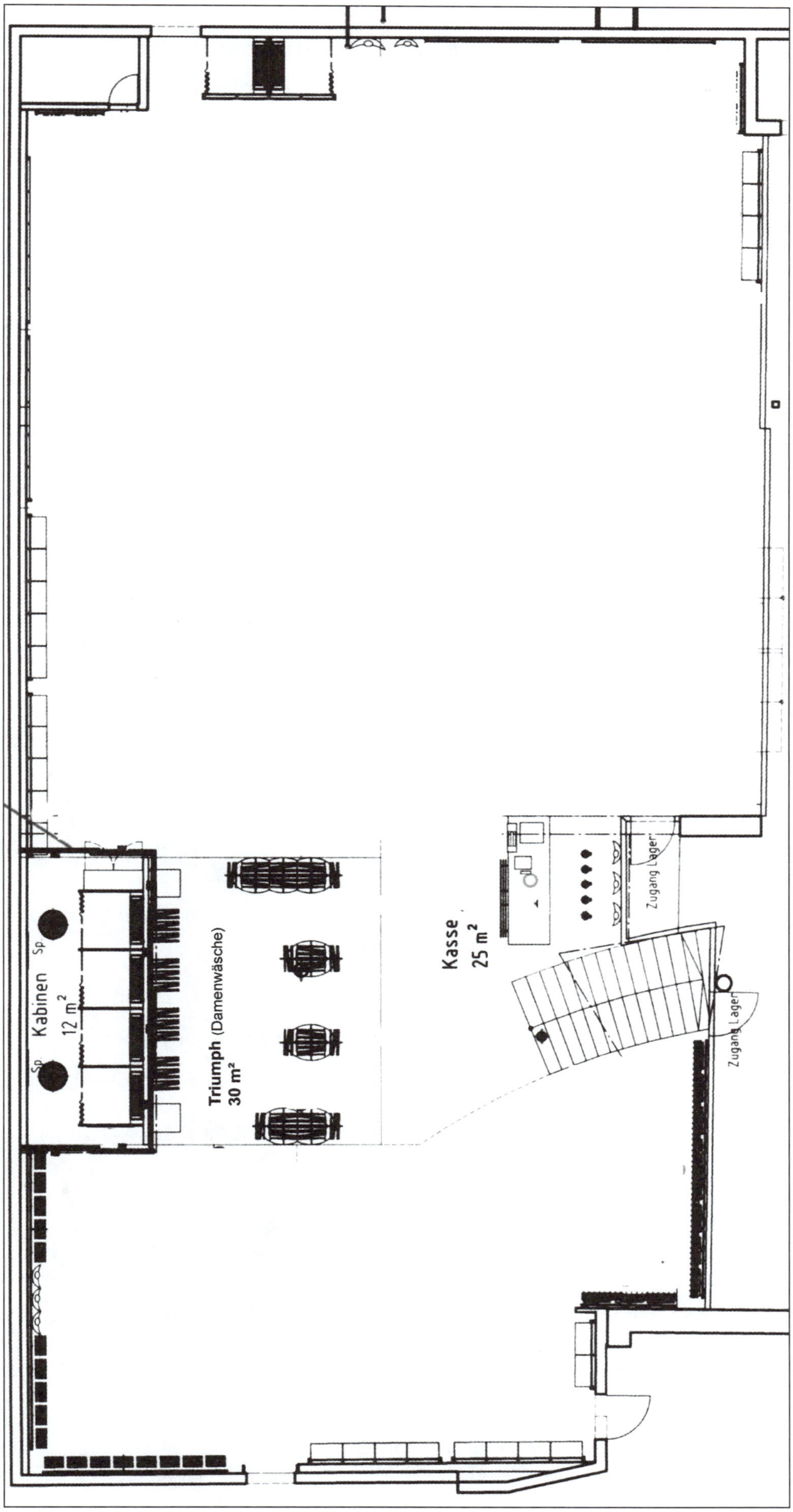

AUFGABEN

1

Nehmen Sie an, der Hersteller Schiesser bietet für die Vertragsfläche unterschiedliche Service-Standards an:

* **Service-Paket 1:** Schiesser stellt lediglich Display-Material zur Verfügung. Die Warenträger werden vom Einzelhändler beschafft. Die Einkaufshoheit liegt allein beim Einzelhändler.
* **Service-Paket 2:** Display-Material und Warenträger werden von Schiesser zur Verfügung gestellt. Der Einzelhändler erhält eine Umsatzgarantie, die Flächenplanung einschließlich der Festlegung bestimmter Einkaufsmengen wird gemeinsam durchgeführt.
* **Service-Paket 3:** Display-Material und Warenträger kommen vom Hersteller; Flächenplanung und Warenbestückung liegen allein in der Hoheit von Schiesser; der Einzelhändler erhält eine Umsatzgarantie.

Frau Melcher sähe es nicht so gerne, wenn Schiesser wie der Hersteller Triumph über die Bestückung der Vertragsfläche mit Waren in eigener Verantwortung entscheiden könnte. Herr Bauer sieht mehr die Entlastung beim Einkauf und die Umsatzgarantien bei Paket 2 und 3.

Begründen Sie, für welches Service-Paket sich Herr Bauer nach Ihrer Meinung entscheiden sollte.

2

Im Einzelhandel werden heute unterschiedliche Flächenkonzepte umgesetzt (Shop-in-Shop, Corner, Concessions).

Situation 1
Der Händler überlässt seinem Lieferanten gegen Entrichtung einer meist umsatzabhängigen Miete eine bestimmte Fläche seines Geschäfts. Der Lieferant verkauft die Ware auf einer mit eigenen Ladenbauelementen ausgestatteten Fläche, (häufig) mit eigenem Personal und auf eigene Rechnung. Der Lieferant trägt die volle Verkaufsverantwortung.

Situation 2
Auf einer vom übrigen Geschäft optisch abgegrenzten Fläche wird eine spezielle Marke präsentiert und verkauft. Die Größe der Fläche liegt häufig zwischen 40 und 100 m². Die Fläche ist mit speziellen Ladenbauelementen des Herstellers ausgestattet, z. B. Fußboden, Regale, Theke, Tische, Schränke. Vielfach werden die Bestückung der Regale mit Waren, Lieferzeiten und Umsätze gemeinsam geplant. Werbung und Verkaufsförderung liegen weiterhin in der Hoheit des Einzelhändlers.

Situation 3
Verkaufsfläche in einer Größenordnung zwischen 5 bis 40 m². Ladenbauelemente stammen vom Hersteller; gemeinsame Planung der Fläche, Bestückung, Lieferzeiten, Umsätze.

a **Geben Sie an, welches Konzept auf den Vertragsflächen von Schiesser verwirklicht wird.**

b **Begründen Sie, um welches Flächenkonzept es sich in den oben beschriebenen Situationen jeweils handelt.**

3

In einem SB-Warenhaus bietet ein fremdes Einzelhandelsunternehmen Textilien an. Das SB-Warenhaus und der Textil-Einzelhändler vereinbarten:

* Der Textil-Einzelhändler zahlt für die Vertragsfläche eine Miete.
* Die Ware, das Personal und auch das Werbematerial stellt der Textil-Einzelhändler. Folglich ist sein Personal auch für die Gestaltung der Vertragsfläche und die Präsentation der Waren verantwortlich
* Alle Verkäufe werden über die Kassen des SB-Warenhauses abgewickelt, wobei eigene Artikelnummern eine genaue Zuordnung der Verkäufe ermöglichen.
* Über eine Onlineverbindung werden dem Textil-Einzelhändler die täglichen Verkaufszahlen übermittelt.
* Das SB-Warenhaus erhält eine prozentual festgelegte Umsatzbeteiligung.

a Erläutern Sie drei Vorteile des SB-Warenhauses aus der Vereinbarung über die Vertragsfläche.

b Beschreiben Sie drei Gründe, die den Textil-Einzelhändler veranlasst haben könnten, den Vertrag einzugehen.

4

Hersteller sind heute sehr daran interessiert, mit Einzelhändlern Vereinbarungen über Vertragsflächen zu schließen.

a Begründen Sie, wie sich Ihrer Meinung nach dieser Wunsch der Hersteller erklären lässt.

b Nennen Sie zwei Beispiele für Flächenkonzepte aus Ihrem Ausbildungsbetrieb oder aus Geschäften, die Sie kennen.

5

Die verkaufsschwachen Zonen eines Textilfachgeschäftes sollen durch vier Erlebnisinseln mit attraktiven Produkten aufgewertet werden, damit die Kunden auch diese Stellen des Geschäftes aufsuchen.

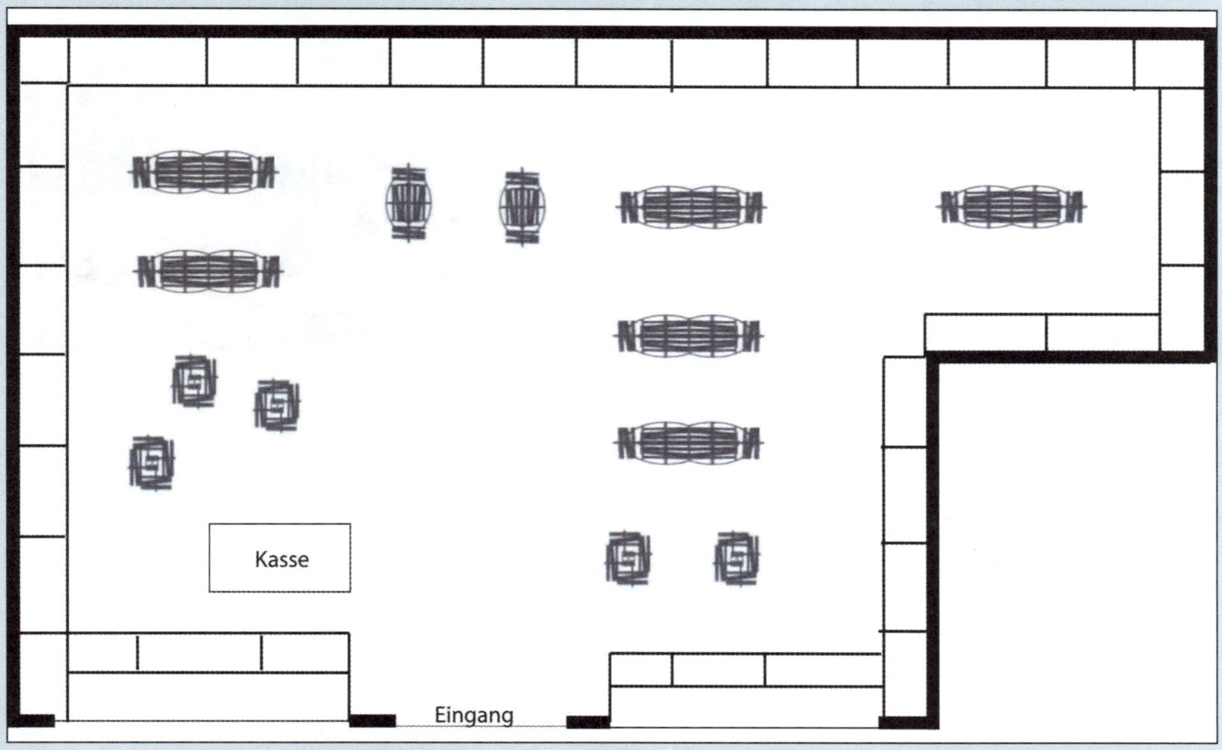

a Klären Sie, welche Zonen des Geschäftes aufgewertet werden müssen, weil sie außerhalb des normalen Kundenlaufs liegen.

b Legen Sie fest, an welchen Stellen des Verkaufsraumes diese Erlebnisinseln eingerichtet werden sollten.

c Entwerfen Sie von Ihrem Ausbildungsbetrieb/von Ihrer Ausbildungsabteilung eine Handskizze und bestimmen Sie den Standort für drei bis fünf Erlebnisinseln.

d Entwickeln Sie Vorschläge, wie eine dieser Erlebnisinseln attraktiv gestaltet werden könnte.

6

In der Textilabteilung eines Warenhauses wird Visual Merchandising über das Arenaprinzip verwirklicht.

a Erläutern Sie das Arenaprinzip anhand der Abbildung.

b Entscheiden Sie, in welcher Zone (Ebene) folgende Produkte angeboten werden sollen:

1. **Aktionsware, die besonders herausgestellt und den Kunden bekannt gemacht werden soll.**
2. **Sonderangebote, reduzierte Ware**
3. **Neue Ware (z. B. Frühjahrsmode am Ende der Wintersaison)**

Eine Verkaufsfläche lässt sich in verkaufstarke A- bis verkaufschwächere C-Zonen einteilen.

c Übertragen Sie dieses Einteilungskonzept auf das Arenaprinzip und kennzeichnen Sie die Zonen 1 bis 3 als A-, B- oder C-Zonen. Begründen Sie Ihre Lösung.

7

In der Abteilung Damenoberbekleidung (DOB) des City-Warenhauses Bauer läuft es nicht gut. Seit zwei Jahren gehen die Umsätze der Abteilung zurück. Auch das Personal ist unzufrieden, weil sich die Mitarbeiterinnen ständig Beschwerden der Kunden anhören müssen.

Herr Bauer hatte die 1. Kraft der Textilabteilung, Frau Melcher, zu sich gerufen.

Bauer: „Es sieht schlecht aus in der DOB."

Melcher: *„Stimmt!"*

Bauer: „Wie würden Sie die typische Kundin der Abteilung Damenoberbekleidung beschreiben?"

Melcher: *„Die typische Kundin ist 35 bis 55 Jahre alt, manchmal auch um die 60, modisch interessiert. Am liebsten würde sie sich im Kleiderschrank ihrer Tochter bedienen. Geht aber leider nicht – Konfektionsgröße 42 plus."*

Bauer: „Und was haben wir diesen Kundinnen zu bieten?"

Melcher: *„Eigentlich stimmt das Sortiment, meine Mitarbeiterinnen sind hoch motiviert und bestens geschult. Aber schauen Sie sich die Abteilung doch einmal mit den Augen einer modisch aufgeschlossenen Kundin an. Die Abteilung geht in der großen Fläche unter, die eintönige Warendarbietung auf Kleiderständern spricht niemanden an, es fehlen Blickpunkte, die zum Verweilen einladen, die Neonröhren an der Decke verteilen ein gleichförmiges Licht – ich könnte so fortfahren."*

Bauer: „Das genügt fürs Erste. Was sagen die Kunden?"

Melcher: *„‚Langweilig! Wo sind die bekannten Marken? Schauen Sie sich mal das Textilhaus Schmitz an' usw."*

Bauer: „Der Schmitz hat sein Sortiment nach Herstellermarken aufgebaut – sieht gut aus. Das könnten wir aber auch. Man müsste die Abteilung räumlich begrenzen und dann für jeden Hersteller einen eigenen Shop einrichten."

Melcher: *„Das wär' ja mal was!"*

Bauer: „Vorher müssen wir uns noch ein genaues Bild über die Meinung unserer Kunden machen. Sie hören von mir."

In den darauffolgenden zwei Wochen wurden die Kunden an der Kasse gebeten, einen Fragebogen zur DOB-Abteilung auszufüllen. Zu einigen Gesichtspunkten sollten die Kunden Schulnoten von 1 bis 6 geben. Am Ende konnten sie im freien Feld „Was ich Ihnen noch sagen möchte" ihre Meinung sagen

Ergebnisse der Kundenbefragung
Im Feld 11 befinden sich die Aussagen der Kunden, die wiederholt genannt und deshalb als wichtig bewertet wurden.

Fragen	Note
1. Wie freundlich ist das Personal?	1,8
2. Wie fühlen Sie sich beraten?	1,9
3. Wie empfinden Sie das Preisniveau (von niedrige (1) über angemessen (3) bis zu hoch (6)?	2,0
4. Entspricht das Sortiment Ihren Erwartungen?	2,3
5. Wie sind die Waren präsentiert?	4,0
6. Wie finden Sie sich in der Abteilung zurecht?	3,9
7. Wie ist es Ihrer Meinung nach mit der Sauberkeit bestellt?	2,8
8. Wie empfinden Sie die Beleuchtung?	4,1
9. Wie wichtig sind für Sie Sitzgelegenheiten?	2
10. Wie wohl fühlen Sie sich in der Abteilung?	3,8
11. Was ich Ihnen noch sagen möchte: * „Die Textilien werden eintönig dargeboten, immer nur Stangenware." * „Man findet die Markenware nicht – alles verstreut." * „Irgendwie ist alles düster und kalt; keine Atmosphäre." * „Die Kabinen sind zu eng und teilweise einsehbar; Spiegel fehlen." * „Macht es etwas freundlicher." * „Mir und meinem Mann fehlen Sitzgelegenheiten." * „Der Boden ist ziemlich abgetreten."	

Das Ergebnis der Kundenbefragung führte zu einer völligen Neugestaltung der Abteilung.

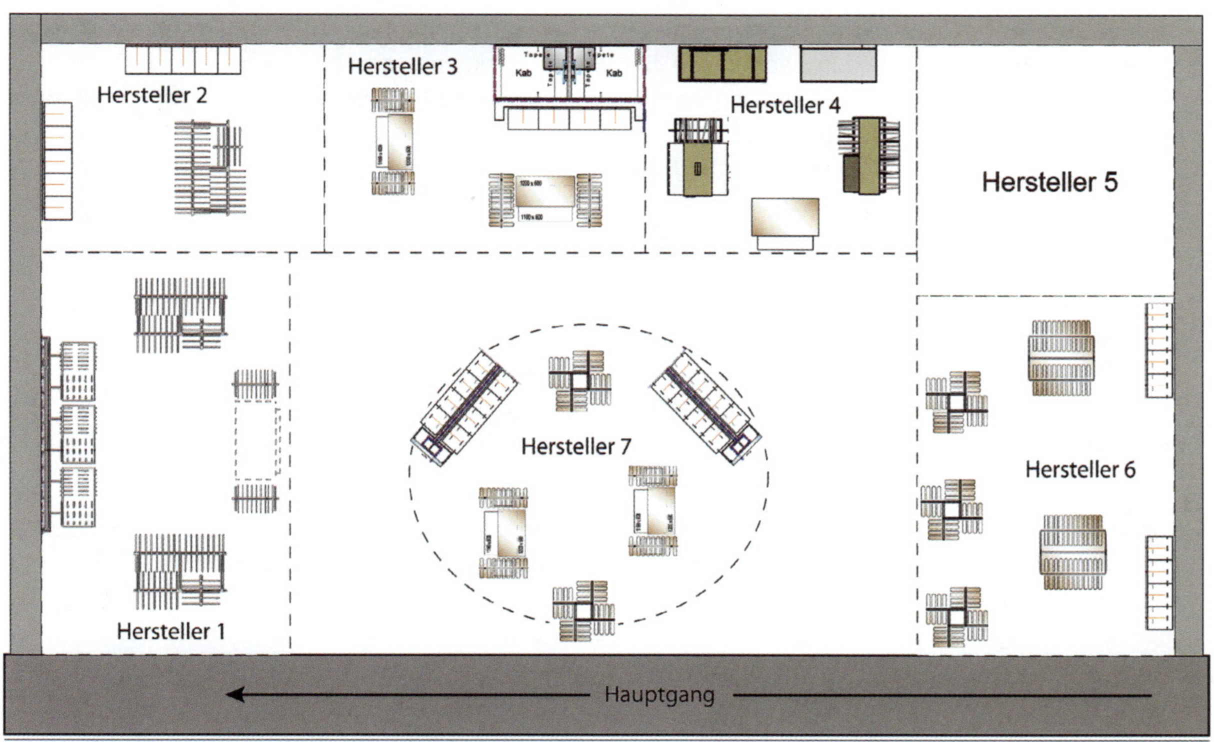

Entwurf Abteilung Damenoberbekleidung (DOB)

* **Raumaufteilung**: Die Abteilung DOB wird räumlich abgetrennt. Hersteller-Shops werden über die gesamte Fläche verteilt und unter dem Gesichtspunkt des Visual Merchandising attraktiv gestaltet worden (siehe Entwurf).
* **Wegeführung**: Die Verkaufsflächen mit ihren Warenträgern wurden so angeordnet, dass die Kunden vorzugsweise vom Hauptgang um die Verkaufsfläche für Hersteller 7 herumlaufen und von dort aus die Flächen der übrigen Hersteller aufsuchen.
* **Boden**: Der Hauptgang im gesamten City-Warenhaus ist mit Steinfliesen ausgelegt. Das soll auch nicht verändert werden. Die DOB-Abteilung hat einen hellen Laminatfußboden mit Holzoptik, der gut zur Warengruppe Textil passt, jedoch abgenutzt ist. Darum wird der Laminatboden komplett erneuert.
* **Kabinen**: Auf der Verkaufsfläche von Hersteller 3 werden 2 Umkleidekabinen eingerichtet. Ihre Ausstattung ist bodentiefer Vorhang, den Eingang komplett verschließend, Spiegel, Ablagemöglichkeit/Sitzgelegenheit, Haken.

Einige Entscheidungen sind noch in enger Zusammenarbeit mit Frau Melcher zu treffen:

1. Farbgestaltung der Wände
   Das DOB-Sortiment ist durchweg der eleganten Mode zuzurechnen. Nur Hersteller 6 (Outdoor) betont die sportliche Linie. In die engere Wahl wurden vier Farben gezogen.
   Es ist zu entscheiden, welche Wandfarbe in den Zonen mit eleganter Mode und welche Farbe für den Bereich sportliche Artikel gewählt werden soll.

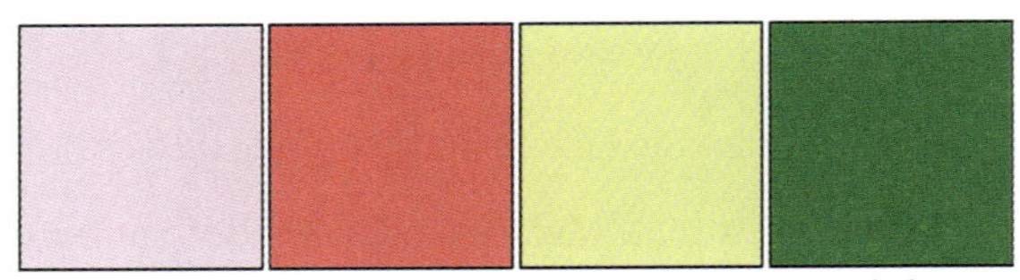

rauch-rosa, rot, creme und grün

2. Beleuchtung
   Hier ist aus drei Möglichkeiten zu wählen:
   * großflächige Grundbeleuchtung über Leuchtstofflampen (Neonröhren) an der Decke
   * Akzentbeleuchtung, die die einzelnen Hersteller optisch hervorhebt
   * Mischung aus Grund- und Akzentbeleuchtung

3. Sitzmöglichkeiten
   Die Kunden wünschen Sitzgelegenheiten. An zwei Stellen der DOB-Abteilung sollen Doppelsitzplätze mit einem kleinen Tisch (siehe nebenstehend) aufgestellt werden. Über die Position im Verkaufsraum muss noch entschieden werden.

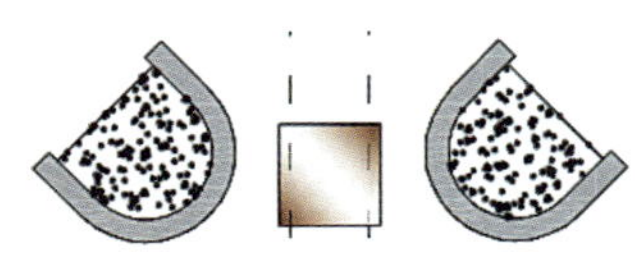

4. Atmosphäre
   Herr Bauer erwartet von Frau Melcher Vorschläge zur Verkaufsatmosphäre. Die Kunden sollen sich in der Abteilung Damenoberbekleidung wohlfühlen. Die Vorschläge können sich beziehen auf:
   * Akustik mit Hintergrundmusik aus dem Katalog eines Anbieters für Hintergrundmusik im Einzelhandel:
     - Pop-Rock: Pop, Folk und Soft-Rock
     - Jazz: Swing, klassischer und moderner Jazz
     - Hot Rock: kräftiges, dynamisches Format
     - Klassik: klassische Musik auf höchstem Niveau
     - Piano Bar: Jazz, Klavier, Saxofon, gedämpfte Atmosphäre
     - Romantik: intime Atmosphäre, Pop-Mix, Klassik, Piano und Balladen
     - Soul: lateinamerikanische und afrikanische Musik
   * Duft
   * Getränke (z. B. Wasserspender, Kaffeemaschine)
   * Zeitschriften

5. Shop Nr. 5 gestalten
   Die Verkaufsfläche für Hersteller Nr. 5, Damenhosen von Mattoni, ist noch im Detail festzulegen. Dabei ist das Arena-Prinzip zu beachten. Der Hersteller bietet an Ausstattung:
   * zwei Ständer für Hosen
   * Regal für die Rückwand mit Regalböden, Kleiderstange und Kleiderhaken
   * ein Podest kombiniert mit einem etwas höheren Tisch

Diese Warenträger sind in den Entwurfsplan zu übertragen. Hersteller 5 kommt in die grau unterlegte Fläche.

Ausschnitt aus dem Entwurfsplan

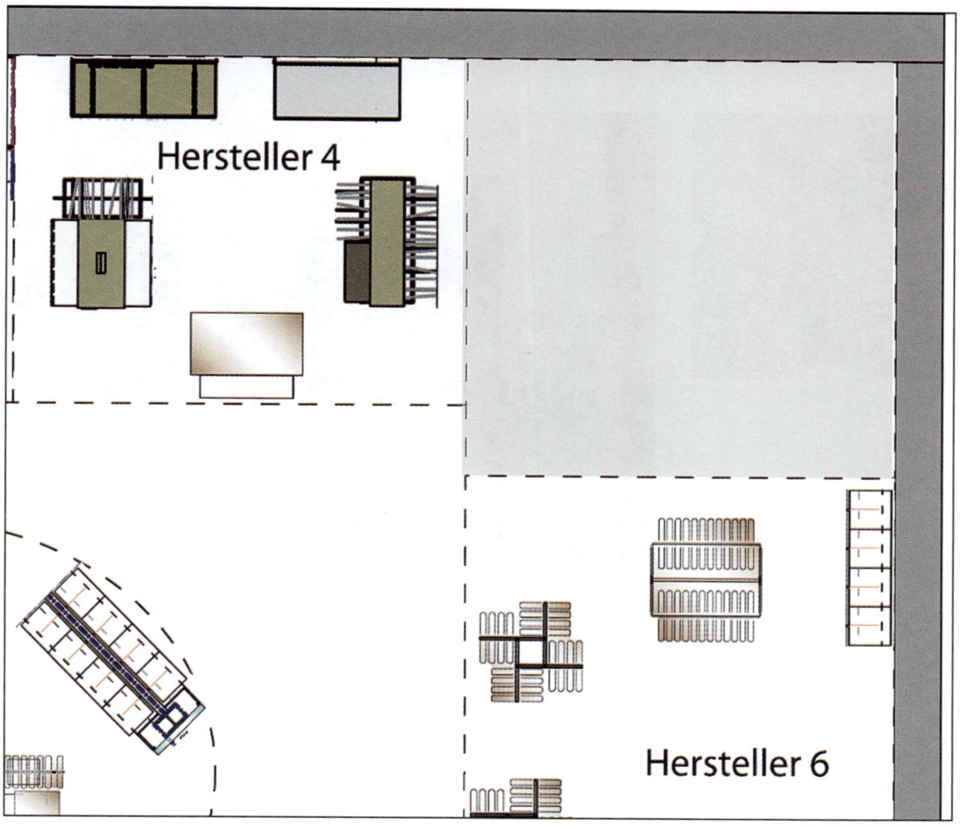

Warenträger für den Entwurfsplan

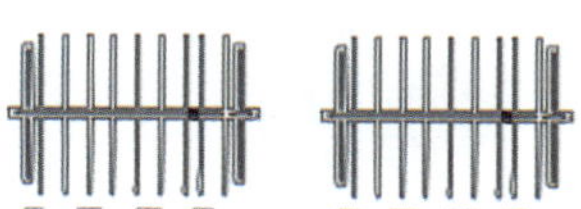
2 Ständer für Hosen

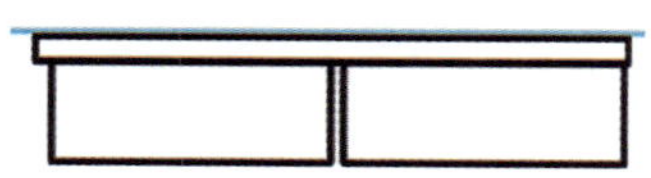
Rückwand

Podest mit Tisch

a Versetzen Sie sich in die Situation von Frau Melcher und treffen Sie die Entscheidungen zu den Punkten 1 bis 5 nach den Grundsätzen des Visual Merchandisings. Berücksichtigen Sie dabei die Kundenkritik.

  aa Entscheiden Sie, welche Wandfarbe, unterschieden nach elegant und sportlich, gewählt werden soll.

  ab Bestimmten Sie die Art der Beleuchtung

  ac Verteilen Sie die beiden Doppelsitzplätze im Verkaufsraum aus dem Entwurf Abteilung DOB auf Seite 267.

  ad Entwickeln Sie Vorschläge zur Verbesserung der Verkaufsatmosphäre.

  ae Gestalten Sie den Shop Nr. 5, indem Sie die Warenträger des Herstellers nach dem Arena-Prinzip auf der Verkaufsfläche verteilen.

b Herr Bauer hat Frau Melcher aufgefordert, ihrer Fantasie freien Lauf zu lassen. Gute Ideen zum Visual Merchandising sind hoch willkommen. Ergänzen Sie daher Ihre Lösungen zu a mit eigenen Ideen.

8

Die Abbildungen zeigen drei Beispiele für szenisches Verkaufen als Form des Visual Merchandisings.

a Beschreiben Sie die drei Beispiele mit eigenen Worten.

b Erläutern Sie die Wirkung, die von diesen Beispielen auf den Kunden ausgeht.

9

Visual Merchandising spielt gewöhnlich in allen Zweigen des Einzelhandels eine wichtige Rolle.

Geben Sie zwei Beispiele für Visual Merchandising aus Ihrem Ausbildungsbetrieb

1. Beispiel: Visual Merchandising im engeren Sinne (szenisches Verkaufen)
2. Beispiel: Machen Sie deutlich, wie der gesamte Verkaufsraum und die Warenpräsentation für den Kunden attraktiv dargeboten werden. Betrachten Sie dazu:
   * Wegführung
   * Bodengestaltung
   * Gestaltung von Rückwänden
   * Orientierungshilfen im Verkaufsraum
   * Beeinflussung der Verkaufsatmosphäre (Beleuchtung, Farben, Akustik u. a.)

10

Durch Visual Merchandising können Produkte zu einem bestimmten Thema, Anlass oder Ereignis zusammengestellt werden.

Entwerfen Sie eine Produktzusammenstellung von fünf bis zehn Artikeln unter einem gemeinsamen Motto und machen Sie Dekorationsvorschläge für die optische Darbietung. Es besteht die Möglichkeit, von befreundeten Einzelhändlern Produkte auszuleihen, die man selbst nicht führt.

Abschlussaufgabe 1 im Lernfeld 4

Situation

Im Warenhaus Havelland in Potsdam ist ein großer Umbau geplant. Die gesamte Verkaufsfläche soll neu gestaltet werden. Für die Inhaberin, Frau Wenders, eröffnet die Neuplanung die Chance, den Verkaufsraum konsequent auf Kundenorientierung auszurichten.

Warenhaus Havelland

1

Frau Wenders möchte in ihrem Geschäft vier allgemeine Gestaltungsregeln für den Verkaufsraum verwirklichen.

1. Kunden benötigen Orientierung.
2. Kunden sollen sich im Geschäft wohlfühlen.
3. Die Anzahl der Produktkontakte maximieren.
4. Laufgewohnheiten der Kunden beachten.

Beispiel 1

Die Gangbreite zwischen den Warenträgern ist mit 2 Metern größer als notwendig und üblich. Bei der Regalhöhe hingegen hat sich Frau Wenders für nur 1,60 m entschieden. Für die Grundbeleuchtung wurde ein zurückhaltendes, warmweißes Licht gewählt. Bestimmte Bereiche des Verkaufsraumes werden durch Aktzentbeleuchtung hervorgehoben. Die Raumtemperatur beträgt 21 °C; eine Klimaanlage ist installiert.

Beispiel 2

Der Verkaufsraum ist klar gegliedert. Die Hauptwege sind deutlich zu erkennen und für den Kunden leicht einzuprägen. Ein Kundenleitsystem an der Decke macht auf die getrennt angeordneten Warengruppen aufmerksam.

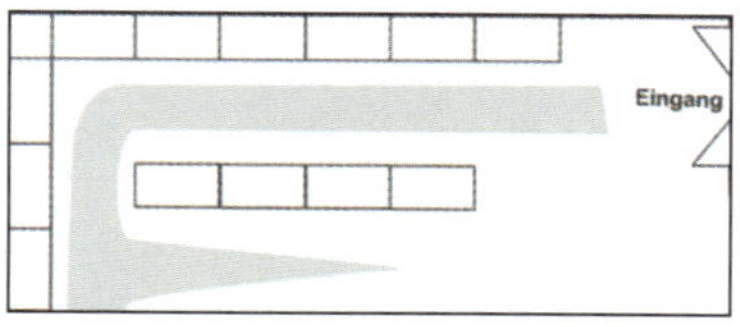

Beispiel 3

Die Warenträger sind so angeordnet, dass sich die Kunden gegen den Uhrzeigersinn im Verkaufsraum bewegen. Im Eingangsbereich werden für die Kunden attraktive Produkte angeboten, um das Schritttempo der Kunden zu verlangsamen.

Beispiel 4

An zahlreichen Stellen im Verkaufsraum werden Produkte im Verbund (im Verwendungszusammenhang) platziert. Zonen im Verkaufsraum, die von Kunden wenig besucht werden, werden durch kundenattraktive Produkte (z. B. Sonderangebote, Neuheiten) aufgewertet. Auch Produkte, die der Kunde regelmäßig benötigt (Suchkaufprodukte oder Mussartikel) werden in wenig frequentierten Zonen platziert.

a Stellen Sie begründet fest, welche der Regeln 1.–4. in den Beispielen aus dem neuen Verkaufsraum umgesetzt werden.

b Beschreiben Sie zu jeder Regel ein eigenes Beispiel.

2

In der Schuhabteilung des Warenhauses galt bisher die Verkaufsform Bedienung für ein Schuhangebot im mittleren und gehobenen Preisniveau. Nun wird überlegt,

* ob Schuhe weiterhin in der Verkaufsform Bedienung angeboten werden sollen oder
* ob eine der Verkaufsformen Vorwahl, Intensivvorwahl oder Selbstwahl in Betracht gezogen werden soll.

a Unterscheiden Sie die Verkaufsformen Vorwahl und Intensivvorwahl.

b Geben Sie eine begründete Empfehlung für die Verkaufsform in der Schuhabteilung.

3

Für die Platzierung von bestimmten Produkten wie Sonderangebote oder Impulskaufprodukte muss sich Frau Wenders über die Verkaufswirksamkeit verschiedener Verkaufszonen im Klaren sein.

Begründen Sie, ob die aufgeführten Verkaufszonen als verkaufsstark oder als verkaufsschwach einzustufen sind.
* Eingangszone
* Mitte des Verkaufsraumes
* Hauptlauf
* Auflaufzone
* Kassenzone

4

Man kann ein Sortiment in Suchkaufprodukte (Mussartikel) und Impulskaufprodukte einteilen.

a Geben Sie jeweils ein Beispiel für diese Produkteinteilung aus Ihrem Ausbildungssortiment.

b Begründen Sie, in welcher Zone aus Aufgabe 3 Sie diese Produkte platzieren würden.

5

In der Lebensmittelabteilung des Warenhauses Havelland findet der Kunde unter anderem die abgebildeten Warenträger und Produkte.

a Begründen Sie, warum die Produkte nach der Suchlogik der Kunden angeordnet sind.

b Geben Sie ein Beispiel aus Ihrem Ausbildungssortiment, in dem Sie zeigen, wie Sie Waren nach dem Suchverhalten der Kunden im Verkaufsraum platzieren.

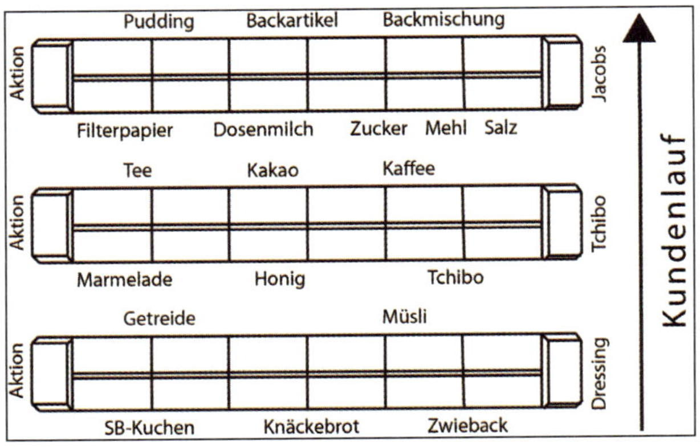

6

In der Lebensmittelabteilung war es für Frau Wenders wichtig, den Kundenlauf so zu steuern, dass die Kunden mit einem möglichst großen Teil des Sortiments in Kontakt kommen. Vier Zonen will die Geschäftsinhaberin besonders intensiv betrachten.

Zone	Problem	Maßnahmen zur Beeinflussung des Kundenlaufs
Eingangszone	Das Schritttempo des Kunden, der das Geschäft betritt, ist zu hoch.	
Hauptgänge	Auch hier neigt der Kunde dazu, den Gang zu schnell zu durchschreiten (und eventuell nur seine Einkaufsliste „abzuarbeiten").	
Mitte des Verkaufsraumes		
linke Seiten in den Gängen, Ecken		

a Ergänzen Sie die Tabelle, indem Sie die jeweiligen Probleme beschreiben und Maßnahmen erläutern, mit denen der Kundenlauf in diesen Zonen in der gewünschten Weise beeinflusst werden kann.

b Begründen Sie, in welchen Zonen des Warenhauses Sie besondere Sortimentsteile darbieten würden:
* Sonderangebote
* Suchkaufprodukte (Mussartikel)
* Neuheiten

Frau Wenders wird in Zukunft regelmäßig Kundenlaufstudien veranlassen.

c Beschreiben Sie, wie Frau Wenders eine Kundenlaufstudie durchführen könnte.
d Erläutern Sie den Zweck einer Kundenlaufstudie.
e Die rechte Ecke vor der Fleischtheke wurde von Kunden kaum beachtet. Darum wurden dort ab dem 01.11.20(0) Feinkostsalate platziert. Nach einem Monat ergab die Auswertung des Warenwirtschaftssystems für diese Warenart folgende Zahlen:
Umsatz Oktober 20(0) = 4 200,00 €
Umsatz November 20(0) = 4 830,00 €
Berechnen Sie die Umsatzveränderung in Prozent.

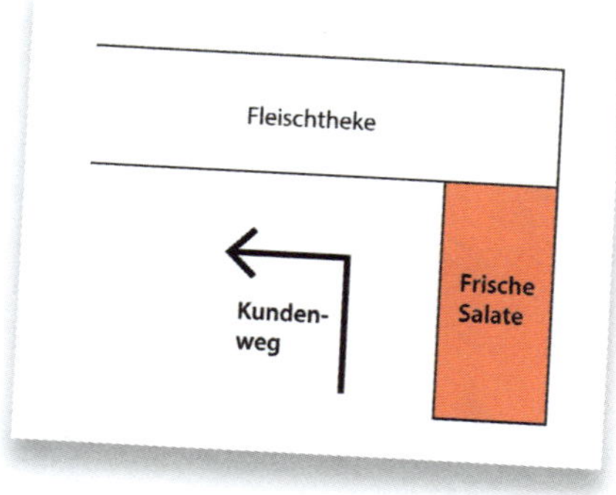

7

Bei der Umgestaltung der Verkaufsfläche wurde besonders darauf geachtet, den Verkaufsraum für die Kunden durch Visual Merchandising attraktiv zu gestalten.

Beispiel Wegführung

Während in der Lebensmittelabteilung Haupt- und Nebengänge rechtwinklig angeordnet sind, hat sich Frau Wenders in den übrigen Abteilungen auf den Hauptgängen für eine Kundenwegführung im Kreis entschieden. Auf Nebengänge hat sie verzichtet. In der Textilabteilung hat sie die Verkaufsfläche zusätzlich über die Anordnung der Hersteller gestaltet.

Lebensmittelabteilung

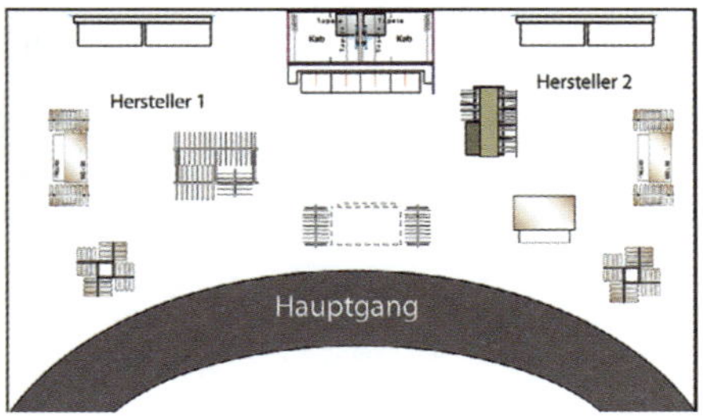

Textilabteilung

a Beurteilen Sie die unterschiedliche Wegführung in der Lebensmittel- und in der Textilabteilung.

Beispiel Bodengestaltung

In der Lebensmittelabteilung sind durchgängig Steinfliesen verlegt. In den übrigen Abteilungen hingegen sind die Hauptgänge mit grauen Keramikplatten, die restlichen Flächen mit naturfarbenem Parkettboden ausgestattet.

b Beurteilen Sie die unterschiedliche Bodengestaltung.

Beispiel Rückwandgestaltung

In der Textilabteilung sind die Rückwände und die davor befindlichen Flächen nach dem Arenaprinzip in drei Ebenen aufgebaut.

c Beschreiben Sie das Arenaprinzip und erläutern Sie den wesentlichen Vorteil dieser Art der Rückwandgestaltung.

Beispiel Verkaufsatmosphäre

Die gesamte Verkaufsfläche ist mit Decken-Lichtbändern als Grundbeleuchtung ausgestattet. In der Textilabteilung werden zusätzlich Akzentbeleuchtungen eingesetzt. Frau Wenders erwartet noch Vorschläge, wie auch Hör- und Geruchssinn der Kunden beim Visual Merchandising angesprochen werden können.

d Entwickeln Sie einen Vorschlag, wie die Aktzentbeleuchtung in der Textilabteilung eingesetzt werden sollte.
e Machen Sie je einen Vorschlag, mit dem die Hör- und Geruchssinne der Kunden zur Verbesserung der Verkaufsatmosphäre aktiviert werden.

7 Ordnungsregeln bei der Warenpräsentation beachten

„Wie sieht das denn hier wieder aus!" war der Kommentar von Frau Möller, der 1. Kraft in der Abteilung Schreibwaren/Büro des City-Warenhauses, als sie vor dem Regal mit Aktenordnern und Papierkörben stand. Sie rief die Auszubildende Ayse zu sich.

Frau Möller: „Das war heute Morgen noch alles wohlgeordnet."

Ayse: *„Es waren sehr viele Kunden hier, die mir alles durcheinandergebracht haben. Den Ordner dort unten hat gerade ein Kunde heruntergeworfen und sich nicht weiter darum gekümmert. Ich wollte ihn gerade aufheben und auch die Papierkörbe wieder gerade stellen."*

Frau Möller: „Es ist ja nicht nur die Unordnung. Schauen Sie sich einmal die Mehrfachplatzierungen im Regal an oder den diagonalen Aufbau oder die Überlappungen oder die Unruhe bei den gelben Ordnern – schrecklich. Welcher Kunde soll denn da noch den Überblick über das Warenangebot bekommen."

Ayse: *„Ich werde das sofort in Ordnung bringen."*

Frau Möller: „Und dann überlegen Sie einmal, was passiert, wenn ein Kunde aus dem Stapel dort oben einen blauen Ordner herausnimmt. Das Regal muss in klare Blöcke aufgeteilt werden. Dann kann sich der Kunde orientieren und seine Kaufentscheidung treffen."

Ayse: *„Senkrechte Blöcke – wie immer."*

Frau Möller: „Genau – wie immer."

Belegungsplan siehe nächste Seite

ARBEITSAUFTRAG

Entwerfen Sie einen Belegungsplan für das Regal, bei dem Sie das Prinzip der senkrechten Blockbildung und die Ordnungsregeln für die Warenpräsentation beachten.

Muster Belegungsplan

AUFGABEN

1

In einem Lebensmittelsupermarkt sollen die Mitarbeiter das Gemüse so präsentieren, dass die Kunden sich leicht zurechtfinden.

Stellen Sie fest, welche Fehler in der Warenpräsentation am Gemüseregal gemacht worden sind.

2

Mitarbeiter haben manchmal unterschiedliche Vorstellungen von einer attraktiven Darbietung der Waren.

Begründen Sie, welche Art der nebenstehenden Präsentationen jeweils vorzuziehen ist.

3

Kunden, die ein Geschäft betreten, haben folgende Ansprüche an die Warenpräsentation:

1. geringer Suchaufwand
2. einfache Vergleichbarkeit
3. Kaufanregung
4. ansprechendes optisches Erscheinungsbild

Ein Kunde, der im Internet einkauft, hat die gleichen Wünsche an einen Onlineshop.

a **Betrachten Sie Ihre eigenen Verhaltensweisen beim Einkauf im Internet und begründen Sie, inwieweit diese vier Ansprüche auch bei der Suche nach einem geeigneten Produkt im Onlinehandel von Bedeutung sind.**

b **Beurteilen Sie, ob diese vier Ansprüche an die Warenpräsentation besser im stationären Handel oder im Onlinehandel umgesetzt werden können.**

8 Waren in einer Abteilung mit Bedienung verkäufergerecht einordnen

In der Abteilung Uhren/Schmuck werden die Produkte in Bedienung angeboten. Die Waren sind in Vitrinen untergebracht, die den Kunden nicht zugänglich sind. Während des Beratungsgespräches holt die Verkaufsmitarbeiterin die Produkte aus den Schubladen der Vitrinen, so wie sie vom Kunden gewünscht werden.

Collier: sprich ko'lje

Andrea aus der Spielwarenabteilung musste als Urlaubsvertretung in der Abteilung Uhren/Schmuck aushelfen. Von Frau Ewald hatte sie den Auftrag erhalten, eine Verkaufstheke mit Collierketten aufzuräumen und zu reinigen. Gründlich, wie Andrea ist, hatte sie die Theke komplett ausgeräumt und die Ketten wahllos auf der Theke ausgebreitet.

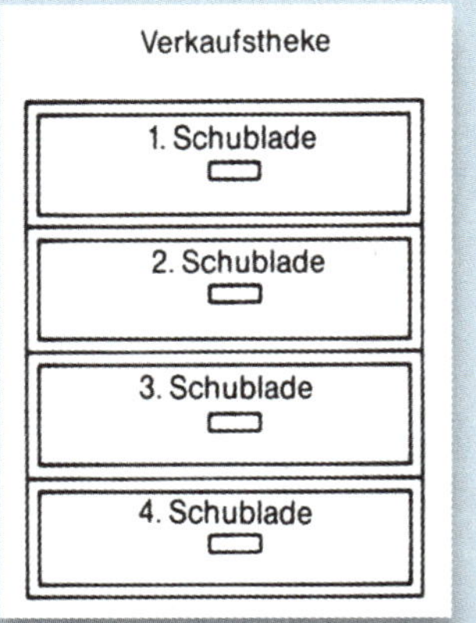

Nach der Reinigung legte sie die Schmuckteile wieder in die Schublade, allerdings so, wie es ihr gerade in den Sinn kam. Frau Ewald, die ihre Arbeit begutachtete, schüttelte den Kopf und rief Andrea zu sich: „Unsere Kunden möchten die Waren vorgelegt bekommen, ohne dass Sie erst lange suchen müssen. Stellen Sie sich vor, Sie müssten erst alle Schubladen durchsehen, bevor Sie einer Kundin passende Ketten vorlegen können!"

Andrea erhielt nun den Auftrag, die Collierketten zu ordnen und überlegt in den Schubladen unterzubringen. Es handelte sich dabei um Ketten, die alle aus Gelbgold bestanden:

- schwere, aufwendig verarbeitete Collierketten in hohen Preislagen, die von Kunden selten verlangt werden
- schlichte Ketten aus 585er Gold in unterschiedlichen Längen und Mustern der niedrigen Preislagen, die sehr gefragt sind
  Beim Verkauf geht es zunächst um die Länge, dann um das Muster (Kordel, Flachpanzer u. Ä.)
- einfache Ketten aus 333er Gold in unterschiedlichen Längen und Mustern der untersten Preislage, die von Kunden am häufigsten verlangt werden
  Beim Verkauf gilt die gleiche Reihenfolge wie bei schlichten Ketten.
- jugendliche Ketten mit einem kleinen Schmuckteil in unterschiedlichen Ausführungen (Tiermotive, Steine u. Ä.; es handelt sich um einfache Ketten in verschiedenen Längen und mittleren Preislagen
  In der Kundennachfrage stehen sie an dritter Stelle. Auch hier gilt beim Verkauf die gleiche Reihenfolge.

ARBEITSAUFTRAG

Ordnen Sie die Collierketten verkäufergerecht in die Schubladen der Vitrine ein. Erstellen Sie dazu einen Belegungsplan für die vier Schubladen.

VORSCHLÄGE ZUM VORGEHEN

1. Verteilen Sie die vier Warenarten sinnvoll auf die Schubladen.
2. Bestimmen Sie die Anordnung der Ketten innerhalb der Schubladen.

Belegungsplan

AUFGABEN

1

In einigen Vitrinen sind drei von vier Schubladen-Ebenen durch die Kunden einsehbar. Die Collierketten sollen in solch einer Vitrine präsentiert werden. Für alle Ketten gilt: Je höher der Preis, umso höher ist der Gewinn für das Warenhaus.

Erstellen Sie einen neuen Belegungsplan, der die veränderten Bedingungen berücksichtigt.

2

Auch in Geschäften mit Vorwahl und Selbstwahl gibt es häufig Warenträger wie Vitrinen, die nur für das Verkaufspersonal zugänglich sind, z. B. für hochwertige und kleine Elektroartikel.

Schildern Sie an einem Beispiel, nach welchen Gesichtspunkten in Ihrem Ausbildungsbetrieb die Waren in einer Verkaufstheke oder Vitrine angeordnet werden oder angeordnet werden könnten, wenn die Waren in der Verkaufsform Bedienung angeboten werden.

9 Die Vorwahl nach dem Kaufentscheidungsprozess des Kunden ausrichten

In der Abteilung Schuhe/Lederwaren werden die Herrenschuhe als eigenständige Warengruppe in einem gesonderten Bereich der Abteilung angeboten.

Die Warengruppe besteht vorzugsweise aus Schuhen bekannter Markenhersteller.

Nach einem langen Arbeitstag und nach der Verabschiedung des letzten Kunden stehen die Abteilungsleiterin, Frau Seifert, und ihre Mitarbeiterin, Frau Eder, zusammen und unterhalten sich.

In der Vorwahl befindet sich nur jeweils ein Schuh. Das zweite Exemplar muss aus dem Lager geholt werden.

Frau Eder: „Wir brauchen dringend mehr Personal. Mit unserer Minibesetzung ist das nicht mehr zu schaffen. Gerade hier in der Herrenabteilung ist immer mehr los."

Frau Seifert: „Eigentlich sollten wir uns freuen, aber Sie haben recht, so kann es nicht weitergehen. Mehr Personal bekommen wir aber auf keinen Fall."

Frau Eder: „Vielleicht sollten wir einfach auf Selbstwahl umstellen, dann wäre der Beratungsaufwand erheblich geringer. Nur die Problemfälle blieben für uns."

Frau Seifert: „Das wird bei den hochwertigen Markenschuhen nicht gelingen. Sie wissen doch, Männer sind beim Schuheinkauf hilflos – falls sie nicht von ihrer Partnerin begleitet werden."

Frau Eder: „Stimmt leider. Vielleicht könnten wir die Vorwahl durch die Kunden verstärken, sodass wir wirklich nur noch zum Schluss hinzukommen und bei der Kaufentscheidung helfen. Dann müssten wir aber die Schuh-Vorwahl umstellen. Bisher haben wir nur nach Marke und Größe sortiert. Innerhalb der Größe steht alles durcheinander: modisch neben klassisch, braun neben schwarz, Slipper neben Schnürschuh. Der Kunde hat zu wenig Orientierung, um näher an seinen Wunsch-Schuh heranzukommen."

Frau Seifert: „Eigentlich brauchen wir doch nur zu überlegen, wie sich Kunden für einen bestimmten Schuh entscheiden, und wir sortieren die Schuhe nach diesem Entscheidungsprozess. So wird der Kunde über die Vorauswahl an seinen Wunschschuh herangeführt."

Frau Eder: „Und wir brauchen nur noch hinzuzutreten und zu sagen: ‚Da haben Sie aber eine gute Wahl getroffen' – fertig."

Frau Seifert: „Na ja – so ungefähr. Aber das probieren wir."

Typischer Entscheidungsprozess eines männlichen Kunden in der Schuhabteilung
Betreten Kunden die Abteilung, werden sie durch die Wegführung automatisch zu der Warengruppe hochwertige Markenschuhe geleitet. Sie suchen allerdings zunächst ihre Schuhgröße, danach ist die Marke für Männer von Interesse. Viele kaufen ausschließlich „ihre" Marke und bleiben ihr weitgehend treu. Bei den

Markenschuhen stehen zwei Farben zur Auswahl: Braun oder Schwarz. Im Sommer wird Braun bevorzugt, im Winter Schwarz. Jetzt erst stellt sich bei männlichen Kunden die Frage nach der Mode. Manchmal sind z. B. etwas spitz zulaufende Modelle modern. Vielfach bleiben Männer aber bei der klassischen Form schlicht gerundet oder eckig, weil sie sich nur begrenzt auf modische Experimente einlassen. Zum Schluss prüfen männliche Kunden noch, ob sie sich für den klassischen Schnürschuh oder für den bequemeren Slipper entscheiden sollen. In der Regel wird der Schnürschuh bevorzugt.

Käufer-Entscheidungsbaum

1. Schritt	
2. Schritt	
3. Schritt	
4. Schritt	
5. Schritt	

ARBEITSAUFTRAG

Orientieren Sie die Warenpräsentation in Vorwahl an dem Kaufentscheidungsprozess der Kunden.

VORSCHLÄGE ZUM VORGEHEN

1. Entwickeln Sie einen Entscheidungsbaum für männliche Schuhkunden.
2. Bestücken Sie beispielhaft das Schuhregal für die Größe 42, indem Sie die Buchstaben A bis N in das Regal eintragen. Jeweils 8 Schuhe passen auf eine Regalebene.

Warenarten im Regal mit der Schuhgröße 42

A Klassische Schnürschuhe, grau, 4 Exemplare mit leichten Abwandlungen

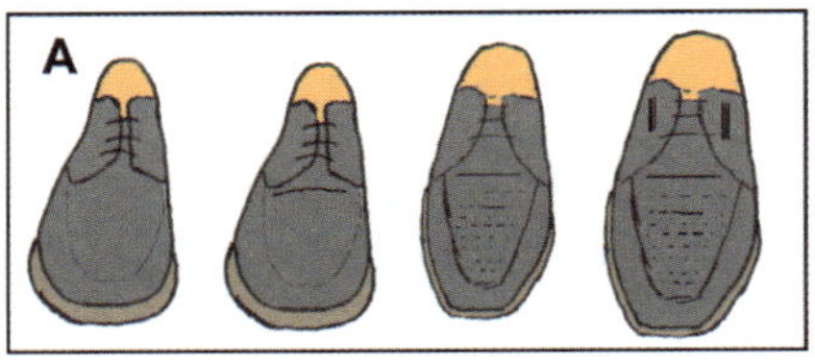

B Klassische Schnürschuhe, schwarz, mit Ziernähten, 4 Exemplare mit leichten Abwandlungen

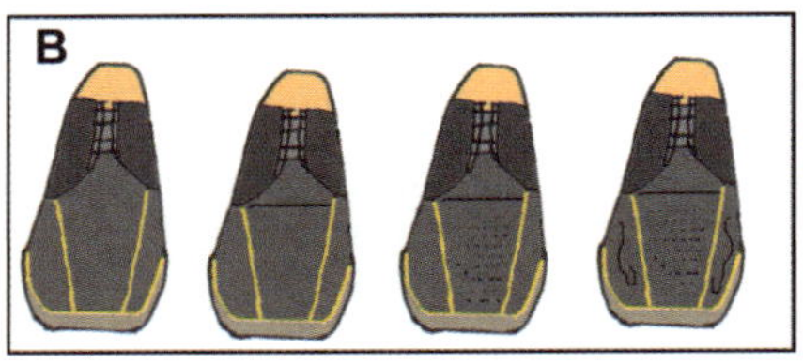

C Moderne Schnürschuhe, schwarz, eckige Form, 4 Exemplare mit leichten Abwandlungen

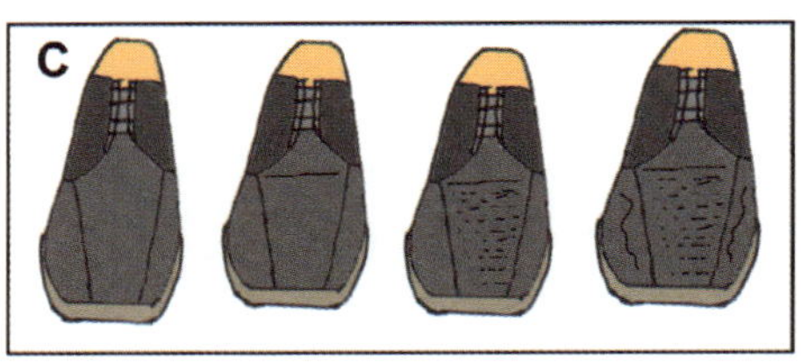

D Klassische Schnürschuhe, dunkelbraun, 4 Exemplare mit leichten Abwandlungen

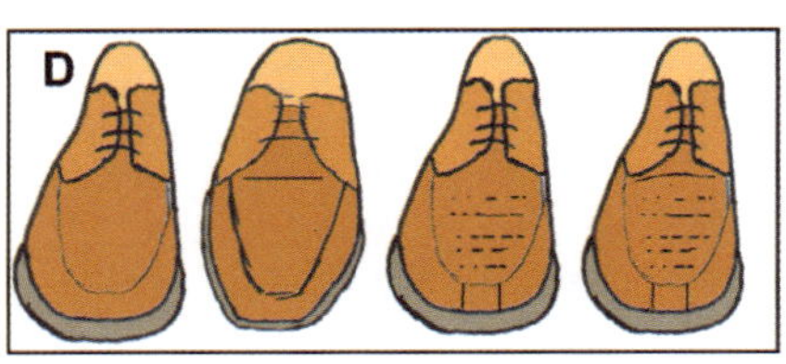

E Moderne Schnürschuhe, hellbraun, 4 Exemplare mit leichten Abwandlungen

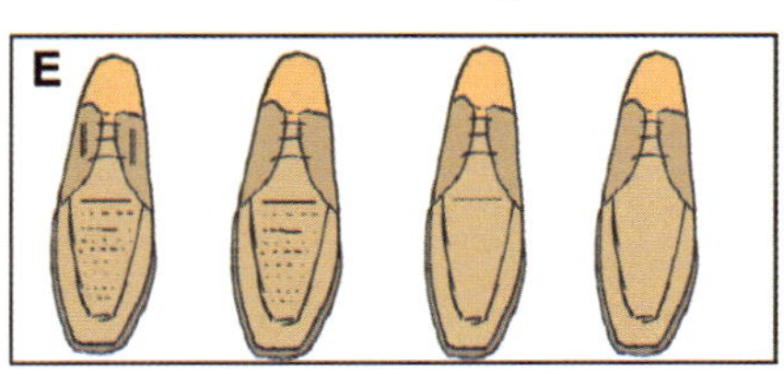

F Slipper, braun, klassische Form

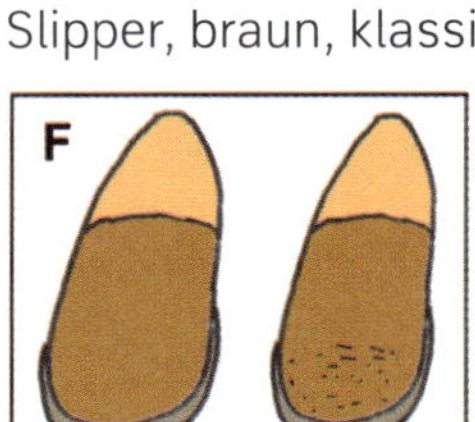

G Slipper, braun, moderne Form

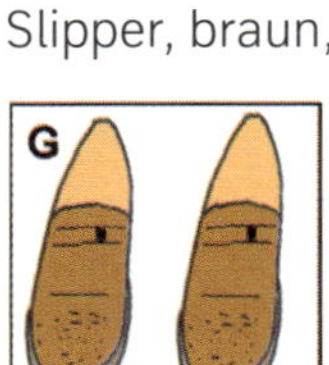

H Klassische Schnürschuhe, hellbraun, 4 Exemplare mit leichten Abwandlungen

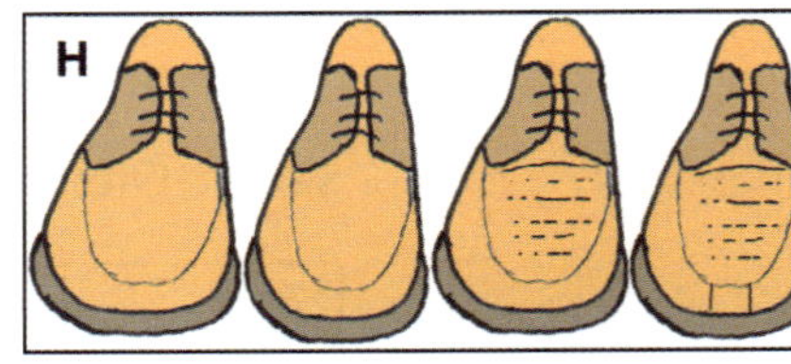

I Klassische Schnürschuhe, rotbraun, 4 Exemplare mit leichten Abwandlungen

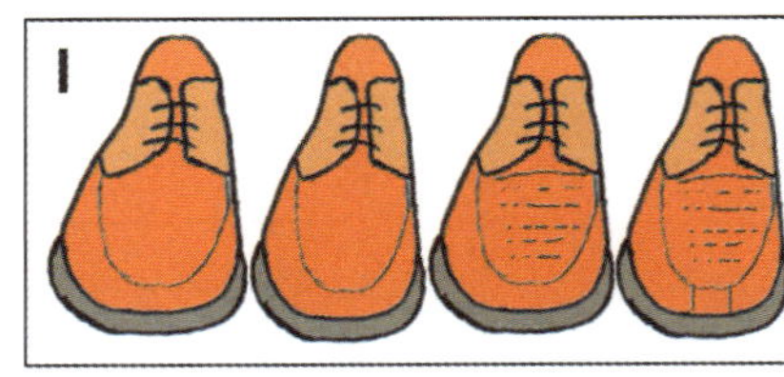

J Klassische Schnürschuhe, schwarz, eckige Form, 4 Exemplare mit leichten Abwandlungen

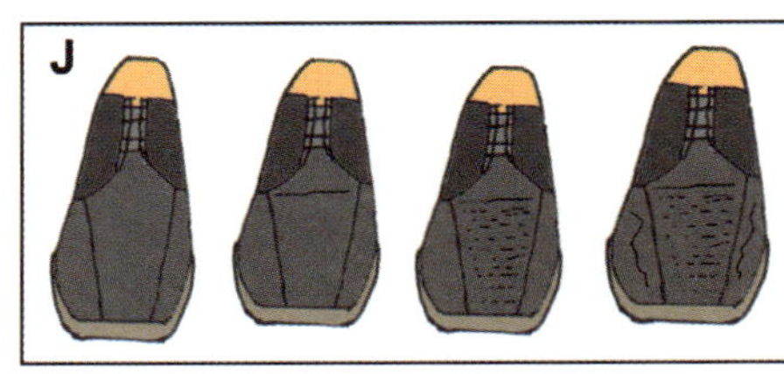

K Moderne Schnürschuhe, schwarz, 4 Exemplare mit leichten Abwandlungen

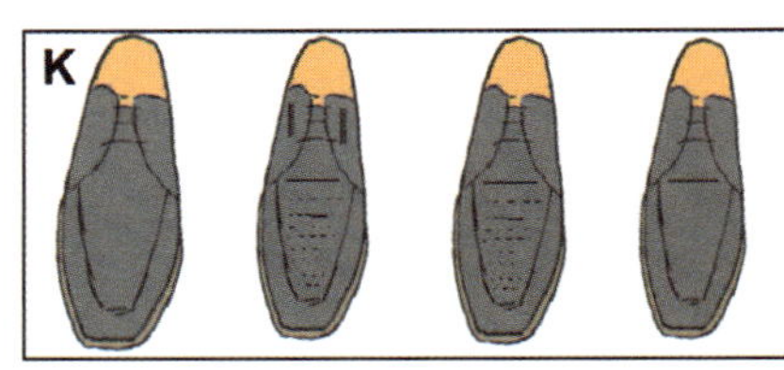

L Moderne Schnürschuhe, dunkelbraun, 4 Exemplare mit leichten Abwandlungen

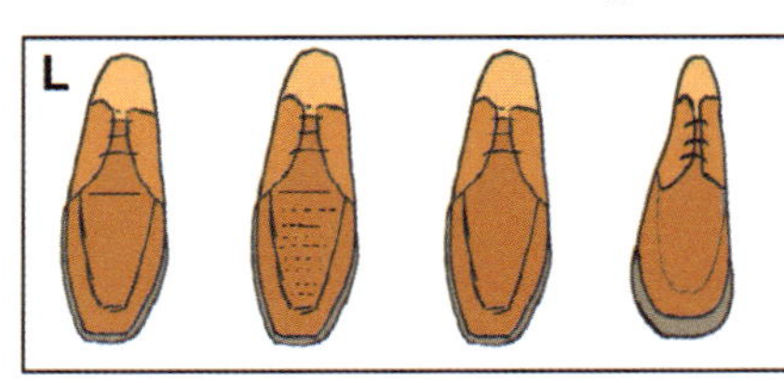

M Slipper, schwarz, klassische Form

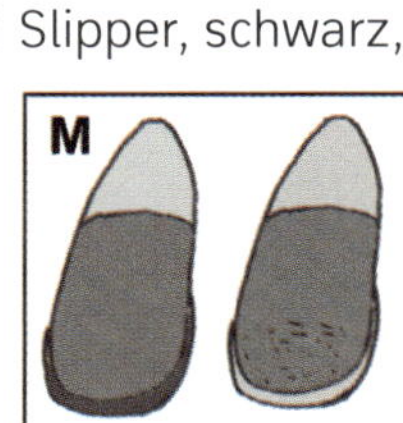

N Slipper, schwarz, moderne Form

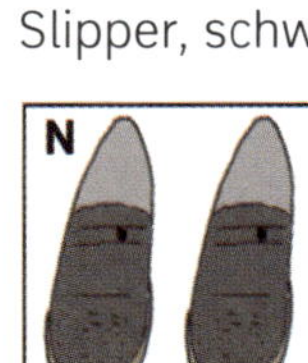

Belegungsplan

Regalbelegung beschreiben oder Buchstaben für jeweils 4 Schuhe oder 2 Schuhe eintragen

AUFGABEN

1

Kundinnen kaufen Schuhe gewöhnlich anders als Kunden. Versetzen Sie sich in die Situation von Schuhkäuferinnen, die in einem Geschäft mit Vorwahlsystem Schuhe vorwählen. Die Schuhe sind nach Größen im Geschäft angeordnet.

a Überlegen Sie, welche weiteren Entscheidungsschritte eine Kundin unternimmt, nachdem sie ihre Schuhgröße entdeckt hat und vor einem Regal mit Schuhen zur Auswahl steht.

b Entwickeln Sie einen Käufer-Entscheidungsbaum nach dem Muster der männlichen Schuhkäufer, der die Überlegungsschritte einer Kundin in einer Rangfolge festhält.

2

In einem Damen-Schuhgeschäft werden Schuhe wie abgebildet präsentiert:
* Auf einem Schieberegal werden Musterschuhe einzeln herausgestellt.
* Im dahinter liegenden starren Regal befinden sich Kartons, in denen die Musterschuhe in verschiedenen Größen (z. B. Größe 36 bis 40) vorrätig gehalten werden.
* Die Kartons sind frei zugänglich, d. h., die Kundinnen haben durch Verschieben der beweglichen Regalteile Zugriff auf die jeweiligen Größen.

a Beurteilen Sie die Art der Warenpräsentation aus Sicht der Kundinnen.

b Begründen Sie, welche Rolle bei dieser Warenpräsentation dem Verkaufspersonal zukommt.

c Entscheiden Sie, für welche Verkaufsform diese Warenpräsentation Ihrer Meinung nach am besten geeignet ist.

10 Die Blockpräsentation optimieren

In der Lebensmittelabteilung des City-Warenhauses werden die Schokoladenmarken verkaufswirksam und unter Beachtung der Interessenlage des Geschäftes im Regal präsentiert. Das Unternehmen möchte natürlich die Produkte bevorzugt platzieren, mit denen es einen besonders hohen Gewinn erzielt.

Diese Schokoladenmarken müssen in einem schmalen Regal im Block dargeboten werden.

	Marke	Verkaufspreis	Gewinn
	Herz-Schokolade Hausmarke	0,40 €	0,04 €
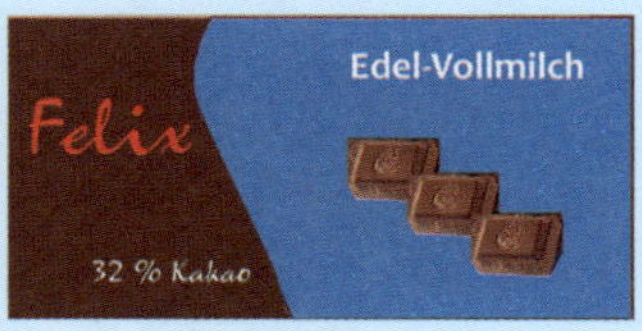	Felix	0,50 €	0,05 €
	Schoko-Fit	0,70 €	0,10 €
	Alm-Schokolade	0,90 €	0,15 €

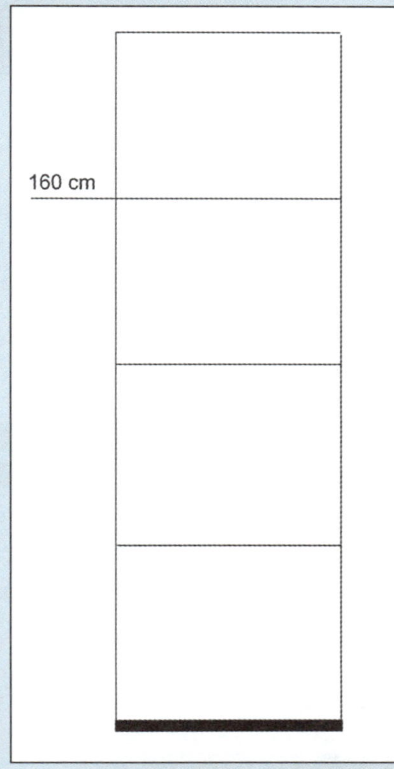

vereinfachte Darstellung des Regals

Sabrina und Peter haben von Frau Jevic den Auftrag erhalten, die Warenpräsentation zu überwachen und sie veränderten Bedingungen anzupassen. Vier Situationen traten im Verlauf einer Woche auf.

Situation 1
Frau Jevic gab die Anweisung, das Regal so zu belegen, dass für das City-Warenhaus die besten Gewinnchancen entstehen.

Situation 2
Neuplanung mit Bedingungen:
* Fernsehwerbung von Schoko-Fit
* Werbekostenzuschuss von Schoko-Fit an den Einzelhändler für TOP-Platzierung, sodass der Gewinn auf 0,16 € steigt
* Einkaufspreis der Hausmarke sinkt, der Gewinn steigt auf 0,08 €

Situation 3
Neuplanung mit Bedingungen:
* weiterhin Fernsehwerbung von Schoko-Fit
* Das oberste Regal soll Werbung von Alm-Schokolade aufnehmen.
* Das Mindesthaltbarkeitsdatum (MHD) von Felix läuft aus.

Situation 4
Neuplanung: Das Schokoladenangebot wird kräftig ausgeweitet, indem jede Marke in vier Geschmacksrichtungen Zartbitter, Vollmilch, Nuss, Marzipan angeboten wird.

Außerdem werden die Marken mit den vier Geschmacksrichtungen nun in vier Blöcken angeboten.

Es sind weder ein Werbekostenzuschuss noch das Mindesthaltbarkeitsdatum zu beachten (= Situation 1).

Die Geschmacksrichtungen sind unterschiedlich verkaufsstark.

Vollmilch	Position 1 (wird am meisten verkauft)
Nuss	Position 2
Zartbitter	Position 3
Marzipan	Position 4

ARBEITSAUFTRAG

Erstellen Sie Belegungspläne für das Schokoladenregal unter den Bedingungen der Situationen 1 bis 4.

Beachten Sie

* **zu Situation 3: Der obere Regalboden ist mit Werbung belegt. Daher kann keine Ware auf diesem Boden untergebracht werden.**
* **zu Situation 4: Beachten Sie das Orientierungs- und Auswahlverhalten von Kunden, die vor einem Regal stehen.**

Situation 1

	Marke	Verkaufspreis	Gewinn
	Herz-Schokolade Hausmarke	0,40 €	0,04 €
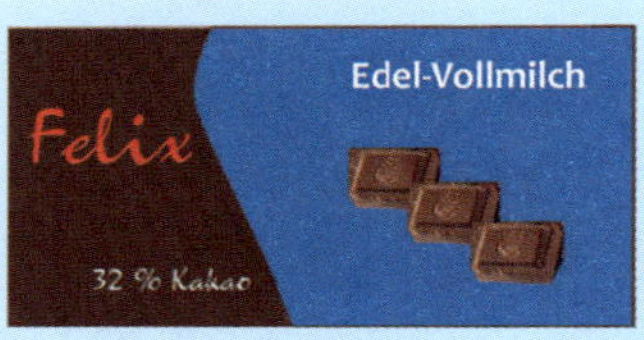	Felix	0,50 €	0,05 €
	Schoko-Fit	0,70 €	0,10 €
	Alm-Schokolade	0,90 €	0,15 €

vereinfachte Darstellung des Regals

Situation 2

	Marke	Verkaufspreis	Gewinn
	Herz-Schokolade Hausmarke	0,40 €	
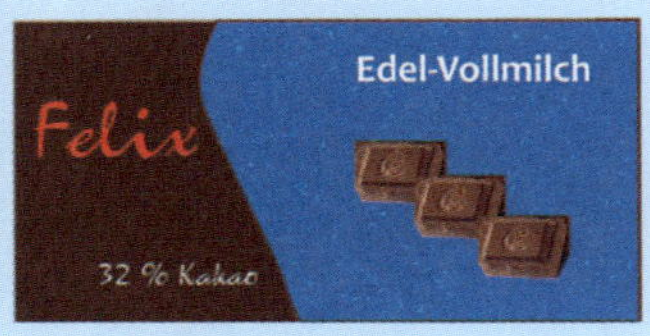	Felix	0,50 €	
	Schoko-Fit	0,70 €	
	Alm-Schokolade	0,90 €	

vereinfachte Darstellung des Regals

Situation 3

	Marke	Verkaufspreis	Gewinn
	Herz-Schokolade Hausmarke	0,40 €	
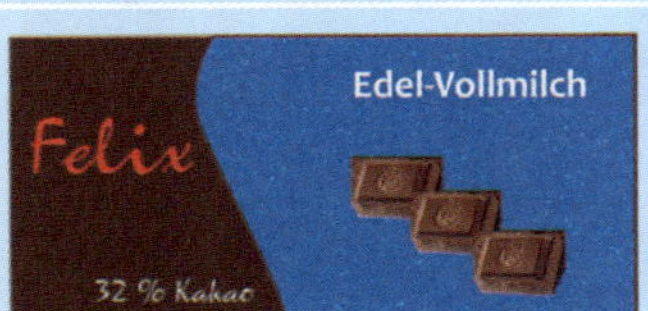	Felix	0,50 €	
	Schoko-Fit	0,70 €	
	Alm-Schokolade	0,90 €	

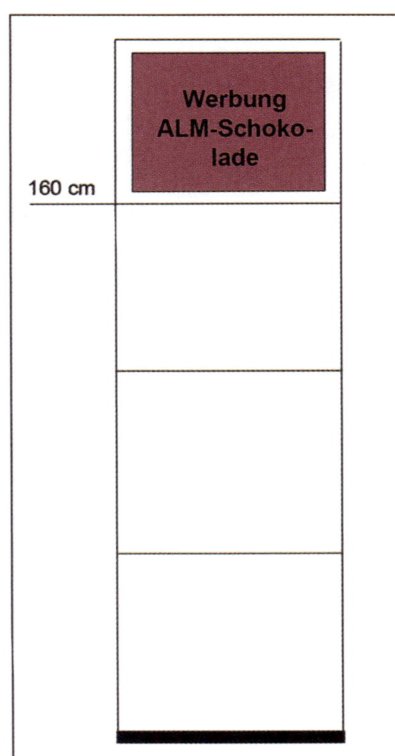

vereinfachte Darstellung des Regals

Situation 4

Belegungsplan

Produkte

AUFGABEN

1

In einem Lebensmittelgeschäft werden unter anderem vier Warenarten dargeboten.

Suppen	Saucen	Gewürze	Fertiggerichte

Die Produkte stammen von vier Lieferanten, jeder bietet die vier Warenarten an.

Maggi	Knorr	Bio-Land	Hausmarke

a Entwickeln Sie aus diesen Angaben in der unten stehenden Vorlage einen
  aa Herstellerblock für einen Hersteller,
  ab Produktblock für eine Warenart,
  ac kompletten Kreuzblock.

b Erläutern Sie je einen Vorteil des Hersteller- und Produktblocks aus Sicht des Kunden.

c Beschreiben Sie, wie sich ein Kunde vor einem Regal in Kreuzblock-Präsentation orientiert.

d Erläutern Sie die Aussage: Der Kreuzblock verbindet die wichtigsten Ansprüche des Kunden an die Warenpräsentation: die einfache Suche und den geringen Entscheidungsaufwand.

Herstellerblock

Produktblock

Kreuzblock

2

Das Regal ist 190 cm hoch; der obere Regalboden liegt auf einer Höhe von 160 cm.

a Tragen Sie in die Regalzonen die Fachbezeichnungen für eine senkrechte Betrachtung des Regals ein.

b Tragen Sie die beschriebenen Produkte als Ziffern 1 bis 6 in die Regalzonen ein, sodass sie den Präsentationsregeln gerecht werden.

1 schwere und größere Produkte

2 mit hoher Gewinnspanne kalkulierte Markenprodukte

3 leichte Artikel, nicht besonders gut kalkuliert

4 Produkte mit mittlerer Gewinnspanne

5 Such- und Mussartikel

6 Impulsartikel

3

Ein Kunde trifft im Verkaufsraum auf die Längsseite des abgebildeten Regals.

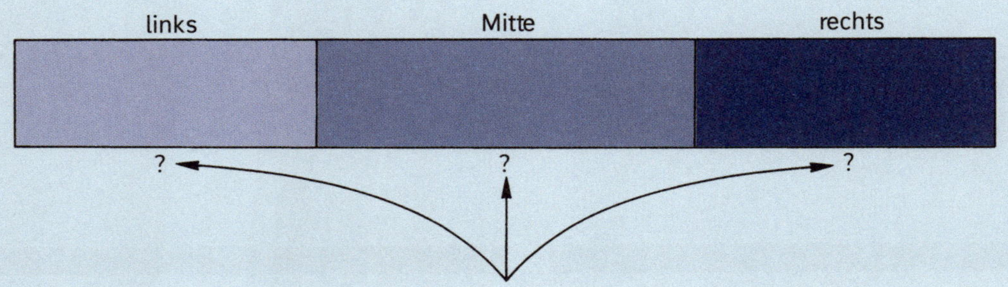

a Geben Sie an, wie sich der Kunde bewegt. Wählen Sie eine der Möglichkeiten aus.

1 Er geht zur rechten Regalseite, weil er nach rechts orientiert ist (Rechtsgriff, Rechtsblick).

2 Er geht zur linken Regalseite, weil er sich gewöhnlich im Linkslauf bewegt.

3 Er geht zunächst zur Regalmitte, um sich dort zu orientieren, und dann nach rechts, weil er rechtsorientiert ist.

4 Er geht zunächst zur Regalmitte, um sich dort zu orientieren, und dann nach links, weil er den Linkslauf bevorzugt.

Aus der Laufrichtung der Kunden ergibt sich eine Rangfolge in der Verkaufswirksamkeit der Regalteile: links, mittig, rechts.

b Geben Sie an, welches Regalteil die größte Verkaufswirksamkeit hat, welches die zweitgrößte.

c Begründen Sie, welche der sieben genannten Konsequenzen aus den Laufgewohnheiten der Kunden für die Warenpräsentation zu ziehen sind. Markieren Sie die richtigen Lösungen. Bedenken Sie, dass der Kunde einen möglichst großen Teil des Sortiments sehen soll.

1 Die Regalmitte muss durch kundenattraktive Produkte aufgewertet werden.

2 Die Regalenden (linke und rechte Seite) müssen aufgewertet werden, insbesondere die linke Seite.

3 Deutliche senkrechte Blöcke mit einheitlicher Gestaltung oder auffälliger Farbgebung an den Regalenden setzen Akzente, die den Kunden auf diese Regalteile aufmerksam machen.

4 Werden die Artikel zu waagerechten „Bändern" zusammengestellt, betrachtet der Kunde automatisch das gesamte Regal.

5 Sonderangebote gehören in die Regalmitte, da dort der höchste Absatz gewährleistet ist.

6 Sonderangebote gehören an die Regalenden, damit die wenig verkaufsaktiven Plätze aufgewertet werden.

7 Die Regalenden können auch durch auffällige Schilder die Aufmerksamkeit der Kunden auf sich ziehen

4

Für einige Präsentationsprobleme sollen Sie eine geeignete Lösungen finden.

a Auto-Feuerlöscher eines bestimmten Herstellers verkaufen sich schlecht. Sie sollen daher nicht mehr im Sortiment bleiben. Der Restbestand soll „abverkauft" werden. Geben Sie an, welche der Maßnahmen Sie in welcher Reihenfolge für geeignet halten.

1 Man unternimmt nichts und wartet, bis der letzte Feuerlöscher seinen Käufer gefunden hat.

2 Die Preise für Feuerlöscher werden herabgesetzt.

3 Die Feuerlöscher werden am Gondelkopf oder in der Sichtzone besonders platziert.

4 Die Preissenkung wird mit der Sonderplatzierung kombiniert.

b Verschiedene Topfserien sollen in einem Regal untergebracht werden. Die Serien unterscheiden sich nur im Dekor. Zu jeder Serie gehören sechs unterschiedlich große Töpfe: Suppen-, Gemüse-, Fleischtopf usw. Markieren Sie die zweckmäßigste Art der Präsentation im Regal.

1 Senkrechte Blockbildung nach Dekoren, wobei die großen Töpfe unten und die kleinen Töpfe oben stehen.

2 Waagerechte Platzierung der Serien nach Dekoren als „Band", innerhalb des Bandes nach Topfgrößen sortiert.

c Personenwaagen werden in verschiedenen Farben angeboten. Der Farbton ist durch ein kleines Loch an der Packungsseite zu erkennen. Welche der Präsentationsarten halten Sie für sinnvoll?

1 Packungsbild nach vorne, damit der Kunde sieht, dass es sich um eine Personenwaage handelt

2 Farbloch nach vorne, damit der Kunde sofort die richtige Farbe auswählen kann

Hochwertige Kosmetikartikel werden in Schüttdekoration im unteren Regalbereich dargeboten, sie liegen ungeordnet in einem Korb, der in das Regal eingehängt wird.

d Nehmen Sie zu dieser Art der Warenpräsentation Stellung.

Regelmäßig erscheint in einem Lebensmittelsupermarkt der Bezirksleiter. Er überprüft dann unter anderem die Warenpräsentation nach den Vorgaben der Zentrale. Stichprobenartig nimmt er auf Regalböden und auf den Produkten mit dem Zeigefinger „Staubproben". Manche meinen, der Bezirksleiter sei überempfindlich gegenüber Staub. Schließlich laufen ständig Menschen durch die Regalreihen. Da kann es unmöglich immer „blitzblank" sein.

e Nehmen Sie zu dieser Meinung Stellung.

11 Die Kennzeichnung einer Fertigpackung prüfen

In der Lebensmittelabteilung des City-Warenhauses Bauer entnimmt eine Kundin dem Kühlregal eine Packung mit einem Rinder-Hüftsteak und betrachtet das Etikett sehr intensiv. Als sie Sabrina sieht, die gerade im Regal nebenan Ware nachräumt, wendet sie sich an die Auszubildende.

Kundin: „Ich habe gestern im Fernsehen eine Sendung über die Kennzeichnungspflichten von verpackten Lebensmitteln gesehen. Danach nehmen es manche Einzelhandelsgeschäfte nicht so genau mit den gesetzlichen Vorgaben. Ich habe mir gerade das Etikett dieses Steaks angesehen. Ich glaube, das ist nicht korrekt. Und die Preisangabe ist unvollständig. (Die Kundin verweist auf das Etikett.) Sehen Sie mal!"

Sabrina: *„Oh, das tut mir leid. Ich melde das meiner Chefin. Wir werden die Etikettierung noch einmal genau überprüfen."*

Rinder-Hüftsteak

Zutaten	
100 % Rindfleisch	
Durchschnittliche Nährwerte	pro 100 g
Brennwert	
Fett	
Kohlehydrate	
Eiweiß	
Salz	

Rohes Fleisch nicht mit anderen Lebensmitteln in Kontakt bringen. Fleisch ist nicht zum Rohverzehr geeinet; ideal zum Grillen und Braten. Packung nicht mikrowellengeeignet.

SÜDMARK GmbH
- Fleischverarbeitung -
Leitershofer Straße 47
86157 Augsburg

SÜDMARK

Herkunft: Deutschland
geschlachtet in: Deutschland BY 77128
zerlegt in: Deutschland BY 77128
und Deutschland BY 60358
Los-Nummer: 02547283

3,05 €
PREIS

0,192 kg
Einwaage

ungeöffnet bei max. 4° C
mindestens haltbar bis:
22.07.20..

ARBEITSAUFTRAG

Prüfen Sie, ob die Warenkennzeichnung und Preisauszeichnung auf dem abgebildeten Etikett fehlerhaft sind. Es handelt sich um unverarbeitetes Rindfleisch.

VORSCHLÄGE ZUM VORGEHEN

1. Prüfen Sie die Warenkennzeichnung auf Vollständigkeit anhand der 6 Punkte laut Lebensmittel-Informationsverordnung.
2. Stellen Sie fest, wie die Rückverfolgbarkeit des Produkts erreicht wird.
3. Entscheiden Sie, ob die Preisauszeichnung der Preisangabenverordnung entspricht.
4. Vervollständigen Sie, falls notwendig, die Preisangaben.

AUFGABEN

1

Auf einem Fertiggericht, gefüllte Nudeln, steht die abgebildete Zutatenliste.

Begründen Sie, warum einige der Zutaten durch Fettschrift hervorgehoben sind.

Zutaten

Teig: **Hartweizengrieß**, Trinkwasser, Vollei, Petersilie, Sonnenblumenöl.
Füllung 29 %: **Hartweizengrieß**, Trinkwasser, **Frischkäse**, **Gouda**, Sonnenblumenöl, Bärlauch 7 %, Petersilie, jodiertes Speisesalz, Knoblauch, Schnittlauch, Zucker, Gewürze

Kann Spuren von Senf, Soja und Sellerie enthalten.

2

In eine Freizeitjacke ist ein Etikett mit Texten und Zeichen eingenäht.

Geben Sie an, welche Texte oder Zeichen nach dem Textilkennzeichnungsgesetz zwingend vorgeschrieben sind.

3

Für den Wochenprospekt eines Lebensmittel-Supermarktes soll ein Erfrischungsgetränk werblich herausgestellt werden.

Fügen Sie als Begleittext die Angaben hinzu, die von der Preisangabenverordnung verlangt werden.

* 0,33-Liter-Flaschen
* 24 Flaschen
* Preis 9,99 €
* Pfand: 5,10 €
* Literpreis 1,26 €
* Preis einschließlich 7 % Umsatzsteuer

4

Für einen Prospekt mit verschiedenen Produkten aus der Food- und der Non-Food-Abteilung ist noch zu prüfen, ob Grundpreise anzugeben sind.

a Stellen Sie fest, ob die acht Anzeigen mit einem Grundpreis angegeben werden müssen.

b Falls ja, berechnen Sie jeweils den Grundpreis.

①
Deutsche Speisekartoffeln
Solara
Kl. 1
2,5 kg Netz
-,99

②
28 % billiger
After Shave
100 ml
~~6,99 €~~
4,99

③
Shower Gel
200 ml
23,-

④
Costa Rica Ananas
extra süße, große Früchte
per Stück 1.49

⑤
Sahne-Joghurt
verschiedene Sorten
8 x 25 g
~~1,49~~ 1.29

⑥
Pizza ofenfrisch
versch. Sorten
420 g-Packung je
~~2,39~~ 2,19

⑦
QUALITÄTS-RAUHFASER
grobe Struktur
leicht zu verarbeiten
reißfest
Länge 33,5 m
6.99

⑧
TAPETENKLEISTER
Instant-Kleister
direkt auf die Wand auftragbar, optimale Klebesicherheit
2 x 200 g
11,49

5

Produkte können auf unterschiedliche Weise mit Preisen versehen werden.

Stellen Sie fest, ob die Verhaltensweisen nach der Preisangabenverordnung zulässig sind.

1 Die Preisauszeichnung erfolgt nicht an der Ware, sondern auf einer Preisschiene, die unter der Ware angebracht ist.

2 In einer Gärtnerei können die Kunden direkt auf dem nahe gelegenen Freiland Blumen und Pflanzen aussuchen. Die Produkte sind nicht mit Preisen gekennzeichnet.

3 Ein Schmuckgeschäft hat ein besonderes Schaufenster eingerichtet, in dem der Geschäftsinhaber ausgesuchte Schmuckstücke ausstellt, die er selbst als Designer entworfen hat. Die Preise erfährt der Kunde nur, wenn er im Geschäft nachfragt.

4 Ein Schuhgeschäft hat eine eigene Reparaturwerkstatt. Über die Höhe der Reparaturkosten können keine allgemeinen Angaben gemacht werden. Das entscheidet der Schuhmachermeister von Fall zu Fall.

5 Weil dem Inhaber eines Pelzgeschäftes die Preise abschreckend hoch erscheinen, zeichnet er die Produkte im Schaufenster nur mit winzig kleinen Preisschildern aus, die von Passanten, die vor dem Schaufenster stehen, nicht zu entziffern sind.

6

Die Preisangabenverordnung ist vom Einzelhandel zwingend zu beachten.

Begründen Sie, warum nach Ihrer Meinung die Preisangabenverordnung erlassen worden ist.

1 Die Preisauszeichnung erleichtert dem Kunden den Preisvergleich, sodass die Konkurrenz zwischen den Einzelhandelsunternehmen größer wird.

2 Die Verpflichtung zur Auszeichnung mit Endpreisen ist für den Kunden bequemer, weil er keine aufwendigen Berechnungen vornehmen oder um den Preis feilschen muss.

3 Die Kundenberatung wird vereinfacht, weil der Einzelhändler nicht mühsam in Preislisten nachschlagen muss.

4 Die Einzelhändler sollen gezwungen werden, ihre Kalkulation offenzulegen.

Abschlussaufgabe 2 im Lernfeld 4

Situation

Im Warenhaus Havelland war beim Umbau des Verkaufsraumes vor allem darauf geachtet worden, dass sich die Kunden im Warenhaus wohlfühlen.

Siehe Abschlussaufgabe 1 auf Seite 271

Bei der Warenpräsentation wird die Inhaberin Frau Wenders aber auch ihr eigenes Interesse an einem hohen Gewinn nicht aus den Augen verlieren. Nur so ist das langfristige Überleben ihres Unternehmens gesichert.

Sie wird daher grundsätzlich die verkaufsstärksten Plätze auf den Warenträgern für solche Produkte reservieren, die den höchsten Gewinn abwerfen. Und sie wird durch die Warenpräsentation versuchen, das Kaufverhalten der Kunden in ihrem Sinne zu beeinflussen.

1

Frau Wenders möchte die nachfolgend aufgeführten Kundenansprüche an die Warenpräsentation in ihrem Geschäft verwirklichen:

1. Den Suchaufwand für die Kunden gering halten.
2. Einfache Vergleichbarkeit der Produkte sicherstellen.
3. Kaufanregungen an vielen Stellen im Verkaufsraum bieten.
4. Die Waren in einem optisch ansprechenden Umfeld darbieten.

Stellen Sie begründet fest, welche der vier Kundenansprüche jeweils in den nachfolgenden Beispielen zur Warenpräsentation umgesetzt werden.

Beispiel 1

In der Textilabteilung werden die Wandregale mit aktuellen Modefotos ausgestattet. Bei den regelmäßig stattfindenden Länderwochen in der Lebensmittelabteilung werden die Warenträger mit den Nationalfarben des betrachteten Landes geschmückt und mit landestypischen Fotos dekoriert.

Beispiel 2

Die Waren werden in den Regalen in senkrechten Blöcken angeordnet. Zusammengehörige Artikel werden in räumlicher Nähe zueinander präsentiert. Dort, wo Produkte in einem bestimmten Ablauf genutzt werden, werden die Artikel auch nach der Ablauflogik präsentiert. Beispiel: Artikel für die Metalllackierung in der Abteilung „Do it yourself" werden in der Reihenfolge des Einsatzes dargeboten, nämlich zunächst Produkte für das Entrosten, dann für das Spachteln, für das Lackieren und schließlich für das Polieren.

Beispiel 3

An zahlreichen Stellen im Verkaufsraum werden Waren im Verbund präsentiert:

* Zu den Notebooks werden Taschen, Webcams und verschiedene Kabel angeboten.
* Röcke, Blusen, Blazer, Strumpfhosen und Tücher werden in räumlicher Nähe präsentiert.

Produkte, die einen Verwendungszusammenhang bilden, werden räumlich zusammengefasst, z. B. werden laktosefreie Produkte unterschiedlicher Art auf einem Sonderstand ausgestellt.

Laktose = Milchzucker; viele Menschen können laktosehaltige Lebensmittel nicht vertragen

Beispiel 4

Es werden Produktblöcke gebildet, bei denen ähnliche Produkte verschiedener Hersteller zusammen angeboten werden. Der Kunde kann sich auf einfache Weise einen Überblick über Alternativen verschaffen.

2

In der Lebensmittelabteilung sind die Getränke auf Preisschienen mit Preisen ausgezeichnet.

Cola
1 Kasten = 12 x 1 Liter
1 Liter = 0,65 €
zzgl. 3,30 € Pfand
7,75

Stellen Sie fest, ob die nebenstehende Preisauszeichnung den Bestimmungen der Preisangabenverordnung entspricht.

3

Das Warenangebot des Warenhauses Havelland wird vorzugsweise in senkrechten Blöcken präsentiert.

a Tragen Sie in das unten abgebildete Regal die Verkaufszonen in senkrechter Betrachtung ein.
b Geben Sie die Verkaufswirksamkeiten der Regalzonen durch die Zahlen 1 für sehr verkaufswirksam bis 4 für verkaufsschwach wieder.
c Geben Sie an, in welcher Verkaufszone Sie jeweils Artikel platzieren würden, die wie folgt beschrieben sind. Tragen Sie die passende Kreiszahl unter „Nummern" in die jeweilige Verkaufszone ein.

Nummer	
①	Artikel mit hohem Preis und hohem Gewinn
②	große und schwere Artikel
③	Such- und Mussartikel
④	Produkte, deren Abverkauf beschleunigt werden soll
⑤	Neuheiten, die bekannt gemacht werden sollen
⑥	Impulskaufprodukte
⑦	Leichte Artikel, nicht besonders gut kalkuliert
⑧	preisgünstige Massenprodukte

Verkaufszonen		Verkaufswirksamkeiten	Nummern
Streckzone	= 160 cm	3	7, 3
Sichtzone		1	1, 5,
Greifzone		2	4, 6
Bückzone		4	2, 8, 3

4

In der Textilabteilung sollen Hemden in einem Warenträger angeboten werden, der aus 20 Fächern besteht.

Darin werden vier Warenarten dargeboten.

City	Business	Freizeit	Eleganz

Die Produkte stammen von vier Lieferanten, jeder bietet die vier Warenarten an.

Boss	Eterna	Seidensticker	Olymp

a Entwickeln Sie aus diesen Angaben
  aa einen Herstellerblock für einen Hersteller,
  ab einen Produktblock für eine Warenart und
  ac einen kompletten Kreuzblock.

Herstellerblock

Boss AKG ist ein Hersteller
Eterna
Seidensticker
Olymp

Produktblock

City
Business
Freizeit
Elegance

Kreuzblock

b Erläutern Sie je einen Vorteil des Hersteller- und Produktblocks aus Sicht des Kunden.

c Beschreiben Sie, wie sich ein Kunde vor einem Regal in Kreuzblock-Präsentation orientiert.

5

Formulieren Sie zu den in der linken Tabellenspalte beschriebenen Verhaltensweisen und Einstellungen von Kunden jeweils eine Präsentationsregel.

Verhaltensweisen und Einstellungen von Kunden	Präsentationsregeln
Das Blickfeld des Kunden, der im üblichen Abstand vor einem Regal steht, erstreckt sich auf rund einen Meter; die Augenhöhe eines Menschen liegt durchschnittlich bei ca. 160 cm.	
Ein Kunde schaut zunächst in die Sichtzone, von dort in die Greifzone; Produkte aus der Reckzone zu holen ist mühsam, Bücken empfindet er als störend.	
Der Kunde orientiert sich durch senkrechtes Blickverhalten; bevor er sich entscheidet, vergleicht er die waagerecht angebotenen Produkte.	
Kunden suchen kundeninteressante Produkte (Saisonwaren, Neuheiten, Sonderangebote) sowie Suchkauf- und Plankaufprodukte.	
Kunden wünschen reichhaltige Auswahl.	
Waren in Mengen bedeuten für den Kunden preisgünstige Ware; Einzelstücke signalisieren Kostbarkeit.	

6

Frau Wenders möchte Zusatzartikel und Ergänzungsartikel verkaufswirksam auf den Warenträgern platzieren.

a Erläutern Sie, was man unter Zusatz- und Ergänzungsartikeln versteht.

b Formulieren Sie generelle Regeln für die Platzierung dieser Artikel auf den Warenträgern.

7

Im Regal mit Hühnereiern in der Lebensmittelabteilung gibt es Packungen mit dem europäischen Bio-Logo. Die Kennzeichnung der Eier in den Packungen beginnt mit „0“ für ökologische Erzeugung.

Begründen Sie, ob es sich bei dem EU-Bio-Logo um ein Waren- oder um ein Gütezeichen handelt.

LERNFELD 5
Werben und den Verkauf fördern

1 Werbeziele festlegen

Mit wachsendem Entsetzen studiert Herr Bauer die Umsatzzahlen der Eigenmarke für junge Mode „Forever Now“. Umgehend bittet er die Leiterin der Verwaltung, Frau Dehn, zu sich.

Herr Bauer: „Frau Dehn, was ist denn da los! Ich habe hier die Umsatzzahlen von ‚Forever Now‘ vorliegen. Mir stehen die Haare zu Berge. Der Umsatz für das abgelaufene Jahr liegt nur bei 310000,00 €. Geplant hatten wir mit 430000,00 €. Zwischen Ist-Zahlen und geplanten Zahlen liegen ja Welten.“

Frau Dehn: „Ich weiß, Herr Bauer. Wir haben bei dieser Eigenmarke leider nicht unsere Erwartungen erfüllt.“

Herr Bauer: „Das sehe ich selbst. Und – können Sie mir das schlechte Ergebnis auch erklären?“

Frau Dehn: „Ich bin selbst enttäuscht. Wir bemühen uns wirklich, haben ‚Forever Now‘ doch auch in den vergangenen Monaten immer besonders auffällig präsentiert.“

Herr Bauer: „Das stimmt, da muss ich Ihnen recht geben. Unser Angebot war eigentlich nicht zu übersehen. Aber warum kaufen die jungen Leute unsere Marke dann nicht? Das muss doch einen Grund haben!“

Frau Dehn: „Ich überlege auch schon hin und her und bin zu keinem Ergebnis gekommen. Ich schlage deshalb vor, eine Marktanalyse durchzuführen.“

Herr Bauer: „Hmm, das wird teuer. Aber es gibt wohl keinen anderen Weg, um verlässliche Informationen zu bekommen. Wissen Sie, wen wir mit dieser Aufgabe betrauen können?“

Frau Dehn: „Ja, ich habe mich erkundigt. Das Marktforschungsinstitut ‚Future facts‘ hat einen sehr guten Ruf.“

Herr Bauer: „Nun, dann veranlassen Sie die weiteren Schritte und geben das Gutachten in Auftrag.“

Acht Wochen später liegen die Untersuchungsergebnisse von „Future facts“ vor. In zahlreichen Befragungen wurde die Einschätzung der Kunden ermittelt. Besonders überrascht ist Herr Bauer von einer Grafik, die zeigt, welches Bild die Kunden von der Eigenmarke „Forever Now“ haben.

Imageprofil der Eigenmarke „Forever Now“

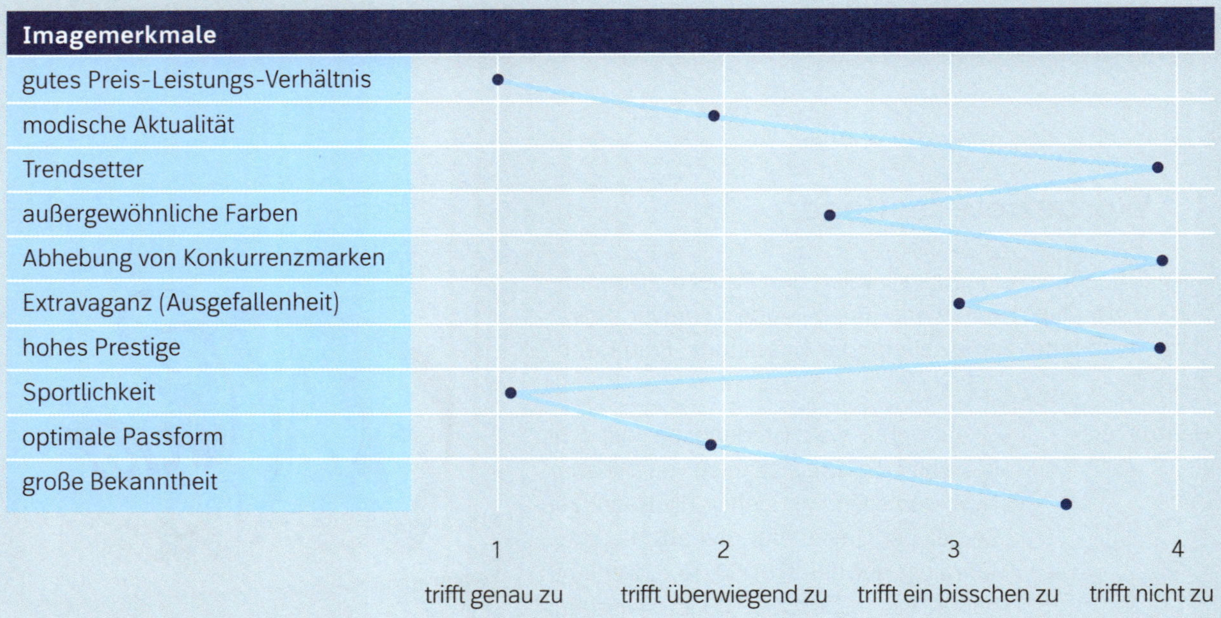

Nachdem die Ergebnisse ausgewertet worden sind, besprechen Herr Bauer und Frau Dehn konkrete Maßnahmen, um den Umsatz der Eigenmarke anzukurbeln.

Herr Bauer: „Frau Dehn, wir müssen handeln. Wir wissen jetzt, an Qualität und Preis liegt es nicht, sondern am Image von ‚Forever Now‘. Entwickeln Sie bitte eine entsprechende Werbekampagne.“

Frau Dehn: *„Ich habe mir bereits Gedanken gemacht. Was halten Sie davon, wenn wir unsere Auszubildenden daran beteiligen? Als Jugendliche gehören sie schließlich zur Zielgruppe von ‚Forever Now‘.“*

Herr Bauer: „Gar nicht schlecht, Frau Dehn. Die Idee könnte glatt von mir sein.“

Frau Dehn: *„Danke, Herr Bauer. Unser Ziel muss es sein, das falsche Bild zu korrigieren, das sich die Öffentlichkeit von unserer Marke gemacht hat.“*

Herr Bauer: „Genau, wir müssen die Stärken unserer jungen Modelinie – und die gibt es ja nun – betonen und uns von der Konkurrenz abheben.“

Frau Dehn. *„So sehe ich das auch, ‚Forever Now‘ braucht ein eigenes Profil, das die jungen Kunden anspricht. Ich lade die Auszubildenden für übermorgen zu einem ersten Arbeitsgruppentreffen ein.“*

Herr Bauer: „Prima, dann legen Sie mal los. Und wenn einer der Abteilungsleiter sich querstellt und die Azubis nicht gehen lassen will, berufen Sie sich auf mich. Die Werbekampagne hat Vorrang!“

Bei ihrem ersten Treffen sind sich Frau Dehn und die zwei Auszubildenden Simone und René schnell einig, dass die Werbekampagne systematisch geplant werden muss, damit sie Erfolg hat. Aber wann hat man Erfolg? Dazu sind zuerst die Ziele, die durch Werbung erreicht werden sollen, zu bestimmen.

Eine wichtige Hilfestellung sind auch dabei die Daten, die das Marktforschungsinstitut „Future facts“ erhoben hat. Für die Arbeitsgruppe sind besonders einige Kundenäußerungen von Interesse, die so oder ähnlich immer wieder gefallen sind.

ARBEITSAUFTRAG

Bestimmen Sie die Werbeziele für die Werbekampagne.

VORSCHLÄGE ZUM VORGEHEN

1. Beschreiben Sie das bisherige Image der Eigenmarke „Forever Now".
2. Legen Sie das Imageziel fest, das Sie zukünftig erreichen möchten. Formulieren Sie dazu ein Idealimage, das sich aus den Kundenäußerungen ergibt.
3. Legen Sie das Umsatzziel fest, indem Sie den Zielinhalt, das Zielausmaß und den Zielzeitraum bestimmen.

1. Imageziel für die Werbekampagne
Forever Now sollte ...

2. Umsatzziel für die Werbekampagne	
Zielinhalt Was soll erreicht werden?	
Zielausmaß Wie viel soll erreicht werden?	
Zielzeitraum Wann soll das Ziel erreicht werden?	

AUFGABEN

1

Die Schuhabteilung des City-Warenhauses Bauer konnte im vergangenen Jahr nur noch einen Marktanteil von 14,6 % erzielen. Das bedeutet, dass vom gesamten Umsatz aller Schuhgeschäfte in der Region 14,6 % auf das City-Warenhaus Bauer entfallen. Mithilfe einer Werbekampagne soll jetzt der Marktanteil wieder gesteigert werden.

Formulieren Sie in Bezug auf den Marktanteil ein Werbeziel, das aus den drei Teilen

- **Zielinhalt,**
- **Zielausmaß und**
- **Zielzeitraum**

besteht.

2

Ein Einzelhandelskaufmann möchte sich selbstständig machen und dazu ein Unternehmen gründen, das elektrische Modelleisenbahnen verkauft. Am Rande der Innenstadt könnte er ein passendes Ladenlokal mieten. Viele Verwandte und Bekannte raten ihm aber davon ab mit dem Hinweis, dass es sich bei Modelleisenbahnen doch nur um Weihnachtsartikel für Kinder handele. Der Einzelhandelskaufmann antwortet dann immer auf diese Einwände, dass mit einer gezielten Werbung das Geschäft schon gut anlaufen werde.

a **Erläutern Sie die Probleme, die bei dieser Unternehmensgründung zu Anfang auftreten könnten.**

b **Beschreiben Sie die nicht ökonomischen Werbeziele, die vordringlich angestrebt werden sollten.**

3

Ein Parfümerie-Fachgeschäft möchte durch eine massive Werbekampagne sein Image ändern. Weg vom klassischen Stil und hin zu neuen, jugendlichen Trends.

Beschreiben Sie, inwieweit dieses Imageziel kurzfristig im Konflikt mit den ökonomischen Werbezielen Umsatzsteigerung und Marktanteilssicherung steht.

4

Häufig verbinden die Kunden mit einzelnen Produkten oder Anbietern eine konkrete Vorstellung.

Beschreiben Sie das Image der Produkte und Unternehmen.

1. H&M – kik TEXTIL-DISKONT
2. RITTER SPORT – Lindt
3. Mercedes-Benz – Volkswagen
4. Swatch – ROLEX
5. Ihr Ausbildungsbetrieb

5

Einzelhändler werben in unterschiedlichen Formen, um ihre Ziele zu erreichen.

Welche Werbearten liegen hier jeweils vor?

1. „SATURN – Du kannst mehr!“
2. „Kluge Kunden kaufen am Marienplatz.“
3. „Man trägt wieder Hut.“
4. „Hallo Fußballfans! Die neuen WM-Sammelbilder sind da! Wo? Natürlich bei Ihrem Zeitschriftenhändler.“
5. „Kommen Sie zum Einkauf in die Altstadt.“
6. „CMA – Bestes vom Bauern.“
7. „Guten Freunden gibt man ein Küsschen! – FERRERO KÜSSCHEN“
8. „Von Arnika bis Zinnkraut – Heilkräuter in Ihrer Drogerie“
9. „Kinderschokolade für eine extra Portion Milch.“
10. „Von Auto bis Zubehör – Autohaus Behnke“

6

Im Schaufenster eines Möbelgeschäftes wird auf einem Esstisch mit dem Porzellan eines anderen Einzelhändlers geworben.

Erläutern Sie die Werbeart, die hier vorliegt.

7

In vielen Städten ist der überwiegende Teil der Einzelhandelsunternehmen in einer lokalen Werbegemeinschaft vertreten.

Begründen Sie, warum hier der Begriff Werbegemeinschaft problematisch ist. Denken Sie dabei an die Begriffe Sammel- und Gemeinschaftswerbung.

2 Die Werbebotschaft auf die Zielgruppe ausrichten

Frau Dehn erteilt ihren jungen Kollegen den Auftrag, sich gemeinsam eine schlagkräftige Werbebotschaft zu überlegen. Simone und René setzen sich zusammen und kommen dabei auch schnell zu einem Ergebnis. Begeistert stellen die beiden Auszubildenden Frau Dehn ihre zündende Idee vor.

Frau Dehn: „Na, Sie beide strahlen ja wie Weihnachtsbäume."

Simone: „Wissen Sie, Frau Dehn, das hat auch Spaß gemacht."

René: „Ja, und wir haben ruck, zuck gefunden, wie wir ‚Forever Now' nach vorne bringen. Das hätten Profis aus einer Werbeagentur auch nicht besser machen können."

Frau Dehn: „Da bin ich aber gespannt."

Simone: „Was halten Sie von diesem Slogan: ‚Immer günstig und gut angezogen – aber nicht billig!'"

René: „Ist doch nicht schlecht, oder?"

Frau Dehn: „Nein, schlecht ist das nicht. Vielen Kunden kommt es bestimmt auch genau darauf an. Aber wie ist es mit Ihnen beiden, würden Sie selbst auf eine Modemarke anspringen, die solch eine Botschaft transportiert?"

Simone: „Mmh, ehrlich gesagt nicht. Meine Oma würde das wahrscheinlich gut finden, der ist die Qualität wichtig. Aber mir kommt es doch auf die Mode an und das gute Gefühl, das ich habe, wenn ich tolle Sachen trage."

René: „Stimmt, meine Klamotten sollen zwar etwas aushalten und nicht nach kurzer Zeit labberig herunterhängen. Aber eigentlich will ich ja cool rüberkommen."

Simone: „René, wir waren etwas zu fix. Wir sollten uns noch mal hinsetzen."

René: „Du hast recht. Frau Dehn, wir überarbeiten unsere Idee."

Frau Dehn: „Kein Problem. Für Senioren wäre Ihre Botschaft ja auch ganz passend gewesen."

Simone: (kichernd) „Och, meine Oma könnte sich auch etwas pfiffiger kleiden. Aber von ‚Forever Now' würde sie sich wohl nichts kaufen."

HORNBACH – Es gibt immer was zu tun.

Hauptsache ihr habt Spaß. – Media Markt

ARBEITSAUFTRAG
Formulieren Sie eine überzeugende Werbebotschaft.

VORSCHLÄGE ZUM VORGEHEN

1. Charakterisieren Sie die Zielgruppe der Werbung. Beschreiben Sie dazu die Zielgruppe mithilfe der nachfolgenden Merkmale.
   Hinweis: Da Sie selbst zur Zielgruppe für junge Mode zählen, können Sie hier auch Ihre eigenen Merkmalsausprägungen eintragen.
2. Entwerfen Sie einen Slogan für die Werbekampagne, der genau diese Zielgruppe vor allem emotional erreicht und der zu Ihrem festgelegten Imageziel passt.

MERKMALE ZUR BESTIMMUNG DER ZIELGRUPPE

Allgemeine Merkmale

Alter: ____________	**Geschlecht:** w ☐ m ☐	**Familienstand:** ledig ☐ verheiratet ☐
Wohnort/Region: ______________________________		
Beruf: ______________________		Einkommen: ______________

Persönlichkeitsmerkmale

Freizeitinteressen:	

Kaufverhaltensmerkmale

Erstkäufer: ja ☐ nein ☐	**Wiederholungskäufer:** ja ☐ nein ☐				
Einstellung zum Produkt:	trifft überhaupt nicht zu				trifft voll und ganz zu
	1	2	3	4	5
Hauptsache, die Kleidung ist praktisch und bequem, alles andere ist mir egal.	☐	☐	☐	☐	☐
Wenn mir ein Teil gefällt, darf es ruhig auch mal etwas teurer sein.	☐	☐	☐	☐	☐
Ich kaufe öfter Kleidung derselben Marke. Ich bin ein sportlicher Typ und möchte das mit meinem Kleidungsstil demonstrieren.	☐	☐	☐	☐	☐
Ich interessiere mich sehr für die neuesten Modetrends.	☐	☐	☐	☐	☐
Kleidung einzukaufen macht mir Spaß, ich tue das gern.	☐	☐	☐	☐	☐

AUFGABEN

1

Ein Möbelhaus möchte sein Sortiment höherwertig ausrichten. Es plant in diesem Zusammenhang die Aufnahme exklusiver Gartenmöbel in das Sortiment. Um dies bekannt zu machen, sollen Werbemaßnahmen durchgeführt werden, die genau die Zielgruppe für diese Art von Gartenmöbeln erreichen.

a Beschreiben Sie die Zielgruppe für die Werbung anhand der Merkmale

* Alter,
* Familienstand,
* Freizeitinteressen,
* Einstellung zum Produkt.

b Begründen Sie, warum es notwendig ist, vor der Gestaltung und Durchführung der Werbung die Zielgruppe möglichst genau zu beschreiben.

2

Einzelhändler orientieren sich bei ihrer Werbung an den Waren oder Dienstleistungen als Werbeobjekte, die sie präsentieren wollen, und an ihrer Zielgruppe als Werbesubjekt, das sie erreichen wollen.

Anzeige	Werbeobjekt	Werbesubjekt

Analysieren Sie die Werbeanzeigen.

a Bestimmen Sie das jeweilige Werbeobjekt.

b Beschreiben Sie möglichst genau das Werbesubjekt, das mit der Anzeige erreicht werden soll.

3

Einige Kunden treffen eine Kaufentscheidung eher emotional „aus dem Bauch“, andere verlassen sich lieber auf ihren Verstand und entscheiden rational.

Entscheiden Sie bei den Werbebotschaften, ob der rationale (verstandesmäßige) Teil oder der emotionale (gefühlsmäßige) Teil überwiegt.

1. „AFTER EIGHT – Genuss auf feine englische Art“
2. „Nichts bewegt Sie wie ein Citroën“
3. „THOMY Reines Sonnenblumenöl – reich an Vitamin E“
4. „Kaufhof – ‚Ich freu mich drauf‘“
5. „FROSCH Aloe Vera Handspül-Lotion – Tenside zu 98 % abbaubar“
6. „Bosch Heckenschere – hochwertiges Markengerät mit lasergeschnittenem und diamantgeschliffenem Messer“

Tenside: schmutzentfernende Substanz in Reinigungsmitteln

4

Zwei Möbelhäuser versuchen, ihre Werbebotschaft jeweils mit einem Slogan auf den Punkt zu bringen:

* „So schön kann Wohnen sein.“
* „Da sitzt einfach alles.“

Analysieren Sie die beiden Slogans.

a Beschreiben Sie die Werbebotschaft, die jeweils vermittelt werden soll.

b Beurteilen Sie die mögliche Wirkung bei den Lesern dieser Slogans.

c Entwerfen Sie eigene Slogans für Ihren Ausbildungsbetrieb.

5

Der Slogan „Quadratisch. Praktisch. Gut.“ hat sich über viele Jahre tief im Bewusstsein der Kunden verwurzelt.

Nennen Sie weitere bekannte Slogans und beschreiben Sie die Botschaft, die damit jeweils übermittelt wird.

6

Herr Peter, der Inhaber eines Drogeriefachmarktes, gestaltet die Verkaufsgespräche mit den Kunden oft entsprechend der AIDA-Formel.

Kunde:	„Durch das tägliche Haarewaschen sind meine Haare ganz stumpf und angegriffen. Gibt es da vielleicht ein mildes Pflegeprodukt auf Naturbasis?“
Herr Peters:	*„Natürlich, das gibt es. Da trifft es sich ja gut, dass wir gerade unser Sortiment im Heilkräuterbereich ausgeweitet haben. Darf ich Ihnen dazu einmal eine Neuerung unseres Hauses zeigen?“*
Kunde:	„Ja, gern. Man hört ja in letzter Zeit immer wieder von solchen Dingen. Noch gestern habe ich eine Sendung über alternative Heilmittel im Fernsehen gesehen.“
Herr Peters:	*„Diese Brennnesseltinktur kann ich Ihnen empfehlen. Zur Herstellung werden in 40%igem Alkohol 14 Tage lang Brennnesselwurzeln angesetzt.“*
Kunde:	„Und das hilft?“
Herr Peters:	*„Wenn Sie die Tinktur dreimal pro Woche in die Kopfhaut einmassieren, erhält Ihr Haar neuen Glanz. Für 12,30 € haben Sie ein optimales Haarpflegemittel für Ihr strapaziertes Haar.“*
Kunde:	„Gut, das nehme ich.“

Ordnen Sie die vier Stufen der AIDA-Formel entsprechenden Abschnitten des Verkaufsgesprächs zu.

3 Einen Werbeplan erstellen

Simone und René haben sich Gedanken darüber gemacht, mit welchen Mitteln „Forever Now“ beworben werden könnte. Ihre Ergebnisse stellen sie Frau Dehn vor, zufällig kommt auch Herr Bauer dazu.

Herr Bauer: „Ah, mein Kreativ-Team sitzt zusammen. Und, kommen Sie voran?“

Frau Dehn: *„Ja, es läuft, Herr Bauer. Unsere jungen Kollegen wollen mir gerade ihre Werbestrategie erläutern.“*

Herr Bauer: „Da bin ich aber neugierig.“

Simone: *„Wir haben aus unseren Fehlern gelernt! Wir müssen mit der Werbung nicht unsere Großeltern davon überzeugen, dass ‚Forever Now‘ toll ist. Darum haben wir eine sensationelle Idee, die unsere Jugendmarke in aller Welt berühmt macht.“*

René: „Vielleicht nicht in aller Welt, aber in ganz Deutschland, wenn unser ‚Forever Now‘-Werbespot erst mal in den Kinos läuft. Hauptdarstellerin könnte Sängerin Rihanna sein, die sieht toll aus und kann gleichzeitig das eigens zum Werbespot komponierte Lied ‚Forever Now‘ singen. Damit stürmen wir sogar die Charts. Wissen Sie noch, so wie damals die Limo-Werbung?“

Frau Dehn: *„Das klingt ja fantastisch. Aber ehrlich gesagt wäre es wichtig, dass erst mal die jungen Leute aus der näheren Umgebung ‚Forever Now‘ wahrnehmen. Es wäre zwar toll, aber ich glaube nicht, dass jemand aus Berlin in unsere Stadt kommt, um sich im City-Warenhaus Bauer einzukleiden. Was meinen Sie, Herr Bauer?“*

Herr Bauer: „Ich bin sprachlos, wollt Ihr jungen Leute mich in den Ruin treiben? Wir sind doch kein reicher Weltkonzern und auch nicht in Hollywood. Unsere Werbeausgaben müssen sich schon noch an unseren Umsatzzahlen orientieren. Wir fangen besser mit einer Anzeige in der Tageszeitung oder im örtlichen Anzeigenblatt an.“

Simone: *„Aber in unserem Alter liest doch keiner so was.“*

René: „In unserer Clique schon, wenn auch nur die Jugendseite mit den täglichen Grüßen.“

Frau Dehn: *„Das ist ein Ansatz. Aber wir sollten zunächst festlegen, welcher Werbeetat uns zur Verfügung steht, und uns dann für geeignete Werbemittel entscheiden. Der Umsatz unserer jungen Modelinie ‚Forever Now‘ lag im letzten Jahr bei 310 000,00 €. Herr Bauer, wie viel Prozent davon können wir für Werbung ausgeben?“*

Herr Bauer: „Also, im letzten Jahr lagen unsere Werbekosten für die Textilabteilung bei 4,2 % vom Umsatz. Da wir aber das Image von ‚Forever Now‘ grundlegend aufpeppen müssen, halte ich 8 % vom Umsatz für angemessen.“

Frau Dehn: *„Danke! Das ist ein Betrag, mit dem wir sehr gut arbeiten können. Simone, René, wir drei setzen uns jetzt zusammen und erstellen einen Werbeplan.“*

Die erste gemeinsame Arbeitssitzung des neuen Werbe-Teams ist erfolgreich. Die drei legen fest, dass zu ihrem Werbeplan auf jeden Fall Anzeigen in der örtlichen Tageszeitung, eine Beilage im Anzeigenblatt und ein Radiospot im Lokalsender gehören sollen.

ARBEITSAUFTRAG

Wählen Sie im Rahmen Ihres Werbeetats die geeigneten Werbemittel aus.

VORSCHLÄGE ZUM VORGEHEN

1. Errechnen Sie den zur Verfügung stehenden Werbeetat für die Modelinie „Forever Now“.
2. Füllen Sie den Werbeplan für die drei bereits festgelegten Werbemittel aus. Berechnen Sie die entstehenden Gesamtkosten für diese drei Werbemittel.
3. Ergänzen Sie den Werbeplan um weitere Werbemittel, sodass Sie den ermittelten Werbeetat möglichst vollständig ausschöpfen. Sie müssen nicht alle aufgelisteten Werbemittel einsetzen.

Nr.	Beschreibung des Werbemittels: Format/Umfang/Menge/Farbe(n)	Kosten für die Herstellung und Gestaltung des Werbemittels ①	Kosten für die Verbreitung des Werbemittels unter Berücksichtigung von Preisnachlässen			Gesamtkosten ① + ②
			Einzelkosten	Werbehäufigkeit/ -dauer	Verbreitungskosten insgesamt ②	
1.	**Anzeigen** Name der Zeitung/des Anzeigenblattes:	0,00€	3 726,00	3 Anzeigen	11,178,00	11,178,00
	Bergische Nachrichten, 3 Anzeigen,1 Zusatzfarbe, Größe: 3 Spalten breit/180 mm hoch					
2.	**Beilagen** Name der Zeitung/des Anzeigenblattes:	400,00 €	81,50€	5 x	407,50	807,50
	Beilagen im Wochenendboten, 5.000 Stück, Gewicht pro Exemplar: 30 g					
3.	**Radiospot** Name des Radiosenders:	400,00 €	105,00	70 x	7,350,00	7,750,00
	Werbespot auf Hit Welle 97,50; Dauer: 25 Sekunden Der Spot soll 70-mal gesendet werden.					
4.	**Plakate**	0,00 €	32,70€	70 x 15 Tag	4,905,00	4,905,00
5.	**Verkehrsmittel**					
6.	**Flyer**					
					Werbekosten (Werbeetat)	24,640,50

Mediadaten der Werbemittel

<table>
<tr><td rowspan="1">Anzeige in der Tageszeitung

Bergische Nachrichten</td><td colspan="5">Anzeigenformate: Textteilanzeigen, Eckfeldanzeigen, Anzeigen mit Textanschluss

Preis je mm und Spalte
schwarz-weiß 5,90 €
1 Zusatzfarbe 6,90 €
2 + 3 Zusatzfarben 8,20 €

Die Gestaltung der Anzeigen übernehmen die Bergischen Nachrichten auf Wunsch kostenlos.</td></tr>
<tr><td rowspan="3">Beilage in einem Anzeigenblatt

Wochenendbote</td><td>Gewicht pro Exemplar</td><td>bis 20 g</td><td>bis 30 g</td><td>bis 40 g</td><td>bis 50 g</td></tr>
<tr><td>Preis pro 1.000 Stück</td><td>70,50 €</td><td>81,50 €</td><td>92,50 €</td><td>112,00 €</td></tr>
<tr><td colspan="5">Mindestmenge: 5.000 Stück,
Beilagenpreise ohne Preisnachlass
Gestaltungs- und Druckkosten: ca. 80,00 € pro 1.000 Stück</td></tr>
<tr><td>Plakate</td><td colspan="2">Menge

bis 100 Stück
bis 200 Stück
bis 300 Stück
ab 300 Stück</td><td colspan="2">Preis pro Tag und Stück

32,70 €
31,30 €
30,40 €
29,80 €</td><td>Das Komplettangebot umfasst die Kosten für den Druck der vierfarbigen Plakate im Format von 526 cm x 372 cm.</td></tr>
<tr><td>Lokaler Hörfunk

Hit-Welle 97,50</td><td colspan="5">Sendepreis: 4,20 € pro Sekunde
Dauer eines Werbespots: 20–25 Sekunden
Durchschnittliche Produktionskosten eines Werbespots: 400,00 €</td></tr>
<tr><td>Verkehrsmittel</td><td colspan="5">Rumpfflächen PVC-Aufkleber, ganze Seitenflächen und Heckfläche, inklusive Folienerstellung
Busbeschriftung pro Bus monatlich 380,00 €</td></tr>
<tr><td rowspan="4">Flyer</td><td colspan="5">Format: 98 mm x 210 mm, sechsseitig</td></tr>
<tr><td colspan="2"></td><td>schwarz-weiß</td><td>zweifarbig</td><td>vierfarbig</td></tr>
<tr><td colspan="2">Druckkosten pro Stück</td><td>0,08 €</td><td>0,14 €</td><td>0,22 €</td></tr>
<tr><td colspan="5">Gestaltungskosten für den Flyer durch eine professionelle Werbeagentur: 120,00 € pro Entwurf</td></tr>
</table>

Anzeigenformate

Textteilanzeigen sind von mehreren Seiten von Zeitungstext umgeben.

Eckfeldanzeigen werden rechts unten auf der Seite platziert.

Anzeigen mit Textanschluss laufen unten über die komplette Seitenbreite.

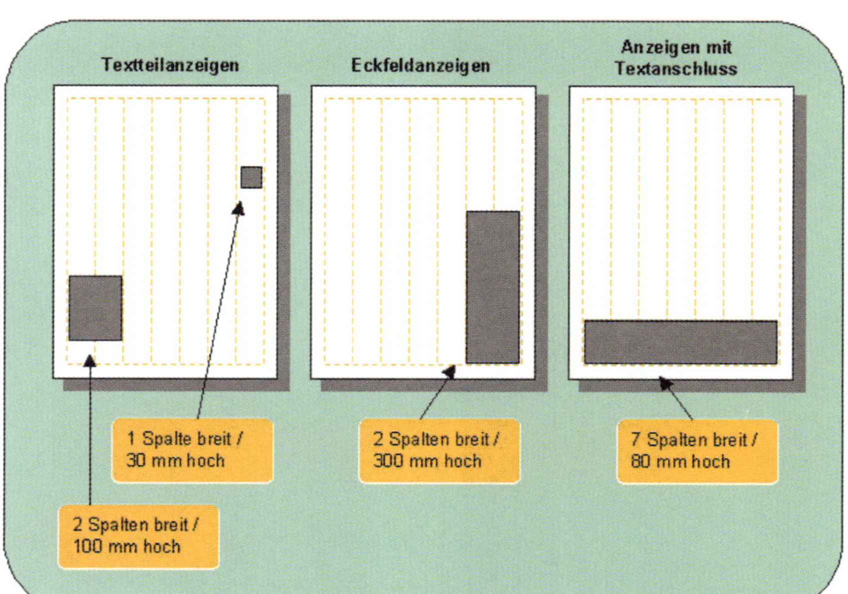

AUFGABEN

1

Die beiden Anzeigen sollen in einer Tageszeitung veröffentlicht werden. Die Anzeige soll fünfmal erscheinen (geschaltet werden).

Breite jeweils 6-spaltig; Höhe der Farbanzeige 130 mm, der Schwarz-Weiß-Anzeige 170 mm

Preis je mm und Spalte	
schwarz-weiß	7,98 €
1 Zusatzfarbe	9,94 €
2 + 3 Zusatzfarben	11,10 €

Preisnachlässe

Malstaffel		Mengenstaffel	
6 Anzeigen	5 %	3000 mm	5 %
12 Anzeigen	10 %	5000 mm	10 %
24 Anzeigen	15 %	10000 mm	15 %
52 Anzeigen	20 %	20000 mm	20 %

Ermitteln Sie die Kosten für die Anzeigen und begründen Sie, ob sich die zusätzlichen Kosten für die Farbanzeige nach Ihrer Meinung lohnen werden.

2

Bevor einzelne Werbemaßnahmen geplant und durchgeführt werden, sollte der Einzelhändler den Werbeetat festsetzen. Das ist der Betrag, der für die Werbung zur Verfügung steht.

Bestimmen Sie, welche Methode in den Fällen angewandt wurde, um den Werbeetat festzulegen.

1. Aufgrund der massiven Werbeaktivitäten des benachbarten Möbelhauses hat das Möbelzentrum Wolf seinen Werbeetat für die nächste Periode um 25000,00 € erhöht.
2. Um einen bundesweiten Marktanteil von 15 % zu erreichen, hat ein Elektronik-Fachmarkt seinen Werbeetat auf 348 Millionen Euro gesteigert.
3. Mit dem Anstieg des Umsatzes der Sportartikelabteilung steht ihr für das kommende Geschäftsjahr ein entsprechend umfangreicheres Werbebudget zur Verfügung.
4. Die Finanzplanung hat ergeben, dass für den Bereich Werbung im kommenden Jahr maximal 80000,00 € bereitgestellt werden können.

3

Zum regelmäßigen Erfahrungsaustausch treffen sich der Optiker Heller, der Bäcker Wirtz und der Tankstellenbesitzer Sprenger abends am Stammtisch.

Sprenger: „Ihr habt gut reden. In eurer Branche kann man sich wenigstens noch durch Originalität in der Werbung oder durch besondere Serviceleistungen von der Konkurrenz absetzen. In meiner Branche gleicht doch eine Tankstelle der anderen, alle haben das gleiche Sortiment, die gleichen Serviceangebote. Außerdem tankt eh jeder dort, wo gerade sein Tank leer wird. Da zahlen sich teure Werbegelder einfach nicht aus."

Wirtz: „Ich glaube, dir fehlt es nur an Fantasie. Mein Schwager hat ebenfalls eine Tankstelle. Er annonciert regelmäßig in der Tageszeitung und nutzt die Rückseite des Linienbusses, der in seinem Einzugsgebiet ständig pendelt. In leuchtend roter Farbe auf gelbem Untergrund ließ er darauf den Schriftzug lackieren: ‚Und wie spät ist es auf Ihrer Tankuhr? – Shell-Tankstelle am Westend'."

Sprenger: „Eine tolle Idee! Ich wette, dass jeder Autofahrer, der an einer Ampel hinter dem Bus wartet, automatisch auf seine Tankuhr schaut."

Wirtz: „Klar, und ist der Tank tatsächlich fast leer, so befindet sich der Fahrer gleichzeitig im Einzugsbereich dieser Tankstelle."

Heller: „Da fällt mir ein, du hast doch durch die günstige Lage an der Bundesstraße die einzige Tankstelle, die rund um die Uhr geöffnet ist."

Sprenger: „Sicher, aber seit es den neuen Autobahnzubringer gibt, lässt der Umsatz doch stark nach, und viele wissen schon nicht mehr, dass ich auch nachts geöffnet habe."

Heller: „Dann musst du dich halt ins Bewusstsein zurückrufen. Jetzt, wo das renovierte Kino wieder laufend gut besucht ist, solltest du das nutzen. Wenn die letzten Vorführungen beendet sind, dann hat nur noch deine Tankstelle auf, und das sollte man den Besuchern auch in einem kurzen Werbespot vermitteln."

a Suchen Sie alle im Gespräch genannten Werbemittel und die entsprechenden Werbeträger heraus und ordnen Sie diese in der Tabelle ein. Lassen Sie Platz für weitere Ergänzungen.

Werbemittel	Werbeträger

b Ergänzen Sie die Werbemittel und dazu passenden Werbeträger, die in Ihrem Ausbildungsbetrieb genutzt werden, in der Tabelle.

4

Als Werbeträger für die Anzeigen des City-Warenhauses Bauer kommen eine Lokalzeitung und drei Anzeigenblätter infrage. Nachdem jedoch der redaktionelle Teil in einigen Anzeigenblättern stark nachgelassen hat, überlegt Herr Bauer, ob er seine Werbeaktivitäten nicht auf die Lokalzeitung beschränken soll. Denn er hört immer öfter, dass viele Exemplare der Anzeigenblätter nicht ankommen oder in den Haushalten gleich im Papierkorb landen. Dann handelt er jedoch mit den Anzeigenvertretern der Anzeigenblätter aus, dass seine Anzeigenwerbung wie eine Art Stempel unter den Zeitungsnamen auf der Titelseite platziert wird. Damit ist das Problem für ihn gelöst.

a **Erläutern Sie die Unterschiede zwischen den Werbeträgern Lokalzeitung und Anzeigenblatt.**

b **Begründen Sie, warum Herrn Bauers Idee eine Problemlösung darstellt.**

c **Untersuchen Sie, welche Bedeutung die Platzierung einer Anzeige auf der Zeitungsseite hat.**

5

Nach umfangreichen Modernisierungsarbeiten möchte das City-Warenhaus Bauer mit einer Werbeanzeige auf die neu gestaltete Abteilung für Schuhe und Lederwaren aufmerksam machen. Zur Auswahl steht die Veröffentlichung der Werbeanzeige in der Tageszeitung Bergische Nachrichten oder im Anzeigenblatt Wochenendbote.

Berechnen Sie für die Tageszeitung und für das Anzeigenblatt den jeweiligen Tausend-Leser-Preis und entscheiden Sie, welcher Werbeträger kostengünstiger ist. Füllen Sie dazu die untenstehende Tabelle aus.

Mediadaten der Tageszeitung und des Anzeigenblatts

Bergische Nachrichten
Auflagenzahl: 123 400 Stück
Fehlstreuung: 0 %
LpE-Wert: 3,0; Millimeterpreis 5,90 €

Wochenendbote
Auflagenzahl: 175 500 Stück
Fehlstreuung: 10 % (von der Auflagenzahl)
LpE-Wert: 1,5
Millimeterpreis: 4,80 €

Bergische Zeitung	**Wochenendbote**
Größe der Anzeige	
3 Spalten breit, 220 mm hoch	3 Spalten breit, 220 mm hoch
Kosten einer Anzeige	
Anzahl der Leser, die mit der Veröffentlichung der Anzeige erreicht werden.	
Kosten, um mit der Anzeige 1 000 Leser zu erreichen.	

4 Ein Werbemittel gestalten

Der Werbeplan steht. Eine Anzeigenkampagne in der örtlichen Tageszeitung soll eine Maßnahme sein, um für „Forever Now" zu werben. Frau Dehn erklärt den Auszubildenden Simone und René, wie es weitergeht.

Frau Dehn: „Herr Bauer möchte unbedingt eine Anzeige in der Lokalzeitung schalten. Jetzt müssen wir uns überlegen, wie sie pfiffig gestaltet werden könnte."

Simone: *„Puh, ganz schön schwierig."*

Frau Dehn: „Wir hatten vor längerer Zeit schon mal eine Anzeige für ‚Forever Now' geschaltet. Ich habe sie hier, sehen Sie. Mit dieser Werbung haben wir leider keine großen Erfolge erzielt. Ist auch kein Wunder, wenn man sich die Gestaltung heute noch mal kritisch ansieht."

René: *„Stimmt."*

Frau Dehn: „Deshalb muss die neue Kampagne ganz anders sein. Aber bevor wir unserer Fantasie freien Lauf lassen, sollten wir die alte Anzeige noch mal unter die Lupe nehmen. Aus Fehlern lernt man schließlich auch. Die Gestaltung der neuen Anzeige ist dann ein weiterer Schritt."

ARBEITSAUFTRAG

Entwerfen Sie eine Werbeanzeige für die Lokalzeitung.

VORSCHLÄGE ZUM VORGEHEN

1. Analysieren Sie die bisherige Anzeige für „Forever Now" mithilfe des Wirkungsmodells aus der Werbeforschung. Diese Fragen sollten Sie mithilfe des Rasters auf der nächsten Seite beantworten:
   * Wo liegen die Schwächen der Anzeige?
   * Wie kann die Wirksamkeit verbessert werden?

Ziel: Damit eine Anzeige wirksam wird, muss sie ...	Gestaltungsmittel, um das Ziel zu erreichen	Alte Anzeige für „Forever Now“
gesehen,	Bilder sind Blickfänger, die sofort die Aufmerksamkeit des Betrachters auf sich ziehen. Farbe ist ein wichtiges Gestaltungsmittel und hat eine Signalwirkung. Allerdings müssen die gewählten Farben zueinanderpassen.	Schwächen: Verbesserungsvorschlag:
aufgenommen und gelesen,	Der Text muss leicht verständliche, interessante oder spannende Informationen transportieren. Eine herausragende Stellung nimmt die Headline ein. Sie muss einprägsam sein und Neugier erregen.	Schwächen: Verbesserungsvorschlag:
verstanden und geglaubt,	Die Anzeige darf nicht überfrachtet sein. Dazu benötigt sie eine kurze und klare Aussage. Wird zu viel versprochen, wirkt sie unglaubwürdig.	Schwächen: Verbesserungsvorschlag:
erinnert und	Um einen hohen Wiedererkennungseffekt zu erzielen, sollten bestimmte Elemente gleichbleibend sein. Hierzu zählen z. B. Schriftart, Farben, Firmenlogo oder die Darstellung prominenter Personen.	Schwächen: Verbesserungsvorschlag:
befolgt werden.	Damit die Kunden ins Geschäft kommen, enthält die Anzeige häufig eine gezielte Aufforderung. Ein solcher Handlungsauslöser kann z. B. ein Hinweis auf befristete Angebote oder Einladungen zu bestimmten Gelegenheiten wie Produktpräsentationen sein.	Schwächen: Verbesserungsvorschlag:

2. Gestalten Sie auf der Grundlage Ihrer Verbesserungsvorschläge eine Anzeige für die Jugendseite der örtlichen Zeitung.
   So sollten Sie vorgehen:

   * Wählen Sie das von Ihnen im Werbeplan festgelegte Anzeigenformat.
   * Fertigen Sie zu diesem Format eine präzise Skizze an, wie Überschrift, Text, Bild, Farbe, Logo usw. angeordnet sein sollen.

AUFGABEN

1

Das Frische-Center Kemmler macht in einer Zeitungsanzeige auf sein Angebot aufmerksam.

Analysieren Sie die Anzeige mithilfe des Wirkungsmodells aus der Werbeforschung. Listen Sie im nachfolgenden Raster die Schwächen auf und machen Sie Verbesserungsvorschläge.

Wirkungsmodell aus der Werbeforschung

Ziel: Damit eine Anzeige wirksam wird, muss sie …	Alte Anzeige des Frische-Centers Kemmler
gesehen,	Schwächen:
	Verbesserungsvorschlag:
aufgenommen und gelesen,	Schwächen:
	Verbesserungsvorschlag:
verstanden und geglaubt,	Schwächen:
	Verbesserungsvorschlag:
erinnert und	Schwächen:
	Verbesserungsvorschlag:
befolgt werden.	Schwächen:
	Verbesserungsvorschlag:

2

Der Getränkemarkt Huss wirbt mit einer Anzeige.

Setzen Sie sich kritisch mit der Werbeanzeige auseinander.

a **Zählen Sie, wie viele unterschiedliche Schrifttypen und Schriftgrößen in der Werbeanzeige verwendet werden.**
b **Beschreiben Sie die Wirkung, die von der Vielzahl unterschiedlicher Schrifttypen und -größen ausgeht.**
c **Entwickeln Sie Verbesserungsvorschläge für die Gestaltung der Anzeige.**

3

Auch private Kleinanzeigen sollten wirkungsvoll gestaltet sein.

Schreiben Sie den Text einer privaten Verkaufsanzeige, in der Sie einen Teil Ihrer privaten Blu-ray-Sammlung anbieten. Berücksichtigen Sie dabei die Aussagen des Wirkungsmodells, wann ein Text aufgenommen und gelesen wird.

4

Ein Fahrrad-Fachgeschäft möchte seine Werbeaktivitäten ausweiten. Bisher wurde ausschließlich mittels der abgebildeten Anzeige in der örtlichen Tageszeitung geworben.

Um noch mehr Personen zu erreichen, sollen in Zukunft auch andere Werbemittel eingesetzt werden.

a **Gestalten Sie einen Flyer für das Fahrrad-Fachgeschäft, der in den Briefkästen der Umgebung verteilt werden soll.**
b **Entwerfen Sie einen Radiospot für den Lokalfunk. Verfassen Sie den gesprochenen Text und planen Sie eventuelle Musikeinspielungen. Benutzen Sie für den Flyer und den Radiospot die Informationen aus der Zeitungsanzeige.**

5

Das Einzugsgebiet Ihres Ausbildungsbetriebes ist begrenzt.

Beschreiben Sie das Streugebiet, in dem Werbemaßnahmen Ihres Ausbildungsbetriebes stattfinden.

6

Nicht nur auf die Gestaltung der Werbemittel, sondern auch auf deren richtigen zeitlichen Einsatz ist zu achten.

a **Erläutern Sie die Bedeutung der Streuzeit für den Werbeerfolg.**
b **Beschreiben Sie die Wirkung geballter sowie verteilter Werbung. Nennen Sie für diese beiden Strategien jeweils ein Praxisbeispiel.**

5 Den Werbeerfolg prüfen

Die Anzeigenkampagne läuft seit einigen Wochen. Frau Dehn trifft sich mit den Auszubildenden Simone und René zu einem weiteren Gespräch.

Frau Dehn: „Wie ist Ihr Eindruck, hatten wir mit unserer Werbung Erfolg?“

Simone: „Ich finde schon, meine Freundinnen kaufen jetzt auch immer bei uns ein.“

René: „Liegt das an den Annoncen oder daran, dass du sie darauf aufmerksam gemacht hast?“

Simone: „Ich weiß nicht so genau. Klar habe ich der ein oder anderen stolz unsere Anzeigen gezeigt. Aber ich bin auch von einigen aus meiner Clique angesprochen worden, weil ihnen die tolle Werbung auf der Jugendseite aufgefallen ist.“

Frau Dehn: „Die Anzeigen haben den aktuellen Umsatz angekurbelt. Aber wir wollten mit der Werbemaßnahme ja langfristig das Image von ‚Forever Now‘ aufbessern. Ist uns das auch gelungen?“

René: „Warum fragen wir die Kunden nicht einfach?“

Frau Dehn: „Genau, darauf wollte ich hinaus. Ich dachte an eine gezielte Kundenbefragung.“

Simone: „Da bin ich dabei. Ich habe keine Hemmungen, die Leute anzuquatschen.“

René: „... und sie notfalls an der Jacke festzuhalten, wenn sie wegrennen wollen.“

Frau Dehn: (lacht) „Danke für das Angebot, Simone. Aber René hat den springenden Punkt genannt. Die Kunden wollen in Ruhe einkaufen. Wir geben ihnen darum den Fragebogen mit nach Hause. Dort können sie ihn in Ruhe ausfüllen ...“

René: „... oder gleich wegwerfen.“

Simone: „Du hast heute an allem was zu meckern. Wir müssen den Kunden natürlich einen Anreiz geben. Wenn sie den Fragebogen ausgefüllt zurückbringen, bekommen sie als Dankeschön eine kleine Aufmerksamkeit.“

Frau Dehn: „So machen wir es. Jetzt müssen wir uns allerdings die passenden Fragen überlegen.“

ARBEITSAUFTRAG

Erstellen Sie einen Fragebogen zur Kontrolle des Werbeerfolges, den die Kunden zu Hause ausfüllen können. Beachten Sie dabei die Grundsätze für den Aufbau eines solchen Fragebogens.

AUFGABEN

1

Nach der Durchführung einer Werbekampagne möchten Sie herausfinden, ob diese auch wirksam war.

Daten der Werbekampagne

* Werbekosten: 110 000,00 €
* Jahresumsatz vor Werbebeginn: 960 000,00 €
* Jahresumsatz nach Abschluss der Werbekampagne: 1 280 000,00 €

Beurteilen Sie den ökonomischen Erfolg einer Werbung, indem Sie die Werberendite errechnen.

2

Ein Einzelhändler eines Lebensmittelgeschäftes möchte den Erfolg einer Werbemaßnahme prüfen. Dazu vergleicht er die durchschnittlichen Tagesumsätze in der Zeit vor, während und nach dem Werbeeinsatz. Mithilfe des Warenwirtschaftssystems ermittelt er Wochenumsätze.

Zeitraum	Wochenumsatz
Woche vor der Werbung	168 408,56 €
Woche während der Werbung	181 555,70 €
Woche nach der Werbung	178 283,08 €

a Ermitteln Sie für die drei Zeiträume den durchschnittlichen Tagesumsatz.

b Berechnen Sie, um wie viel Prozent sich die durchschnittlichen Tagesumsätze in der Woche

* **während der Werbung und**
* **nach der Werbung**

im Vergleich zur Woche vor der Werbemaßnahme verändert haben.

3

Die Abteilung eines Warenhauses hat für eine Anzeige, die eine bestimmte Ware besonders herausstellt, Werbekosten von 2 000,00 €.

a Prüfen Sie anhand der vorliegenden Daten, welcher Rohertrag als ökonomischer Werbeerfolg mit der Anzeige erzielt werden konnte.

Nettoumsatz der Werbeware
– Bezugspreis der Werbeware
= Rohertrag

1.	Bezugspreis der Werbeware (ohne Umsatzsteuer)	7 000,00
2.	Umsatz der Werbeware (zu Nettoverkaufspreisen) – 6 Verkaufstage ab Erscheinungstermin der Anzeige	18 500,00
3.	Abteilungsumsatz der letzten vollen Kalenderwoche vor Erscheinungstermin der Anzeige (Nettoverkaufspreise)	7 200,00
4.	Abteilungsumsatz (zu Nettoverkaufspreisen) – 6 Verkaufstage ab Erscheinungstermin der Anzeige	34 000,00
5.	Auf die Abteilung entfallende Kosten des Werbemittels	2 000,00

b Stellen Sie dar, welchen Zusatzeffekt die Anzeige für den Umsatz der Abteilung hatte, indem Sie die Werberendite berechnen.

4

Nach einer halbjährigen Werbekampagne ist der Umsatz eines Sportfachgeschäftes deutlich gestiegen.

Erläutern Sie, warum es problematisch ist, den Erfolg der Werbung ausschließlich an der Umsatzentwicklung zu beurteilen.

5

Nach einer Werbeaktion lohnt sich häufig der Blick in das Warenwirtschaftssystem.

Erläutern Sie, welche Hilfestellungen moderne Warenwirtschaftssysteme für eine genauere Werbeerfolgskontrolle leisten können.

6

Nur Werbung, an die wir uns erinnern, kann die spätere Kaufentscheidung positiv beeinflussen.

Beschreiben Sie drei Werbebeispiele, die Ihnen langfristig in Erinnerung geblieben sind, und nennen Sie jeweils die Gründe für diese nachhaltige Werbewirkung.

7

Herr Bauer: „Frau Yildrim, Hut ab! Die ‚Jeans für Generationen' waren ein toller Erfolg. Ich bin mit dem Ergebnis mehr als zufrieden."

Frau Yildrim: *„Danke, Herr Bauer. Wir haben bei uns im Textilbereich durch die Kampagne den Umsatz um fast dreißig Prozent steigern können. Dabei haben wir zu meiner Freude auch jüngere Kunden ansprechen können."*

Herr Bauer: „Wohlgemerkt nicht nur die. Ich selbst habe mir seit Jahren erstmals wieder eine Jeans zugelegt, so sehr hat mich unsere eigene Kampagne angesprochen. Aber was mir persönlich noch besser gefällt als meine neue Hose: Wir hatten im Hause einen deutlich spürbaren Frequenzeffekt. Will heißen, die Kunden haben nicht nur eine Jeans gekauft, sondern auch noch Waren aus den anderen Abteilungen."

Frau Yildrim: *„Ja, mir ist auch aufgefallen, dass die Kunden das Haus meistens mit mehr als einer Einkaufstüte verlassen haben."*

Herr Bauer: „Was meinen Sie, meine Damen und Herren, lässt sich die Idee auf eine andere Abteilung übertragen?"

Herr Blank: *„Auf jeden Fall. Ich habe mir schon Gedanken für unsere Sportabteilung gemacht."*

Herr Bauer: „Schön, lassen Sie mal hören."

Herr Blank: *„‚Fitness für Generationen': Sportliche Aktivitäten sind schließlich keine Frage des Alters. Die jungen Menschen wollen Neues ausprobieren, ihren Bewegungsdrang ausleben und etwas für ihre Figur tun. Die älteren Leute haben meistens ihre Gesundheit im Blick. Ich denke, so können wir alle Kunden von 9 bis 99 Jahren erreichen."*

Herr Berns: „Die Lebensmittelabteilung würden sich auch einklinken. Fitness hat schließlich immer etwas mit gesunder Ernährung zu tun. Und damit meine ich nicht nur den Energy-Drink oder Bananen. Wir könnten gesunde Produkte vorstellen, Verkostungen durchführen und gleich Rezepte dazu liefern."

Herr Blank: *„Ich würde Kontakt zu den örtlichen Sportvereinen aufnehmen. Die könnten ihre verschiedenen Gruppenangebote doch bei uns mit kleinen Vorführungen vorstellen. Natürlich in Kleidung aus unserem Sortiment."*

Herr Bauer: „Na, da sprudeln ja bereits die Einfälle. Wir sollten allerdings auch diese Kampagne – wie schon bei den Jeans – auf eine Woche beschränken. Fragt sich nur, mit welchem Werbemittel wir die Generationen am besten erreichen."

Herr Berns: *„Wie wäre es mit Folienplakaten in öffentlichen Verkehrsmitteln? Ich fahre selbst meistens mit dem Bus zur Arbeit – und mit mir Leute jeden Alters. Die Busse haben außerdem ein großes Streugebiet, denn sie fahren schließlich durch die ganze Region."*

Herr Blank: „Aber damit erreichen wir die vielen Autofahrer, Radler und Fußgänger nicht. Ich fände eine pfiffige Plakatwerbung auf großen Plakatwänden am Straßenrand besser. Zumal die ja auch von den Fahrgästen in den Bussen gesehen wird."

Herr Bauer: *„Ich denke, wir sollten beide Werbemittel einsetzen. Mal schauen, was für 10000,00 € machbar ist. Mehr darf die Werbekampagne nicht kosten."*

Frau Yildrim: „Ich sehe schon, wir benötigen wie bei der letzten Kampagne wieder ein Werbekonzept, in dem wir unser Vorgehen genau planen. "

Herr Bauer: „Richtig, also machen Sie sich an die Arbeit."

Informationen

Grundidee der Kampagne
Die Kampagne „Fitness für Generationen“ ist eine Aktion für die ganze Familie. Alle Altersgruppen sollen angesprochen werden.

Das City-Warenhaus Bauer will seine „Fitness-Kompetenz“ unter Beweis stellen. Alle Bereiche, die Produkte verkaufen, die etwas mit Fitness zu tun haben, sollen an der Kampagne beteiligt sein.

Kosten der Werbung

* Verkehrsmittelwerbung
  Folienplakate, Format 60 cm x 80 cm, inklusive Folienerstellung kosten pro Bus wöchentlich
  - für Seitenfenster: 10,00 € pro Plakat
  - für Heckfenster: 14,00 € pro Plakat
* Plakatwerbung auf Plakatwänden
  Kosten für Entwurf und Druck der Plakate:

Menge	Preis pro Tag je Stück
bis 50 Plakate	16,70 €
bis 200 Plakate	14,20 €
über 200 Plakate	12,40 €

a Entwickeln Sie ein Werbekonzept für die Kampagne „Fitness für Generationen“. Notieren Sie dazu alle Entscheidungen, die Sie zur Vorbereitung der Kampagne treffen. Im Einzelnen müssen Sie die folgenden Prozessschritte der Werbung planen:

* Formulieren Sie ein Werbeziel.
* Bestimmen Sie den Werbeetat für die Kampagne.
* Nennen Sie das Werbeobjekt (den Gegenstand der Werbung).
* Beschreiben Sie das Werbesubjekt (die Zielgruppe der Werbung).
* Formulieren Sie eine Werbebotschaft, die Sie der Zielgruppe mitteilen wollen.
* Erstellen Sie einen Werbeplan, in dem Sie den genauen Einsatz der Werbemittel und die dabei entstehenden Werbekosten festlegen. Achten Sie auf die Werbekosten, die den Werbeetat nicht überschreiten dürfen.
* Planen Sie die Werbedurchführung, indem Sie ein Scribble entwerfen.

Scribble: Ideenskizze eines Plakates

Die Kampagne „Fitness für Generationen“ war außergewöhnlich erfolgreich. In der Kampagnenwoche konnten die Umsätze der Sportartikel- und Lebensmittelabteilung deutlich gesteigert werden. Außerdem ist es gelungen, Kunden unterschiedlichen Alters nicht nur in diese beiden Abteilungen zu locken, sondern vielfach auch durch das ganze Warenhaus zu führen. Die Verkaufszahlen dort haben ebenfalls einen Sprung nach oben gemacht.

Die Verwaltungsabteilung hat die Zahlen der Umsatzentwicklung im Vergleich zur Woche vor der Kampagne tabellarisch zusammengestellt.

Abteilung	Umsatz der Vorwoche in €	Veränderung des Umsatzes in %	Umsatz der Kampagnenwoche in €	Veränderung des Umsatzes in €
Lebensmittel	38 852,56	+ 24,8		
Sport	6 578,96	+ 42,7		
restliche Abteilungen	120 128,45	+ 6,2		
Gesamt				

b Führen Sie eine Werbeerfolgskontrolle der Kampagne durch. Ermitteln Sie dazu

* die erzielte Umsatzsteigerung für das City-Warenhaus (siehe Tabelle) und
* die erreichte Werberendite der Aktion.

Aufgaben zur Prüfungsvorbereitung

8

Um im Wettbewerb mit den Konkurrenten bestehen zu können, werben Sie regelmäßig für Ihr Angebot. Damit dies gelingt, muss Ihre Werbung bestimmten Anforderungen entsprechen.

Ordnen Sie zu, indem Sie die Kennziffern der fünf Anforderungen in die Kästchen neben den Inhalten dieser Anforderungen eintragen.

Anforderungen an die Werbung	Inhalte	
1. Wahrheit	Der Kunde muss die Werbebotschaft verstehen.	☐
2. Wirtschaftlichkeit 3. Klarheit	Bei der Formulierung der Werbeaussagen hat sich der Einzelhändler an die Regelungen des Gesetzes gegen den unlauteren Wettbewerb (UWG) zu halten.	☐
4. Rechtmäßigkeit 5. Wirksamkeit	Die Werbeaussage muss sachlich richtig sein.	☐
	Die Werbung soll den Kunden zum Kauf animieren.	☐
	Der Werbeaufwand und die damit erzielte Umsatzsteigerung müssen in einem angemessenen Verhältnis stehen.	☐

9

Ein Einzelhändler muss den Gegenstand, für den er werben will, festlegen. Außerdem kann er allein oder mit anderen Unternehmen zusammen werben. Je nachdem, welche Entscheidung er trifft, wird dadurch die Werbeart festgelegt.

Ordnen Sie die fünf Werbearten den Erscheinungsformen zu.

Werbearten	Erscheinungsformen der Werbung	
1. Sortimentswerbung 2. Sammelwerbung	Ein Einzelhändler wirbt mit den Unternehmen eines Einkaufscenters für den anstehenden verkaufsoffenen Sonntag.	☐
3. Gemeinschaftswerbung	Drei Elektrofachgeschäfte werben in einer gemeinsamen Anzeige für ihr umfassendes Serviceangebot.	☐
4. Produktwerbung 5. Firmenwerbung	Auf einem Plakat zeigt ein Schuhgeschäft einen Sommerschuh aus der neuen Kollektion.	☐
	Zum 50-jährigen Firmenjubiläum wird auf einem Flyer die Firmengeschichte dargestellt.	☐
	Ein Lebensmitteleinzelhändler präsentiert in einem Prospekt sein reichhaltiges Weinangebot.	☐

10

Vor der Durchführung einer Werbemaßnahme formulieren Sie ein Werbeziel. Nur dann können Sie anschließend kontrollieren, ob das Ziel erreicht wurde und die Werbung erfolgreich war.

Bringen Sie die Formulierungen in die richtige Reihenfolge, indem Sie die Ziffern 1 bis 3 in die Kästchen eintragen.

Teile der Zielformulierung	Formulierungen	
1. Zielinhalt 2. Zielausmaß 3. Zielzeitraum	innerhalb des kommenden Geschäftsquartals	☐
	Steigerung des Marktanteils	☐
	von gegenwärtig 6,5 % auf 9 %	☐

11

Sie überlegen, wie viel Geld Sie für eine Werbekampagne einsetzen können. Bei der Festlegung des Werbeetats wollen Sie nach der zielorientierten Methode vorgehen.

Prüfen Sie, bei welchem Vorgehen Ihnen dies gelingt.

1 Aus einer Fachzeitschrift kennen Sie die Kosten für vergleichbare Werbeaktionen anderer Einzelhandelsunternehmen und orientieren sich daran.

2 Nach Gegenüberstellung aller für das kommende Geschäftsjahr geplanten Erträge und Aufwendungen bleibt für die Werbeaktion ein Etat von 70 000,00 € übrig.

3 Sie legen fest, 3,0 % des Jahresgewinns für Werbung einzusetzen.

4 Sie legen fest, was Sie mit der Werbekampagne erreichen wollen und welche Kosten dafür zu veranschlagen sind.

5 Sie führen die Werbeaktion durch und errechnen anschließend die entstandenen Kosten.

12

Trotz zahlreicher Werbeaktionen ist Ihr Umsatz nur gering gestiegen. Um die Wirkung der Werbung beim Kunden zu erhöhen, gehen Sie nun nach der AIDA-Formel vor.

Ordnen Sie die Maßnahmen entsprechend der AIDA-Formel. Tragen Sie dazu die Kennziffern 1 bis 4 in die Kästchen ein.

AIDA-Formel	Formulierungen	
1. Attention 2. Interest 3. Desire 4. Action	Sie verteilen die Flyer an eine ausgewählte Zielgruppe und informieren sie über die Neuheiten des beworbenen Produkts.	☐
	Die Rückseite des Flyers kann als Bestellkarte vom Kunden ausgefüllt werden.	☐
	Sie bilden auf Ihrem Flyer einen gerade angesagten Prominenten ab.	☐
	Sie legen dem Flyer eine Probe des Produkts bei.	☐

13

Sie machen sich Gedanken, wie Sie mit Ihrer Werbung am besten die Kunden erreichen. Es gilt, das richtige Werbemittel und den passenden Werbeträger auszuwählen.

Ordnen Sie die fünf Werbemittel den Werbeträgern zu.

Werbemittel	Werbeträger	
1. Plakat 2. Werbespot 3. Prospekt 4. Dekoration 5. Werbeaufkleber	Schaufenster	☐
	U-Bahn	☐
	Litfaßsäule	☐
	Tageszeitung	☐
	Ladenfunk	☐

14

Ein exklusives Juweliergeschäft will nach einer Renovierung die Wiedereröffnung der modernisierten Geschäftsräume bekannt machen. Festzulegen ist noch, wo und wann dafür geworben werden soll.

Wie verhalten Sie sich bei der Wahl des Streugebiets und der Streuzeit richtig?

1 14 Tage vor der Wiedereröffnung werden die Kunden des Juweliers in einem Werbebrief über das bevorstehende Ereignis informiert und zum Besuch der neuen Geschäftsräume eingeladen.

2 Zum Start der Renovierungsarbeiten werden die Kunden des Juweliers in einem Werbebrief über das bevorstehende Ereignis informiert und zum Besuch der neuen Geschäftsräume eingeladen.

3 14 Tage vor der Wiedereröffnung werden die Kunden in einem überregionalen Radiosender über dieses Ereignis informiert.

4 Mit Beginn des kommenden Weihnachtsgeschäfts wird in einer Anzeige in der Tageszeitung auf die neu gestalteten Geschäftsräume hingewiesen.

5 Die Mitarbeiter des Juweliergeschäfts werden aufgefordert, in ihrem jeweiligen Wohngebiet Flyer zu verteilen.

15

Durch die Werbekampagne konnten Sie Ihren Umsatz im letzten Quartal von 158 000,00 € auf 176 000,00 € steigern. Die Gesamtkosten für die Werbung betragen 8 500,00 €.

a Berechnen Sie, um wie viel Prozent sich der Umsatz erhöht hat.
b Ermitteln Sie die erzielte Werberendite.

6 Werbemaßnahmen beurteilen

Neue Ideen für die Werbung wurden gesucht. Herr Bauer hatte einige Bereichsleiter/-innen gebeten, Beispiele geeigneter Werbung für ihre Abteilungen zu sammeln und der Geschäftsführung zu übermitteln. Eine erste Auswahl lag nun auf seinem Schreibtisch.

Herr Berns aus der Lebensmittelabteilung hat zwei Vorschläge ausgewählt. Er ist der Meinung, „es muss nicht immer Vierfarbendruck sein."

Vorschlag 1

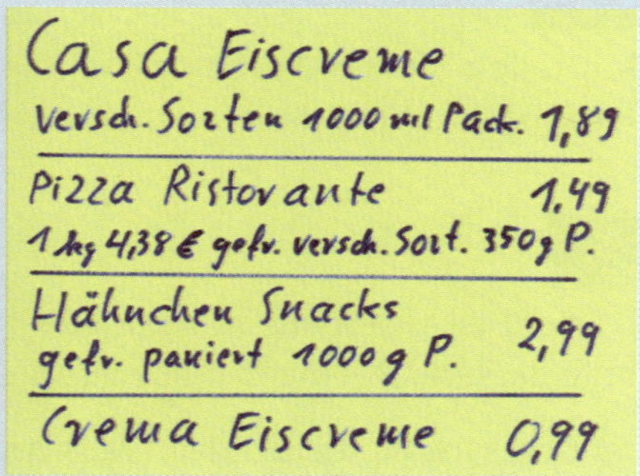

Vorschlag 2

Herr Adam aus dem Biker-Shop möchte gerne, dass für seine Fahrräder nach dem Vorschlag 3 geworben wird. Frau Dehn findet diese Art der Werbung allerdings unpassend.

Vorschlag 3

Frau Jevic, die das Bio-Sortiment in der Feinkostabteilung betreut, findet, dass für Bio-Produkte bisher nur in sehr biederer Form und ausschließlich unter Gesundheitsgesichtspunkten geworben worden ist. Sie ist der Meinung, dass man preisaggressiver wie in Vorschlag Nr. 4 vorgehen sollte.

Vorschlag 4

ARBEITSAUFTRAG

Beurteilen Sie die Zeitungsanzeigen Nr. 1 bis 4 auf ihre Eignung für Werbemaßnahmen des City-Warenhauses Bauer. Nutzen Sie die Fragen an eine Werbeanzeige für die Beurteilung.

Fragen an eine Werbeanzeige

1. Weckt die Anzeige meine Aufmerksamkeit?
2. Fällt die Anzeige auf?
3. Wirkt sie freundlich und sympathisch?
4. Ist sie informativ?
5. Vermittelt sie etwas Neues?
6. Weckt die Anzeige Vertrauen?

7. Passt sie zum Image des Werbenden (hier des City-Warenhauses Bauer)?
8. Passt die Werbung zum dargestellten Produkt?
9. Hebt sich die Werbung von anderen Anzeigen ab?
10. Ist sie originell und einzigartig?

AUFGABEN

1

Beurteilen Sie die Werbemaßnahmen wie Anzeigen, Prospekte, Handzettel usw. Ihres Ausbildungsbetriebes mithilfe der Fragen an eine Werbeanzeige.

2

In einer Plakatwerbung war ein Teller mit Schnitzel, Pommes frites und Salat abgebildet. Der Werbetext darunter lautete: „Niemand muss Sushi, Döner, Pizza etc. essen".

Deutscher Werberat = Organisation der Werbewirtschaft, die Beschwerden aus der Öffentlichkeit über Werbung untersucht

Der Deutsche Werberat erhielt wegen dieser Werbung eine Beschwerde mit der Begründung, es handele sich um eine fremdenfeindliche Aussage.

Verhaltensregeln des Deutschen Werberats gegen Herabwürdigung und Diskriminierung von Personen (Auszug)

In der kommerziellen Werbung dürfen [...] vor allem keine Aussagen oder Darstellungen verwendet werden,

1. die Personen beispielsweise wegen ihres Geschlechts, ihrer Abstammung, ihrer Rasse, ihrer Sprache, ihrer Herkunft, ihres Glaubens, ihrer politischen Anschauung, ihres Alters, einer Behinderung oder ihrer Zugehörigkeit zu einer Berufsgruppe diskriminieren;

[...]

Beurteilen Sie die Plakatwerbung, indem Sie begründet feststellen, ob es sich um eine fremdenfeindliche Aussage handelt.

7 Eine Direktwerbung durchführen

Eine Kundendatei anlegen

In der Lebensmittelabteilung des City-Warenhauses Bauer erscheint Dr. Jungk nach längerer Zeit.

Herr Berns: „Ach, guten Tag, Herr Dr. Jungk, freut mich sehr, dass Sie uns mal wieder besuchen."

Dr. Jungk: *„Ja, ich habe mich in letzter Zeit ein wenig rar machen müssen. Nach diesem Ärztekongress brauchte ich erst einmal drei Wochen Urlaub mit meiner Familie."*

Herr Berns: „Ich nehme an, Sie waren wieder in Frankreich."

Dr. Jungk: *„Nein, diesmal mussten wir uns den beiden Töchtern fügen und nach Italien in die Toskana fahren."*

Herr Berns: „Eine sehr reizvolle Landschaft."

Dr. Jungk: *„Da haben Sie recht. Neben dem großen Kulturangebot der Region habe ich die italienische Küche zu schätzen gelernt. Insbesondere die Toskana als Weinanbaugebiet hat mich sehr überzeugt."*

Herr Berns: „Sehen Sie, da hat sich der Wechsel doch ein wenig gelohnt."

Dr. Jungk: *„Man muss eben Kompromisse machen können, auch wenn meine Angelleidenschaft diesmal arg zurückgestellt werden musste. Zum Glück sind wir viel mit dem Fahrrad unterwegs gewesen, sonst hätte ich bestimmt bei den zahlreichen Cantucci, den knusprigen Mandelplätzchen, enorm zugenommen. Vor unserem Urlaub wusste ich gar nicht, dass ich so einen süßen Zahn habe."*

Herr Berns: „Apropos Angeln. Ich habe gerade frische Seezunge hereinbekommen."

Dr. Jungk: *„Sehen Sie, genau deshalb habe ich Sie aufgesucht."*

ARBEITSAUFTRAG 1

Ergänzen Sie die Kundendatei für Dr. Jungk mit neu gewonnenen Informationen aus dem Verkaufsgespräch. Berücksichtigen Sie, dass das City-Warenhaus Bauer neben der Lebensmittelabteilung noch weitere Abteilungen hat.

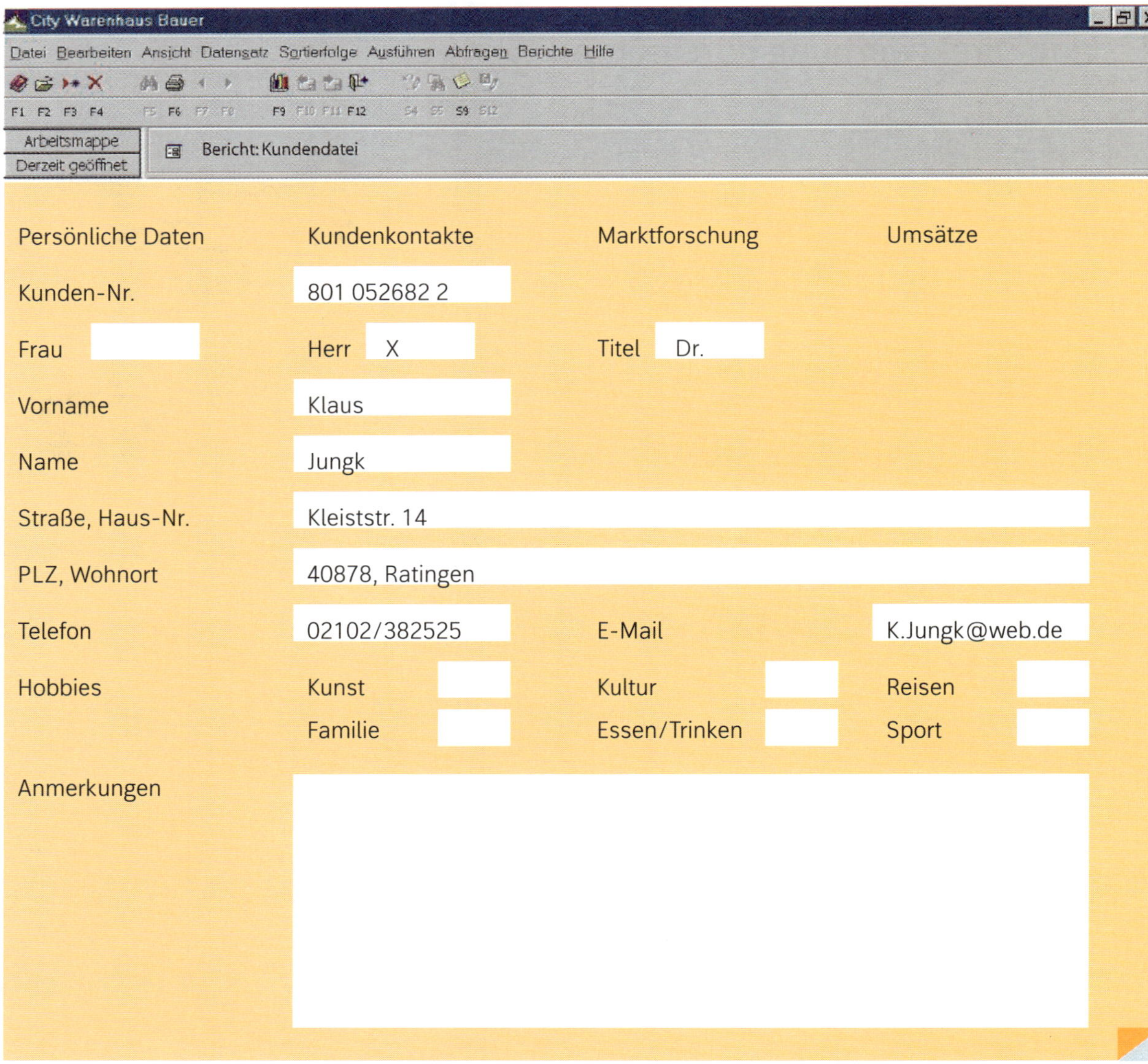

City Warenhaus Bauer

Datei Bearbeiten Ansicht Datensatz Sortierfolge Ausführen Abfragen Berichte Hilfe

Arbeitsmappe | Derzeit geöffnet | Bericht: Kundendatei

Persönliche Daten	Kundenkontakte	Marktforschung	Umsätze
Kunden-Nr.	801 052682 2		
Frau	Herr X	Titel Dr.	
Vorname	Klaus		
Name	Jungk		
Straße, Haus-Nr.	Kleiststr. 14		
PLZ, Wohnort	40878, Ratingen		
Telefon	02102/382525	E-Mail	K.Jungk@web.de
Hobbies	Kunst	Kultur	Reisen
	Familie	Essen/Trinken	Sport
Anmerkungen			

Einen Werbebrief schreiben

Das City-Warenhaus Bauer ist in seinem Feinkostbereich von seinen Stammkunden besonderes abhängig, weil sie den überwiegenden Teil des Umsatzes ausmachen. So will man es sich zur Regel machen, bestimmte Kunden durch persönliche Werbebriefe über geschäftliche Neuigkeiten, Ausweitungen des Sortiments oder Sonderangebote regelmäßig zu informieren.

Die für die Lebensmittelabteilung geplanten „italienischen Wochen" stellen einen willkommenen Anlass für einen solchen Werbebrief dar. Da die italienische Küche immer beliebter wird, hat der Feinkostbereich gerade hier sein Sortiment stark erweitert.

Mithilfe der Informationen aus der Kundendatei können gezielt interessierte Stammkunden angeschrieben werden. Neben der Einladung zum Besuch der „italienischen Wochen" soll ihnen ein ausgewähltes Vorzugsangebot gemacht werden. Die Möglichkeit zu einer Weinprobe stellt einen weiteren Anreiz dar. Als Muster wird ein Werbebrief aus der Textilabteilung genutzt, der dort bereits erfolgreich eingesetzt wurde.

Werbebrief-Muster aus der Textilabteilung

	Herrn Karl-Heinz Schmidt Raderberger Straße 81 50968 Köln März 20(0)
Überschrift, Betreff	Wir wollen, dass Sie bei jeder Gelegenheit die richtige Kleidung tragen!
Anrede	Sehr geehrter Herr Schmidt,
Einleitung	wir wenden uns heute an einen ausgewählten Kundenkreis, von dem wir wissen, dass er preis- und qualitätsbewusst einkauft und sich nicht mit Billigware von der Stange begnügen will.
Angebot	Für jede Gelegenheit die richtige Kleidung! Auf diesen Wahlspruch haben wir auch diesmal wieder unsere neue Herren-Frühjahrsmode abgestimmt. Abwechslung bietet Ihnen beispielsweise der Mode-Hit dieser Saison:
Kundenvorteil	Sportlich-elegante Seidenanzüge zum sportlich-fairen Preis. Selbstverständlich können Sie wie bisher in allen Kleidungsfragen mit unserer fachmännischen Unterstützung rechnen: Bei uns verlässt jeder das Geschäft mit Mode, die sitzt. Dafür steht nicht zuletzt unser preiswerter Änderungsservice.
Beweis	Änderungen werden bei uns durch einen erfahrenen Schneidermeister vorgenommen. Hier hat sich unser Qualitätsstandpunkt durchgesetzt. Das zeigt sich auch im reichhaltigen Bekleidungssortiment unseres Hauses, das durch renommierte Modeunternehmen wie „..." vertreten wird.
Kaufaufforderung	Aber genug der vielen Worte. Besuchen Sie uns doch einfach mal in den nächsten Tagen. Sehen Sie selbst, was es Neues gibt in der Textilabteilung des City-Warenhauses Bauer!
Schluss, persönliche Unterschrift	Mit freundlichen Grüßen Sven Bauer – Sven Bauer – City-Warenhaus Bauer
Postskriptum	PS: Gerne stellen wir Ihnen auch einen persönlichen Stilberater zur Seite, mit dem Sie ein perfekt auf Ihre Wünsche abgestimmtes Outfit zusammenstellen können.

Produktinformationen für das Vorzugsangebot während der „italienischen Wochen"

Parma-Schinken Spitzenqualität eine luftgereifte Spezialität, 100 g $2,^{49}$ €	**Mozzarella di bufala** Original italienischer Weichkäse aus Büffelmilch, 100 g $1,^{89}$ €
LAVAZZA Crema e Aroma Spezieller Bohnenkaffee für Espresso-Maschinen. Eine Mischung aus Robusta- und Arabica-Bohnen. 1-kg-Beutel $12,^{99}$ €	**Chianti Classico DOCG** Il Tresoro Lebhaft, mit Rasse und Frucht, Preis je Liter 13,32 € 0,75-l-Flasche $9,^{99}$ €

ARBEITSAUFTRAG 2

Schreiben Sie aus Anlass der „italienischen Wochen" einen Werbebrief an den Stammkunden der Lebensmittelabteilung, Herrn Dr. Jungk.

AUFGABEN

1

In der Sportabteilung des City-Warenhaus Bauer führt eine Kundenberaterin ein Verkaufsgespräch mit dem Stammkunden Herrn Hartwig.

Kundenberaterin: „Guten Tag, Herr Hartwig. Schön, Sie zu sehen. Brauchen Sie mal wieder ein Paar neue Tennisschuhe?"

Herr Hartwig: *„Hallo, Frau Jaeger. Nein, meine alten sind noch in Ordnung. Ich will etwas für meine Fitness tun. Mein Tennispartner hat jetzt fünfmal hintereinander gesiegt. Der hat heimlich seine Kondition trainiert ..."*

Kundenberaterin: (lacht) „Ja, Niederlagen sind schmerzlich. Und da wollen Sie jetzt also aufholen."

Herr Hartwig: *„Genau, früher bin ich regelmäßig gejoggt. Aber ehrlich gesagt, habe ich dazu momentan keine Lust mehr. Das fand ich zu erschöpfend und die oft zitierten Glücksgefühle haben sich bei mir nie eingestellt. Ich wollte mit Nordic Walking starten. Schließlich gehe ich auch gerne wandern."*

Kundenberaterin: „Walking macht Spaß, ich mache das auch regelmäßig. Obwohl es etwas wetterabhängig ist."

Herr Hartwig: *„Ich bin auch Schönwetter-Sportler. Aber bei Dauerregen kann ich ins Fitness-Studio ausweichen. Eigentlich finde ich das langweilig, aber das Studio, in dem meine Frau trainiert, bietet auch Zehner-Karten an. Das ist ganz praktisch. Dann gehe ich halt mal notfalls aufs Laufband und kann dann nachher noch in die Sauna. So, aber jetzt brauche ich erst mal neue Schuhe fürs Walken ..."*

Kundenberaterin: „... damit Sie bald wieder ein Match gewinnen."

Listen Sie alle Informationen auf, die die Kundenberaterin in der Kundendatei der Sportartikelabteilung speichern sollte.

2

Mailing: Direktwerbung per Post

In einer Mailing-Aktion möchte ein Sportfachgeschäft ausgewählte Kunden auf die Erweiterung des Sortiments um den Bereich Segelsport hinweisen.

Listen Sie die Kundeninformationen auf, die bei der Auswahl der Empfänger der Postsendung wichtig sein könnten.

3

Ständig werden persönliche Daten von uns an verschiedenen Stellen erhoben.

Beurteilen Sie die zunehmende Erfassung persönlicher Daten kritisch.

a Listen Sie auf, welche Daten an den verschiedensten Stellen über Sie gespeichert werden.

b Kennzeichnen Sie alle Informationen, die Sie selbst eventuell nicht preisgeben möchten.

c Entscheiden Sie, ob es im Einzelhandel Grenzen der Datenerfassung gibt oder ob wir alle zu „gläsernen Kunden" werden sollten.

4

In der Stadt, in der ein Feinkost-Fachgeschäft seinen Sitz hat, ist auch der erfolgreiche Gastronomiebetrieb „Waldgasthaus" ansässig.

Feinkost-Fachgeschäft

ARCADE – Feinkost

Ringgasse 37

01097 Dresden

Tel.: 0351 27569

Gastronomiebetrieb

Waldgasthaus

Erleben Sie im Waldgasthaus ländliche Romantik vor der Haustür. Idyllisch im Grünen gelegen, direkt am Ufer des Carus-Sees. Im Sommer mit großer Sonnenterrasse und im Winter mit dem Waldgasthaus-Ofen, in dem das Holz knistert.
Ob stimmungsvolles Dinner zu zweit, gemütliches Treffen mit Freunden, herzliche Familienfeier oder zünftiges Betriebsfest – das Waldgasthaus ist für jeden Anlass das passende Lokal.
Beliebt sind die monatlichen Themen-Abende wie etwa „Zu Gast bei Neptun“ mit großem Fisch- und Meeresfrüchte-Buffet, „Texas Lightning“ mit amerikanischem Barbecue oder Weinproben mit hochkarätigen Winzern verschiedener Anbaugebiete, zu denen unser Küchenchef die Spezialitäten der jeweiligen Region zubereitet.
In Kürze startet unsere neue Veranstaltungsreihe „Kulinarisches Kabarett“. Bekannte Kabarettisten geben sich an diesen Dinner-Abenden im Waldgasthaus die Ehre. Dazu verwöhnen wir unsere Gäste mit einem erstklassigen Vier-Gänge-Menü.
Wir freuen uns darauf, auch Sie bald im Waldgasthaus begrüßen zu dürfen.

Waldgasthaus
Carusufer 15
01099 Dresden

Öffnungszeiten
Dienstag - Freiag ab 14:00 Uhr
Samstag und Sonntag ab 12:00 Uhr
Montag Ruhetag

Telefon: 02351 878750

Schreiben Sie für das Feinkost-Fachgeschäft einen Werbebrief an das Waldgasthaus, indem Sie auf dessen spezielle Ansprüche eingehen, die in der Anzeige herausgestellt werden.

5

Sie beabsichtigen, einige Stammkunden zum Kauf einer Alarmanlage für ihr Auto zu bewegen. In einem Werbebrief wollen Sie die Vorzüge einer solchen Anlage darstellen und so den nötigen Kaufanreiz setzen.

Bringen Sie die Abschnitte des Werbebriefs entsprechend der Gliederungspunkte in die richtige Reihenfolge, indem Sie die Ziffern 1 bis 7 in die Kästchen eintragen.

Gliederungspunkte	Abschnitte des Werbebriefs	
1. Betreff	Wir bieten Ihnen eine Diebstahlsicherungs- und Warnanlage an, die Sie komplett mit Einbau nur ... € kostet.	☐
2. Anrede	Sehr geehrter Herr Müller,	☐
3. Einleitung	Die Alarmanlage ist auf dem neusten technischen Sicherheitsstand und entspricht – vom TÜV bestätigt – allen gesetzlichen Bestimmungen.	☐
4. Angebot	Besuchen Sie uns in den nächsten Tagen doch einmal und lassen Sie sich unverbindlich zum Thema „Autosicherheit“ beraten.	☐
5. Kundenvorteil	Alle 45 Sekunden wird laut Statistik ein Auto aufgebrochen!	☐
6. Beweis	Heute machen wir Ihnen ein Angebot, mit dem Sie Ihr wertvolles Auto zuverlässig schützen können.	☐
7. Kundenaufforderung	Mit dieser Ausrüstung schützen Sie Ihr Auto vor Einbrüchen und bewahren sich selbst vor unnötigem Ärger.	☐

Abschlussaufgabe 1 im Lernfeld 5

Situation

Das Zweirad-Center Münch in der Oldenburger Innenstadt hat sein Sortiment an Elektrofahrrädern (E-Bikes) erweitert. Bei diesen Fahrrädern wird der Fahrer beim Treten durch einen Elektromotor unterstützt.

Durch unterschiedliche Werbeaktionen sollen die Kunden im kommenden Frühjahr auf das neue Angebot aufmerksam gemacht und zum Kauf bewegt werden.

1

Das Zweirad-Center Münch entschließt sich, mit einer Werbeanzeige in der regionalen Tageszeitung die neuen E-Bikes anzupreisen.

a Planen Sie den Werbeprozess, indem Sie die unten stehende Tabelle ausfüllen. Notieren Sie,

* welche Fragen bei der Werbeplanung beantwortet werden müssen und
* welche Entscheidungen Sie dazu im Fall der Werbeanzeige für die E-Bikes treffen.

Werbeplanung	zu beantwortende Fragen	Entscheidung für die Werbeanzeige
Werbeziel	Was soll die Werbung bewirken?	Umsatzsteigerung um 25 % im kommenden Geschäftsjahr
Zielgruppe		
Werbebotschaft		
Werbemittel		
Werbeträger		
Streugebiet		
Streuzeit		

b Das Zweirad-Center Münch hat sich für eine Anzeige in einer regionalen Tageszeitung entschieden. Nennen Sie jeweils zwei Vor- und Nachteile dieses Werbemittels aus Sicht des Fahrradhändlers.

c Nach Beendigung der Werbeaktion soll der Werbeerfolg ermittelt werden. Es liegen folgende Zahlen für die Umsatzentwicklung der E-Bikes vor:

	Vorjahr 20(–1)	aktuelles Jahr 20(0)
Umsatz in €	56 320,00	82 040,00

ca Berechnen Sie, um wie viel Prozent sich der Jahresumsatz verändert hat.

cb Beurteilen Sie die Umsatzveränderung anhand des vorgegebenen Werbeziels aus dem Werbeplan.

cc Nennen Sie Gründe, die neben der Werbeaktion zu der positiven Umsatzentwicklung bei den E-Bikes beigetragen haben könnten.

cd Beschreiben Sie drei weitere Methoden zur Werbeerfolgskontrolle.

2

Das Zweiradcenter Münch möchte einige seiner Kunden mit einem Werbebrief direkt auf das erweiterte Angebot an E-Bikes hinweisen. Die Kundendatei des Warenwirtschaftssystems soll bei der Adressatenauswahl behilflich sein.

a Geben Sie an, anhand welcher Informationen aus der Kundendatei Sie die Adressaten auswählen, für die ein Werbebrief von Interesse sein könnte.

b Bei der Gestaltung des Werbebriefs möchten Sie sich an der AIDA-Formel orientieren. Machen Sie sich deshalb vor der Formulierung des Brieftextes Stichpunkte zu den Fragen.

Attention – Wie kann der Werbebrief schon auf den ersten Blick Aufmerksamkeit erregen?
Interest – Wie kann der Briefinhalt das Interesse des Lesers an den E-Bikes wecken?
Desire – Wie kann beim Leser der Wusch erzeugt werden, ein E-Bike zu besitzen?
Action – Wie kann der Leser aufgefordert werden „jetzt zu handeln und zu kaufen"?

c Schreiben Sie den Werbebrief an Ihre Kunden.

8 Verkaufsfördermaßnahmen entwickeln

Die Möbelabteilung des City-Warenhauses Bauer bekommt ein neues Küchenstudio, in dem in Zukunft Küchen und Küchen-Elektrogeräte ausgestellt werden. Die Geschäftsführung möchte in der Eröffnungswoche einige Verkaufsförderungsmaßnahmen durchführen. Herr Bauer bittet den Abteilungsleiter Herrn Blank und Herrn Hoffmeister, erste Kraft der Möbelabteilung, zum Gespräch.

Herr Bauer: „Seien Sie gegrüßt, meine Herren. Unser Küchenstudio ist bald vollendet. Haben Sie sich schon Gedanken für die Eröffnung gemacht?"

Herr Blank: *„Selbstverständlich, Herr Bauer. Die Kunden sind auch schon sehr interessiert."*

Herr Hoffmeister: „Allerdings, wir wurden schon häufig nach Eröffnungsangeboten gefragt."

Herr Bauer: *„Angebote, jaja. Aber es ist natürlich besser, wenn die Leute auch die tollen Markengeräte kaufen, die es nicht im Sonderangebot gibt."*

Herr Hoffmeister: „Selbstverständlich, und in diesem Bereich stocken wir unsere Ausstellung ja auch sehr gut auf. Darum denke ich, dass wir den Kunden vor allem die technischen Finessen der Geräte vorführen, wie Induktionsherd mit integriertem Grill oder hochmoderne Backöfen. Zum Beispiel bei einem Schaukochen."

Herr Blank: *„Ich gehe davon aus, dass wir dazu auch den Gerätehersteller ins Boot holen können. Als ich vor einigen Jahren meinen Dampfgarer gekauft habe, gab es zum Beispiel ein schickes Kochbuch dazu. Heute wird es da gewiss noch mehr an Material geben."*

Herr Bauer: „Ich wusste ja gar nicht, dass Sie ein Feinschmecker sind, Herr Blank."

Herr Blank: *„Das sieht man mir doch an, Herr Bauer. Scherz beiseite: Ich habe schon mit Frau Jevic aus der Lebensmittelabteilung gesprochen. Die Kollegen würden sich an der Organisation beteiligen und uns natürlich mit den Zutaten versorgen."*

Herr Hoffmeister: „Zu unserer Kundschaft zählen viele junge Familien, wir sollten die Kinder miteinbeziehen."

Herr Bauer: *„Das gefällt mir. Aber ich möchte nicht, dass danach ein Berg von Papptellern und Plastikbesteck übrig bleiben."*

Herr Blank: „Auf keinen Fall, wir dachten an mehrere, überschaubare Events, bei denen die Kunden anschließend an einer langen Tafel Platz nehmen. Möbel haben wir ja in der Ausstellung genug, Frau Beyer aus den Haushaltwaren will mit ihrem Team die Dekoration übernehmen. Das Geschirr mieten wir, das können wir ja nicht aus unserem Bestand nehmen und anschließend verkaufen."

Herr Bauer: *„Ich sehe, die Eröffnung kann kommen. Ein dickes Lob von mir, dass Sie auch die anderen Abteilungen einbeziehen und sich austauschen. Und ich als Chef darf doch wohl bei jeder Vorführung mitschlemmen, oder?"*

Herr Blank: „Wenn Sie auch jedes Mal Gemüse putzen, selbstverständlich."

ARBEITSAUFTRAG
Planen Sie die Eröffnungswoche des neuen Küchenstudios.

VORSCHLÄGE ZUM VORGEHEN

1. Sammeln Sie Ideen, wie das Schaukochen in der Küchenausstellung ablaufen kann.
2. Legen Sie ergänzende Verkaufsförderungsmaßnahmen für die Kochaktion fest.
3. Entscheiden Sie, welchen Beitrag die Hersteller der Küchen und Küchengeräte während der Aktion leisten können.
4. Listen Sie auf, was Sie zur Umsetzung Ihrer Ideen im Vorfeld bezüglich des Personaleinsatzes und Wareneinkaufs planen und vorbereiten müssen.

AUFGABEN

1

Am 15. Juni vor 25 Jahren eröffnete das City-Warenhaus Bauer seinen Geschäftsbetrieb. Dieses Firmenjubiläum soll mit allen Kunden gefeiert werden. In unterschiedlichen Verkaufsfördermaßnahmen will das Warenhaus im Monat Juni dieses besondere Ereignis aufgreifen. Ein Kreativ-Team, das bereits im Januar ins Leben gerufen worden war, hat schon einige gute Ideen entwickelt. In einem weiteren Treffen sollen nun die Planungen konkretisiert werden.

Herr Bauer: „Wir hatten bei unserem letzten Treffen besprochen, dass es in unserem Jubiläumsmonat verstärkt Produktvorführungen an unterschiedlichen Stellen im Warenhaus geben soll. Und die dargestellten Produkte soll es dann auch immer zu Sonderpreisen geben."

Herr Bense: „Genau, aber wir dürfen nicht nur wie bisher ausschließlich Küchengeräte wie Pfannen präsentieren. Die Leute bleiben stehen, wenn der Einsatz interessanter Produkte vorgestellt wird."

Frau Jevic: „Die Kunden wollen aber nicht nur zuschauen, sondern auch zugreifen. Ich schlage vor, dass wir uns im Lebensmittelbereich um viele Verkostungen bemühen. Wein, Sekt, Süßigkeiten aber auch Herzhaftes können wir anbieten. Zum Jubiläum werden sich die Hersteller bestimmt großzügig zeigen."

Herr Bense: „Ich denke, wir sollten aber noch weitere Anreize schaffen, damit die Kunden verstärkt zu uns kommen. Mir fallen da spontan Zugaben, Preisausschreiben oder Prominentenaktionen ein."

Frau Jevic: „Gute Ideen, die aber noch ausgearbeitet werden müssen."

Herr Bauer: „Wohl wahr, allerdings bringen alle Aktionen nur bedingt etwas, wenn unsere Mitarbeiter im Jubiläumsmonat nicht besonders motiviert sind."

Frau Jevic: „Die Kolleginnen und Kollegen sind grundsätzlich immer motiviert. Aber Sie haben recht, ein besonderer Leistungsanreiz für unser Jubiläum wäre nicht schlecht."

a Entwickeln Sie konkrete Vorschläge für geeignete Maßnahmen zur Verkaufsförderung im Jubiläumsmonat Juni. Betrachten Sie die Ideen des Kreativ-Teams als Anregungen, die Sie übernehmen, aber auch anpassen und ergänzen sollten.

b Machen Sie Vorschläge, durch welche Leistungsanreize die Mitarbeiter zusätzlich motiviert werden können.

2

Verkaufsförderung findet häufig in Verbindung mit besonderen Ereignissen statt.

Entscheiden Sie, zu welchem Zeitpunkt oder Anlass die Verkaufsfördermaßnahmen durchgeführt werden sollten.

1. Bilderrahmung: nur der Rahmen ist zu bezahlen, die eigentliche Rahmung macht eine Mitarbeiterin des Rahmenherstellers
2. Aufstellung einer Spargelschälmaschine, mit der Spargel aus dem Angebot kostenlos geschält werden kann
3. Kinderschminken
4. Bemalen von Gartenzwerg-Rohlingen

5. An der Fassade eines Sportfachgeschäftes in der Fußgängerzone klettern zwei Bergsteiger.
6. Geschenke werden von Kunststudenten an der Kasse auf sehr originelle Weise verpackt.
7. Alles zum Kuchenbacken auf einer Sonderfläche
8. In Verbindung mit einem Hersteller von Fertiggerichten werden deftige Eintopfgerichte angeboten.

3

Die Geschäftsleitung eines Warenhauses hatte einen Ideenwettbewerb für die originellste Verkaufsfördermaßnahme ausgeschrieben. Acht Vorschläge kamen in die engere Wahl für den ersten bis dritten Preis.

1. Kirschkern-Weitspuck-Wettbewerb für Kinder; eingeladen wird auch der erwachsene Rekordhalter aus dem Guinness-Buch der Rekorde
2. Windbeutel-Wettessen für Kinder
3. Gedichte reimen: Aus dem Namen des Geschäftes, dem Ort sowie den Begriffen „preiswert" und „freundlich" sollen Kunden ein Gedicht reimen. Das Originellste wird prämiert.
4. Vorführung durch einen Schuhmachermeister, wie Mokassins genäht werden
5. Der Imitator eines Prominenten bewegt sich durch das Warenhaus.
6. Mitglieder der Geschäftsführung und die Abteilungsleiter/-innen sitzen an kleinen Tischen und stehen für Gespräche mit Kunden bei Kaffee und Gebäck zur Verfügung.
7. „Was ist in der Kiste?": Im Schaufenster wird eine Kiste aufgestellt mit verschlüsselten Hinweisen zum Inhalt. Jeden Tag wird ein weiterer, deutlicherer Hinweis hinzugegeben. Die Kunden sollen den Inhalt der Kiste erraten. Der Gewinner bekommt das Produkt aus dem Sortiment, das sich in der Kiste befindet. Die Produkte werden aus der begleitenden Prospektwerbung ausgewählt.
8. Sonderstand zur Urlaubszeit: „Wie viele Oliven sind in diesem Glas?" Der Stand ist mit Produkten der Mittelmeerländer bestückt. Die Mitarbeiterin eines Reisebüros legt Kataloge aus und nimmt Buchungen zum Sonderrabatt an. Gewinne sind ein Wochenendtrip nach Mallorca, gestiftet vom Reisebüro und 14 Gutscheine für Sonnenstudio und Bademoden in Kooperation mit einem Sportgeschäft.

a Treffen Sie die Entscheidung für die drei besten Vorschläge.

b Entwickeln Sie selbst zwei ähnlich originelle Maßnahmen.

4

In allen Bereichen des Einzelhandels lassen sich über Verkaufsförderung zusätzliche Kaufanreize erzeugen.

Entscheiden Sie, in welchen Branchen des Einzelhandels, z. B. Schmuck-, Textil-, Möbelgeschäft, oder in welchem Verbund mehrerer Geschäfte die Verkaufsfördermaßnahmen am besten einsetzbar sind.

1.	Autogrammstunde eines lokalen Fußballstars
2.	Themenaufbau „Rund um die Hochzeit"
3.	Sonderplatzierung „Reiseland Spanien"
4.	Themenaufbau „Karneval, Fasching"
5.	Themenaufbau „Wimbledon-Tennisturnier"

5

Im Jahr der Olympischen Sommerspiele will ein Einzelhändler geeignete Verkaufsfördermaßnahmen planen.

a Entwickeln Sie Vorschläge für eine Aktionsfläche oder einen Sonderstand unter dem Motto „Olympische Sommerspiele 20(0)" aus der Sicht Ihres Ausbildungssortiments.

b Prüfen Sie, ob sich die Aktionsfläche oder der Sonderstand in Zusammenarbeit mit Einzelhändlern anderer Branchen noch wirksamer gestalten lässt.

6

Energie Drinks für Radsportler laufen schlecht und sollen aus dem Sortiment genommen werden. Eine Sonderplatzierung brachte wenig Erfolg. Im nächsten Schritt wurde die Sonderplatzierung mit einer deutlichen Preissenkung kombiniert.

Ermitteln Sie das Rohergebnis der Verkaufsfördermaßnahme.

Produkt:	Energie Drinks
Anzahl:	85
Einkaufspreis:	4,80 € (netto)
ursprünglicher Verkaufspreis:	9,95 € (brutto, 19 % USt., netto 8,36 €)
Aktionspreis:	4,95 € (brutto, 19 % USt., netto 4,16 €)
Abverkauf:	75
Restbestand:	10 (wird an den örtlichen Radsportclub zu einem Turnier verschenkt)

7

In einem Verbrauchermarkt wurden zu Ostern zahlreiche Verkaufsfördermaßnahmen entwickelt. Die Leiterin des Marktes hat aus dem Warenwirtschaftssystem die Zahlen der letzten vier Wochen vor Ostern abgerufen, um den Erfolg der Maßnahmen zu überprüfen.

	Vorjahreszeitraum	Aktionszeitraum	Abweichung in %
Umsatz (netto)	1 123 452,00 €	1 336 845,00 €	
Kundenfrequenz	32 564	34 688	
Durchschnittsbon (netto)			

Überlegen Sie, welcher Wert mit 100 % gleichgesetzt werden muss.

Im Vorjahr waren zu Ostern erheblich weniger Verkaufsförderungen durchgeführt worden.

Berechnen Sie die Abweichungen der Zahlen zwischen Aktions- und Vorjahreszeitraum in Prozent und beurteilen Sie den Erfolg der Verkaufsförderaktionen.

9 POS-Medien einsetzen

Über den Ladenfunk der Lebensmittelabteilung des City-Warenhauses Bauer läuft gerade ein neuer Spot. Das Thema der Woche lautet Fingerfood. Das sind kleine leckere Häppchen aus feinen Zutaten, die mit den Fingern gegessen werden, wie der Name schon sagt. Die Auszubildenden Sabrina und Peter räumen Ware ein, als die Einleitungsmusik über die Lautsprecher erklingt und eine wohlklingende Stimme verkündet:

„Weg mit dem Besteck – jetzt kommt Fingerfood. Essen mit den Fingern ist total angesagt. Ob kleine Häppchen oder Snacks – mit unseren Angeboten zaubern auch Sie im Handumdrehen kleine Leckereien. Backen Sie doch Mini-Pizzas. Oder kreieren Sie feine Pumpernickel-Kanapees mit Shrimps. Oder servieren Sie einfach unsere kleinen Gaumenfreuden aus unserem Wochenangebot. Fingerfood – so einfach iss das!“

Kanapees: kleine herzhaft belegte Brotscheiben

Sabrina: „Diese hauseigenen Radiospots finde ich lustig. Da bekomme ich ja schon beim Zuhören Hunger.“

Peter: „Na, geht so. Ich esse zwar auch gerne mit den Fingern, aber mit Krabben, Pumpernickel und solchem Zeug kannst du mich jagen.“

Sabrina: „Du hast ja keine Ahnung.“

Abteilungsleiter Berns hat das Gespräch mit angehört und mischt sich ein.

Herr Berns: „Na, Peter, was essen Sie denn gerne mit den Fingern? Wahrscheinlich Chips!“

Peter: „Die auch. Aber am liebsten mag ich Hamburger. Und zwar die, die meine Mutter selbst macht. Die schmecken echt super.“

Herr Berns: „Klingt gar nicht schlecht. Wäre vielleicht auch mal was für unsere Kunden.“

Peter: „Und ob. Mein Vater sagt immer: Von Oslo bis zum Wilden Westen, Mamas Burger sind die besten!“

Sabrina: „Witzig, warum das denn?“

Peter: „Weil jeder einen Burger nach seinem Geschmack bekommt. Ich einen etwas Scharfen, meine Schwester einen Italienischen, mein Vater mit diesem Krabbenzeugs drauf ...“

Herr Berns: „Peter, Sie sind ja ein echter Burger-Experte. Das wäre wirklich eine gute Idee für eine Aktionswoche in unserer Abteilung. Hätten Sie nicht Lust, für unser Instore-Radio einen Spot dazu zu schreiben?“

Peter: „Kann ich das?“

Sabrina: „Natürlich, ich helfe dir. Ist doch mal was anderes, als immer nur Ware einzuräumen. Worauf müssen wir denn achten, Herr Berns?“

Herr Berns: „Ich habe ein Merkblatt mit den wichtigsten Punkten.“

Peter: „Und wie kommt der Spot dann ins Radio? Müssen wir den etwa auch noch selbst sprechen?“

Herr Berns: „Nein, das machen Profis. Wir schicken den Text zu einem Aufnahmestudio. Aber vielleicht fallen Ihnen ja auch noch passende Geräusche für den Hintergrund ein? Das können wir dann als Vorschlag zu dem Text mitliefern.“

Peter: „Was für Geräusche?“

Sabrina: „Mensch, Peter, hörst du denn nie zu, wenn unsere Spots laufen? In der Milchwoche haben doch die Kühe so niedlich gemuht. Und jetzt beim Fingerfood ist eine Party im Hintergrund, weil da gerne Häppchen gereicht werden.“

Peter:	*„Mmmh, jetzt wo du es sagst."*
Herr Berns:	„Also, wenn Sie die Regale aufgefüllt haben, kommen Sie bitte in mein Büro. Dann gebe ich Ihnen das Merkblatt. Bis nachher."

ARBEITSAUFTRAG 1

Entwerfen Sie einen Ladenfunk-Spot für die Aktionswoche zum Thema „Selbst gemachte Hamburger". Berücksichtigen Sie dabei das Merkblatt zur Gestaltung von Ladenfunk-Spots.

Merkblatt – Spot für den Ladenfunk

Darauf kommt es an:

* Der Spot ist inklusive Eröffnungs- und Abschlussmusik circa 30 bis 40 Sekunden lang.
* Der gesprochene Text umfasst fünf geschriebene Zeilen.
* Der Text muss pfiffig und informativ, dabei leicht verständlich sein. Schreiben Sie in kurzen Sätzen. Benutzen Sie Wortspiele. Auch Reime sind erlaubt.
* Der Spot kann Produktbeispiele aufgreifen, die auch in begleitenden anderen Werbemaßnahmen, etwa Prospekten oder Handzetteln, beworben werden.
* Schon beim Schreiben muss darauf geachtet werden, aus welcher Perspektive später der professionelle Sprecher oder die Sprecherin den Text spricht. Ganz klassisch ist die freundliche, informierende Stimme. Aber es können, je nach Zielgruppe, auch verschiedene Rollen aufgegriffen werden: die Hausfrau, die aus ihrer Sicht von einer besonderen Aktion schwärmt, der Jugendliche, der Fachmann, die Geschäftsfrau, ein Kind ...
* Passende Hintergrundgeräusche lockern den Spot auf und unterstreichen seine Wirkung. So kann z. B. der Preishammer auch hörbar krachen, jemand in einen knackigen Apfel beißen, ein Vogel zwitschern, das Trappeln vieler Füße erklingen ...

Am nächsten Morgen klopfen Peter und Sabrina erneut an die Bürotür von Herrn Berns und übergeben dem Abteilungsleiter ihren Entwurf für einen Radiospot. Herr Berns liest den Fünfzeiler durch und ist sehr zufrieden.

Herr Berns:	„Das haben Sie wirklich prima gemacht, vielen Dank. Liest sich gut."
Peter:	*„War gar nicht so einfach."*
Sabrina:	*„Aber wir haben uns den Text immer wieder laut vorgelesen. Wenn man die Worte hört, ist das doch noch was ganz anderes."*
Herr Berns:	„Stimmt. Weil Sie diese Aufgabe so gut gemeistert haben, bekommen Sie jetzt gleich noch eine von mir."
Peter:	*„Oh je."*
Herr Berns:	„Keine Angst, Sie sind doch ein kreatives Team. Ihnen fallen gewiss auch noch einige Verkaufsförderungsmaßnahmen ein, die wir zur Hamburger-Aktionswoche unterstützend einsetzen können."
Sabrina:	*„Sie meinen so etwas wie Verkostungen von Hamburgern im Laden, damit unsere Kunden so richtig auf den Geschmack kommen?"*
Herr Berns:	„Genau, aber da gibt es bestimmt noch mehr Verkaufsförderungsmaßnahmen, die sich anbieten. Außerdem brauchen wir noch einen zweiten Ladenfunk-Spot, der die Kunden im gesamten Warenhaus auf unsere besonderen Aktionen in der Lebensmittelabteilung aufmerksam macht."

Sabrina: *„Und das sollen wir sofort machen? Eigentlich müssen wir gleich noch das Regal mit den Konserven einräumen."*

Herr Berns: „Die Hamburger-Aktion geht jetzt vor. Und morgen wartet gewiss ein anderes Regal auf Sie."

ARBEITSAUFTRAG 2

Unterstützen Sie die Hamburger-Aktionswoche durch eine geeignete Verkaufsförderung.

VORSCHLÄGE ZUM VORGEHEN

1. Entwickeln Sie unterstützende Verkaufsförderungsmaßnahmen wie zum Beispiel Verkostungen für die Hamburger-Aktionswoche in der Lebensmittelabteilung.
2. Entwerfen Sie einen Ladenfunk-Spot, in dem die Kunden im ganzen City-Warenhaus auf die von Ihnen entwickelten Verkaufsförderungsaktionen aufmerksam gemacht werden.

AUFGABEN

1

Ein Käsehersteller startet eine Verkaufsförderungsaktion für einen seiner Frischkäse. Dieser ist in den Geschmacksrichtungen Pfeffer, Ananas und Schnittlauch erhältlich und wird beispielsweise gern auf Käseplatten angerichtet. Um den Verbraucher davon zu überzeugen, dass der Käse auch gut schmeckt, bietet der Hersteller die Möglichkeit an, in den Verkaufsstellen eine Probieraktion für die Kunden durchzuführen. Dabei sollen auch Teilnahmekarten für ein Gewinnspiel ausgelegt werden. Unter den Einsendern werden zehn Brunch-Gutscheine im Wert von je 100,00 € verlost.

Entwerfen Sie ein Konzept, wie die Probieraktion durch den Einsatz von POS-Medien unterstützt werden könnte.

So sollten Sie vorgehen:

* Wählen Sie mehrere geeignete POS-Medien aus und beschreiben Sie, wie diese gezielt die Verkaufsförderung des Frischkäses begleiten.
* Beachten Sie die Regeln für den Einsatz von POS-Medien.

2

Ein Einzelhändler möchte digitale Medien in seinen Verkaufsräumen einsetzen. Einen ersten Überblick soll eine Checkliste über die Einsatzmöglichkeiten zweier Technologien bringen.

Entscheiden Sie durch Ankreuzen, welche Nutzungsmöglichkeiten Digital Signage und Virtual Shopping Shelfs bieten.

Das soll unseren Kunden geboten werden:	Digital Signage	Virtual Shopping Shelf
Allgemeine Produktinformationen	☐	☐
Werbung	☐	☐
Wegeleitung durch das Geschäft (interaktiv)	☐	☐
Suchfunktionen zu speziellen Produkten	☐	☐
Spezielle Produktbeurteilungen anderer Kunden	☐	☐
Information über die Verfügbarkeit einzelner Produkte im Laden	☐	☐
Möglichkeit der Bestellung (in den Laden oder nach Hause)	☐	☐
Unterhaltung	☐	☐

10 Werbemaßnahmen wettbewerbsrechtlich prüfen

Die Auswertung der Werbemaßnahmen der letzten Wochen hatte gezeigt, dass Prospekte und Zeitungsanzeigen des City-Warenhauses nur mäßig erfolgreich waren. Herr Bauer hatte daher die Bereichsleiter aufgefordert, originelle Werbevorschläge zu entwickeln, um die Kunden umsatzwirksamer anzusprechen.

Nach einer Vorauswahl sind vier Vorschläge übrig geblieben, die nun auf einer gemeinsamen Sitzung der Bereichsleiter vorgestellt werden sollen.

Herr Bauer: „Frau Yildrim, Sie haben einen Vorschlag für Ihre Textilabteilung entwickelt."

Frau Yildrim: *„Ja, ich habe mir gedacht, dass wir den Kunden zunächst einmal etwas bieten müssen, nämlich eine Modenschau mit Pfiff. Und über die Tombola möchte ich für guten Umsatz sorgen."*

Herr Bauer: „Modenschau und Tanzeinlage sind schöne Ideen, aber Teilnahme an der Tombola über den Kassenbon – ich weiß nicht, ob das geht."

Frau Dehn: *„Ich habe auch Bedenken. Es gibt ein Wettbewerbsrecht, das Gesetz gegen den unlauteren Wettbewerb, das diese Art von Gewinnspielen nicht zulässt – glaube ich."*

Frau Yildrim: *„Na ja, wen stört das denn? Wir tun etwas Gutes für unsere Kunden. Ich finde, wir sollten es einmal versuchen."*

Herr Bauer: „Schauen wir uns zunächst einmal die übrigen Vorschläge an. Frau Bense, bitte."

Frau Bense: *„Ich möchte gerne eines unserer neuen Fernsehgeräte als Super-Sonderangebot herausstellen. Damit die Kunden auch sehen, wie günstig unser Preis ist, stelle ich den Vergleich zur unverbindlichen Preisempfehlung des Herstellers ganz groß heraus."*

Herr Bauer: „Haben wir den Preis von 1 799,99 € denn vorher genommen?"

Frau Bense: *„Nein, das Produkt ist neu im Sortiment. Wir gewähren einen Preisnachlass von über 41 % auf den vom Hersteller empfohlenen Verkaufspreis – das ist doch wirklich gewaltig!"*

Frau Dehn: *„Ist das denn ein Preisnachlass?"*

Frau Bense: *„Ja, natürlich – vom empfohlenen Verkaufspreis!"*

Herr Bauer: „Mir scheint, Frau Dehn muss hier noch einiges überprüfen. Herr Berns – Sie sind an der Reihe."

1. Vorschlag: Yildrim, Textilabteilung

2. Vorschlag: Bense, Abteilung Elektronik/Computer

3. Vorschlag: Berns, Abteilung Lebensmittel

Herr Berns: *„Also, ich finde, es ist an der Zeit, dass wir uns gegenüber den Discountern zur Wehr setzen. Die pflegen ihr Billig-Image, dabei haben sie oft höhere Preise als wir. Nur die Kunden wissen das nicht. Darum müssen wir sie mit der Nase darauf stoßen. Ich zeige, dass wir die besseren Preise haben."*

Herr Bauer: „Wessen Vergleichspreise sind das denn?"

Herr Berns: *„Aldi, Lidl und Co. – so genau weiß ich das nicht mehr. Vor einiger Zeit hat aber einer von ihnen mit diesen Preisen geworben. Und damals waren unsere Preise zum Teil günstiger, was natürlich keiner mitbekommen hat, weil wir es nicht wagen, die Karten offen auf den Tisch zu legen!"*

Herr Bauer: „Herr Berns, Sie wissen, dass vergleichende Werbung ein schwieriges Kapitel darstellt. Ich fühle mich dabei nicht sehr wohl."

Herr Berns: *„Wir machen doch nur das, was jeder Kunde tagtäglich auch macht: Wir vergleichen Preise."*

Herr Bauer: „Frau Dehn, bitte besonders sorgfältig prüfen! Nun fehlt noch Herr Blank."

Herr Blank: *„Wir wollen in der Sportabteilung etwas wirklich Neues ausprobieren: Die üblichen Anzeigen zum Saison-Beginn – das bringt doch nichts. Wir wenden uns direkt an einzelne Kunden und bieten ihnen Kurse in Nordic Walking an, und zwar telefonisch. Die notwendige Ausstattung verkaufen wir den Kunden dann quasi automatisch. Wir haben in der Sportabteilung eine Kundendatei, möchten aber auch die Kundendaten aus den übrigen Abteilungen nutzen. Alle meine Mitarbeiter haben sich bereit erklärt, die Telefongespräche nach Feierabend zu führen."*

Herr Bauer: „Warum finden die Telefongespräche am Abend statt?"

Herr Blank: *„Dann können wir sicher sein, dass die Kunden auch zu Hause sind."*

Herr Bauer: „Gut – einige neue Ideen sind vorgestellt worden. Ob wir sie wie vorgeschlagen verwirklichen können, muss Frau Dehn noch im Einzelnen prüfen. Mir scheint, da gibt es noch einige Probleme."

Werbung:	Direktwerbung (telefonisch)
Zielgruppe:	Kunden mittleren Alters aus allen Abteilungen des Hauses
Gesprächsziel:	Teilnahme an einem Nordic-Walking-Kurs, Notwendigkeit deutlich machen, sich körperlich fit zu halten, Sonderpreis für die Ausstattung der Teilnehmer mit Schuhen, Bekleidung und Stöcken
Gesprächszeit:	abends ab 20:00 Uhr

4. Vorschlag: Blank, Abteilung Sport

ARBEITSAUFTRAG

Versetzen Sie sich in die Situation von Frau Dehn und prüfen Sie, ob die vier geplanten Werbemaßnahmen mit dem Wettbewerbsrecht in Einklang stehen.

AUFGABEN

1

Das Gesetz gegen den Unlauteren Wettbewerb (UWG) teilt Wettbewerbsverstöße in vier Gruppen ein:

* Unlautere geschäftliche Handlungen
* Vergleichende Werbung
* Irreführende geschäftliche Handlungen
* Unzumutbare Belästigungen

Betrachten Sie die vier Vorschläge der Abteilungsleiter des City-Warenhauses Bauer und ordnen Sie sie diesen vier Gruppen von Wettbewerbsverstößen zu.

Fall	UWG-Gruppe des Wettbewerbsverstoßes
1. Showtime	
2. Fernsehgerät	
3. Preisvergleich	
4. Telefonanrufe	

2

In den untenstehenden Situationen 1 bis 3 werden Texte aus Werbeanzeigen näher betrachtet.

Kreuzen Sie an, ob bei den Situationen jeweils die Lösung 1 oder 2 korrekt ist.

Situation 1

Der Prospekt eines Lebensmittelfachgeschäftes mit Sonderangeboten für die Woche vom 04.05. bis 09.05.20(0) enthält am unteren Rand der 1. Seite einen Hinweis:

„Abgabe nur in haushaltsüblichen Mengen und solange der Vorrat reicht."

Die beworbenen Produkte sind für die angegebene Dauer auch vorrätig.

☐ Lösung 1	☐ Lösung 2
Es liegt kein Verstoß gegen das UWG vor, weil die mengenmäßige Beschränkung von Sonderangebotsware üblich und auch zulässig ist. Außerdem war die Ware für die Dauer der Gültigkeit des Prospektes für die Kunden verfügbar.	Es liegt Irreführung der Kunden vor, weil sie durch günstige Preise angelockt werden, in das Geschäft zu kommen, dann aber nur eine begrenzte Menge kaufen können. Unzulässig ist es auch, die Preise für die beworbenen Produkte ab dem 10.05. wieder anzuheben, denn es handelt sich um Sonderangebote.

Situation 2

Die Sonderangebote eines Fachmarktes für elektronische Medien waren besonders preisgünstig und deshalb oft noch am 1. Tag der Prospektveröffentlichung vergriffen. Der Fachmarkt hatte allerdings eine Bemerkung an gut sichtbarer Stelle in den Prospekt eingefügt:

„Ware vergriffen? Kein Problem! Wir bestellen das gewünschte Produkt für Sie zum Angebotspreis nach."

☐ Lösung 1	☐ Lösung 2
Der Einzelhändler muss die Warenbevorratung für seine Angebotsware so planen, dass die Angebotsmenge als „angemessen" angesehen werden kann. Die Bevorratung für einen Tag ist nicht angemessen. Es handelt sich um ein Lockvogelangebot, das eine Irreführung des Verbrauchers darstellt.	Sonderangebote sind für den Einzelhändler nur schlecht planbar. Die Angebotsware hätte für eine „angemessene" Zeit ausreichen müssen. Durch die Nachbestellmöglichkeit wird dem Kunden aber das Sonderangebot zum Angebotspreis verschafft. Es liegt kein Verstoß gegen das UWG vor.

Situation 3

Ein Lebensmitteldiscounter annonciert seine Sonderangebote regelmäßig mit ganzseitigen Anzeigen in der Zeitung. Bei jeder Preisangabe befindet sich ein Sternchen (*), das auf eine Fußnote am Ende der Anzeige verweist. Dort heißt es:

„* Wir planen die Angebotsmenge mit dem Ziel, der Nachfrage mindestens 3 Tage entsprechen zu können. Trotzdem kann es vorkommen, dass einzelne Produkte bereits am 1. Tag ausverkauft sind. Wir bitten um Ihr Verständnis."

☐ Lösung 1	☐ Lösung 2
Der Einzelhändler weist darauf hin, dass die angestrebte dreitägige Warenversorgung im Einzelfall unterschritten werden kann. Der Einzelhändler muss sich aber darauf einstellen, dass er von der IHK oder der Wettbewerbszentrale aufgefordert wird, z. B. durch Vergleichszahlen aus seinem Warenwirtschaftssystem nachzuweisen, dass die Nachfrage tatsächlich ungewöhnlich hoch war.	Bei Sonderangeboten ist auf jeden Fall ein angemessener Warenvorrat sicherzustellen. Ausnahmen sieht das UWG nicht vor. Ein Ausverkauf schon am ersten Tag ist keine angemessene Warenbevorratung. Es liegt eine Irreführung des Verbrauchers vor.

Zusatzinformation zur Situation 3
Anhang zu § 3 UWG, Ziffer 5 (Auszug, Text verändert)

Eine unzulässige geschäftliche Handlung liegt vor, wenn der Unternehmer bei Sonderangeboten nicht darüber aufklärt, dass er hinreichende Gründe für die Annahme hat, er werde nicht in der Lage sein, die Sonderangebote für einen angemessenen Zeitraum in angemessener Menge zum genannten Preis bereitzustellen (Lockangebote). Ist die Bevorratung kürzer als zwei Tage, hat der Unternehmer die Angemessenheit nachzuweisen.

3

Das Schuhhaus Wenzel möchte in der Tageszeitung einen Gutschein abdrucken lassen, den die Kunden ausschneiden und beim Einkauf vorlegen können. Die Gestaltung der Anzeige ist abgeschlossen. Es fehlt aber noch der Text, der die Bedingungen des Gutscheins festlegt. Der Geschäftsinhaber und die Büroleiterin unterhalten sich darüber.

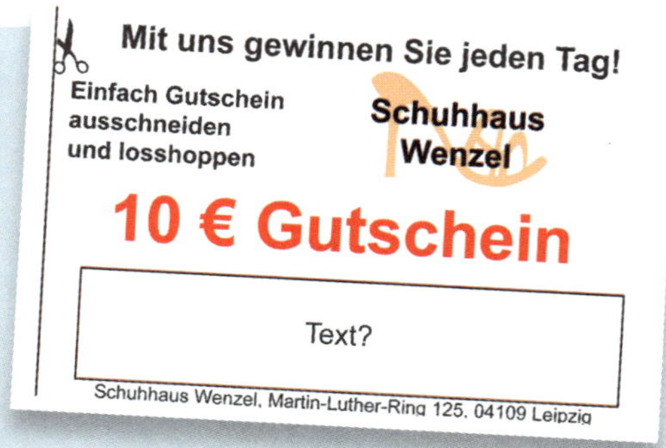

Herr Wenzel: „Wir sollten ab 50,00 € Einkaufswert einen Gutschein über 10,00 € anrechnen."

Frau Haupt: *„Wir müssen aber verhindern, dass mehrere Gutscheine gleichzeitig vorgelegt werden."*

Herr Wenzel: „Richtig, das muss mit in den Text. Und für die besonders Schlauen der Hinweis, dass wir den Gutschein nicht bar einlösen."

Frau Haupt: *„Wir haben gleichzeitig viele Produkte als Sonderangebote ausgezeichnet. Wenn dann noch der Gutschein dazukommt, sind wir schnell unterhalb des Bezugspreises."*

Herr Wenzel: „Oh ja, also ... nicht kombinierbar mit anderen Rabattaktionen oder so ähnlich. Haben wir dann alles?"

Frau Haupt: *„Die Gültigkeitsdauer fehlt noch: eine Woche ab Montag, also vom 25.05. bis 30.05.20(0) oder auch etwas kürzer."*

Herr Wenzel: „Gut, machen Sie alles fertig und schicken Sie den Entwurf gleich zur Zeitung."

Formulieren Sie den fehlenden Text mit den Gutscheinbedingungen auf der Grundlage des Gespräches.

4

Frau Gerdes, die Leiterin der Abteilung Elektronik/Computer des City-Warenhauses Bauer findet in ihrer Tageszeitung einen Prospekt mit dem abgebildeten Angebot. Sie wendet sich im Betrieb an den Leiter des Warenhauses, Herrn Bauer.

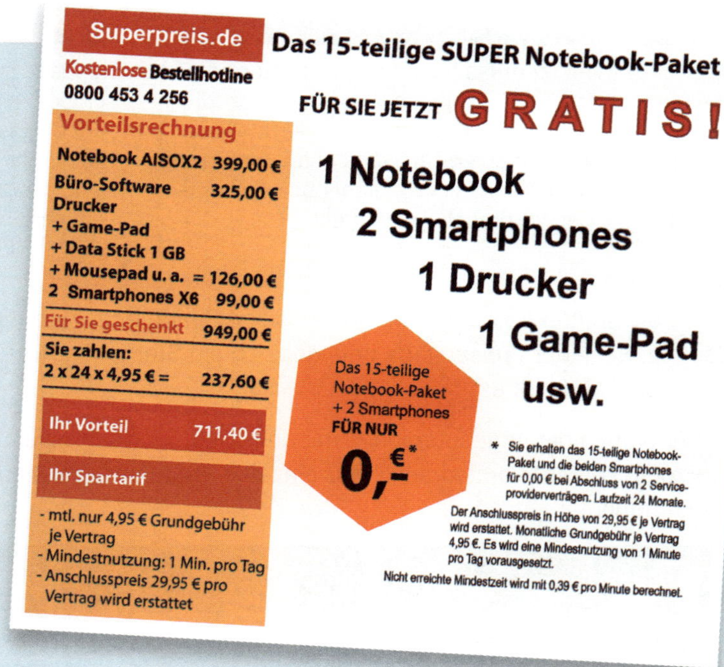

Frau Gerdes: „Unverschämt, wie hier die Kunden hinters Licht geführt werden. Gratis heißt nun mal gratis."

Herr Bauer: *„Aber der Kunde wird doch sehr genau über die Kosten aufgeklärt, wenn er das Gratis-Angebot annehmen will. Ich meine, das Angebot ist in Ordnung."*

Anhang zu § 3 UWG, Ziffer 21 (Auszug, Text verändert)
Eine unlautere geschäftliche Handlung liegt vor, wenn Unternehmen eine Ware oder Dienstleistung als „gratis“, „umsonst“, „kostenfrei“ oder dergleichen anbieten, wenn hierfür gleichwohl Kosten zu tragen sind; dies gilt nicht für Kosten, die im Zusammenhang mit dem Eingehen auf das Waren oder Dienstleistungsangebot oder für die Abholung oder Lieferung der Ware oder die Inanspruchnahme der Dienstleistung unvermeidbar sind.

Prüfen Sie mithilfe des Auszuges aus dem UWG, ob in der Anzeige mit der Aussage „Für nur 0,0 €“ geworben werden darf.

5

In einem Textilfachgeschäft präsentiert ein bedeutender Markenhersteller von Herrenhosen an zwei Tagen seine neueste Frühjahr-Sommer-Kollektion. Die Promotion ist mit einem Gewinnspiel verbunden. In der Prospektwerbung für die Veranstaltung befindet sich ein Text zu den Bedingungen des Gewinnspiels, der in vier Zeilen aufgeteilt worden ist:

1. „Die Teilnahme am Gewinnspiel erfolgt durch Abgabe der Teilnahmekarte an den beiden Promotionstagen.“
2. „Die Teilnahme ist nur bis zum Geschäftsschluss am letzten Tag der Promotion möglich.“
3. „Die Daten werden für Werbezwecke gespeichert, sofern Sie sich auf der Teilnahmekarte ausdrücklich dazu bereit erklärt haben.“
4. „Sie können Ihre Einwilligung zur Speicherung der Daten jederzeit widerrufen.“

Begründen Sie zu jeder Zeile, ob der Text den Wettbewerbsvorschriften entspricht.

6

Ein Elektrofachgeschäft möchte in einer Gegenüberstellung den eigenen Preis für eine Waschmaschine mit der unverbindlichen Preisempfehlung des Herstellers vergleichen. Das Produkt wurde neu ins Sortiment aufgenommen.

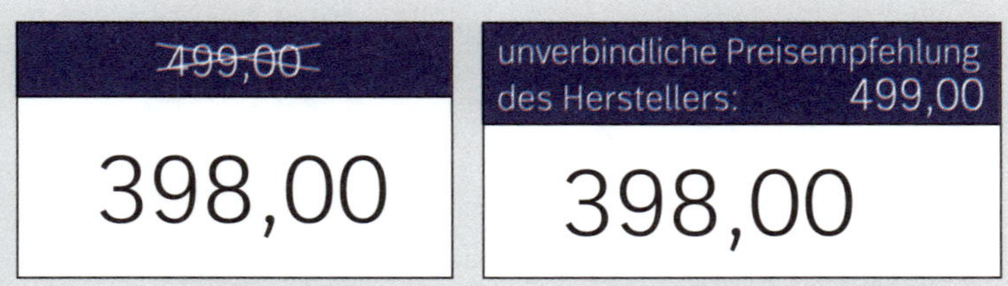

Begründen Sie, welche der beiden Preisdarstellungen wettbewerbsrechtlich zulässig ist.

7

Ein Spielwarenfachmarkt plant einen Werbespot für einen Jubiläumsverkauf, der im örtlichen Radiosender gesendet werden soll. Im Spot wird der Star-Wars-Baukasten „Fighter“ besonders heraus gestellt, der für Kinder zwischen 7 und 12 Jahren geeignet ist. Nun wird noch ein griffiger Kaufappell als Schlusssatz im Spot gesucht. Drei Formulierungen hat ein Mitarbeiter des Fachmarktes zusammengestellt:

1. „Hey Kids! Kauft euch den neuen Star-Wars-Fighter-Baukasten – nur 29,90 €.“
2. „Der neue Star-Wars-Fighter-Baukasten – ein tolles Spielzeug! Sagt euren Eltern: ‚Kids müssen ihn haben!‘“
3. „Der neue Star-Wars-Fighter-Baukasten – ein tolles Spielzeug. Liebe Eltern: das ideale Spielzeug für Ihr Kind!“

Zusatzinformation zur Aufgabe 7
Anhang zu § 3 UWG, Ziffer 28 (Auszug, Text verändert)

Eine unzulässige geschäftliche Handlung liegt vor, wenn Kinder in der Werbung unmittelbar aufgefordert werden, selbst die beworbene Ware zu kaufen oder ihre Eltern oder andere Erwachsene dazu zu veranlassen.

Prüfen Sie, ob die Formulierungen nach dem UWG zulässig sind. Beachten Sie den oben stehenden Auszug aus dem UWG.

8

Herr Rosner, Inhaber des Fahrradfachgeschäftes Rosner GmbH, beobachtet, wie ein junger Mann unmittelbar im Eingangsbereich seines Geschäftes Handzettel verteilt, auf denen die Passanten mit Sonderangeboten aufgefordert werden, das Fahrradfachgeschäft Seifert aufzusuchen. Der Mitbewerber hat sein Geschäftslokal in etwa 300 m Entfernung zur Rosner GmbH.

Erläutern Sie, mit welchen Maßnahmen Herr Rosner in diesem Fall reagieren sollte.

9

Der Helmer-Baumarkt hatte zur Neueröffnung eines Marktes am 21.03. mit einer äußerst großen Zahl von Sonderangeboten geworben, die dessen Mitbewerber als Kampfpreise empfanden. Entsprechend groß war die Verärgerung. Der Baumarkt Do it yourself veröffentlichte daraufhin am 25.03. die abgebildete Anzeige in der Tageszeitung.

Beurteilen Sie die Anzeige unter wettbewerbsrechtlichen Gesichtspunkten.

10

Viele Menschen klagen über die Werbeflut. Es gibt aber auch Menschen, die sich an der Werbung nicht stören.

a **Beurteilen Sie die Aussagen.**

1. **„Ich finde, man kann heute nichts mehr unternehmen, ohne von Werbung belästigt zu werden."**
2. **„Google, Facebook, Instagram und Co. bereichern das Leben, die Werbung kann man ausblenden."**
3. **„Noch nie war es so leicht, sich Informationen zu beschaffen und mit vielen Menschen zu kommunizieren. Man muss nur verantwortungsbewusst und kritisch mit den neuen Medien umgehen."**
4. **„Google, Facebook, Instagram und Co. bestimmen das Leben der Menschen immer mehr. Sie werden daher zu einer Gefahr für moderne Gesellschaften, weil der Einzelne immer stärkeren Manipulationen ausgesetzt ist."**

b **Ergänzen Sie die Aussagen unter a durch eine eigene Aussage zu Werbung und den neuen Medien mit ihren Auswirkungen auf ihr persönliches und auf das gesellschaftliche Leben.**

11

„O je!", war die erste Reaktion von Frau Dehn, als sie den Brief öffnete und las:

ZENTRALE ZUR BEKÄMPFUNG UNLAUTEREN WETTBEWERBS e. V.

Zweigstelle Nordrhein

City-Warenhaus Bauer

Oberstraße 17

40878 Ratingen

Kronprinzenstraße 9
45128 Essen

Postbank Frankfurt
IBAN: DE41 5001 0060 0045 5164 02
BIC: PBNKDEFFXXX
Telefon: 0201 323306
Telefax: 0201 323355
www.wettbewerbszentrale.de
E-Mail: essen@wettbewerbszentrale.de

Aktenzeichen: 043377ri
28.05.20(0)

Sehr geehrte Damen und Herren,

uns ist Ihr Werbeprospekt vorgelegt worden, der Angebote für den Zeitraum vom 21.05. bis zum 25.05.20(0) enthält. Auf der ersten Seite werben Sie für den Verkauf von Inlineskatern zum Preis von 79,95 €. Der empfohlene Verkaufspreis des Herstellers soll 149,00 € betragen haben. Gleichzeitig wird uns an Eides statt versichert, dass die beworbenen Inlineskater bereits am Vormittag des 21.05.20(0) nicht mehr erworben werden konnten. Mit Ihrer Werbung, worin Sie ausdrücklich die Gültigkeit Ihrer Angebote festlegen, erwecken Sie allerdings den Eindruck, als könnten die beworbenen Inlineskater vom 21.05. bis zum 25.05.20(0) zum beworbenen Preis gekauft werden.

Nach Ziffer 5 des Anhangs zu § 3 UWG ist es irreführend, für eine Ware zu werben und sie nicht in angemessener Menge vorrätig zu halten.

Dieser Verpflichtung sind Sie nicht nachgekommen. Sie haben sich damit wettbewerbswidrig verhalten und den Wettbewerb auf dem Markt wesentlich beeinträchtigt.

In diesem Zusammenhang weisen wir darauf hin, dass der Verkauf von Ersatzgeräten zum beworbenen Preis nicht ausreicht, um sich dem Vorwurf der Irreführung zu entziehen. Vielmehr hat der Verbraucher ein berechtigtes Interesse daran, genau die beworbene Ware kaufen zu können. Da Sie die Verbrauchererwartungen nicht erfüllen, mahnen wir Sie hiermit ab. Zur Vermeidung gerichtlicher Schritte fordern wir Sie auf, eine Unterlassungserklärung abzugeben.

Die Wettbewerbszentrale ist als Verband zur Förderung gewerblicher Interessen gemäß § 8 Absatz 3 UWG klagebefugt.

Der uns aus dem oben dargestellten Gesetzesverstoß zustehende Unterlassungsanspruch kann nur durch Abgabe einer strafbewehrten Unterlassungserklärung ausgeräumt werden. Diese Erklärung muss geeignet sein, die Wiederholungsgefahr für die Zukunft zu beseitigen. Eine entsprechende Unterlassungserklärung haben wir als Anlage beigefügt. Für den Fall, dass die unterschriebene Erklärung nicht bis zum

07.06.20(0)

bei uns eingegangen ist, werden wir unseren Unterlassungsanspruch gerichtlich geltend machen. Sie sind verpflichtet, der Wettbewerbszentrale einen angemessenen Anteil der Aufwendungen für diese Rechtsverfolgung in Höhe von 189,00 € zuzüglich 7 % Umsatzsteuer von 13,23 € (zusammen 202,23 €) zu ersetzen und auf unser Konto zu überweisen.

Sollten Sie bereits wegen des geschilderten Sachverhaltes abgemahnt worden sein, so erwarten wir innerhalb der gesetzten Frist die Übersendung einer Kopie der Abmahnung sowie der abgegebenen Unterlassungserklärung.

Mit freundlichen Grüßen

Ritter
– Ritter –
Rechtsanwältin

Zunächst schaute Frau Dehn auf die Internetseite der Wettbewerbszentrale, um sich ein Bild von dieser Organisation zu machen. Dann ging Frau Dehn zu Herrn Bauer, um ihm den Brief zu zeigen.

Frau Dehn: „Da ist ja wohl etwas schrecklich schiefgelaufen."

Herr Bauer: *„Moment mal, was ist denn das für ein Verein, der uns in frechem Ton beschuldigt?"*

Frau Dehn: „Ich glaube, das ist alles in Ordnung. Ich habe mich im Internet erkundigt."

Herr Bauer: *„Hm. Dann fragen Sie mal Herrn Blank und Frau Abel, was denn dort bei der Beschaffung der Inlineskater passiert ist. Wenn es stimmt, was hier beschrieben wird, dann haben wir zweifellos einen Fehler gemacht. Aber deshalb über 200,00 € an diesen Verein bezahlen und eine Unterlassungserklärung unterschreiben – nein, das machen wir nicht."*

Frau Dehn: „Vielleicht sollten wir besser bezahlen, damit das Problem nicht noch größer wird."

Herr Bauer: *„Prüfen Sie erst einmal den Sachverhalt, und dann müssen wir entscheiden."*

Frau Dehn: „Gut, ich bereite alles vor."

Ein Gespräch mit Herrn Blank und Frau Abel bestätigte den beschriebenen Sachverhalt. Die wirklich günstigen Inlineskater waren nicht in ausreichender Menge bestellt worden. Bereits am Mittag des ersten Tages mussten viele verärgerte Kunden feststellen, dass der Artikel nicht mehr vorrätig war. Eine Nachbestellung traf erst drei Tage später ein. Offensichtlich hatte sich mindestens ein Kunde an eine Verbraucherzentrale oder vielleicht an die Industrie- und Handelskammer gewandt und beschwert. Das Ergebnis war die Abmahnung.

Az.: : 043377ri

UNTERLASSUNGSERKLÄRUNG

Hiermit verpflichtet sich das

City-Warenhaus Bauer, Oberstraße 17, 40878 Ratingen

gegenüber der ZENTRALE ZUR BEKÄMPFUNG UNLAUTEREN WETTBEWERBS E. V. KRONPRINZENSTRASSE 9, 45128 ESSEN (Wettbewerbszentrale),

1. es zu unterlassen, in Prospekten oder sonstigen Werbeträgern für Inlineskater zum Preis von 79,95 € zu werben, ohne eine angemessene Bevorratung der Ware icherzustellen;
2. für jeden Fall der Zuwiderhandlung gegen die unter Ziffer 1 aufgeführte Verpflichtung an die Wettbewerbszentrale eine Vertragsstrafe von 5 500,00 € zu zahlen;
3. der Wettbewerbszentrale als angemessenen Anteil an den Aufwendungen für die Rechtsverfolgung einen Betrag von 202,23 € (Pauschale 189,00 € und 7% USt. über 13,23 €) zu ersetzen und auf das angegebene Konto zu überweisen.

Entscheiden Sie, wie das City-Warenhaus Bauer auf die Abmahnung reagieren soll, und stellen Sie fest, welche Folgen sich aus der Entscheidung ergeben.

11 Ältere Kunden durch Serviceleistungen binden

Im City-Warenhaus Bauer macht man sich Sorgen. Das Einkaufen in einem Warenhaus mit dem bewährten Konzept „Alles unter einem Dach“ ist für viele Kunden nicht mehr attraktiv – vor allem für jüngere Kunden. Ältere Kunden hingegen schätzen die reichhaltige Auswahl eines Warenhauses immer noch.

Herr Bauer ruft die Abteilungsleiter/-innen zu einer Sitzung zusammen.

Herr Bauer: „Wenn die älteren Kunden uns die Treue halten, sollten wir uns auch in besonderer Weise um sie kümmern. Unser Warenangebot kommt bei ihnen weiterhin gut an. Ich glaube es fehlt aber ein umfangreiches Serviceangebot, damit wir den Kunden den Einkauf erleichtern und sie sich bei uns wohlfühlen.“

Frau Dehn: *„Als Serviceleistungen bieten wir aktuell an:*

* *Reservierungen,*
* *Extrabestellungen,*
* *Änderungen für Textilien,*
* *wir packen Geschenke ein und*
* *wir haben eine Kinderbetreuung.“*

Herr Bauer: „Die Kinderbetreuung wird die älteren Kunden ja wohl kaum interessieren.“

Frau Dehn: *„Wenn die Enkelkinder dabei sind, kann das schon mal eine Erleichterung sein.“*

Herr Bauer: „Gut. Aber wir müssen mehr tun. Wir benötigen Serviceangebote, die speziell auf ältere Kunden ausgerichtet sind. Wir sind auf diese Kunden angewiesen. Wir dürfen sie nicht verlieren.“

Frau Dehn: *„Ich schlage vor, dass wir uns auf Abteilungsleiterebene Gedanken machen und viele Vorschläge entwickeln. Danach könnten wir entscheiden, welche Ideen wir umsetzen.“*

Herr Bauer: „Eine gute Idee.“

ARBEITSAUFTRAG

Entwickeln Sie Serviceangebote für ältere Kunden.

VORSCHLÄGE ZUM VORGEHEN

1. Sammeln Sie möglichst viele Ideen, auch wenn sie zunächst noch so abwegig erscheinen.
2. Filtern Sie die realisierbaren Ideen heraus und planen Sie ihre Umsetzung.

AUFGABEN

1

Aus fünf Aussagen von Einzelhändlern wird deutlich, welche Serviceleistungen sie anbieten.

1. Geschäftsführer eines SB-Warenhauses: „Durch unser Restaurant gelingt es, die Kunden viel länger im Geschäft zu behalten, als wenn sie hier ausschließlich ihre geplanten Einkäufe tätigen könnten.“
2. Inhaber eines Fachgeschäftes: „Nur weil die Kunden in meinem Geschäft fachkundig und freundlich beraten werden, habe ich gegenüber den Billiganbietern und dem Internet eine Chance.“
3. Geschäftsführer eines Warenhauses: „Wir sind nicht nur preisgünstig, sondern bieten dem Kunden auch eine Fülle von Serviceleistungen von der fachkundigen Beratung über zahlreiche Zahlungserleichterungen bis zur großzügigen Behandlung von Reklamationen.“
4. Inhaber eines Kaufhauses: „Ich nehme auch einwandfreie Ware innerhalb von 14 Tagen nach dem Kauf zurück, wenn sie dem Kunden nicht gefällt.“
5. Facheinzelhändler: „Es wird zwar viel Geld kosten, aber ich habe mich entschlossen, eine Werkstatt einzurichten.“

Erläutern Sie, welche Ziele die Einzelhändler mit ihren Serviceangeboten verbinden.

2

Jedes Einzelhandelsgeschäft bietet seinen Kunden eine gewisse Anzahl von Serviceleistungen an.

Betrachten Sie Ihren Ausbildungsbetrieb.

a **Geben Sie an, welche Dienstleistungen zurzeit angeboten werden.**
b **Stellen Sie zwei neue Dienstleistungen vor, die in Ihrem Ausbildungsbetrieb angeboten werden könnten, und beantworten Sie die Fragen.**

* **Welche Kunden- oder Zielgruppe wollen Sie mit der Dienstleistung ansprechen: alle Kunden, Stammkunden, neue Kunden, Kinder, Jugendliche usw.?**
* **Welche Vorteile hat der Kunde von der Maßnahme?**
* **Welche Vorteile sollen sich für den Betrieb ergeben?**

3

Serviceleistungen lassen sich in warenabhängige und warenunabhängige Leistungen unterscheiden.

a **Ordnen Sie die Kundendienstleistungen in die untenstehende Übersicht ein.**

b **Prüfen Sie, bei welchen dieser Leistungen eine Bezahlung vom Kunden verlangt werden kann.**

Kundendienstleistungen

1. Anbringen von Monogrammen auf Geschenken
2. Schwarzes Brett/Fundbüro
3. Informationsservice für Stammkunden
4. Heimwerker-Geräteverleih (Baumarkt)
5. Kauf gegen Rechnung und monatliche Bezahlung
6. Aufstellen von Möbeln
7. Entsorgung von Altbatterien
8. Kaffeebar
9. Transport von Waren zum Wagen des Kunden
10. Lebensmittel zustellen
11. Bestellen per Internet
12. Lieferwagen-Verleih
13. Organisation eines Fotokurses (Fotofachgeschäft)
14. Klimaanlage
15. Terminabsprache für Beratungsgespräche
16. Probierstand bei Lebensmitteln
17. Mehrsprachiges Personal
18. Installation einer Software auf den Kunden-PC

Serviceleistungen			
Warenabhängige Dienstleistungen		**Warenunabhängige Dienstleistungen**	
Technische Kundendienstleistungen	**Kaufmännische Kundendienstleistungen**	**Einrichtungen, die der Bequemlichkeit des Kunden dienen**	**Selbstständige Dienstleistungen als Angebotsergänzung**

4

Ein Buchgeschäft hat als besondere Serviceleistung eine Kinderspielecke eingerichtet.

Markieren Sie die Aussagen über Vorteile einer Spielecke, denen Sie zustimmen.

a Eltern können sich in Ruhe im Geschäft umsehen und die ausgestellten Waren prüfen. ☐

b Der Umsatz steigt durch die höhere Verweildauer der Kunden im Geschäft. ☐

c Das Beratungsgespräch wird von Störungen frei gehalten. ☐

d Spielecken lassen eine sinnvolle Nutzung „toter Ecken" im Verkaufsraum zu, ohne die Verkaufsfläche zu beschränken. ☐

e Weil die Kinder ausreichend beschäftigt sind, bleiben Warenträger und Dekoration vor dem Zugriff der Kinder geschützt. ☐

f Kinder – die Kunden von morgen – werden an das Geschäft gebunden. ☐

g Eltern kaufen besonders gerne dort ein, wo Kinder gut behandelt werden. Mit einer Spielecke können daher zusätzliche Kunden gewonnen werden. ☐

5

Geben Sie an, ob es sich bei den genannten Serviceleistungen um Beispiele für

1. Pre-Sale-Servicearten
2. After-Sale-Servicearten

handelt und tragen Sie die richtige Ziffer in das betreffende Kästchen ein.

a Geschenkverpackung in der Vorweihnachtszeit ☐

b Aufbau einer Schrankwand im Wohnzimmer des Kunden ☐

c Kostenlose Änderungsschneiderei in einem Textilkaufhaus ☐

d Vereinbarung eines Wartungsvertrags für die Gasheizung (jährliche Wartung) ☐

e Kostenlose Lieferung von Kleinmöbeln ab einem Einkaufswert von 200,00 € ☐

f Sammlung von Treuepunkten bei Zahlung mit Girocard ☐

g Kostenlose Aufbewahrung von Gepäck und Taschen im Eingangsbereich ☐

h Umtausch innerhalb von 14 Tagen gegen Bonvorlage ☐

i Probierstand im Eingangsbereich des Supermarktes ☐

j Typberatung in der Abteilung Damenoberbekleidung ☐

12 Über die Beteiligungspflicht aufgrund des Verpackungsgesetzes entscheiden

Im City-Warenhaus Bauer fällt Verpackungsmaterial in großen Mengen an. Im Wareneingang treffen die Produkte der Lieferanten z. B. in großen Kartons ein. Die Waren müssen ausgepackt und verkaufsfertig gemacht werden. Andere Produkte werden auf Paletten angeliefert, die abgepackt werden müssen.

Werden Produkte im Verkaufsraum aus Kartons ausgepackt und eingeräumt, bleiben oft eine große Zahl leerer Kartons und viel Füllmaterial übrig.

An den Fleisch-, Obst- und Gemüsetheken erhalten die Kunden die gewünschte Ware eingepackt in Tüten, Folien oder Schalen.

Zu nennen sind auch die vielen Getränkekästen und Flaschen, die die Kunden an den Pfandautomaten zurückgeben.

Schließlich bestellen immer mehr Kunden Waren im Citywarenhaus telefonisch, per E-Mail oder auch in Briefform. Die Produkte müssen dann verpackt und einem Logistik-Dienstleister zur Beförderung übergeben werden.

Wegen der Vielzahl an Verpackungen ergibt sich die Frage, ob sich das Warenhaus bei der „Zentralen Stelle Verpackungsregister" anmelden und einem Dualen System durch eine Lizensierung beitreten muss. Frau Dehn, die Verwaltungsleiterin des City-Warenhauses ist der Meinung, dass die Arten der anfallenden Verpackungen eine Beteiligungspflicht nach dem Verpackungsgesetz notwendig machen.

Herr Schmitz, der Lagerleiter, wurde beauftragt, die verschiedenen Arten der Verpackungen im City-Warenhaus tabellarisch zusammenzustellen (siehe nachfolgende Tabelle), damit über diese Frage entschieden werden kann.

Verpackungsarten im City-Warenhaus Bauer

Nr.	Beschreibung	Verpackungsart	beteiligungspflichtig für das Warenhaus?	
			ja	nein
1.	Kartons der Lieferanten bei Warenlieferungen			
2.	Getränkeflaschen am Mehrweg-Pfandautomaten			
3.	verpackte Produkte in den Warenträgern des Verkaufsraums und im Lager			
4.	zusätzlich in Kartons verpackte Paketsendungen für Kunden aufgrund von schriftlichen oder telefonischen Bestellungen			
5.	Füllmaterial für die Paketsendungen aus Nr. 4.			
6.	Paletten der Lieferanten bei Warenlieferungen			
7.	Pfandflaschen am Einweg-Pfandautomaten			
8.	Tragetaschen, die an den Kassen angeboten werden und Tüten für Brötchen, Obst und Gemüse			
9.	Fahrradverpackungen für Räder, die per Post zu den Kunden befördert werden			
10.	Halbkartons in den Regalen, die mehrere gleiche Produkte enthalten; der Kunde kann die Produkte aus den Halbkartons leichter entnehmen			

Verpackungsarten
1. Verkaufsverpackung
2. Versandverpackung
3. Serviceverpackung
4. Umverpackung
5. Transportverpackung
6. Mehrwegverpackung
7. Pfand-Einwegverpackung

ARBEITSAUFTRAG

Entscheiden Sie, ob für das City-Warenhaus Bauer eine Registrierung und Lizensierung nach dem Verpackungsgesetz notwendig ist.

VORSCHLÄGE ZUM VORGEHEN

1. Ordnen Sie die beschriebenen Verpackungen den genannten Verpackungsarten zu.
2. Geben Sie begründet an, ob die jeweilige Verpackungsart beteiligungspflichtig ist.
3. Erläutern Sie, welche Aufgaben die Zentrale Stelle und das Duale System für das City-Warenhaus erfüllen.

AUFGABEN

1

Der Bioladen „Naturfreund" kauft verschiedene Getreidesorten in großen Mengen ein und erzeugt daraus Getreidemischungen für Müsli. Die fertigen Mischungen werden in Papiertüten abgefüllt.

a Begründen Sie,

aa um welche Art von Verpackung es sich bei den gefüllten Papiertüten handelt,
ab welche Stellung der Bioladen in diesem Fall nach dem Verpackungsgesetz einnimmt.

b Erläutern Sie, welche Verpflichtungen sich für den Bioladen aufgrund der Lösung von ab ergeben.

Der Bioladen betreibt einen Onlineshop, in dem er sein gesamtes Sortiment anbietet. Gerade die Müslimischungen werden von vielen Kunden bestellt, im Regelfall mehrere Tüten. Für den Versand werden die gefüllten Papiertüten in einem Karton verpackt und zum Kunden geschickt.

c Erläutern Sie, welche Verpackungsarten durch die Onlinebestellungen der Kunden entstehen.

An der Käsetheke des Bioladens werden regionale Käsesorten angeboten. Damit die Kunden die Käsesorten probieren können, werden ihnen kleine Würfel auf Pappschalen gereicht.

d Geben Sie an, welche Verpackungsart die Pappschalen darstellen.

e Erläutern Sie, ob die Verwendung der Pappschalen zu einer Beteiligungspflicht (Registrierungs- und Lizensierungsplicht) führt.

f Nennen Sie die Verpackungsarten, die vom Dualen System eingesammelt, sortiert und verwertet werden.

2

In den nachfolgenden Beispielen geht es um den Umgang mit Abfällen.

Stellen Sie fest, ob es sich dabei um Abfallvermeidung, Wiederverwendung, Verwertung oder Beseitigung handelt.

1	Biologisch abbaubare Grünabfälle werden zunächst kompostiert und in einem weiteren Verarbeitungsschritt zu hochwertiger Blumenerde verarbeitet.
2	Nicht weiter verwendbare Reststoffe werden in einer Müllverbrennungsanlage verbrannt.
3	Eingesammelte Flaschen werden von einem Getränkehersteller gereinigt und wieder befüllt.
4	Grünabfälle werden in einer Biogasanlage vergoren und zu Biogas verarbeitet.
5	Altpapier wird in einer Papierfabrik zu Verpackungspapier und Karton umgewandelt.
6	Ein Hersteller von Tiefkühlkost verzichtet auf kunststoffbeschichtete Kartons (Verbundverpackung) für seine Produkte und verwendet stattdessen nur noch Karton.

3

Ein Lagermitarbeiter hat eine Lieferung von 6 Glasreinigern in Kunststoffbehältern mit Zerstäuber ausgepackt. Die Glasreiniger wurden in dem abgebildeten Karton angeliefert.

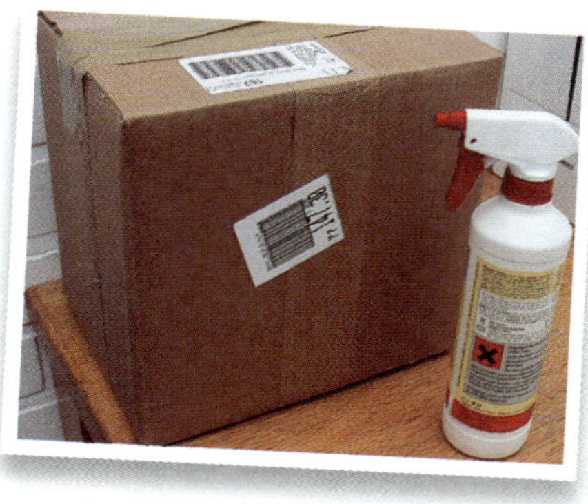

Erläutern Sie, welche beiden Verpackungsarten hier sichtbar werden.

1	Transportverpackung
2	Umverpackung
3	Verkaufsverpackung

4

Ein Einzelhandelsunternehmen trennt Abfälle in Behältern mit bestimmten Farben:

1. Gelb: Verkaufsverpackungen
2. Braun: organische Abfälle
3. Blau: Papier/Karton
4. Weiß: Kunststofffolien
5. Grau: Restmüll

Prüfen Sie, in welchen Behälter die Abfälle gehören. Ordnen Sie den Behältern die Ziffern 1 bis 5 zu.

Grünabfälle aus der Abteilung Obst und Gemüse	
Schrumpffolien, mit denen die Waren auf den Paletten beim Wareneingang gesichert sind (siehe Abbildung)	
die leeren Kartons von der nebenstehenden Palette	
gefüllte Staubsaugerbeutel aus der Hausreinigung	
leere Reinigungsmittelflaschen aus der Hausreinigung	
leere Eierkartons	
überzählige veraltete Prospekte, die im Geschäft ausgelegt worden waren	

5

Das Verpackungsgesetz nennt verschiedene Verpackungsarten.

Geben Sie an, um welche Art von Verpackung es sich in den vier Situationen handelt.

Situation 1
Ein Einzelhändler bietet zum Muttertag 3 Schachteln Pralinen zusammengefasst in einer besonderen Geschenktüte an. Folglich erhält der Kunde beim Kauf das Produkt in 2 Verpackungen: in den Pralinenschachteln und zusätzlich in einer Tüte.

Situation 2
Ein Kunde erwirbt in einem Einzelhandelsgeschäft Dosenmilch in einer Konservendose.

Situation 3
Eine Sendung mit Gemüsekonserven trifft auf dem Lager des Einzelhändlers ein. Es handelt sich um 6 Karton, die auf einer Palette verladen sind.

Situation 4
Kaffeemaschinen werden in einem Elektrofachgeschäft in einem dekorativen Karton angeboten. Der Karton enthält Produktabbildungen und Informationen für den Käufer.

6

René ist in der Abteilung Elektronik/Computer des City-Warenhauses Bauer beschäftigt. Die Abteilung Elektronik/Computer hat eine Verkaufsfläche von über 400 m². Ein Kunde nähert sich mit einem Karton unter dem Arm.

René: „Guten Tag, wie kann ich Ihnen helfen?“

Kunde: *„Ich möchte gerne diese alte Kaffeemaschine zurückgeben, damit Sie sie entsorgen.“*

René: „Haben Sie die Kaffeemaschine denn bei uns gekauft?“

Kunde: *„Nein, aber das ist doch auch unwichtig – oder?“*

René: „Da muss ich eben meinen Chef fragen.“

Kunde: *„Dann fragen Sie ihn auch, wo ich den alten Kühlschrank abgeben kann, den ich draußen im Auto habe. Der muss auch weg.“*

René: „Wollen Sie denn einen neuen Kühlschrank bei uns kaufen?“

Kunde: *„Nein, ich habe mir gerade einen sehr preisgünstigen Kühlschrank im Internet gekauft. Ich habe jetzt nur noch das Entsorgungsproblem.“*

René: „Gedulden Sie sich bitte einen Moment. Ich kläre das mit meinem Vorgesetzten.“

a Begründen Sie, ob das City-Warenhaus zur Rücknahme der beiden Elektrogeräte verpflichtet ist.

b Entwerfen Sie die Antwort an den Kunden.

7

In einem Warenhaus werden Abfälle sorgfältig in sechs verschiedene Behälter getrennt.

Ordnen Sie die Abfälle den richtigen Behältern zu.

Abfälle
1. Aluminiumverpackung für Kaffee
2. Joghurtbecher
3. Blumentöpfe aus Keramik
4. ausgetrocknete Topfpflanzen
5. Plastikschnellhefter
6. leere Marmeladengläser
7. Lebensmittelreste aus der Kantine

Behälter							
Biotonne							
Altglascontainer							
Altpapiercontainer							
Gelbe Tonne							
Restmüllcontainer							
Sondermüllbehälter							

Abfälle
8. Tageszeitung der letzten Woche
9. Energiesparlampe
10. Verpackungsfolien von Büchern
11. leere Saftflaschen aus der Kantine
12. Farbreste
13. gebrauchte Kaffeefilter
14. leere Milchtüten
15. Tapetenreste

8

Zwei der abgebildeten Zeichen haben mit Entsorgung und Recycling zu tun.

Erläutern Sie die beiden Zeichen.

9

Aufgaben zur Prüfungsvorbereitung

Das City-Warenhaus Bauer verkauft unterschiedliche Batteriearten und Akkus. Ein Kunde erkundigt sich, ob er seine gebrauchten Batterien bei Ihnen abgeben kann.

Entscheiden und begründen Sie, ob er dazu berechtigt ist.

1 Ja, aber nur unter der Voraussetzung, dass die Batterien auch im City-Warenhaus Bauer gekauft wurden.

2 Ja, aber nur wenn die Verpackung der Batterien mit dem Grünen Punkt gekennzeichnet ist.

3 Nein, nur Akkus sind vom Einzelhandel zurückzunehmen.

4 Nein, das City-Warenhaus Bauer muss keine Sammelbox für gebrauchte Batterien aufstellen, obwohl es Batterien anbietet.

5 Ja, aufgrund des Batteriegesetzes muss der Kunde gebrauchte Batterien überall dort zurückgeben können, wo solche Batteriearten auch im Sortiment geführt werden.

10

Das City-Warenhaus Bauer versucht, die begrenzten Ressourcen und damit auch die Umwelt zu schonen.

Prüfen Sie, welche Maßnahme dazu geeignet ist.

1 Angebot vieler Artikel in Einwegverpackungen mit Pfand

2 Angebot vieler Artikel, die sich durch ein Gütesiegel auszeichnen

3 Angebot vieler Artikel, bei denen der Einzelhändler die Umverpackungen beim Kauf entfernt

4 Angebot vieler Artikel in Mehrwegverpackungen aus Glas oder Kunststoff

5 Angebot vieler Artikel, bei denen die Kunden die Umverpackungen nach dem Kauf entfernen

11

Das Kreislaufwirtschaftsgesetz gibt eine Abfallhierarchie vor. Im City-Warenhaus Bauer bemüht man sich um einen umweltschonenden Umgang mit Verpackungen im Sinne der Abfallhierarchie.

Ordnen Sie die Kennziffern von vier der insgesamt sechs Handlungsmöglichkeiten den Zielen aus der Abfallhierarchie des Kreislaufwirtschaftsgesetzes zu.

Handlungsmöglichkeiten

1. Der Einzelhändler nimmt bewusst Artikel ins Sortiment, die ohne Umverpackungen angeboten werden.
2. Sämtliche Verpackungen werden nach Stoffgruppen gesammelt, von einem Entsorger abgeholt und stofflich verwertet.
3. Das City-Warenhaus bietet für seine umweltbewussten Kunden eine spezielle Abteilung mit Öko-Produkten.
4. Das City-Warenhaus Bauer verzichtet auf Plastiktüten und bietet den Kunden für ihre Einkäufe nur noch Stofftaschen an.
5. Die Hersteller liefern ihre Ware in Leihverpackungen, die sie wieder mit zurücknehmen und mehrfach nutzen können.
6. Kunden haben die Möglichkeit, sich Geschenke in hübsche Folien verpacken zu lassen.

3 Ziele des Kreislaufwirtschaftsgesetzes		
Vermeidung von Verpackung	☐	☐
Wiederverwendung	☐	☐
Recycling	☐	☐

12

Für einen Prospekt mit Getränken sind die Pfandbeträge zu bestimmen.

Ergänzen Sie die Tabelle.

Getränk	Pfandbetrag/€
Bierkiste mit 20 Flaschen	
Bierkiste mit 12 Flaschen	
Bierkiste mit 20 Bügelverschluss-Flaschen	
Limonadenkiste mit 12 Mehrweg-Flaschen	
Limonadenkiste mit 12 Einweg-Flaschen	
Kasten mit 6 Saftflaschen	

13 Güter versenden

Auf Wunsch von Kunden liefert das City-Warenhaus die eingekauften Waren in die Wohnung des Kunden. Sendungen von geringem Gewicht oder über größere Entfernungen werden aber Paketdiensten oder einem Spediteur übergeben, weil der Transport mit dem eigenen Fahrzeug zu teuer würde.

Auch für Rücksendungen an Lieferanten werden fremde Dienstleister eingesetzt, da der Versand im Regelfall auf Kosten des Lieferanten durchgeführt wird.

Im Lager des City-Warenhauses müssen einige Sendungen versandfertig gemacht werden.

	Sendung 1	Sendung 2	Sendung 3	Sendung 4	Sendung 5
Sendungsart	Videokamera	Rücksendung an Lieferanten	Reparaturauftrag	Reparaturauftrag	Rücksendung an Lieferanten
Gewicht	4 kg	450 kg	1 kg	5 kg	125 kg
Ziel	Braunschweig	Leipzig	Mainz	Ulm	Berlin
PLZ-Bereich	38	04	55	89	10
Entfernung	350 km	500 km	200 km	450 km	600 km
Beförderung	frei Haus	unfrei	frei Haus	frei Haus	unfrei
Termin	keine Dringlichkeit	24 bis 48 Std.	So schnell wie möglich, Kosten sind nebensächlich.	bis zum nächsten Tag	keine Dringlichkeit

Der Versandleiter Herr Schmitz verfügt über Preislisten und Beförderungsbedingungen verschiedener Kurier-, Express- und Paketdienste sowie einer Sammelgutspedition, sodass er im Einzelfall entscheiden kann, welches Unternehmen er für die Beförderung einsetzt.

Preisliste Nr. 1 Paketdienst (Haus-Haus-Preis)

Pakete		Express-Pakete	
bis 10 kg	6,90 €	bis 10 kg	18,33 €
über 10 bis 20 kg	11,90 €		
über 20 bis 31,5 kg	13,90 €	Päckchen	
		Höchstgewicht 2 kg	4,10 €

Preisliste Nr. 2 Kurierdienst (Haus-Haus-Preis)

Standard Deutschland		Express Deutschland	
Gewicht	**Preis**	**Gewicht**	**Preis**
1 kg	6,10 €	0,5 kg	26,40 €
2 kg	6,15 €	1,0 kg	26,55 €
3 kg	6,15 €	1,5 kg	26,75 €
4 kg	6,15 €	2,0 kg	26,90 €
5 kg	7,25 €	2,5 kg	27,05 €
6 kg	7,25 €	3,0 kg	27,20 €
7 kg	7,25 €	3,5 kg	27,35 €
8 kg	8,40 €	4,0 kg	27,50 €
9 kg	8,40 €	4,5 kg	27,65 €
10 kg	8,40 €	5,0 kg	27,80 €
12 kg	11,10 €		
...			
70 kg	43,05 €		

Preisliste Nr. 3: Spediteur (Auszug)

Entgelte	Gewicht							
Entfernung	1–50 kg	51–100 kg	101–200 kg	201–300 kg	301–400 kg	401–500 kg	501–600 kg	601–700 kg
1–100 km	31,50 €	53,40 €	75,60 €	109,60 €	140,50 €	167,90 €	195,60 €	229,00 €
101–200 km	34,10 €	59,00 €	86,90 €	128,30 €	166,60 €	201,70 €	236,60 €	277,40 €
201–300 km	34,70 €	60,10 €	88,60 €	131,40 €	171,00 €	207,00 €	243,50 €	285,30 €
301–400 km	34,80 €	60,50 €	89,40 €	133,10 €	173,20 €	209,60 €	246,80 €	289,50 €
401–500 km	35,00 €	61,00 €	90,50 €	134,60 €	175,40 €	212,60 €	250,20 €	293,30 €
501–600 km	35,70 €	61,90 €	92,20 €	137,60 €	179,60 €	218,50 €	257,10 €	301,50 €

ARBEITSAUFTRAG

Entscheiden Sie, welches Unternehmen (Preislisten-Nummer) für den Transport der Sendungen eins bis fünf jeweils eingesetzt werden soll und ermitteln Sie die Beförderungskosten für jede Sendung.

VORSCHLÄGE ZUM VORGEHEN

1. Betrachten Sie die Dringlichkeit der einzelnen Sendungen, z. B. so schnell wie möglich.
2. Beachten Sie den Freivermerk. Bei „frei Haus" trägt das City-Warenhaus die Kosten der Versendung, bei „unfrei" der Empfänger.
3. Ermitteln Sie die Kosten des gewählten Versandwegs anhand der Preislisten.

AUFGABEN

1

Das City-Warenhaus Bauer hat ein eigenes Zustellfahrzeug für Lieferungen an Kunden. Damit hat das Unternehmen auch die Vorteile, die mit einer firmeneigenen Warenzustellung verbunden sind, z. B.:

1. engerer Kundenkontakt
2. andere (weitere) Dienstleistungen sind möglich

a Erläutern Sie diese beiden Vorteile aus Sicht Ihres Ausbildungsbetriebes.

b Zurzeit planen immer mehr Lebensmitteleinzelhändler, den Kunden die im Geschäft oder über den Onlineshop gekauften Lebensmittel bis nach Hause zu bringen.

ba Beschreiben Sie je einen Vorteil für den Kunden und für den Einzelhändler.
bb Machen Sie die Probleme deutlich, die sich für den Einzelhändler aus der Hauszustellung ergeben.

2

Die Anbieter auf dem Transportmarkt bieten heute im Regelfall eine Sendungsverfolgung an.

a Beschreiben Sie, wie eine Sendungsverfolgung technisch abläuft.

b Erläutern Sie jeweils einen Vorteil für den Kunden und für den Einzelhändler.

Abschlussaufgabe 2 in Lernfeld 5

Situation

Das Küchenstudio Kuhn plant die Neueröffnung seiner komplett umgebauten Küchenausstellung. Auf über 450 m² Ausstellungsfläche wird eine Vielzahl von aufgebauten Musterküchen den Kunden die Möglichkeiten moderner Küchengestaltung präsentieren. In der Eröffnungswoche sollen zusätzlich einige Verkaufsförderungsmaßnahmen durchgeführt werden.

1

Damit die Kunden hautnah einen Eindruck von der Gerätetechnik in einer modernen Küche bekommen, sollen sie eine solche Küche auch einmal in Aktion sehen. Dazu beabsichtigt das Küchenstudio Kuhn, eine Kochvorführung durchzuführen.

a Sammeln Sie Ideen, wie eine solche Kochaktion in der Küchenausstellung ablaufen kann.

b Listen Sie auf, was Sie zur Umsetzung Ihrer Ideen im Vorfeld planen und vorbereiten müssen bezüglich des Personaleinsatzes und des Wareneinkaufs.

c Sie beabsichtigen die Aktion im Verbund mit anderen Einzelhändlern durchzuführen. Entscheiden Sie, aus welchen Branchen Sie Einzelhändler ansprechen und welchen Beitrag diese jeweils während der Aktion leisten können.

2

Auch die Preisgestaltung soll als Verkaufsförderungsinstrument bei der Neueröffung eingesetzt werden. Das Küchenstudio überlegt, eine Küche mit folgendem Slogan anzubieten:

**„Traumküche nur während der Eröffnungswoche zum halben Preis –
jetzt zugreifen oder Ihre Küche bleibt für immer kalt!"**

Damit diese Preisaktion für den Einzelhändler wirtschaftlich bleibt, wird vorgeschlagen, die Angebotsküche 14 Tage vor der Eröffnungswoche deutlich im Preis nach oben zu setzen. Außerdem soll ein Teil der Umsatzeinbußen über höhere Versandkosten für die Angebotsküche wieder hereingeholt werden. Damit die höheren Kosten für die Kunden unentdeckt bleiben, werden die Versandkosten bei der Angebotsküche in „Lieferungs-Servicepauschale" umbenannt.

a Beurteilen Sie, ob das geplante Vorgehen innerhalb der gesetzlichen Grenzen liegt. Beachten Sie dabei die unten stehenden Auszüge aus dem Gesetz gegen den unlauteren Wettbewerb (UWG).

Gesetz gegen den unlauteren Wettbewerb (UWG)
§ 4a Aggressive geschäftliche Handlungen
(1) Unlauter handelt, wer eine aggressive geschäftliche Handlung vornimmt, die geeignet ist, den Verbraucher oder sonstigen Marktteilnehmer zu einer geschäftlichen Entscheidung zu veranlassen, die dieser andernfalls nicht getroffen hätte [...]

§ 5 Irreführende geschäftliche Handlungen
(1) Unlauter handelt, wer eine irreführende geschäftliche Handlung vornimmt. [...] Eine geschäftliche Handlung ist irreführend, wenn sie unwahre Angaben enthält oder sonstige zur Täuschung geeignete Angaben über folgende Umstände enthält:
[...]

2. den Anlass des Verkaufs wie das Vorhandensein eines besonderen Preisvorteils, den Preis oder die Art und Weise, in der er berechnet wird, oder die Bedingungen, unter denen die Ware geliefert oder die Dienstleistung erbracht wird;
[...]

(4) Es wird vermutet, dass es irreführend ist, mit der Herabsetzung eines Preises zu werben, sofern der Preis nur für eine unangemessen kurze Zeit gefordert worden ist. Ist streitig, ob und in welchem Zeitraum der Preis gefordert worden ist, so trifft die Beweislast denjenigen, der mit der Preisherabsetzung geworben hat.

b Verstößt das Küchenstudio Kuhn gegen einzelne Wettbewerbsvorschriften, so können die konkurrierenden Küchenanbieter eine Abmahnung erwirken. Beschreiben Sie den Ablauf und Inhalt einer solchen Abmahnung.

3

Damit die Eröffnungswoche ein Erfolg wird, muss Werbung dafür gemacht werden. Eine Anzeige für die örtliche Tageszeitung ist bereits in Auftrag gegeben und auch ein kurzer Spot für das Lokalradio ist schon aufgenommen.

Das Küchenstudio Kuhn möchte seine Kunden aber zusätzlich noch unmittelbar am Point of Sale auf das Ereignis aufmerksam machen. Dazu soll ein elektronisches Display im Schaufenster eingesetzt werden.

a Erstellen Sie Skizzen für drei Seiten, die auf dem elektronischen Display nacheinander zu sehen sind. Der Betrachter soll Informationen zur Eröffnugnswoche erhalten und zum Kommen aufgefordert werden.

1. Seite

2. Seite

3. Seite

b Begründen Sie, warum die Werbeinhalte auf dem Display im Schaufenster mit denen in der Tageszeitung und im Radiospot abgestimmt werden sollten.

c Nennen Sie weitere POS-Medien, die das Küchenstudio einsetzen könnte.

4

Während der Eröffnungswoche möchte das Küchenstudio nicht nur sein hochwertiges Sortiment, sondern auch das breite Angebot an Kundendienstleistungen herausstellen.

a Listen Sie mögliche warenbezogene und warenunabhängige Diestleistungen eines Küchenanbieters auf.

b Die Dienstleitungen sollen bestimmte Ansprüche beim Kunden befriedigen. Wählen Sie aus den von Ihnen aufgelisteten Dienstleistungen jeweils eine aus, die den Anspruch nach
   * Bequemlichkeit,
   * Information oder
   * Sicherheit erfüllt.

c Begründen Sie, warum das Angebot von Serviceleistungen gerade für ein Küchenstudio von großer Bedeutung ist.

d Beschreiben Sie, wie ein Einzelhändler durch den Einsatz eines Testkäufers seine Serviceorientierung überprüfen lassen kann.

5

Das Küchenstudio Kuhn hat zwei eigene Lieferfahrzeuge mit jeweils zwei gelernten Schreinern als Besatzung. Ihre Aufgabe ist es, die gekauften Möbel an die Kunden auszuliefern.

a Erläutern Sie drei Gründe, die es für das Küchenstudio ratsam erscheinen lassen, die Auslieferung mit eigenen Fahrzeugen durchzuführen.

Es gibt aber immer wieder Situationen, in denen sich das Küchenstudio für eine firmenfremde Warenzustellung entscheidet.

b Beschreiben Sie zwei Situationen, in denen der Einsatz der eigenen Lieferfahrzeuge nicht sinnvoll ist.

6

Wenn eine Küche an einen Kunden ausgeliefert und aufgebaut worden ist, fällt sehr viel Verpackungsmaterial an, das die Mitarbeiter selbstverständlich sorgfältig einsammeln und zum Küchenstudio zurückbefördern.

Die Verpackung dient vor allem dazu, Beschädigungen wie Kratzer an den Einzelteilen der Küche zu vermeiden.

a Begründen Sie, ob es sich bei den Verpackungsmaterialien um
   * Transportverpackungen,
   * Umverpackungen oder
   * Verkaufsverpackungen handelt.

Im Regelfall handelt es sich bei den Verpackungsmaterialien um Pappe, Holzleisten und Styropor. Die Verpackungen werden regelmäßig zum Wertstoffhof der Kommune gebracht.

b Begründen Sie, welche Stufe in der Abfallhierarchie Vermeidung, Wiederverwendung, Recycling, sonstige Verwertung oder Beseitigung sichtbar wird.

Das Küchenstudio hat eine Verkaufsfläche von 3000 m². Das Unternehmen liefert komplette Küchen einschließlich Küchengeräte (Kühlschränke, Herde, Dunstabzugshauben, Mikrowellen)

c Erläutern Sie, wie in diesem Fall die Rücknahme von Altgeräten geregelt ist.

Warenwirtschaftssystem 1: Kassenwesen

1 Das Warenwirtschaftssystem INTWASYS 4.0 kennenlernen

Ayse ist seit einigen Wochen Auszubildende in der Abteilung Schreibwaren/Büro des City-Warenhauses Bauer. Heute soll sie zu Frau Bauer in die Personalabteilung kommen, damit sie das Warenwirtschaftssystem des Warenhauses kennenlernt.

Frau Bauer: „Hallo, Ayse. Ich hoffe, Sie kennen sich mit Computern ein wenig aus."

Ayse: *„Guten Morgen, Frau Bauer. Mit einem Computer kann ich umgehen, aber von einem Warenwirtschaftssystem habe ich keine Ahnung."*

Frau Bauer: „Ich denke, Sie werden das schnell lernen. Das Programm hat eine Trainingseinheit, um die wichtigsten Funktionen zu erfassen. Schauen Sie bitte einmal auf die Eingangsmaske. Einen Menüpunkt wie ‚Bearbeiten' finden Sie doch in jedem Programm."

Ayse: *„Dateien laden, abspeichern, kopieren – das ist kein Problem. Aber ‚Stammdaten' – was kann das sein?"*

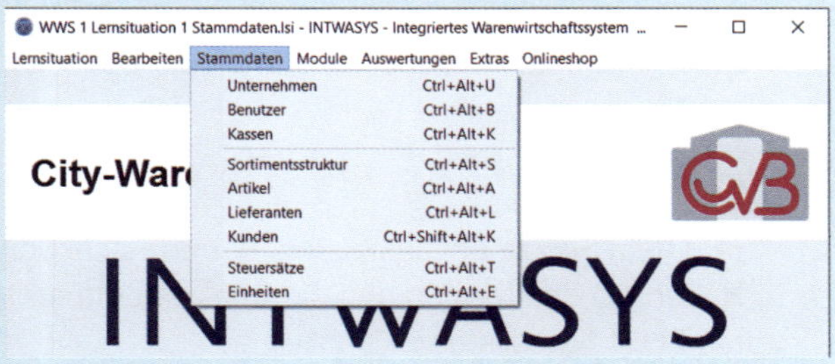

Frau Bauer: „Wenn ich das Menü einmal anklicke, sehen Sie, was sich dahinter verbirgt. Über dieses Menü erreicht man die grundlegenden Daten unseres Warenhauses."

Ayse: *„Artikel sind sicher die Waren, die wir führen – aber ‚Benutzer'"?*

Frau Bauer: „Das sind z. B. Sie. Wenn Sie an der Kasse in Ihrer Abteilung kassieren wollen, müssen Sie vorher als berechtigter Benutzer erfasst werden."

Ayse: *„Das gefällt mir. Aber dann können Sie sicher auch erkennen, wie oft ich mich vertippt oder falsch kassiert habe."*

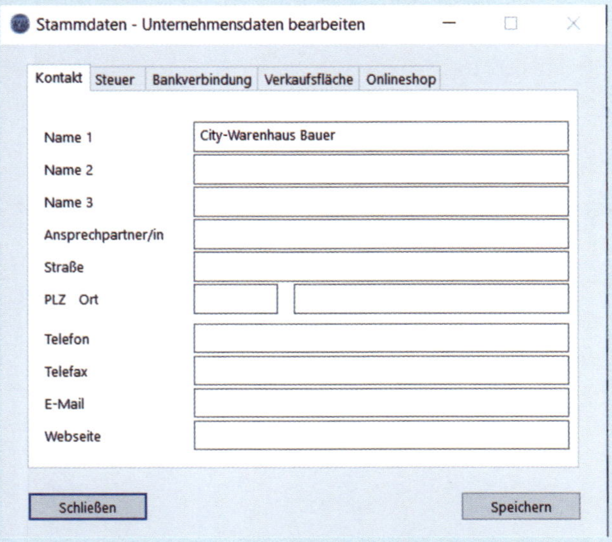

Frau Bauer: „Ganz so schlimm ist es nicht. Da aber z. B. jeder Verkauf über die Kasse im Warenwirtschaftssystem registriert wird, kann man natürlich jederzeit feststellen, wie viel Umsatz die Abteilung oder auch einzelne Mitarbeiter gemacht haben."

Ayse: *„Mm – na gut. Darf ich denn jetzt mal an den PC – ich bin sehr gespannt."*

Frau Bauer: „Klar. Es kann losgehen. Ich habe Ihnen hier einige Informationen aufgeschrieben, die Sie im Programm ermitteln sollen. Anschließend geht es darum, Stammdaten zu ergänzen oder zu verändern."

Unternehmensstammdaten
City-Warenhaus Bauer, Oberstraße 17, 40878 Ratingen
Ansprechpartner: Sven Bauer
Telefonnummer: 02102 56742-0
Telefax: 02102 56733
E-Mail: City-Warenhaus@t-online.de
Webseite: www.city-warenhaus-bauer.de
Umsatzsteuer-ID: DE 433 711 343, Finanzamt: Düsseldorf, Steuernummer: 407/4388/0843
Bankverbindung: Sparbank Ratingen, Konto-Nr. 4565051000, BLZ 301 516 60,
IBAN: DE92 3015 1660 4565 0510 00, BIC: WELADED1RAT
Verkaufsfläche: 3 500 m²

ID = Identifikationsnummer

Kundendaten
1. Kunde: Kundennummer 11, Sandra Ehling, Grenzweg 22, 40882 Ratingen, Telefon 02102 23445
2. Kunde: Kundennummer 12, Petra Seifert, Christinenstraße 44, 40880 Ratingen, Telefon 02102 55327, E-Mail-Adresse: petra.seifert@t-online.de
3. Kunde: Kundennummer 13, Klaus Holt, Provinzialstraße 331, 40878 Ratingen, Telefon 02102 43276, E-Mail-Adresse: klaus.holt@gmx.de

ARBEITSAUFTRAG

Machen Sie sich mit grundlegenden Funktionen des Warenwirtschaftssystems INTWASYS 4.0 vertraut.

VORSCHLÄGE ZUM VORGEHEN

1. Ermitteln Sie aus dem Warenwirtschaftssystem INTWASYS die nachfolgenden Informationen. Starten Sie dazu das Programm INTWASYS und öffnen Sie die Datei **WWS 1 Lernsituation 1 Stammdaten.lsi**.
   - Suchen Sie den Verkaufspreis für eine Tintenpatrone, Artikelnummer 44060201.
   - Stellen Sie folgende Lagerbestände der ELBA-Ordner fest:
     - Mindestbestand,
     - Aktueller Bestand,
     - Höchstbestand.
   - Ermitteln Sie die Bezugskosten für den Tischkopierer Artikelnummer 44050101.
   - Halten Sie den Namen und die Telefonnummer der Sachbearbeiterin/des Sachbearbeiters des Lieferanten ELBA Bürosysteme GmbH fest.

2. Ergänzen oder verändern Sie folgende Stammdaten im Warenwirtschaftssystem:
   - Geben Sie die Unternehmens-Stammdaten ein (siehe oben).
   - Erfassen Sie die Daten der oben aufgeführten Kunden.
   - Richten Sie die Kasse für die Abteilung Schreibwaren/Büro ein. Der Kassentyp lautet: EPSON MD 2000, die Verkaufsfläche beträgt 150 m².
   - Korrigieren Sie gleichzeitig die Verkaufsfläche der Kasse des Standorts „Non-Food“ von 2 750 m² auf 2 600 m².
   - Verschaffen Sie Frau Möller und Ayse den Zugang zur Kasse, indem Sie folgende Benutzerdaten eintragen:
     Benutzernamen: Susanne Möller — Ayse Özdemir
     Kennworte (8 Zeichen): SuMöller — AÖzdemir

Der Benutzer Nr. 4 darf nicht überschrieben werden.

3. Speichern Sie die veränderten Daten unter einem neuen Dateinamen und im Verzeichnis „Benutzer“ ab (Lernsituation – Speichern als).

AUFGABEN

1

Die Kundin Petra Seifert möchte zukünftig keine Werbung mehr per E-Mail erhalten. Bei den Daten der Kundin (STAMMDATEN – KUNDEN – ATTRIBUTE) kann dieser Kundenwunsch berücksichtigt werden.

Markieren Sie in den Kundendaten das entsprechende Kästchen.

2

Beim Lieferanten Pelikan GmbH & Co. KG hat es einen Wechsel beim Sachbearbeiter gegeben: An die Stelle von Frau Kirchner tritt Herr Stade.

Ändern Sie die Stammdaten des Lieferanten entsprechend.

3

Im City-Warenhaus Bauer werden die meisten Preise mit der Endung „,45 €" oder „,95 €" ausgezeichnet, z. B. der Heftapparat Standard mit 6,45 €. Die Kalkulation des Bruttoverkaufspreises durch das Warenwirtschaftssystem erbringt aber häufig davon abweichende Preise, beim Heftapparat z. B. 6,38 €.

Suchpfad: Stammdaten – Artikel – Verkaufskalkulation

Erhöhen Sie folgende kalkulierte Bruttoverkaufspreise so, dass am Ende „,45" oder „,95" steht:

* Briefpapier Marmor, EAN 4062275186656
* Bleistift Noris
* Tintenstrahl-Faxgerät

4

Die Artikelstammdaten verfügen über eine Suchfunktion. Nehmen Sie an, Sie suchen Briefpapier.

a Geben Sie die Buchstaben „pap" in das Suchfeld ein und starten Sie die Suche.

b Beschreiben Sie anhand der Suchergebnisse, wie die Suchfunktion des Programms arbeitet.

c Überprüfen Sie Ihre Lösung zu b, indem Sie die Zahlenfolge „4402" eingeben und den Suchvorgang starten.

5

Bei der Anwendung eines Warenwirtschaftssystems muss man häufig überlegen, wo bestimmte Daten zu finden sind.

Geben Sie an, wo Sie die nachfolgenden Informationen im Menü „Stammdaten" suchen würden.

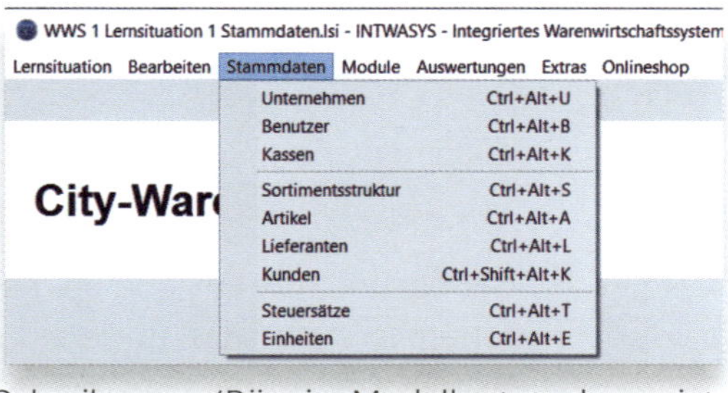

① Sie möchten wissen, wie groß die Verkaufsfläche der Abteilung Schreibwaren/Büro im Modellunternehmen ist.
② Sie brauchen die Adresse der Kundin Sandra Ehling.
③ Für die Einkaufsplanung benötigen Sie den aktuellen Lagerbestand der Füllfederhalter „Faktor" und „Junior".
④ Zu welcher Warengruppe gehört Kopier-Toner?
⑤ Wer hat die Berechtigung, an der Kasse der Abteilung Schreibwaren/Büro zu kassieren?
⑥ Die Bank-Verbindungsdaten eines Lieferanten haben sich geändert und müssen angepasst werden.

6

Sie möchten eine neue Lernsituation öffnen, erhalten aber die nebenstehende Fehlermeldung.

Beschreiben Sie anhand des Menüs „Datei" genau, was Sie unternehmen müssen, damit Sie die neue Lernsituation aufrufen können.

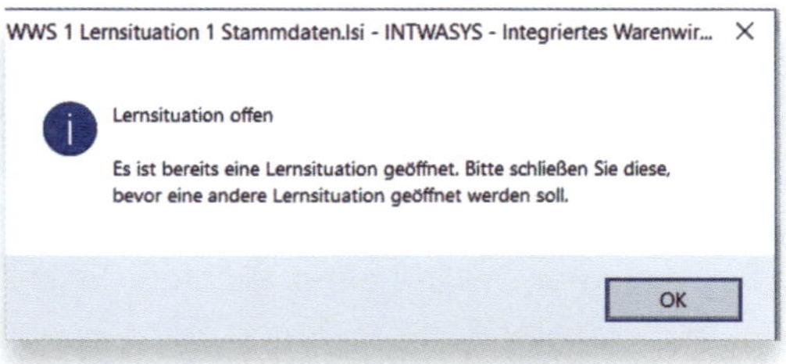

2 Verkäufe über eine Datenkasse erfassen

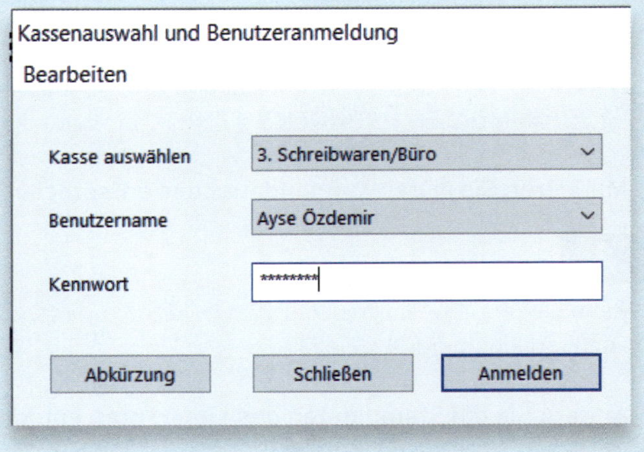

Ayse ist heute an der Kasse der Abteilung Schreibwaren/Büro eingesetzt. Verschiedene Kunden möchten ihre eingekauften Produkte bezahlen.

Ayse hat sich zunächst mit ihrem Benutzernamen an der Kasse angemeldet:

Menü MODULE – KASSE

Danach erscheint das Kassendisplay. Aus der Kassenschulung weiß sie, dass sie die Artikelnummer aus dem Sortiment aufrufen kann, indem sie den Button „?“ anklickt.

In der Sortimentsübersicht gibt es eine Suchfunktion.

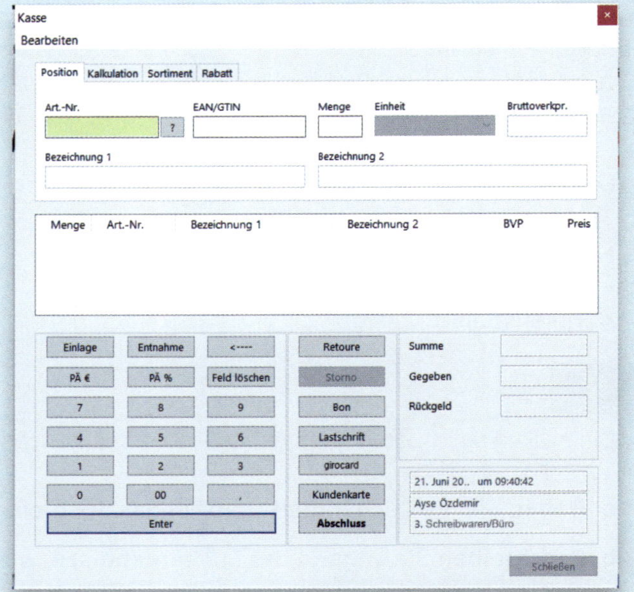

Mit „Enter“ (über die Kasse oder die Computertastatur) wird jeder Arbeitsschritt abgeschlossen.

Für Preisänderungen stehen zwei Buttons zur Verfügung:

PÄ€ = Preisänderung in Euro

PÄ% = Preisänderung in Prozent

Der Schalter PÄ ist nach Eingabe der Menge zu betätigen.

Jetzt ist alles klar – die Kunden können kommen.

Kunde 1

Ayse: „Guten Tag.“

Kunde: *„Guten Tag. Einmal das Kopierpapier Plana Plus.“*

Ayse: (Sie gibt die Daten für den Kauf in das Warenwirtschaftssystem ein.)

Kunde: *(Legt noch weitere Ware auf die Kassentheke.)*

„Und diese zwei farbigen Kunststoff-Ordner und einmal Kopierer-Toner.“

Ayse: „Sehr gerne.“

(Ayse registriert auch diese beiden Produkte.)

Kunde: *„Ich zahle bar.“*

Ayse: (Sie beendet die Eingabe der Käufe mit dem Button „Abschluss“, nennt dem Kunden den Kaufbetrag und gibt das Rückgeld heraus, nachdem der Kunde drei 50-€-Scheine auf die Kassentheke gelegt hat.)

Kunde 2

Der Kunde kauft zwei Tischkopierer, Er erhält einen Rabatt in Höhe von 3 % vom Bruttoverkaufspreis. Die Preisänderung (PÄ) ist bei der Registrierung des Kaufs zu berücksichtigen.

Der Kunde zahlt mit girocard.

Kunde 3

ELBA-Ordner, 100 Stück, 2 % Mengenrabatt, der Kunde zahlt mit Lastschrift (ELV).

Kunde 4

1 Bürokopierer, der Preis wird um 11,45 € von 691,45 € auf 680,00 € „gerundet“, Zahlung mit Lastschrift.

Kunde 5

1 Tischkopierer, wegen einer leichten Beschädigung wird der Preis von 499,45 € auf 470,00 € (–29,45 €) gesenkt. Kopierer-Toner, 5 Stück, 3 % Mengenrabatt auf den Toner, Zahlung mit girocard.

ARBEITSAUFTRAG
Erfassen Sie die Verkäufe über die Datenkasse im Warenwirtschaftssystem.

VORSCHLÄGE ZUM VORGEHEN
1. Starten Sie das Programm INTWASYS und öffnen Sie die Datei **WWS 1 Lernsituation 2 Verkaeufe.lsi**.
2. Melden Sie sich im Modul Kasse mit dem Benutzernamen Ayse Özdemir (Kasse 3. Schreibwaren/Büro, Kennwort AÖzdemir) an.
3. Kassieren Sie die Verkäufe. Beachten Sie dabei die Preisnachlässe.
4. Speichern Sie die Lernsituation unter einem neuen Dateinamen im Verzeichnis „Benutzer" ab.

AUFGABEN

1

Ayse hat noch weitere Verkäufe an der Kasse zu registrieren.

a Erfassen Sie die Käufe der nachfolgenden fünf Kunden im Kassenmodul.

Kunde 1	1 Bürokopierer, Kunde zahlt mit Lastschrift
Kunde 2	1 Laser-Faxgerät, Zahlung mit girocard
Kunde 3	20 Ordner-Register, A – Z, 20-teilig, Zahlung mit Kundenkarte
Kunde 4	5 Bleistifte Grip 2001, 10 Heftklammern, Kupfer 24/6, Barverkauf
Kunde 5	2 Füllfederhalter Junior, Barverkauf

b Registrieren Sie folgende Verkäufe an der Kasse:

Kunde 6	100 Elba-Ordner, 5 % Rabatt 200 Kunststoff-Ordner, 5 % Rabatt 50 Pakete Plana Plus, 5 % Rabatt, Zahlung mit Kundenkarte
Kunde 7	200 Pakete Plana Jet, 10,00 € Rabatt, Zahlung mit Lastschrift

c Speichern Sie den Datensatz im Verzeichnis „Benutzer" ab. Ergänzen Sie die Dateibezeichnung mit „Aufgabe 1" (der Datensatz soll in der Aufgabe 4 erneut aufgerufen werden).

2

Ein Warenwirtschaftssystem registriert nicht nur die Verkäufe an der Kasse, sondern verwaltet gleichzeitig auch die Warenbestände. Dies soll beispielhaft am Kauf eines Bürokopierers gezeigt werden.

a Stellen Sie fest, welchen aktuellen Bestand an Bürokopierern das Warenwirtschaftssystem ausweist (siehe Artikelstammdaten).

b Kassieren Sie den Verkauf eines Bürokopierers an einen Kunden.

c Prüfen Sie, wie viele Bürokopierer das Warenwirtschaftssystem nun als aktuellen Bestand anzeigt und stellen Sie fest, ob das Warenwirtschaftssystem den Verkauf korrekt berücksichtigt hat.

3

Die Kasse und damit das Warenwirtschaftssystem akzeptiert vom Kunden Barzahlung, Lastschriftzahlung (ELV), girocard und Kundenkarte.

Beschreiben Sie die wichtigsten Unterschiede der nachfolgend abgebildeten Kassenbons und begründen Sie, warum der Bon jeweils eine Bar-, eine Lastschriftzahlung, eine girocard-Zahlung oder eine Zahlung mit Kundenkarte wiedergibt.

Bon Nr. 1

Bon-Drucker

City-Warenhaus Bauer
Oberstraße 17
40878 Ratingen

5	x Bleistift Grip 2001	2,25 €
10	x Heftklammern Kupfer	4,50 €
	* Summe	6,75 €
	* Bar	10,00 €
	* Rückgeld	3,25 €
	MwSt 1 19%	1,08 €

Kassierer(in): Ayse Özdemir
Bon-Nr. 61
24.06.20.. 19:28:36

Drucken

Bon Nr. 2

Bon-Drucker

City-Warenhaus Bauer
Oberstraße 17
40878 Ratingen

1	x Laser-Faxgerät	242,95 €
	* Summe	242,95 €
	* girocard	242,95 €
	MwSt 1 19%	38,79 €

IBAN: DE37 81491370 3376712516
TC: 643003384725770537

Kassierer(in): Ayse Özdemir
Bon-Nr. 57

Drucken

Bon Nr. 3

Bon-Drucker

City-Warenhaus Bauer
Oberstraße 17
40878 Ratingen

1	x Bürokopierer	691,45 €
	* Summe	691,45 €
	* Lastschrift	691,45 €
	MwSt 1 19%	110,40 €

IBAN: DE17 69526221 3424165431
BIC: RTHTDECVPXC
TC: 723332470357998099

Hiermit erkenne ich die umseitig abgedruckten Zahlungsbedingungen an.

Unterschrift
Kassierer(in): Ayse Özdemir
Bon-Nr. 63
24.05.20.. 19:50:49

Drucken

Bon Nr. 4

Bon-Drucker

City-Warenhaus Bauer
Oberstraße 17
40878 Ratingen

40	x PLANA Plus	138,00 €
	* Summe	138,00 €
	* Kundenkarte	138,00 €
	MwSt 1 19%	22,03 €

KdNr: 100000
Kassierer(in): Ayse Özdemir
Bon-Nr. 64
24.05.20.. 19:54:44

Drucken

4

Immer wieder kommt es vor, dass gebuchte Verkäufe während des Kassiervorgangs an der Kasse rückgängig gemacht werden müssen. Man spricht von **Stornierung**. Ursache können Fehleingaben der Kassenmitarbeiter sein oder auch Kundenwünsche, wenn Kunden an der Kasse noch kurzfristig ihre Einkaufsentscheidungen ändern. Für die Änderung eines bereits im System erfassten Verkaufs während des Kassiervorgangs steht der Button „**Storno**" in der Kassentastatur zur Verfügung.

Ein Kunde hat folgende Artikel an der Kasse abgeliefert, damit sie registriert werden:

- Plana Jet, 5 Stück
- Füllfederhalter Faktor, ein Stück
- Tintenpatrone Farb-Set, ein Stück

Bon-Drucker

City-Warenhaus Bauer
Oberstraße 17
40878 Ratingen

5	x PLANA Jet	19,75 €
1	x Füllfederhalter Faktor	21,45 €
1	x Tintenpatrone Farb-Set	25,95 €

a Öffnen Sie dazu den unter Aufgabe 1 c abgespeicherten Datensatz (oder WWS 1 Lernsituation 2 Verkaeufe.lsi).

b Stellen Sie zunächst fest, mit welchem aktuellen Bestand die Artikel Tintenpatrone Farb-Set und Tintenpatrone schwarz im Warenwirtschaftssystem geführt werden.

c Geben Sie nun die oben aufgeführten Verkäufe ein, schließen Sie den Kassiervorgang aber noch nicht ab (den Button „Abschluss" noch nicht drücken).

Der Kassenbon zeigt bis zu diesem Zeitpunkt das obenstehende Bild.

Nun stellt der Kunde allerdings fest, dass er keine farbige Tintenpatrone, sondern eine mit schwarzer Farbe benötigt. Er bittet Sie daher, die Registrierung der Tintenpatrone Farb-Set rückgängig zu machen (zu stornieren) und stattdessen eine Tintenpatrone schwarz zu registrieren.

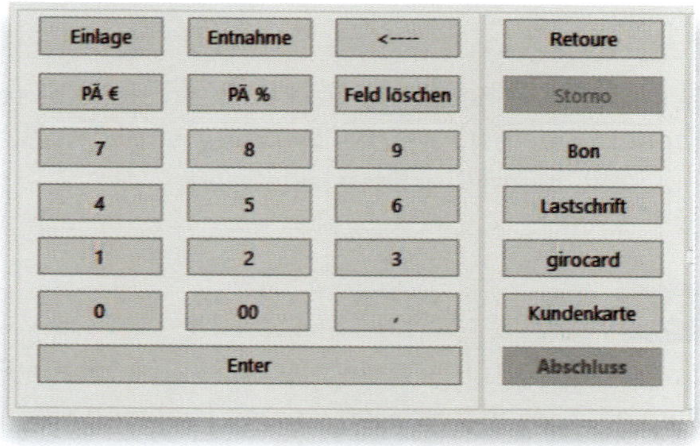

d Stornieren Sie die Tintenpatrone Farb-Set (Artikel markieren, Storno-Taste drücken).
e Registrieren Sie den Artikel Tintenpatrone schwarz und schließen Sie den Kassiervorgang ab („Abschluss", Zahlung bar).
f Vergleichen Sie den nun erzeugten Kassenbon mit der obenstehenden Abbildung.
g Ermitteln Sie, wie sich die aktuellen Bestände der Artikel Tintenpatrone Farb-Set sowie Tintenpatrone schwarz im WWS verändert haben, und beschreiben Sie die Wirkungsweise der Kassenfunktion „Storno".
h Speichern Sie die Daten im Verzeichnis „Benutzer" ab.

5

Noch am gleichen Tag kommt der Kunde aus der Aufgabe 4 und wünscht nun doch die farbige Tintenpatrone (Tintenpatrone Farb-Set). Die Tintenpatrone schwarz möchte er in unversehrter Originalpackung zurückgeben (als Retoure).

a Öffnen Sie die unter Aufgabe 4 h gespeicherte Datei.
b Betrachten Sie die aktuellen Warenbestände der Tintenpatronen (schwarz und Farb-Set).
c Geben Sie die Tintenpatrone schwarz als Retoure ein.
d Registrieren Sie den Verkauf der farbigen Tintenpatrone.
e Stellen Sie fest, welche Warenbestände das WWS für die Tintenpatronen nun ausweist.

6

Kunden des City-Warenhauses können eingekaufte Waren innerhalb von sieben Tagen umtauschen (bis auf einige Ausnahmen wie Lebensmittel und Hygieneartikel) oder sich den Kaufbetrag erstatten lassen.

Heute äußert eine Kundin an der Kasse der Abteilung Schreibwaren/Büro den Wunsch, einen vor zwei Tagen gekauften Toner für Kopiergeräte zurückzugeben. Das Produkt ist originalverpackt; die Kundin legt den Kassenbon vor. Sie wünscht die Auszahlung des Kaufbetrages.

a Öffnen Sie die unter Aufgabe 4 h gespeicherte Datei (oder die Ursprungsdatei **WWS 1 Lernsituation 2 Verkaeufe.lsi**.)
b Erfassen Sie die Retoure an der Kasse.

Nehmen Sie folgende Änderung der Situation an: Aus dem Kassenbon ist ersichtlich, dass die Kundin den Kopierer-Toner mit einem Preisnachlass erworben hat (für 130,00 € statt 134,95 €).

c Erfassen Sie die Retoure zum reduzierten Kaufpreis an der Kasse.

7

Das Kassendisplay enthält unter anderem folgende Buttons:

- ←
- Feld löschen
- Bon

Erfassen Sie beliebige Verkäufe an der Kasse und stellen Sie fest, welche Wirkung von den Buttons ausgeht, wenn Sie diese betätigen.

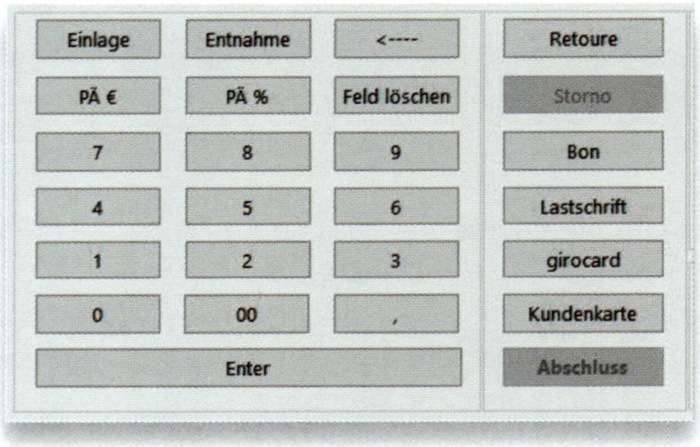

8

Auf dem Kassenbon steht Platz für kundenfreundliche Schlusszeilen zur Verfügung (Gruß o. Ä.). Insgesamt können 3 Zeilen formuliert werden (siehe Abbildung unten rechts: EXTRAS – OPTIONEN – KASSE).

Entwickeln Sie einen kundenfreundlichen Abschluss für den Kassenbon, geben Sie den Text in die Maske des Programms ein und überprüfen Sie das Ergebnis.

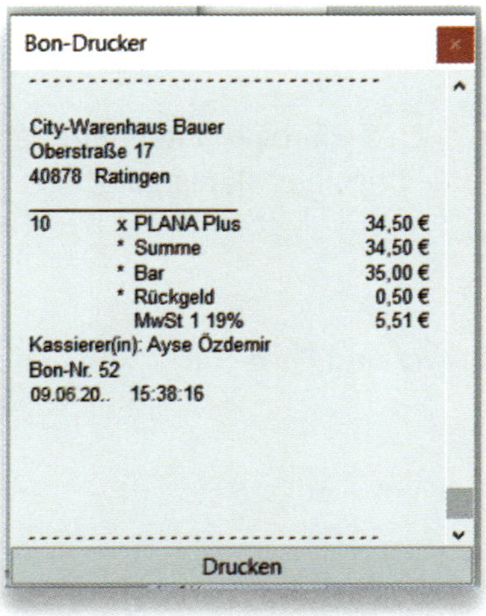

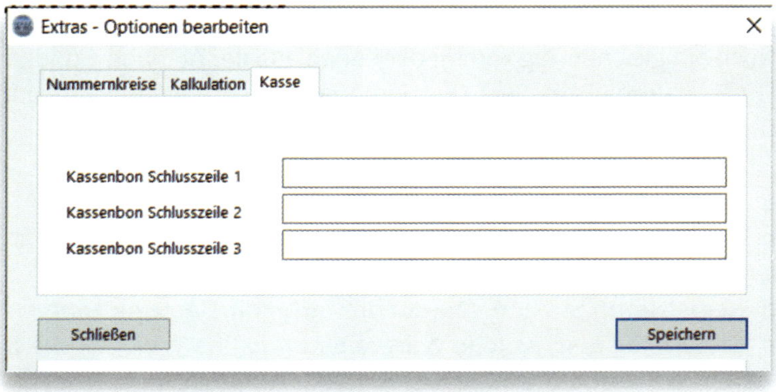

3 Kassendaten aus dem Warenwirtschaftssystem auswerten

Jeden Abend nach Geschäftsschluss wertet Herr Bauer die drei Kassen seines Hauses aus, um aus den Zahlen Informationen über den aktuellen Stand seines Unternehmens zu bekommen.

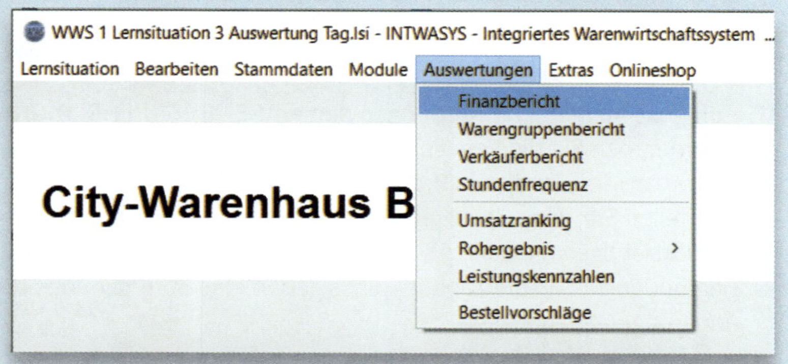

Das Warenwirtschaftssystem bietet ihm dazu verschiedene Auswertungsmöglichkeiten (siehe Abbildung rechts). Ganz wichtig ist z. B. der Finanzbericht, der die Umsätze eines Tages oder eines Monats sichtbar macht.

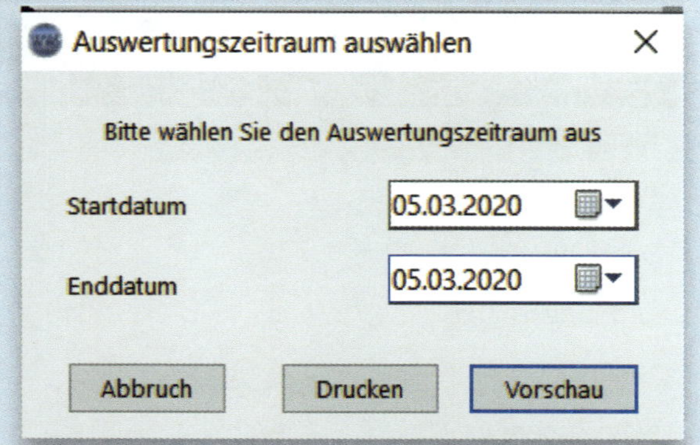

Der Geschäftsinhaber möchte aus den Daten auch möglichst frühzeitig Trends in der Umsatzentwicklung und der Kundennachfrage erkennen. Dazu vergleicht er aktuelle Zahlen mit den Vorjahreswerten.

Darüber hinaus kann er den Kassen auch Informationen über die Leistungen seiner Mitarbeiter und über die zeitliche Verteilung der Kundeneinkäufe entnehmen.

Nach der Auswahl der Auswertungsart (z. B. Finanzbericht) ist in einem ersten Schritt der Auswertungszeitraum festzulegen, z. B. ein bestimmter Tag (siehe oben).

ARBEITSAUFTRAG 1

Erstellen Sie einen Finanzbericht für den 05.03.2020 in der Abteilung Schreibwaren/Büro mithilfe des Warenwirtschaftssystems INTWASYS, indem Sie die Tagesumsätze mit den Zahlen des Vorjahrestages vergleichen.

VORSCHLÄGE ZUM VORGEHEN

1. Öffnen Sie das Programm mit der Datei **WWS 1 Lernsituation 3 Auswertung Tag.lsi**.
2. Ändern Sie das Programmdatum auf den 05.03.2020, 19:00 Uhr.
3. Rufen Sie das Menü AUSWERTUNGEN – FINANZBERICHT auf und geben Sie als Start- und Enddatum 05.03.2020 ein.
4. Übernehmen Sie die angegebenen Werte in die untenstehende Auswertungstabelle.
5. Beurteilen Sie die Finanzzahlen im Jahresvergleich.
6. Begründen Sie, ob die Umsatzentwicklung Anlass gibt, Maßnahmen zu ergreifen, um den Geschäftserfolg des Unternehmens für die Zukunft zu sichern. Beachten Sie, dass Sie nur einen einzigen Tag betrachten.

Finanzbericht	Vorjahr Donnerstag 07.03.2019	Donnerstag 05.03.2020
Umsatz brutto/€	730,85	
Kundenzahl	19	
Artikelzahl	123	
Umsatz pro Kunde (Ø-Bon)/€	38,47	

Fortsetzung der Situation

Für den Geschäftsinhaber ist auch interessant, wie sich die Umsatzzahlen bei den einzelnen Warengruppen entwickelt haben. Hier vergleicht er ebenfalls die aktuellen Zahlen mit den Zahlen des Vorjahres.

ARBEITSAUFTRAG 2
Erstellen Sie einen Warengruppenbericht für den 05.03.2020 und vergleichen Sie das Ergebnis mit den Vorjahreszahlen.

VORSCHLÄGE ZUM VORGEHEN

1. Rufen Sie im Menü Auswertungen den WARENGRUPPENBERICHT auf.
2. Übernehmen Sie die angegebenen Werte in die untenstehende Auswertungstabelle und berechnen Sie die Umsatzveränderungen in Prozent.
3. Beurteilen Sie, wie sich die einzelnen Warengruppen im Jahresvergleich entwickelt haben.
4. Berücksichtigen Sie auch die Auswertungen „Umsatzranking" bei Ihrer Beurteilung.
5. Begründen Sie, ob die Zahlen Anlass geben, das Sortiment des Unternehmens aufgrund von Nachfrageveränderungen anzupassen.

Warengruppenbericht/ Umsatz in €	Vorjahr Donnerstag 07.03.2019	Donnerstag 05.03.2020	Veränderung in %
Kleiner Bürobedarf	38,30		
Papier	49,85		
Schreibgeräte	72,30		
Ordnungsmittel	71,35		
Technik	177,95		
EDV-Zubehör	321,10		

Fortsetzung der Situation

Wird jeder Verkauf einem bestimmten Verkaufsmitarbeiter zugeordnet, kann mithilfe des Warenwirtschaftssystems festgestellt werden, welche Umsätze jede Person in einem bestimmten Zeitraum (z. B. pro Tag oder Monat) erzielt hat.

Beachten Sie, dass Frau Möller am 05.03. und am gleichen Tag des Vorjahres von 09:00 bis 13:00 Uhr in der Abteilung Schreibwaren/Büro gearbeitet hat, Ayse an beiden Tagen jeweils von 13:00 bis 19:00 Uhr.

ARBEITSAUFTRAG 3
Erstellen Sie einen Verkäuferbericht für den 05.03.2020 und vergleichen Sie das Ergebnis mit den Vorjahreszahlen.

VORSCHLÄGE ZUM VORGEHEN

1. Rufen Sie im Menü Auswertungen den VERKÄUFERBERICHT auf.
2. Beurteilen Sie die Verkaufsleistungen der Mitarbeiterinnen.

Verkäuferbericht/ Umsatz in €	Vorjahr Donnerstag 07.03.2019	Donnerstag 05.03.2020
Susanne Möller	503,50	
Ayse Özdemir	227,35	

Fortsetzung der Situation

Ein Warenwirtschaftssystem kann vielfältige Gesichtspunkte von Verkäufen festhalten, z. B. Kaufbetrag, Artikel, Warengruppe, Kaufzeitpunkt, Verkäufer/in. Mithilfe der Auswertung „Stundenfrequenz" lassen sich die stündlichen Umsätze über die Verkaufszeiten eines Geschäftes ermitteln.

ARBEITSAUFTRAG 4

Erstellen Sie den Bericht Stundenfrequenz für den 05.03.2020 und vergleichen Sie das Ergebnis mit den Vorjahreszahlen.

VORSCHLÄGE ZUM VORGEHEN

1. Rufen Sie im Menü Auswertungen den Bericht STUNDENFREQUENZ auf.
2. Beurteilen Sie die Kundenzahl und die Kundenverteilung im Jahresvergleich und stellen Sie fest, ob Veränderungen im zeitlichen Einkaufsverhalten der Kunden sichtbar geworden sind.
3. Prüfen Sie, ob der Bericht „Stundenfrequenz" evtl. die Leistungsunterschiede im Verkäuferbericht erklärt.

Stundenfrequenz/ Uhrzeit/Kundenzahl	Vorjahr Donnerstag 07.03.2019	Donnerstag 05.03.2020
09:00 – 10:00	2	
10:01 – 11:00	2	
11:01 – 12:00	2	
12:01 – 13:00	2	
13:01 – 14:00	1	
14:01 – 15:00	3	
15:01 – 16:00	3	
16:01 – 17:00	2	
17:01 – 18:00	1	
18:01 – 19:00	1	

AUFGABEN

1

Neben den Tagesauswertungen erstellt Herr Bauer mithilfe des Warenwirtschaftsytems INTWASYS auch regelmäßig Monatsauswertungen der Kassendaten. Dazu vergleicht er den aktuellen Monat mit dem Monat des Vorjahres.

Erstellen Sie eine Kassenauswertung für den Monat März 2020 in der Abteilung Schreibwaren/Büro, indem Sie die Monatszahlen mit den Zahlen des Monats März 2019 vergleichen. Gehen Sie dabei wie im Arbeitsauftrag oben vor und stellen Sie fest, ob die Monatszahlen die Tageszahlen vom 05.03.2020 bestätigen. Beantworten Sie dazu die nachfolgenden Fragen.

1. Gibt die Umsatzentwicklung Anlass Maßnahmen zu ergreifen?
2. Deuten sich bei den Warengruppen Änderungen im Nachfrageverhalten an?
3. Wie sind die Verkaufsleistungen der Mitarbeiterinnen zu beurteilen?

a Öffnen Sie das Programm mit der Datei **WWS 1 Lernsituation 3 Auswertung Monat.lsi**.
b Ändern Sie das Programmdatum auf den 31.03.2020, 19:00 Uhr.
c Rufen Sie das Menü AUSWERTUNGEN – FINANZBERICHT auf und geben Sie als Start- und Enddatum 01.03.2020 und 31.03.2020 ein. Gehen Sie bei den übrigen Berichten ähnlich vor.
d Übernehmen Sie die angegebenen Werte in die untenstehende Auswertungstabelle.
e Beantworten Sie die obenstehenden Fragen 1 bis 3.

Auswertungstabelle Kasse (Monat)

Finanzbericht	März 2019	März 2020
Gesamtumsatz brutto/€	22 588,75	
Kundenzahl	540	
Artikelzahl	3.329	
Umsatz pro Kunde (Ø-Bon)/€	41,83	
Warengruppenbericht/Umsatz in €		
01 Kleiner Bürobedarf	1 057,85	
02 Papier	1 492,45	
03 Schreibgeräte	3 550,80	
04 Ordnungsmittel	1 789,10	
05 Technik	5 767,85	
06 EDV-Zubehör	8 930,75	
Verkäuferbericht/Umsatz in €		
Susanne Möller	15 656,65	
Ayse Özdemir	6 932,10	

2

In der Auswertung „Leistungskennzahlen" werden die Umsatzhöhe, die Personalleistungen und die Flächenleistung eines bestimmten Zeitraums dargestellt. Auch diese Zahlen geben wichtige Hinweise für die Führung eines Unternehmens.

Wenn Sie aufgrund der Aufgabe 1 den Datensatz bereits aufgerufen haben, können Sie sofort mit c weiterarbeiten. Dies gilt auch für die Aufgabe 3.

a Öffnen Sie das Programm mit der Datei **WWS 1 Lernsituation 3 Auswertung Monat.lsi**.
b Ändern Sie das Programmdatum auf den 31.03.2020, 19:00 Uhr und rufen Sie die Auswertung „LEISTUNGSKENNZAHLEN" auf.
c Begründen Sie rechnerisch, wie das Programm die Personalleistung pro Person ermittelt.
d Geben Sie den Rechenweg an, der zu der ausgewiesenen Flächenleistung führt. In der Lernsituation 1 haben Sie die Verkaufsfläche für die Abteilung Schreibwaren/Büro festgelegt (siehe Seite 362).
e Begründen Sie, wie der Inhaber eines Geschäftes die Leistungskennzahlen für die Führung seines Geschäftes nutzen kann.

3

Die nachfolgend beschriebenen Kunden möchten an der Kasse der Abteilung Schreibwaren/Büro bezahlen.

Kunde 1
- Tischkopierer, 1 Stück
- Kopierer-Toner, 5 Stück
- Fax-Toner, 3 Stück

Der Kunde erhält einen Barzahlungsrabatt in Höhe von 3 % von den Bruttoverkaufspreisen; Zahlung mit girocard.

Kunde 2
- ELBA-Ordner, 100 Stück
- Plana-Plus, 20 Stück

Der Kunde erhält 2 % Mengenrabatt; Zahlung mit Lastschrift.

Kunde 3
- Bürokopierer, 1 Stück, der Preis wird von 691,45 € auf 680,00 € „gerundet" Preisnachlass 11,45 €)
- Kopierer-Toner, 3 Stück

Zahlung mit Lastschrift.

Kunde 4
- Tischkopierer, 1 Stück, wegen einer leichten Beschädigung wird der Preis von 499,45 € auf 470,00 € (= 29,45 €) gesenkt.
- Kopierer-Toner, 5 Stück
- Tintenpatrone schwarz, 4 Stück

Der Kunde erhält 3 % Barzahlungsrabatt auf Kopierer-Toner und Tintenpatronen schwarz; Zahlung mit girocard.

a Wählen Sie über EXTRAS – PROGRAMMZEIT ein Datum, an dem noch keine Verkäufe an der Kasse registriert worden sind.
b Wickeln Sie die Verkäufe über die Kasse des Warenwirtschaftssystems INTWASYS ab und berücksichtigen Sie dabei die Preisnachlässe für die Kunden.
c Erstellen Sie einen Finanzbericht und stellen Sie fest
- Stimmen die Daten des Finanzberichts „Anzahl Artikel“, „Anzahl Kunden“ und „Artikelzahl pro Kunde“ mit den eingegebenen Verkaufsdaten überein?
- In welcher Höhe sind insgesamt Preisnachlässe gewährt worden?
- Wie errechnet das Programm die Preisänderungen in Prozent?

d Begründen Sie, warum es für den Geschäftsinhaber von Bedeutung ist, die Höhe der gewährten Preisnachlässe zu kennen.

4

Von der Kundin Sandra Ehling hat das City-Warenhaus Bauer im Warenwirtschaftssystem Daten gespeichert. Der untenstehende Ausschnitt aus der Kundendatei zeigt einen Teil der Daten. Weitere Daten können über die Reiter „KOMMUNIKATION“, „BANKVERBINDUNG“ und „ATTRIBUTE“ ermittelt werden.

Die Kundin hat telefonisch Toner bestellt.

a Stellen Sie fest, welche Kundendaten für die Ausführung der Bestellung benötigt werden.
b Prüfen Sie, ob es sich bei den Daten zu a um personenbezogene Daten handelt und entscheiden Sie, ob Sie die Daten aus der Kundendatei für den Auftrag verwenden dürfen.
c Betrachten Sie alle Daten, die über die Kundin Ehling vorliegen und stellen Sie fest, ob es sich um personenbezogene Daten handelt.
d Der Kundin soll anlässlich einer Werbeaktion ein Sonderangebot über Toner per Post zugeschickt werden. Prüfen Sie, ob dieses Angebot datenschutzrechtlich zulässig ist.

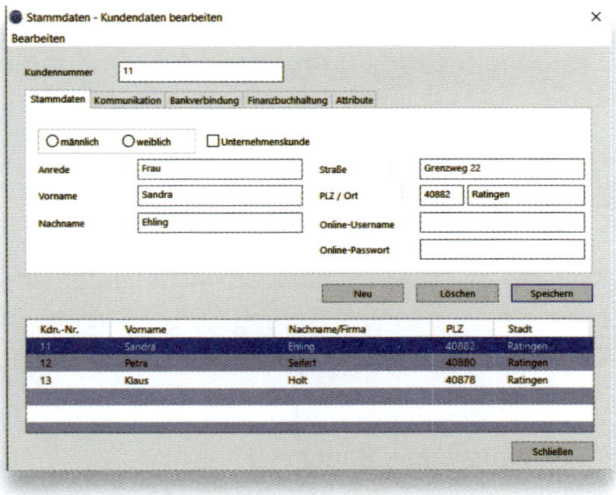

Abschlussaufgabe zum Warenwirtschaftssystem 1

Situation

Im Warenwirtschaftssystem INTWASYS, vor allem bezogen auf die Abteilung Schreibwaren/Büro, sind noch einige Arbeiten zu erledigen. Frau Möller, die Abteilungsleiterin, und die Auszubildende Ayse Özdemir erledigen diese Aufgaben. Sofern Veränderungen im Programm vorzunehmen sind, verwenden Sie den Datensatz

WWS 1 Lernsituation 2 Verkaeufe.lsi.

1

Die Kundin Lena Kaiser hat per E-Mail 2 Kopierer-Toner bestellt. Aufgrund der Bestellung sind verschiedene Daten angefallen, die in einer Kundendatei festgehalten werden sollen.

Adressen:
Wanheimer Str. 19, 40472 Düsseldorf
E-Mail: L.Kaiser@web,de

Bankverbindung:
Kreissparkasse Düsseldorf
Kontonummer: 22 612 877
Bankleitzahl: 30150200
IBAN: DE53 3015 0200 0022 6128 77
BIC: WELADED1KSD

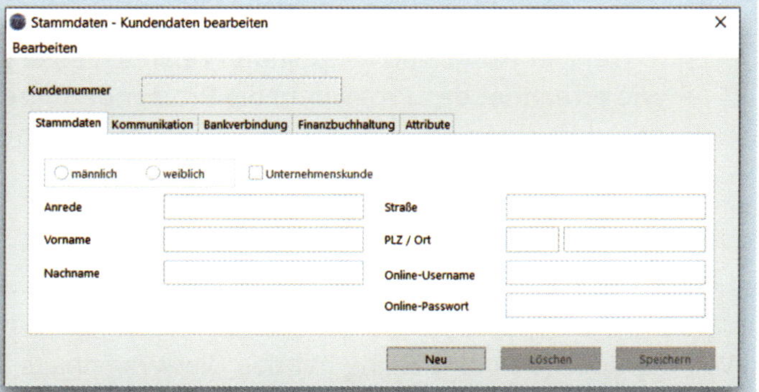

Erstellen Sie die Kundendatei für die Kundin Lena Kaiser.

2

In der Eröffnungsmaske des Warenwirtschaftssystems INTWASYS hat das Modellunternehmen die Firmenbezeichnung „City-Warenhaus Bauer". Die genaue Firmenbezeichnung lautet allerdings:

„City-Warenhaus Bauer e. K."

Die Abkürzung „e. K." steht für „eingetragener Kaufmann".

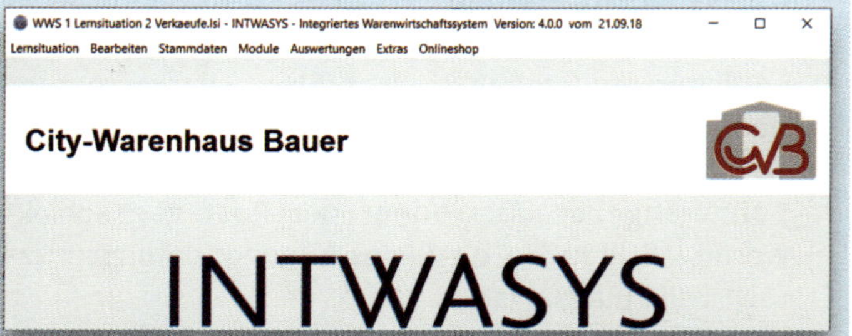

Ergänzen Sie die Firmenbezeichnung in den Unternehmensstammdaten mit dem Zusatz „e. K." und überprüfen Sie das Ergebnis.

3

Die Mitarbeiterin Ulima Karimi wird vorübergehend aus der Abteilung Elektronik/Computer in die Abteilung Schreibwaren/Büro versetzt. Frau Karimi soll aus diesem Grunde eine Zugangsberechtigung für die Kasse erhalten.

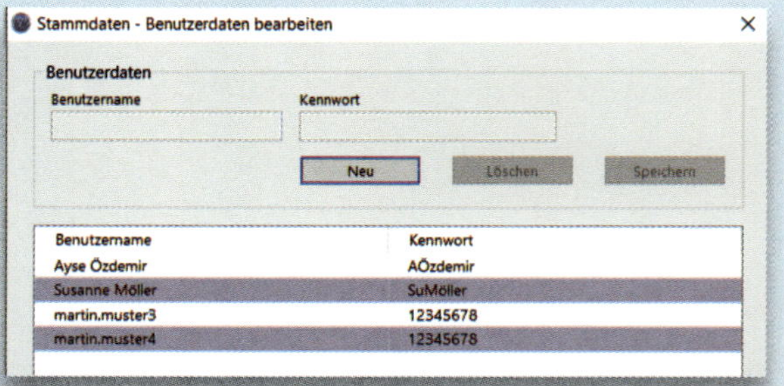

- **a** Legen Sie die Zugangsberechtigung für Frau Karimi an. Überschreiben Sie den Eintrag „martin.muster3“ und wählen Sie ein geeignetes Kennwort.
- **b** Eröffnen Sie die Kasse und überprüfen Sie, ob Frau Karimi die Zugangsberechtigung erfolgreich erteilt worden ist.

4

Ein Kunde hatte vor 2 Tagen 5 Füllfederhalter Faktor gekauft. Er möchte einen Füllfederhalter in der Originalverpackung zurückgeben, weil er nur 4 Exemplare benötigt. Der Kunde wünscht die Barauszahlung des Betrages.

Das City-Warenhaus Bauer gewährt ein Rückgaberecht innerhalb von 7 Tagen und zahlt den Kaufbetrag auch bar aus.

Der Kunde legt den nebenstehenden Kassenbeleg vor.

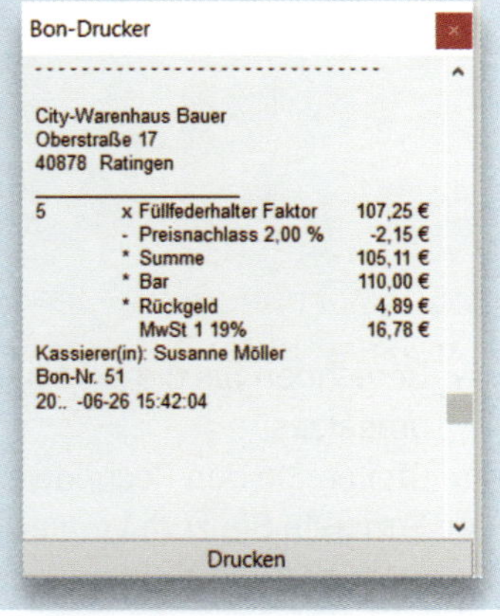
Bon-Drucker

City-Warenhaus Bauer
Oberstraße 17
40878 Ratingen

5	x	Füllfederhalter Faktor	107,25 €
	-	Preisnachlass 2,00 %	-2,15 €
	*	Summe	105,11 €
	*	Bar	110,00 €
	*	Rückgeld	4,89 €
		MwSt 1 19%	16,78 €

Kassierer(in): Susanne Möller
Bon-Nr. 51
20.. -06-26 15:42:04

Drucken

Erfassen Sie die Retoure in der Kasse. Beachten Sie, dass der Kunde 2 % Rabatt erhalten hat.

5

Während der Weihnachtszeit soll auf den Kassenbons ein weihnachtlicher Abschiedsgruß stehen. Ihnen stehen drei Textzeilen zur Verfügung.

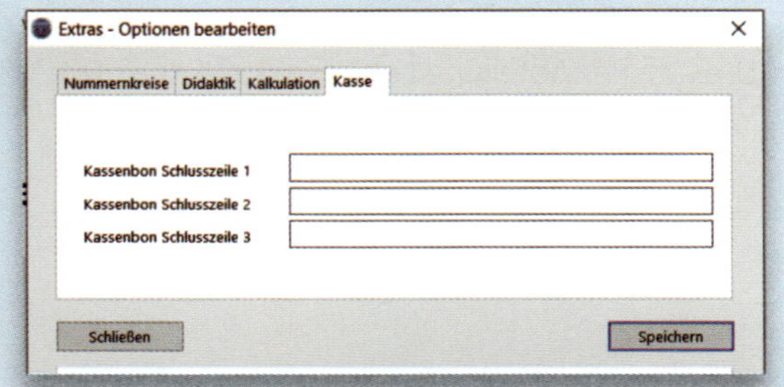

- **a** Geben Sie einen geeigneten Text in das Warenwirtschaftssystem ein.
- **b** Überprüfen Sie Ihre Eingaben an der Kasse.

6

Am 27.06.20(0) ist an der Kasse der Abteilung Schreibwaren/Büro der nebenstehende Finanzbericht erstellt worden.

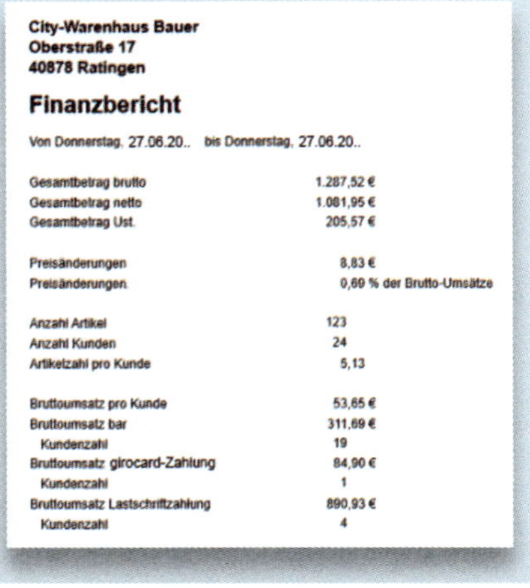
City-Warenhaus Bauer
Oberstraße 17
40878 Ratingen

Finanzbericht

Von Donnerstag, 27.06.20.. bis Donnerstag, 27.06.20..

Gesamtbetrag brutto	1.287,52 €
Gesamtbetrag netto	1.081,95 €
Gesamtbetrag Ust.	205,57 €
Preisänderungen	8,83 €
Preisänderungen	0,69 % der Brutto-Umsätze
Anzahl Artikel	123
Anzahl Kunden	24
Artikelzahl pro Kunde	5,13
Bruttoumsatz pro Kunde	53,65 €
Bruttoumsatz bar	311,69 €
Kundenzahl	19
Bruttoumsatz girocard-Zahlung	84,90 €
Kundenzahl	1
Bruttoumsatz Lastschriftzahlung	890,93 €
Kundenzahl	4

- **a** Erläutern Sie, wie das Warenwirtschaftssystem den Gesamtbetrag für die Umsatzsteuer errechnet hat.
- **b** Überprüfen Sie, ob der Prozentsatz der Preisänderungen (0,69 %) korrekt ist.
- **c** Geben Sie an, wie die Artikelzahl pro Kunde (5,13) berechnet worden ist.
- **d** Erläutern Sie, ob der Bruttoumsatz pro Kunde vom System richtig berechnet worden ist.

7

Die Tagesauswertung an der Kasse der Abteilung Schreibwaren/Büro erbrachte die nebenstehenden Leistungskennzahlen.

City-Warenhaus Bauer
Oberstraße 17
40878 Ratingen

Leistungskennzahlen

Von Donnerstag, 27.06.20.. bis Donnerstag, 27.06.20..

1. Umsatz		1.287,52 €
2. Personalleistung		
	- pro Person	643,76 €
	- Susanne Möller	624,07 €
	- Ayse Özdemir	663,45 €
3. Flächenleistung		
	3. Papier und Schreibwaren	8,58 €/m²

a Berechnen Sie die jeweiligen Umsatzanteile von Susanne Möller und Ayse Özdemir in Prozent des Gesamtumsatzes.

b Stellen Sie den Rechenweg für die Berechnung der Flächenleistung dar. Daten siehe unten.

c Ermitteln Sie zum Vergleich die Flächenleistung der Abteilung Lebensmittel im City-Warenhaus Bauer. Verwenden Sie die untenstehenden Zahlen.

d Erläutern Sie, wie es zu den sehr unterschiedlichen Flächenleistungen in den beiden Abteilungen kommen kann.

Daten:
Verkaufsfläche der Abteilung Schreibwaren/Büro: 150 m^2
Verkaufsfläche der Abteilung Lebensmittel: 750 m^2
Umsatz der Abteilung Lebensmittel am 27.06.20(0): 12 485,00 €

alfi GmbH, Wertheim: 145.1
BC GmbH Verlags- und Medien-, Forschungs- und Beratungsgesellschaft, Ingelheim: 96.5, 96.5
Beuth Verlag GmbH, Berlin: 95.6, 95.6, 95.6
Bioland e.V., Mainz: 354.4
Bräker, Heinz-Jörg, Recklinghausen: 239.1; Jörg Gutzeit, Recklinghausen 299.1
Bransch & Partner Werbeagentur GmbH, Stuttgart: 140.1
EURO Kartensysteme GmbH, Frankfurt am Main: 198.2
Foto Stephan - Behrla Nöhrbaß GbR, Köln: 51.1, 67.3, 83.1, 109.1, 111.1, 111.2, 111.3, 117.1, 120.1, 133.2, 159.1, 173.1, 180.1, 207.1
fotolia.com, New York: Alter-falter 358.1; Barbara Pheby 336.1; bilderzwerg 94.6, 96.5, 96.5; Dariusz T. Oczkowicz 152.3; Elena Stepanova 189.2; Fototaler.de 94.6; Gabriel Blaj 189.1; goodluz 189.5; Jeanette Dietl 189.3; Jens Ottoson 156.1; LaCatrina 106.5; Mark Herreid 156.2; matka_Wariatka 44.1; millaf 189.4; norberthos 354.5; pico 354.4; r. Classen 106.5, 106.5, 106.5; Rafa Irusta Machin 152.1; seen 16.1; Sven_Vietense 152.2; Tripod 213.1; vektorisiert 94.6, 96.5, 106.5; viennapro 330.1
FSC Deutschland Gutes Holz Service GmbH, Freiburg: 102.1
Handelsverband Deutschland – HDE – e.V., Berlin: 198.1
Hild, Claudia, Angelburg: 45.2
HORNBACH Baumarkt AG, Bornheim bei Landau/Pfalz: 302.1
iStockphoto.com, Calgary: Bunyos 296.1; demaerre 123.1, 124.4; Dunt, Gavin 133.1; FangXiaNuo 123.2, 124.8; fizkes 131.1; franny-anne 241.1; Geber86 318.1; igorr1 229.1; Johnrob 183.1; kowalska-art 138.3; LEK_3DPHOTO 332.1; MichaelDeLeon 162.1; Neustockimages 123.7, 124.2, 347.1; ozanuysal 175.1; paulvision 147.1; SEJOURNE, Anthony 170.1; Terroa 164.1
Jouve Germany GmbH & Co. KG, München: 7.2, 11.1, 41.1, 45.2, 46.1, 50.1, 75.1, 103.1, 168.1, 186.1, 193.1, 204.1, 204.2, 209.1, 210.1, 210.2, 218.1, 237.1, 244.1, 245.1, 247.1, 248.1, 251.1, 252.1, 252.2, 254.2, 254.3, 254.4, 255.1, 255.2, 256.1, 257.1, 258.1, 259.1, 260.1, 261.2, 262.1, 263.1, 265.1, 268.1, 268.2, 272.1, 274.1, 276.2, 277.1, 281.1, 283.5, 286.1, 288.1, 297.1, 312.1
LIDL Dienstleistung GmbH & Co. KG, Neckarsulm: 101.1
Marine Stewardship Council (MSC), Berlin: 99.4
Media-Saturn-Holding GmbH, Ingolstadt: 302.2
Microsoft Deutschland GmbH, München: 326.1
OEKO-TEX® Service GmbH, Zürich: 354.6
Picture-Alliance GmbH, Frankfurt/M.: Oliver Berg 73.1
RAL gGmbH, Bonn: 354.4
Shutterstock.com, New York: Andrey_Popov 27.1; Menna 14.1; Thunderstock 15.1
stock.adobe.com, Dublin: 138.2, 138.4, 138.5, 138.6; 3DarcaStudio 126.1; adisa 270.3; AlenKadr 254.1; alhim 273.2; Amith, Ilan 356.1; arcyto 12.1; auremar 333.1; batuhan toker 337.1; Bruev, Grigory 129.1; chee siong teh 142.1; daliu 225.1; difeng, zhu 242.2; Drobot Dean Titel, 123.6, 124.1; EdNurg 261.1; Elizaveta 191.1; EmotionPhoto 123.5, 124.5; Fischer, Magda 125.1; fizkes 169.1; FotoIdee 99.4; Fotoschlick 266.2; Geithe, Ralf 18.1; gonzalocalle 149.1; Gorodenkoff 69.1; Halfpoint 325.1; Henk, Kica 242.2; Heorshe 67.3, 266.1, 270.3, 273.4; JackF 115.1, 130.1; janvier 164.2; jollier_ 278.1; kiuikson 122.5, 124.10; Kneschke, Robert 7.2; konradbak 123.3, 124.7; Kubarkov, Pavel 143.1; Lis, Kiryl 227.1; luismolinero 323.3; mdorottya 131.2; Monkey Business 123.4, 124.6; Mücke, Wolfgang 338.1; opolja 122.3, 124.9; Povozniuk, Maksym 119.1; pressmaster 264.1; RAM 335.1; Raths, Alexander 1.1; Ryzhov, Sergey 40.1; savanno 344.1; SergiyN 122.1, 122.2; Seybert, Gerhard 122.4, 124.3; Sondem 68.1; starush 293.1; Stockwerk-Fotodesign 316.1; sutsaiy 67.3; vitals 337.2; ¿¿¿¿¿¿¿¿ ¿¿¿¿¿¿ 276.1
TransFair e.V., Köln: 99.4, 138.1
Voth, Martin, Heiden/Köln: 34.1, 53.3, 53.3, 53.3, 54.2, 54.2, 58.6, 58.6, 58.6, 58.6, 58.6, 58.6, 59.5, 59.5, 59.5, 59.5, 59.5, 59.6, 64.1, 94.6, 94.6, 94.6, 94.7, 95.6, 95.6, 95.6, 97.2, 97.2, 99.4, 105.1, 112.1, 113.1, 113.2, 113.3, 113.4, 116.1, 121.1, 121.2, 121.3, 137.1, 137.2, 142.2, 150.1, 154.1, 157.1, 167.1, 267.1, 269.1, 269.3, 269.3, 269.4, 270.3, 273.1, 273.3, 275.1, 275.2, 275.3, 275.4, 275.5, 275.6, 277.2, 280.2, 280.2, 280.3, 280.4, 280.6, 280.6, 280.7, 280.8, 280.9, 280.10, 280.12, 280.12, 280.14, 280.14, 282.1, 283.1, 283.2, 283.3, 283.4, 284.1, 284.2, 284.3, 284.4, 284.5, 285.1, 285.2, 285.3, 285.4, 285.5, 285.6, 285.7, 285.8, 285.9, 285.10, 286.5, 286.5, 286.5, 286.5, 286.9, 286.9, 286.9, 286.9, 286.13, 286.13, 286.13, 286.13, 286.17, 286.17, 286.17, 286.17, 290.1, 290.2, 291.1, 291.2, 291.3, 293.2, 304.2, 304.2, 304.3, 306.1, 308.1, 309.2, 309.2, 314.1, 315.2, 315.2, 323.1, 323.2, 323.4, 329.1, 339.2, 339.2, 339.3, 342.1, 342.2, 345.1, 350.1, 352.1, 352.2, 361.2, 361.2, 361.3, 363.1, 363.2, 364.2, 364.2, 366.4, 366.4, 366.4, 366.4, 366.5, 367.1, 368.2, 368.2, 368.3, 369.2, 369.2, 373.1, 374.1, 374.2, 374.3, 375.1, 375.2, 375.3, 376.1

Wir arbeiten sehr sorgfältig daran, für alle verwendeten Abbildungen die Rechteinhaberinnen und Rechteinhaber zu ermitteln. Sollte uns dies im Einzelfall nicht vollständig gelungen sein, werden berechtigte Ansprüche selbstverständlich im Rahmen der üblichen Vereinbarungen abgegolten.